KAMPENWAND
VERLAG

ISBN: 978-3986601287

Raiffeisenstr. 4 · D-83377 Vachendorf
www.kampenwand-verlag.de

Versand & Vertrieb durch Nova MD GmbH
www.novamd.de · bestellung@novamd.de · +49 (0) 861 166 17 27

Text: Oliver Sparing
Umschlaggestaltung: Marnie Aramruck
Bilder: Oliver Sparing
Druck: CUSTOM PRINTING, Wał Miedzeszyński 217, 04-987 Warszawa, Polen

Das komplette Börsengrundwissen

WIE ALLE VON DER BÖRSE PROFITIEREN KÖNNEN!

OLIVER SPARING

ÜBER DIESES BUCH

Es bereitet mir große Freude, mich mit anderen Menschen über die Themen Geld und Investitionen auszutauschen. Ich bin der Meinung, es ist ein sehr spannender und vielseitiger Bereich und wir können hier viel voneinander lernen und profitieren.

Dennoch bin ich mir darüber im Klaren, dass ich damit einer eher seltenen Spezies angehöre, denn - und diese Phrase haben wir in Deutschland wohl schon alle einmal gehört - "über Geld spricht man nicht". Ich möchte in diesem Buch keine Ursachenforschung betreiben und der Sache auf den Grund gehen, warum sich dieser Leitgedanke so sehr in unseren Köpfen manifestieren konnte, vielmehr möchte ich Sie dazu ermutigen, sich aktiv über Ihre finanzielle Situation Gedanken zu machen und über den bisherigen Tellerrand zu schauen.

Sie werden feststellen, dass sich die Möglichkeiten zur Anlage Ihres Geldes weit über das altbekannte, konservative Sparbuch hinaus erstrecken und, was viel wichtiger ist, Sie keine Wirtschaftsmathematik studiert haben müssen, um selbst als Investor tätig zu werden.

Denn entgegen der Auffassung vieler Menschen bietet gerade die Börse eine Vielzahl an Möglichkeiten, auch ohne tiefe Vorkenntnisse Ihr Geld gewinnbringend anzulegen. Hierfür müssen Sie weder über Insiderwissen noch ein immenses Kapital verfügen. Wichtig ist, dass Sie verstehen, wie die Börse funktioniert, was Sie dort handeln können und vor allem, wie Sie Ihre Ziele definieren. Ich stelle daher in diesem Buch 4 individuelle Investorentypen vor, vom passiv agierenden Hobbyanleger bis hin zum professionellen Berufstrader und erkläre Ihnen ausführlich, welche Grundvoraussetzungen Sie für die jeweilige Handelsart erfüllen müssen und welche Möglichkeiten sich Ihnen hier jeweils bieten.

> JEDER MENSCH KANN DIE BÖRSE NUTZEN, UM SEIN GELD FÜR SICH ARBEITEN ZU LASSEN
>
> — OLIVER SPARING

Auf diese Weise können Sie am Ende des Buches für sich selbst klar bestimmen, was Sie von der Börse erwarten und in welche Richtung Sie sich als Investor entwickeln können. Unabhängig davon, wie Ihre Entscheidung hierbei schlussendlich ausfällt, werden wir in diesem Buch ein fundiertes Basiswissen aufbauen, welches die Grundlage all Ihrer späteren Handelsentscheidungen bilden wird. Sie lernen sämtliche relevanten Börseninstrumente kennen, die an der Börse gehandelt werden. Hierbei geht es mir nicht nur um deren theoretische Funktionsweise, sondern auch ihre praktische Anwendung und den Nutzen beziehungsweise Vorteil, den die jeweilige Handelsklasse für Ihren Handelsansatz darstellt.

Darüber hinaus besprechen wir die wichtigsten psychologischen Grundlagen des Börsenhandels sowie Ihre mentale Einstellung zum Thema Geld, welche einen wesentlichen Baustein darstellt, um als Investor aktiv zu werden. Sie werden am Ende des Buches in der Lage sein, Ihre persönlichen und ganz individuellen Ziele zu definieren und Sie werden wissen, welche Möglichkeiten Ihnen mittels des Börsenhandels zur Verfügung stehen, um diese zu erreichen. Vor Ihnen liegt eine spannende, neue Welt und ich wünsche Ihnen viel Freude dabei, diese zu entdecken!

Ich wünsche Ihnen nun viel Spaß mit diesem Buch,
Ihr Oliver Sparing

SPARING
INVESTMENT ACADEMY

ANETTE WEIß
RENTE OHNE ROULETTE
RATGEBER ROMAN
KAWA
GELD & Gloria
Die Pflichtlektüre für eine solide Altersvorsorge
DER ETWAS ANDERE FINANZRATGEBER

SPARING INVESTMENT ACADEMY GMBH
www.sparing-academy.de I Social Media @sparing.academy

DIE KATEGORIEN BEZEICHNE ICH WIE FOLGT:

1. BANKENBROKER
2. DISCOUNTBROKER
3. GRATIS- UND MOBILE BROKER
4. CFD- UND SOCIAL-TRADING BROKER
5. PROFI BROKER

FÜR SIE ALS PRIVATHÄNDLER SIND DABEI FOLGENDE KRITERIEN BEI DER BROKERWAHL VON ENTSCHEIDENDER BEDEUTUNG:

1. GEBÜHREN
2. GESCHÄFTSSTANDORT DES BROKERS
3. SUPPORT
4. BEDIENUNG
5. SICHERHEIT
6. AUSWAHL AN BÖRSEN UND HANDELSINSTRUMENTEN
7. SPARPLANFÄHIGKEIT

Ich möchte nun also die Brokerkategorien anhand dieser Parameter prüfen, miteinander vergleichen und Ihnen natürlich auch Beispielbroker nennen, sodass Sie in der für Sie passenden Kategorie online einen umfangreicheren Vergleich anstellen können.

KAPITEL 6

DIE WAHL DES BROKERS

Bevor ich näher auf die Thematik der Brokerwahl eingehe, möchte ich nochmals unterstreichen, dass ich mit keinem Broker oder börsenkorrelierten Unternehmen kooperiere oder finanziell von diesen profitiere. Sollte ich in irgendeiner Form eine Empfehlung aussprechen, so entspringt diese gänzlich meinen eigenen Erfahrungen und hat keinerlei kommerziellen Hintergrund.

Broker lassen sich grundsätzlich in fünf verschiedene Kategorien einordnen, von welchen ich einige für bestimmte Handelsansätze als vorteilhaft einstufen würde, während ich von anderen komplett abrate. Je nachdem, welches Ziel Sie verfolgen und welche Handelsinstrumente für Sie in Frage kommen, bieten sich verschiedene Broker an.

KAPITEL 7

VORAUS-SETZUNGEN FÜR DEN ERFOLGREICHEN HANDEL

Ich habe es in den vorausgegangenen Kapiteln schon mehrfach angedeutet – **Börse ist Psychologie!** Wenn Sie das Ziel verfolgen, auf Dauer ein erfolgreicher Investor zu sein, so ist es absolut unumgänglich, dass Sie sich zunächst mit sich selbst beschäftigen. Schon aus evolutionären Gründen ist unser Verstand nicht wirklich für den Börsenhandel geschaffen, zu viele Schutz- und Vorsichtsmechanismen sowie nicht zuletzt die Gier legen uns im alltäglichen Handel ununterbrochen Steine in den Weg. Selbst die erfahrendsten Trader sind vor diesen Phänomenen nicht geschützt und müssen sich immer wieder aufs Neue mit den damit verbundenen Problematiken aktiv auseinandersetzen. Ich habe auf den meisten Seminaren die Erfahrung gemacht, dass die Teilnehmer diesen Themengebieten überwiegend genervt und ablehnend gegenüber stehen und die Zeit lieber dem Erlernen konkreter Handelsstrategien widmen würden.

Leider verstehen viele Händler zu spät, dass es nicht die Strategien sind, welche für ihr Scheitern die Verantwortung tragen, sondern die Ursachen hierfür in ihrem Kopf zu finden sind. Etwa 90 % aller privaten Trader verlieren beim Spekulieren auf lange Sicht Geld. Keinesfalls sind all diese Menschen dumm! Dennoch fällt es den Menschen offenbar unglaublich schwer, bestimmte Verhaltensmuster zu überwinden, welche für den Börsenhandel schädlich sind und auch ich selbst bin nicht selten Opfer meiner eigenen Emotionen geworden, obwohl ich es rein objektiv betrachtet besser hätte wissen sollen.

Ich habe dieses Kapitel in drei aufeinander aufbauende Abschnitte gegliedert. Zunächst beschäftigen wir uns mit dem Mindset. Bevor Sie überhaupt über ein Engagement an der Börse nachdenken sollten, ist es notwendig, dass Sie sich selbst auf einige grundsätzliche Leitsätze und Lebenseinstellungen hin überprüfen. Sollten Sie hier bemerken, dass Ihnen bestimmte Glaubenssätze zu eigen sind, welche für den Börsenhandel oder das Investieren im Allgemeinen kontraproduktiv sind, so wäre es empfehlenswert, dass Sie diese überdenken und sich idealerweise komplett von diesen verabschieden. Im zweiten Abschnitt werden wir uns dann konkret mit der Börsenpsychologie beschäftigen. Wenn wir uns darüber bewusst sind, welche psychologischen Faktoren dafür verantwortlich sind, dass wir bereits bei der Eröffnung von Trades schwerwiegende Fehler machen, so fällt es uns in der Regel leichter, diese auf Dauer bewusst zu vermeiden. Abschließend widmen wir uns der zentralen Thematik Moneymanagement. Viel wichtiger als ein konkretes und fundamental stabiles Handelssystem ist der richtige Umgang mit Ihrem Kapital. Auch hier ist es notwendig, systematisch vorzugehen und für jedes Investment respektive jeden Trade nur einen Teil Ihres vorhandenen Vermögens zu riskieren. Ich zeige Ihnen, wie Sie so Ihr Konto schützen können und verhindern können, dieses in den Ruin zu handeln. Ich werde außerdem den Marginhandel sowie den Nutzen von Hebeleffekten und deren Vor- sowie Nachteile besprechen. Jedes einzelne dieser drei Kapitel ist in seiner Thematik derart komplex, dass ganze Bücher darüber geschrieben worden sind. Ich bitte daher zu berücksichtigen, dass ich mich zunächst nur auf die aus meiner Sicht wichtigsten Faktoren beziehen kann und dies kein vollständiges Werk über Börsenpsychologie darstellen kann. Allem voran beschäftigen wir uns nun zunächst mit Ihrem Mindset. Haben Sie eigentlich schon einmal ernsthaft darüber nachgedacht, welche Einstellung Sie gegenüber Geld haben?

KAPITEL 7.1

MINDSET

- DIE "RICHTIGE" EINSTELLUNG

Nur wenige Branchen haben sich in den vergangenen zehn Jahren so erfolgreich entwickelt wie die der Unternehmens-, Life- und Motivationscoaches. Ich persönlich halte offen gesagt maximal wenig von diesen Berufsbildern. Die Probleme und Herausforderungen von Menschen und Firmen sind schlicht und einfach zu komplex und individuell, um sie mit einfachen Floskeln, Routinen und Verhaltensregeln lösen zu können. Ich kann Ihnen so viel mit Überzeugung verraten: Den Wunsch nach finanziellem Erfolg an das Universum zu äußern und damit Energie und Kraft freizusetzen hat noch keinem Händler Erfolg an der Börse gebracht und wird es auch in Zukunft nicht tun. Überhaupt ist reine Hoffnung einer Ihrer schlimmsten Feinde beim Spekulieren und Investieren, denn nicht selten setzt sie rationale Entscheidungen außer Kraft.

Womit ich allerdings in vollem Umfang mit den modernen Coaches dieser Welt übereinstimme, ist die Tatsache, dass Sie eine positive Einstellung gegenüber einem neuen Projekt benötigen, sobald Sie beginnen, sich diesem zu widmen. Sollten Sie bezüglich Ihres Vorhabens pessimistische Gedanken pflegen, so mindern Sie damit von vornherein Ihre Chancen auf Erfolg,

da Sie nicht mehr in der Lage sein werden, die volle Konzentration und Schaffenskraft aufzubringen, welche Grundvoraussetzungen für Erfolg sind. Sie werden mit positivem Denken die Aktienkurse nicht in die von Ihnen gewünschte Richtung lenken können. Was Sie jedoch durchaus beeinflussen können, ist Ihr Finanzfluss und die Entwicklung Ihres Kapitals auf lange Sicht. Hierfür ist es sinnvoll, wenn Sie einmal in sich gehen, um Ihre Gedanken bezüglich der Materie Geld zu reflektieren. Vielen von uns werden bereits in ihrer Kindheit bestimmte Glaubenssätze die Themen Finanzen und Geld betreffend vermittelt. Uns allen sind die zahlreichen Sprichwörter wie „Geld verdirbt den Charakter“ oder „Eher geht ein Kamel durch's Nadelöhr als das ein Reicher in den Himmel kommt“ bekannt. Wenn Sie sich in irgendeiner Form mit diesen „Weisheiten“ identifizieren können, dann haben Sie aus meiner Sicht zum jetzigen Zeitpunkt nur zwei Möglichkeiten: Entweder, Sie arbeiten daran, sich Stück für Stück ganzheitlich von diesen Leitmotiven zu trennen oder Sie verabschieden sich von dem Gedanken, jemals als erfolgreicher Investor an der Börse tätig sein zu können. Wenn Sie Geld in seinem Grunddasein als etwas Bösartiges betrachten, so werden Sie instinktiv die falschen Entscheidungen treffen, wenn es darum geht, dieses zu verdienen. Vor allem dann, wenn es um größere Summen Geldes geht.

Rein objektiv betrachtet ist Geld etwas Neutrales. Es ist ein charakterloser Gegenstand und reines Mittel zum Zweck. Ich bin davon überzeugt, das Geld nicht in der Lage dazu ist, Menschen zu ändern. Sollte eine Person jedoch zu Reichtum kommen, so zeigt dieser in aller Regel auf, um was für einen Menschen es sich tatsächlich handelt. Eine von Natur aus freigiebige und gutmütige Person wird diese Eigenschaften mit wachsendem Vermögen weiter behalten und umso mehr in der Lage dazu sein, sich zu engagieren, während ein Mensch mit schlechtem Charakter nur umso negativer auffallen wird, sobald er es zu Geld bringt. Geld verstärkt also, was von vornherein bereits an charakterlichem Potenzial zu finden war, egal ob negativ oder positiv, es macht jedoch in keinem Falle aus einem guten Menschen einen schlechten. Dementsprechend wäre es sträflich zu denken, alle reichen Menschen seien in irgendeiner Form bösartig. Hier liegt auch der zweite Glaubenssatz, von welchem ich Sie mit aller Dringlichkeit abbringen möchte. Viele Menschen sind der Meinung, man könne es nur zu Reichtum bringen, indem man in irgendeiner Form enormes Glück hat oder sich skrupellos und schlecht verhält. Es ist nicht zu leugnen, dass zahlreiche Menschen in der Geschichte es zu großem finanziellen Reichtum gebracht haben, indem sie das Gesetz zu ihren Gunsten gebrochen haben und anderen Menschen geschadet

haben, doch die Realität ist kein Hollywood Film. Auch wenn es diese Personen beziehungsweise Personengruppen in der Tat gibt, so stellen sie nur einen geringen Teil der vermögenden Menschen auf der Welt dar. Die meisten haben sich ihr Geld durch kluge Ideen und harte Arbeit verdient. Ebenso sträflich wäre es zu glauben, dass allein Glück dafür verantwortlich wäre, Ihnen Reichtum zu verschaffen. Es hat noch niemandem geschadet, an der einen oder anderen Stelle im Leben mit Glück gesegnet zu sein, doch sind Glück und Pech Faktoren, welche wir nicht beeinflussen können und die entsprechend keinerlei Beeinflussung auf unsere langfristigen Entscheidungen ausüben sollten. Glück hat schon einige Menschen zu Millionären gemacht, doch verlieren diese Leute ihr Geld in aller Regel ebenso schnell wieder, wie sie es erhalten haben. Um es langfristig und kontinuierlich zu Geld zu bringen bedarf es keines Glücks, sondern richtiger Entscheidungen, zielgerichteter Handlungen sowie einem beständigen und seriösen Finanzmanagement.

Sie können sich durch die Beachtung einiger grundsätzlicher "Geldregeln" einen finanziellen Vorteil verschaffen, bevor Sie überhaupt über börsliche Investments nachdenken müssen. Viele dieser Regeln finden Sie kompakt und in treffende Metaphern gehüllt in dem bekannten Buch „Der reichste Mann von Babylon" von George Samuel Clason. Sollten Sie gerade erst begonnen haben, sich um Ihre eigenen Finanzen zu kümmern, so empfiehlt es sich in jedem Fall, das Buch einmal gelesen zu haben. Es ist sehr überschaubar lang und lässt sich bequem in ein bis zwei Sitzungen durchlesen, der Inhalt ist jedoch umso wertvoller. Einige der aus meiner Sicht vorrangigsten Geldregeln möchte ich Ihnen im Folgenden vorstellen. Versuchen Sie, deren Befolgung in Ihren Alltag zu integrieren, sofern Sie es nicht instinktiv schon tun, um eine grundlegende Ordnung in Ihrem finanziellen Haushalt zu etablieren.

1. ÜBERSICHT

Erarbeiten Sie sich einen Überblick über Ihre finanzielle Situation. Stellen Sie hierfür zunächst klar gegenüber, welches Gehalt Sie netto im Monat zur Verfügung haben und welche festen Ausgaben Sie bedienen müssen. Vergessen Sie bitte keine noch so kleine Position. Natürlich werden die Miete, Versicherungen und gegebenenfalls Ihr Fahrzeug hier den größten Anteil ausmachen, doch gerade kleinere Abonnements wie Netflix oder Spotify addieren sich schnell zu ernstzunehmenden Summen.

NEHMEN SIE NUN IHR GEHALT UND TEILEN ES PROZENTUAL IN VERSCHIEDENE BEREICHE AUF. DIES KÖNNTE WIE FOLGT AUSSEHEN:

10 % Ersparnisse für Investitionen
10 % Ersparnisse für Urlaub
10 % Ersparnisse für private Anschaffungen
5 % für Spenden und Wohltätigkeit
5 % für Bildung
10 % für Spaß
50 % für Lebenshaltungskosten, also Miete, Versicherungen, Lebensmittel etc.

Natürlich können Sie diese Aufteilung individuell gestalten, doch halten Sie sich stets daran, egal, ob Sie über ein festes Gehalt verfügen oder als Selbstständiger mit unregelmäßigen Zahlungseingängen umgehen müssen. Beachten Sie vor allem, nicht weniger als 10 % Ihres zur Verfügung stehenden Geldes für Investitionen zu reservieren. Je höher Sie diesen prozentualen Betrag ansetzen können, desto mehr werden Sie auf lange Sicht davon profitieren und schneller eine finanzielle Unabhängigkeit erreichen.

BEACHTEN SIE UNBEDINGT DIESE GOLDENE REGEL:

Ihre Ersparnisse sind nicht das Resultat von Einnahmen minus Ausgaben, sondern Ihre Ausgaben sind das Ergebnis von Einnahmen minus Ersparnissen. Ihre monatlichen Ersparnisse sind von derart großer Bedeutung, dass Sie diese immer zuerst einkalkulieren sollten.

2. KORREKTUR DER VERHÄLTNISSE

Hieraus resultiert die Regel Nummer 2: Wenn Sie feststellen, dass Ihre monatlich fixen Ausgaben zum aktuellen Zeitpunkt einen derart hohen prozentualen Anteil Ihres Gehaltes einnehmen, so sind Sie gezwungen, dieses Verhältnis zu korrigieren, um eine Aufteilung Ihrer finanziellen Mittel zu realisieren, die zumindest in etwa meinem in Punkt 1 vorgestellten Beispiel entspricht. In dringlichen Fällen wäre es hierfür durchaus angebracht, zunächst die Fixkosten zu senken, auf lange Sicht macht es allerdings immer weitaus mehr Sinn, daran zu arbeiten, stattdessen Ihr Einkommen zu erhöhen.

3. GEBEN SIE NUR GELD AUS, WELCHES SIE BESITZEN

Geben Sie kein Geld aus, bevor Sie es verdient haben. So simpel, wie dieser Punkt klingen mag, so viele Probleme bereitet er dennoch einer Vielzahl von Menschen. Der niedrige Zins für Privatkredite und die Zahlung mit der Kreditkarte im Allgemeinen stellen eine ungeahnte Versuchung dar, welche natürlich durch die Medien und überall präsente Werbung eine einflussreiche Unterstützung findet. Merken Sie sich jedoch zwei Dinge – wenn Sie sich eine Sache nicht mit Ihrem Barvermögen leisten können, so können Sie sich diese erst recht nicht auf Kredit leisten. Darüber hinaus gilt, wenn Sie länger als einen Moment darüber nachdenken müssen, ob Sie sich eine Sache leisten können, so sollten Sie es mit hoher Wahrscheinlichkeit nicht tun. Die über Ihre Investitionen erwirtschafteten Renditen zahlen am Ende für Ihren Luxus, seien Sie also etwas geduldig.

4. UNTERSCHIED ZWISCHEN INVESTITION UND VERBINDLICHKEIT

Verstehen Sie den Unterschied zwischen einer Investition und einer Verbindlichkeit. Oftmals werden Verbindlichkeiten mit Investitionen verwechselt. Eine Investition bringt Ihnen auf Dauer eine Rendite beziehungsweise generell einen Wertezuwachs. Dies bedeutet, dass entweder das Objekt der Investition selbst mit der Zeit an Wert gewinnt oder es einen regelmäßigen Cash Flow generiert. Im Idealfall tut es natürlich beides. Eine Verbindlichkeit hingegen kostet Sie Geld und verliert auf Dauer an Wert. Ein Eigenheim auf Kredit ist, wie im Kapitel über Immobilien dargelegt, eine Verbindlichkeit, ebenso wie ein Auto, vorausgesetzt, es handelt sich nicht um einen raren Oldtimer, welchen Sie nicht selber fahren.

5. GUTE UND SCHLECHTE SCHULDEN

Verstehen Sie den Unterschied zwischen guten und schlechten Schulden. Nun habe ich so viel darüber gesprochen, dass es anzuraten wäre, die Aufnahme von Schulden komplett zu meiden. Doch es gibt durchaus auch sinnvolle Schulden, wenn diese Ihnen auf Dauer einen finanziellen Vorteil bringen. So könnten beispielsweise neue Maschinen für Ihr Unternehmen einen als positiv einzustufenden Kredit notwendig machen. Auch eine Verschuldung für eine Immobilie, welche Sie später vermieten werden, kann absolut sinnvoll sein, sofern Sie gute Konditionen mit Ihrer Bank aushandeln können. Im Idealfall liegt die Tilgungsrate dabei niedriger als die monatlich eingenommene Miete, doch für derlei Geschäfte müssen Sie in der Regel viel Erfahrung vorweisen können und über ein hohes Vermögen zur Absicherung verfügen.

6. FLEIß UND AUSDAUER

Verfallen Sie nicht dem Irrglauben, effektives Arbeiten bei wenig Zeitaufwand wäre der Schlüssel zu Reichtum. Timothy Ferriss, der Autor des Bestsellers „Die 4-Stunden-Woche", hat nach eigenen Angaben bis zu seinem finanziellen Durchbruch 80 bis 100 Stunden in der Woche gearbeitet. Nun beschreibt er in seinem Buch den Zustand,

wie er mit seiner aktuellen 4-Wochen-Stunde effektiver arbeitet und glücklicher ist. Das dieser Zustand allerdings ohne den vorausgegangenen Zeitaufwand und die Mühen niemals möglich gewesen wäre, wird weitestgehend verschwiegen. Viel Fleiß und ein zumindest auf einen gewissen Zeitraum maximal hoher Arbeitsaufwand sind unumgänglich, wenn Sie nach großem finanziellen Erfolg streben.

7. MACHEN SIE SICH WERTVOLL

Es mag zunächst plakativ klingen, doch versuchen Sie, dem Geld nicht hinterherzujagen, sondern es anzuziehen. Was ich damit sagen will, ist, dass Sie versuchen sollten, sich rar und wertvoll zu machen – egal, ob als Angestellter für Ihre Firma oder als selbstständiger Unternehmer. Bilden Sie sich weiter, spezialisieren Sie sich und werden Sie unverzichtbar auf Ihrem Gebiet. Dies hat zur Folge, dass Sie sich für höhere Gehaltsklassen qualifizieren oder mehr Aufträge mit höheren Gagen generieren können.

8. INVESTIEREN SIE ZEIT VOR KAPITAL

Wenn Sie ein neues Projekt angehen oder ein neues Unternehmen gründen, so ist es oftmals sinnvoll, zunächst so viel wie möglich Ihrer Zeit zu investieren, bevor Sie finanzielle Investitionen tätigen. Zeit ist ein wertvolles Gut. Ich spreche hier aus eigener Erfahrung. Nicht selten haben wir im Rahmen unserer Agentur beim Aufkommen neuer Geschäftsideen zunächst die nötigen Anschaffungen getätigt, um dann im Nachhinein festzustellen, dass einige von diesen sich nicht als praxistauglich erwiesen haben. Nehmen Sie sich zunächst die Zeit und arbeiten Sie einen genauen Plan aus. Bedenken Sie nach Möglichkeit jedes praktische Szenario und besprechen Sie es gegebenenfalls mit Experten, die über mehr Erfahrung auf dem jeweiligen Gebiet verfügen. Erst, wenn das theoretische Grundgerüst gesetzt ist und sämtliche möglichen praktischen Probleme besprochen und simuliert sind, sollten die nötigen Investitionen getätigt werden. Viele unnötige Ausgaben lassen sich so bereits im Vorfeld vermeiden.

9. GELD VERLIERT AN WERT

Geld verliert an Wert, wenn es sich nicht im Umlauf befindet. Dies ist natürlich so etwas wie die Grundaussage dieses Buches. Geld arbeitet inflationsbedingt gegen Sie, wenn Sie es unter Ihrem Sofa verstecken oder auf dem Girokonto belassen. Investieren Sie es oder halten es im wirtschaftlichen Umlauf, nur so profitieren Sie von Ihrem Vermögen.

10. FINDEN SIE GLEICHGESINNTE

Ein Sprichwort besagt, dass Sie der Durchschnitt der fünf Menschen sind, mit denen Sie die meiste Zeit verbringen. Dies trifft zumeist auch auf Ihre finanzielle Situation zu. Wir fühlen uns in Kreisen am wohlsten, welche über eine ähnliche Weltanschauung und ein annähernd gleich hohes Einkommen verfügen, wie wir selbst. Bitte verstehen Sie mich hier nicht falsch. Ich will Ihnen keinesfalls dazu raten, Ihren Freunden aufgrund von Geld den Rücken zuzukehren, das wäre absolut niederträchtig. Doch wenn Sie nach mehr Erfolg und einer Verbesserung Ihres finanziellen Zustandes streben, so macht es absolut Sinn, auch nach Menschen zu suchen, welche ähnlich ambitioniert sind und dieselben Ziele wie Sie verfolgen. Es ist wichtig, über einen Kreis an Menschen zu verfügen, mit denen Sie sich über diese Themen austauschen und sich gegenseitig inspirieren können.

11. GELD LÖST NUR GELDPROBLEME

Geld löst nur Geldprobleme, darüber hinaus nichts. Auch dies ist ein kontroverser Punkt. Geld macht glücklich, schon allein durch die Sicherheit, die dessen Vorhandensein vermittelt. Wer etwas anderes behauptet, hat vermutlich noch nie sonderlich viel davon besessen. Dennoch – Geld ist nicht in der Lage, Ihre emotionalen oder zwischenmenschlichen Probleme zu lösen, hoffen Sie also gar nicht erst darauf. Sie können sich mit einem großen Vermögen ein komfortables und schönes Leben finanzieren, für Ihr emotionales Glück sind Sie jedoch selbst verantwortlich.

12. DAS LEBEN SCHULDET IHNEN NICHTS

Die Welt schuldet Ihnen nichts. Dies ist eine der härtesten Wahrheiten, die viele Unternehmer in Ihrem Leben akzeptieren mussten und wohl der schwerwiegendste Punkt, in welchem sich meine Ansichten von den Grundaussagen der Motivationscoaches unterscheiden. Sie können noch so fleißig sein, noch so gut planen und effektiv und konstruktiv vorgehen, noch so motiviert sein und Arbeit und Fleiß in eine Sache stecken, noch so systematisch und vorbildlich dabei vorgehen, noch so viel Geld hinein investieren, nichts davon ist in irgendeiner Form ein Garant für Erfolg. Wenn Sie zum falschen Zeitpunkt in der falschen Branche tätig werden, so liegt es schlicht nicht mehr in Ihrer Hand, ob es überhaupt möglich ist, dass sich ein Erfolg für Ihr Projekt einstellen wird. Die Bücher der bekannten Life Coaches erzählen Geschichten von Vorzeigebeispielen und Menschen, die es durch die Befolgung der darin beschriebenen Prinzipien und Weisheiten zu schier unglaublichem Erfolg gebracht haben. Verschwiegen werden allerdings die Schicksale all jener, die sich ebenso vorbildlich an all diese Verhaltensregeln gehalten haben und sich nichts zuschulden haben kommen lassen, denen jedoch sämtlicher Erfolg verwehrt blieb. Ohne Fleiß, Motivation und Energie ist Erfolg niemals möglich, doch nichts garantiert diesen.

13. INVESTIEREN SIE NUR IN DINGE, DIE SIE VERSTEHEN

Investieren Sie nur in Dinge, die Sie verstehen. Auch dies ist als eine weitere Grundaussage dieses Buches zu verstehen. Kümmern Sie sich um Ihre eigenen Finanzen und übertragen Sie die Verantwortung für diesen essenziell wichtigen Teil Ihres Lebens nicht an eine Drittperson, deren Kompetenz für Sie nur schwer zu beurteilen ist. Eignen Sie sich jedoch auch das notwendige Grundwissen an, welches ein neues Investment voraussetzt. Wenn Sie ein neues Buch lesen oder allgemein neue Informationen zu einem Thema erhalten, so nehmen Sie diese nicht als pauschal richtig hin, sondern überprüfen Sie die Aussagen mit eigenen Mitteln. Gleiches gilt für neue Börsenstrategien. Handeln Sie niemals blind eine Strategie nach, ohne sie vorher selbst, so gut es Ihnen eben möglich ist, getestet zu haben. Verstehen Sie die Dinge erst, bevor Sie Ihr Geld in diese investieren.

14. DAS WICHTIGSTE IST DER CASH FLOW

Konzentrieren Sie sich auf Ihr Einkommen, nicht auf Ihre Ersparnisse. Hier wäre nochmals das Beispiel mit dem Lottomillionär anzubringen. Dieser verfügt einen gewissen Zeitraum lang über ein großes Vermögen, doch dieses verschwindet üblicherweise schneller, als man zunächst vermuten würde, sollte die Person über keinen konstanten Zustrom von neuem Kapital verfügen. Aus diesem Grund konzentrieren sich die reichen Menschen in der Regel darauf, Ihr Einkommen, sowohl das passive als auch das aktive, permanent zu erhöhen. Dies sollte stets Priorität vor der Anhäufung eines größeren Vermögens haben.

15. DIE NÄCHSTE KRISE

Bereiten Sie sich mental auf die nächste Wirtschaftskrise vor. Sie wird ohne jeglichen Zweifel kommen und sie wird **zwischenzeitlich** einen größeren Anteil Ihres langfristig angelegten Kapitals fordern. Stellen Sie sich auf diese Situation ein und planen Sie entsprechend. Unter normalen Umstanden sollte es nicht notwendig sein, in Zeiten der Rezession Änderungen an Ihrem Langfristportfolio vorzunehmen, erst recht dann nicht, wenn eine gewisse Panik Sie hierzu anzutreiben scheint.

GEHEN SIE SORGSAM
UND EFFEKTIV MIT IHRER ZEIT UM,
SIE IST AM ENDE IMMER DAS
WERTVOLLSTE,
WAS SIE BESITZEN!

FAZIT

Sollten Sie in der Lage dazu sein, diese Grundregeln des Geldes zu befolgen und in Ihren Alltag sowie Ihre Denkweise zu integrieren, so genießen Sie bereits einen entscheidenden Vorteil, bevor Sie überhaupt mit dem Investieren begonnen haben. Wichtig ist, dass Sie stets aktiv bleiben und niemals aufhören, zu lernen. Sämtliches Wissen, welches Sie sich im Laufe der Zeit aneignen werden, wird Ihnen früher oder später zugutekommen und je besser Sie in der Lage dazu sind, Probleme und Herausforderungen aus verschiedenen Perspektiven zu betrachten, umso höher sind Ihre Chancen auf Erfolg. Bitte denken Sie auf Ihrem Weg zu wachsendem Erfolg auch immer an diejenigen, welche unter weniger glücklichen Umständen als Sie geboren wurden oder denen das Schicksal in irgendeiner Form schlimm mitgespielt hat. Reservieren Sie einen Teil Ihres Kapitals nach Möglichkeit stets für Spenden und wohltätige Zwecke. Der Gedanke, dass Sie durch Großzügigkeit und Geben immer mehr zurückerhalten ist keinesfalls von der Hand zu weisen und sollte Ihr stetiger Begleiter sein. Einen abschließenden Gedanken möchte ich Ihnen noch mit auf den Weg geben, bevor wir uns dann der Thematik Börsenpsychologie widmen werden: Beschäftigt zu sein heißt nicht immer, sinnvoll beschäftigt zu sein. Im 8. Punkt der von mir vorgestellten Geldregeln habe ich darüber gesprochen, dass Sie immer zunächst Ihre Zeit investieren sollten, bevor Sie finanzielle Ausgaben tätigen.

Doch stellt Ihre Arbeitszeit in diesem Fall selbstverständlich ein mindestens ebenso wertvolles Gut dar, wie Ihr Investitionskapital. Haushalten Sie also überlegt mit ihr. Nur weil Sie viel Zeit und Mühe in ein Projekt investieren, bedeutet dies nicht, dass Sie Ihre Zeit hiermit sinnvoll nutzen. Machen Sie sich zunächst Gedanken, was grundsätzlich getan werden muss. Überlegen Sie nun, welche Tätigkeiten die dringlichsten und entscheidendsten für die Sache sind und konzentrieren Sie sich zunächst auf diese. Macht es vielleicht Sinn, sich im Vorfeld gewisse Fähigkeiten oder ein bestimmtes Wissen anzueignen, welches Ihre Arbeit erleichtern und verkürzen würde?

KAPITEL 7.2

BÖRSEN PSYCHOLOGIE

- DIE FALLEN IN UNSEREM KOPF VERMEIDEN

Im vorangegangenen Kapitel über das Mindset haben wir die wesentlichen Grundlagen und Denkmuster besprochen, welche Sie sich aneignen sollten, um als erfolgreicher Investor an der Börse tätig zu werden oder ganz im Allgemeinen Ihre finanzielle Situation maßgeblich zu verbessern. Nun werden wir uns explizit der Börsenpsychologie widmen und die Faktoren betrachten, die bei den meisten Händlern die Verantwortung dafür tragen, dass diese trotz vermeintlich lukrativer Systeme nicht in der Lage dazu sind, dauerhaft erfolgreich zu agieren. Eine alte Börsenweisheit besagt:

> “ WENN DEINE EMOTIONEN DICH KONTROLLIEREN, HAST DU BEREITS VERLOREN. ”

Emotionen sind per se selbstverständlich nichts Schlechtes, beim Investieren und Traden werden sie Ihnen allerdings ausschließlich Probleme bereiten. Um Börsenhandel auf Dauer lukrativ betreiben zu können, müssen alle diesbezüglichen Entscheidungen so rational wie nur eben möglich getroffen werden. Nun ist es selbstverständlich so, dass wir für den Handel an der Börse zwangsläufig Geld benötigen. Dieses Geld haben Sie mit aller Wahrscheinlich zuvor durch Zeitaufwand und Arbeitskraft verdienen müssen. Die Folge ist, dass Sie eine entsprechend emotionale Bindung zu Ihrem Kapital aufbauen, welche für das Investieren grundsätzlich hinderlich ist. Solange Sie Ihr Kapital als Resultat Ihrer Mühen und Anstrengungen betrachten, wird es Ihnen sehr schwer fallen, in Zeiten, in denen Ihre Tradingpositionen Verluste erwirtschaften, unbeteiligt und rational Ihrem System zu folgen und diese als normal und gegeben zu akzeptieren. Versuchen Sie daher, das Geld, welches Sie für Börsenspekulationen bereitstellen, im Kopf als verloren abzuschreiben. Wenn Sie bemerken, dass Sie dieser Verlust allzu sehr schmerzt, ist die Summe höchstwahrscheinlich zu groß und Sie sind gut beraten, diese etwas zu senken. Keinesfalls darf die investierte Menge an Kapital Ihre Existenz gefährden oder Ihnen schlaflose Nächte bereiten. Auf der anderen Seite sollte die Summe dennoch groß genug sein, dass Sie Ihre Trades ernst nehmen und seriös damit umgehen. Denken Sie an den reichsten Mann von Babylon – mindestens 10 % Ihres Gehaltes werden gespart oder für Investitionen verwendet.

Wir haben im Vorkapitel festgestellt, dass Geld im Grunde genommen etwas Neutrales ist. Als Kapital auf Ihrem Bankkonto dient es Ihnen als Tauschmittel. Sie decken damit Ihre monatlichen Kosten, können Lebensmittel kaufen und sich verschiedenste Dinge damit leisten. In dem Moment, in welchem Sie einen Teil Ihres Vermögens für Investitionen oder Spekulationen reservieren, verändert sich die Grundfunktion dieses Geldes. Es handelt sich nun um kein Tauschwerkzeug mehr, sondern ein Arbeitsmittel. Gerade als Berufstrader ist es immens wichtig, diesen Sachverhalt zu verstehen - Ihr Geld ist Ihr Arbeitsmittel. Vergleichen Sie sich mit einem fähigen Handwerker. Sofern dieser über einen umfangreichen Werkzeugkasten mit qualitativ hochwertigem Werkzeug verfügt, ist er in der Lage, komplexe Aufgaben zu erledigen und an verschiedenen Projekten zu arbeiten, welche ihm Einkommen generieren. Wenn er sich nicht um sein Werkzeug kümmert, dieses nicht ersetzt, wenn es defekt ist oder er es gar komplett verliert, wird er auf Dauer nicht mehr fähig sein, alle ihm zugeteilten Aufgaben zufriedenstellend zu erfüllen. Der Handwerker müsste sein Aufgabengebiet

einschränken und verfügt nicht mehr über den Spielraum an Möglichkeiten wie zuvor. Auch die ihm nun zugeteilten Probleme wird er nur mit mehr Mühe und höherem Aufwand bearbeiten können und sein Gehalt wird folglich sinken. Gleiches gilt für Ihr Investmentkapital. Wenn Sie sorglos damit umgehen, zu hohe Risiken eingehen oder Ihre Trades nicht genügend durchdenken, wird Ihr Kapital sich vermindern. So werden Sie am Ende weniger diversifizieren können, Sie werden weniger verschiedene Handelsansätze verfolgen können und schlussendlich höchstwahrscheinlich versuchen, Ihre Verluste durch Erhöhung des Risikos wieder auszugleichen, was zumeist in einem Totalverlust resultiert. Betrachten Sie Geld daher als Ihr wertvolles Arbeitsmittel, welches durch gute Planung und durchdachtes Risikomanagement geschützt und gepflegt werden muss, damit es weiterhin in der Lage ist, als Ergebnis Ihrer Anlagestrategien eine positive Rendite zu erzeugen.

Sofern Sie als aktiver Investor tätig sind und Ihre Positionen entsprechend managen, empfehle ich Ihnen, Routinen zu entwickeln, welche Ihnen dabei behilflich sind, die Märkte rationaler zu betrachten und Ihre Trading Entscheidungen auf dieser Basis zu treffen. Ich selbst habe mir hierfür eine Morgen- sowie eine Abendroutine angeeignet. In der Zwischenzeit vermeide ich es komplett, die Märkte zu verfolgen, es sei denn, ich erhalte von meinem Handelssystem eine Meldung über ein technisches Problem. In meiner Morgenroutine analysiere ich zunächst die Aktienmärkte unter verschiedenen Gesichtspunkten. Ich lese darüber hinaus die wichtigsten Nachrichten, welche die Future- und Rohstoffmärkte betreffen können, um mir eine Übersicht über die derzeitige Handelssituation zu verschaffen. Am Abend beschäftige ich mich dann ausführlich mit den Futuremärkten. Ich betrachte hierfür jeden Chart der für mich relevanten Märkte und schaue, ob es zu eventuellen Einstiegssignalen für eines meiner Handelssysteme gekommen ist. Ich werfe selbstverständlich auch einen Blick in meine Handelssoftware und passe gegebenenfalls meine Positionen an, sofern es einen Handlungsbedarf gibt. Am Wochenende führe ich schließlich eine umfangreiche Analyse der Märkte durch.

Durch diese Routinen behalte ich stets den Überblick über die Märkte und mein Konto. Da ich es mir komplett abgewöhnt habe, die Kursverläufe für meine offenen Positionen tagsüber permanent zu verfolgen, neige ich nicht zu emotionalen Kurzschlusshandlungen, sondern kann am Abend nach Börsenschluss rational und in aller Ruhe mein weiteres Vorgehen planen. Selbstverständlich sind alle

meine spekulativen Trades durch entsprechende Stop Orders abgesichert, welche automatisch die Position schließen würden, sollten die Kurse zu sehr gegen mich laufen und meine ursprüngliche Tradeidee irrelevant werden. Anders verhält es sich natürlich an Tagen, an denen ich Daytrading betreibe. Hier sitze ich aktiv arbeitend am Rechner und verfolge konzentriert die Bewegungen der Märkte. Ein wichtiger Hinweis: Vielen privaten Tradern in Deutschland ist nicht bewusst, dass Daytrading auch ohne eigenes Kapital möglich ist. Beherrschen Sie Ihr Handwerk solide und professionell, so können Sie sich bei einem entsprechenden Anbieter für den Handel von Fremdkapital bewerben. Die größten und seriösesten dieser Unternehmen sitzen in den USA. Sie müssen hierfür eine äußerst schwierige Prüfung bestehen, erhalten aber im Erfolgsfalle risikofreies Geld für ihre Trading zur Verfügung gestellt. Von Ihren Gewinnen dürfen Sie nun bis zu 90 % selbst behalten. Auch wenn der Handel mit Fremdkapital aus psychologischer Sicht einfacher ist, gilt es dennoch, auch hier die typischen Fehler zu umgehen.

Ich möchte Ihnen nun Punkt für Punkt die aus meiner Sicht wichtigsten Denkfallen im Börsenhandel vorstellen, die es möglichst weitläufig zu vermeiden gilt. Sie werden im Laufe der Zeit feststellen, dass es Ihnen auch als erfahrener Trader äußerst schwer fallen wird, diese vollständig zu eliminieren. Grund hierfür ist die evolutionäre Entwicklung unser Denkweisen und Handelsstrukturen. Wir sind in vielerlei Hinsicht nach wie vor Jäger und Sammler und die damit verbundenen Reflexe stellen sich nicht selten als hinderlich beim Investieren und vor allem Spekulieren dar. Kein Trader dieser Welt ist vollends dazu in der Lage, diese Emotionen und natürlichen Reaktionen auf bestimmte Ereignisse vollständig zu neutralisieren, zu tief sind diese in uns verwurzelt. Dennoch bin ich davon überzeugt, dass es uns umso leichter fällt, sie weitestgehend aus unserem Handeln auszuklammern, je mehr wir ein aktives Bewusstsein für diese Denkmuster entwickeln. Wenn es Ihnen hilft, schreiben Sie sich die folgenden Faktoren stichpunktartig auf und prüfen vor einer wichtigen Entscheidung diese Liste, um sicherzustellen, dass keiner dieser „Denkfehler" Sie zu einem möglicherweise folgeschweren Fehler drängt.

1. SCHÄTZEN SIE IHRE AUSSICHT AUF ERFOLG NICHT AUF DER BASIS DER ERGEBNISSE ANDERER TRADER EIN.

Sie finden dieses Phänomen in allen Bereichen des Lebens. Stellen Sie sich vor, Sie sind Musiker und haben gerade Ihre erste Band gegründet. Geblendet von dem Ruhm und der Mediendarstellung Ihrer Lieblingsbands sind Sie nun der festen Überzeugung, dass sich mit etwas Arbeit und einer Prise Glück nach einer gewissen Zeit automatisch derselbe Erfolg einstellen müsse. Bedenken Sie jedoch, dass die Medien ausschließlich von den erfolgreichsten Vertretern Ihrer Zunft berichten und nicht von den abertausend gescheiterten Gitarristen, die zwar durchaus mit Talent und Motivation gesegnet waren, sich jedoch nie das nötige Gehör verschaffen konnten. Richten Sie Ihre Ziele daher vorerst nicht an der vermeintlichen Prominenz des Börsenhandels aus, sondern stecken Sie sich realistische kurz- bis mittelfristig erreichbare Marken, welche Ihrem jetzigen Wissens- und Erfahrungsstand entsprechen.

2. MISSTRAUEN SIE STETS PROGNOSEN, VOR ALLEM, WENN DIESE VON SOGENANNTEN EXPERTEN ODER AUTORITÄTEN STAMMEN.

Der Mensch neigt dazu, seine Fähigkeit zum Vorhersagen von Ereignissen maßgeblich zu überschätzen. Nach jeder Wirtschaftskrise sind die Fachzeitschriften und Foren voll von Propheten, die es ja schon immer gewusst haben. Fakt ist jedoch, dass sich Kurse auf lange Sicht schlicht und einfach nicht genau vorhersehen lassen. Zu viele Faktoren spielen eine Rolle. Bestes Beispiel ist die jüngste Krise im Jahr 2020, welche durch das Coronavirus ausgelöst wurde. Zuvor stritten die Wirtschaftsexperten emotional miteinander. Während die eine Seite behauptete, die Wirtschaft würde florieren und die Kurse diese Meinung durch das Erreichen immer neuer Allzeithochs bestätigten, bildete sich auf der anderen Seite eine Reihe wahrer Untergangspropheten, welche den größten Crash aller Zeiten prognostizierten. Natürlich standen diese zum Zeitpunkt der Preiseinbrüche mit erhobenem Zeigefinger an vorderster Front und sahen sich vollends bestätigt. Das diese Voraussage allerdings ein Produkt völligen Zufalls ist und wahrlich niemand mit dem Auftauchen dieses Virus hätte rechnen können, will von ihnen allerdings niemand hören. Verlassen Sie sich niemals auf die Preisprognosen von Experten. Sie werden immer jene Gruppe finden, die für

das Steigen der Kurse plädiert und auf der anderen Seite diejenigen, die sich ohne jeden Zweifel darauf festlegen, dass diese fallen werden. Am Ende liegt stets eine der beiden Parteien richtig und hat Glück gehabt. Im Nachhinein halten wir uns daher alle für bessere Vorhersager, als wir es tatsächlich sind. Gehen Sie am besten vom pessimistischen Szenario aus und sichern Sie sich der Situation entsprechend ab. Bleiben Sie dabei stets Ihrem Handelssystem treu!

3. ÜBERLEGEN SIE, BEVOR SIE PANISCH IN EINE RICHTUNG LAUFEN.

Stellen Sie sich vor, Sie befinden sich in einer belebten Fußgängerzone und alle Menschen um Sie herum beginnen plötzlich wie geistesabwesend in eine bestimmte Richtung loszulaufen. Was tun Sie? Sie werden selbstverständlich mitlaufen. Zu groß ist die Gefahr, diesem alten Instinkt nicht zu folgen. Dieser Schutzmechanismus sicherte uns vor Urzeiten das Überleben. Wer nicht schleunigst mitlief, wenn sich die ersten Mitglieder einer Gruppe Jäger zur sofortigen Flucht aufmachten, riskierte, attackiert oder gar gefressen zu werden. Die Mitglieder der Gruppe, welche nicht schnell genug reagiert haben, sind am ehesten den natürlichen Feinden zum Opfer gefallen. An der Börse ist dieser Fluchtmechanismus fatal und leider immer wieder zu beobachten. Sobald sich der erste Teil des „Anlegerrudels" panisch in Bewegung setzt und seine Aktien verkauft, beginnt sich eine sprichwörtliche Lawine an Verkäufen in Gang zu setzen. Jeder ist plötzlich von Angst ergriffen, die gesamte Wirtschaft könne zusammenbrechen und man würde seine Investments nicht mehr liquidieren können. Mit diesem Szenario hat bislang so gut wie jede Wirtschaftskrise ihren Anfang gefunden.

Bevor Sie angsterfüllt mit dem Rudel fliehen, überlegen Sie sich, was eigentlich Ihr Plan für diese Situation war. Ich habe zuvor angesprochen, dass ein kluger und professioneller Investor auf derlei Augenblicke vorbereitet ist. Als Langfristinvestor ist es zumeist ratsam, diese Phasen einfach auszusitzen und sich über die Dividendenzahlungen zu freuen. Eine Alternative wäre, sogenanntes Hedging zu betreiben, also Gegenpositionen zu Ihren eigentlichen Investments aufzubauen, welche diese vorübergehend neutralisieren und mit deren Gewinnen sie später nachkaufen können. Die Möglichkeiten sind vielfältig. Was aber fast immer falsch ist und Ihrem Konto schadet, ist blindes Folgen der panischen Masse.

4. HALTEN SIE NICHT AN INVESTMENTS FEST, NUR WEIL SIE SCHON VIEL ZEIT ODER ENERGIE IN DIESE GESTECKT HABEN.

Sicher kennen Sie diese Situation: Sie sitzen abends auf dem Sofa und schauen sich einen Film an. Zu Beginn finden Sie die Handlung noch recht interessant, doch spätestens nach der Hälfte stellen Sie fest, dass Sie nur noch gelangweilt vor dem Gerät sitzen und eigentlich gern etwas anderes tun würden. Dennoch, Sie haben ja bereits den halben Film durchgehalten und so viel Zeit hinein investiert, da schaffen Sie den Rest wohl auch noch, auch wenn Sie sich in der Tat einen Gefallen tun würden, das Fernsehgerät einfach abzuschalten und Ihre wertvolle Zeit mit etwas zu füllen, was Ihnen mehr Freude bereitet oder sinnvoller erscheint.

Das gleiche Verhaltensmuster legen wir gern bei unseren Investments an den Tag. Wir kaufen eine Aktie, von deren Chancen wir überzeugt sind und die unserer Analyse nach in den kommenden Jahren ein überdurchschnittliches Wachstum vorweisen sollte. Im ersten Jahr fällt die Aktie und ein gewisser Frust stellt sich ein. Doch nichtsdestotrotz halten Sie als langfristig ausgelegter Investor an ihr fest. Schließlich kann so etwas vorkommen. Nach drei Jahren steigt der Wert nun wieder etwas und Ihre Aktie erreicht endlich Ihren ursprünglichen Kaufpreis. Doch anstatt weiter zu steigen, geht der Kurs nun in eine ewig anhaltende Seitwärtsphase über, in welcher Ihr Investment weder Gewinne noch Verluste macht. Nach fünf Jahren stellen Sie fest, dass das Management des Unternehmens stark in die Kritik geraten ist und längst nicht die effektive Arbeit geleistet hat, von der Sie einst ausgegangen sind. Nun halten Sie jedoch schon so lange an Ihrer Aktie fest, dass Sie emotional mit ihr zusammengewachsen sind. Nach all der Zeit und aufgebrachten Geduld wäre es doch schändlich, die Aktie jetzt zu verkaufen, also warten Sie weiter auf bessere Tage. Stellen Sie sich eine Beziehung zweier Menschen vor, welche nach zehn Jahren für beide Seiten sämtlichen Reiz verloren hat. Dennoch entscheiden sich die Partner oftmals dafür, diese aufrecht zu erhalten, da man bereits so viel Zeit und Energie in die einstige Liebe investiert hat. Tun Sie sich den Gefallen und begehen diesen Fehler nicht, weder in Ihrer Beziehung noch mit Ihren Investitionen. Wenn eine Anlage nicht den angestrebten Erfolg vorzuweisen hat, so halten Sie nicht an dieser fest, nur weil Sie sie schon lange in Ihrem Portfolio halten. Überprüfen Sie, ob diese tatsächlich noch Ihren Investitionskriterien entspricht.

5. SUCHEN SIE NICHT AUSSCHLIEẞLICH UND GEZIELT NACH INFORMATIONEN, WELCHE IHRER VON VORNHEREIN FESTGELEGTEN MEINUNG ZU EINER THEMATIK ENTSPRECHEN.

Menschen haben einen starken Drang dazu, Informationen so zu interpretieren, dass sie ihrem Weltbild beziehungsweise Ihrer Auffassung zu einem bestimmten Sachverhalt entsprechen und diese bestätigen. Dies ist vor allem beim Spekulieren gefährlich, da es uns oftmals dazu veranlasst, Trades zu früh einzugehen. Nehmen wir rein hypothetisch an, Sie gehen davon aus, dass der Kupferkurs in den kommenden Wochen steigen wird. Momentan ist er noch stark am Fallen und Ihr Handelssystem ist so ausgerichtet, dass Sie erst nach drei aufeinanderfolgenden Tagen mit Kursanstiegen in den Trade einsteigen dürften. Nun lesen Sie im Fachmagazin Ihres Vertrauens einen Bericht eines Ihrer Meinung nach sehr vertrauenswürdigen Finanz- und Edelmetallexperten. Dieser schreibt nun davon, dass die chilenischen Minen aufgrund eines lokalen Problems Schwierigkeiten mit dem Abbau haben und daher eine Knappheit des Metalls in den nächsten Wochen zu erwarten ist. Schnell rufen Sie Ihren Nachbarn an, welcher sich auch für Trading interessiert. Er bestätigt Ihnen, dass er ebenso von steigenden Kupferpreisen ausgeht, auch wenn es bei ihm nur so ein Gefühl ist. Nun sehen Sie sich endgültig bestätigt. Es wäre ja eine Schande, wenn Sie erst zu spät in den Handel einsteigen würden, also eröffnen Sie den Trade noch am selben Tag, auch wenn Ihr System noch kein offizielles Einstiegssignal erzeugt hat. Nach drei frustrierenden Tagen mit fallenden Kupferpreisen geben Sie entnervt auf und realisieren den Verlust. Sie haben zwar von den Strafzöllen gewusst, welche die USA gegenüber China verhängt haben und dass diese den Kupferpreis durchaus negativ beeinflussen könnten, doch diese haben Sie ignoriert und sich stattdessen auf die Informationen konzentriert, welche Ihre ursprüngliche Meinung gestützt haben.

Machen Sie diesen Fehler nicht, betrachten Sie die Sachlage stets aus allen Perspektiven und entscheiden Sie am Ende so objektiv, wie es Ihnen möglich ist. Halten Sie sich schlussendlich strikt an Ihr System und sichern Sie Ihre Trades gemäß Ihres Plans ab.

6. EINE AKTIE IST NICHT BILLIG, WEIL SIE GEFALLEN IST.

Gerade von Anfängern und Hobbyinvestoren werde ich häufig gefragt, welche Aktien gerade günstig wären oder welches die beste Strategie wäre, eben jene billigen Aktien ausfindig zu machen. Wenn der Kurs eines börsennotierten Unternehmens im Wert fällt, so hat dies zumeist einen von zwei Gründen: Entweder, die Firma selbst befindet sich in einer schwierigen Lage und hat mit Problemen zu kämpfen oder der Gesamtmarkt unterliegt einer Krise und zieht den Wert der Aktie herunter. Ursachen für den ersten Grund können sowohl firmenintern zu finden sein, beispielsweise durch Fehlmanagement, aber auch die ganze Branche betreffen. Hier sollten Sie Vorsicht walten lassen und die Entwicklung dieser fundamentalen Faktoren beobachten, bevor Sie Ihr Kapital investieren. Der Preisrückgang muss nicht unbedingt temporärer Natur sein, sondern könnte ein erstes Anzeichen für ernsthafte Schwierigkeiten des Unternehmens darstellen. Sollte eine Abwärtsbewegung des Gesamtmarktes für den Kursfall eines eigentlich gesunden und solide wirtschaftenden Unternehmens sein, so kann dies in der Tat eine gute Kaufgelegenheit darstellen. Auch hier ist jedoch Geduld angebracht. Sie wissen nicht, ob es sich lediglich um eine Kurskorrektur der Märkte handelt oder eine ernstzunehmende Rezessionsphase bevorsteht. Sollte dies der Fall sein, so können die Preise für Aktien über einen langen Zeitraum fallend sein, auch bei den kerngesunden Firmen. Sie müssen nicht der Held sein, der das Tief einer solchen Phase erkennt und zum Kauf nutzt. Bringen Sie auch hier die nötige Geduld auf und warten ab, bis sich die Lage beruhigt, bevor Sie wieder mit Investitionen einsteigen. Der Preis einer Aktie ist der, der er gerade ist. Akzeptieren Sie dies und versuchen Sie ihn nicht als teuer oder preiswert zu deklarieren. Wichtig ist lediglich, ob der Preis vom jetzigen Zeitpunkt langfristig wieder steigen wird oder nicht.

7. KONZENTRIEREN SIE SICH AUF DIE DINGE, WELCHE SIE TATSÄCHLICH KONTROLLIEREN KÖNNEN.

Sowohl beim Investieren als auch beim Spekulieren versuchen wir zwangsläufig, zukünftige Ereignisse nach Ihrer Wahrscheinlichkeit vorherzusehen. Seien Sie sich allerdings stets darüber im Klaren, dass Sie mit Ihrer Prognose falsch liegen können, denn wie bereits mehrfach unterstrichen, können wir die Zukunft niemals sicher voraussagen. Sie haben auf diese Entwicklung schlicht keinerlei Einfluss,

also akzeptieren Sie dies. Was Sie jedoch durchaus beeinflussen können, ist Ihr Handelssystem. Sichern Sie sich daher stets gegen den Fall ab, dass Sie sich mit Ihrer Investitions- oder Tradingidee geirrt haben und die Kurse eine andere Richtung als erwartet einschlagen. Halten Sie sich strikt an Ihr Regelwerk und korrigieren Sie niemals im Nachhinein beziehungsweise während eines laufenden Trades Ihre Absicherung. Dies ist wohl eine der größten psychologischen Fallen im Börsenhandel und ich kann deren Bedeutung nicht genug hervorheben. Der Drang, einen Verlust nicht zu realisieren und damit einen Irrtum zuzugeben ist unglaublich stark in uns verwurzelt. Widerstehen Sie diesem um jeden Preis oder Sie geben Ihre Kontrolle aus der Hand und werden mit großer Sicherheit beim Trading Geld verlieren.

8. HABEN SIE KEINE ANGST DAVOR, EINEN GEWINN ZU VERPASSEN.

Neben der Neigung, uns Fehler nicht eingestehen zu können und daher unnötig lange an Verlusttrades festzuhalten, ist dies wohl der zweite der am weitesten verbreiteten und folglich schädlichsten psychologischen Fallen beim Börsenhandel – die Angst davor, einen Gewinn zu verpassen. Dem zugrunde liegt unsere Gier, welche allen Menschen ein Stück weit innewohnt. Ich kann Ihnen kaum sagen, wie oft ich selbst diesem Phänomen zum Opfer gefallen bin und wie sehr es mich auch heutzutage noch schmerzt, wenn ein Markt in die von mir gewünschte Richtung zu laufen beginnt, ohne dass ich zuvor die Möglichkeit hatte, mit einem Trade einzusteigen. Nehmen wir nochmals das Beispiel mit dem Handelssystem, welches voraussetzt, dass ein Markt an drei aufeinanderfolgenden Tagen steigen muss, bevor Sie eine Longposition eröffnen und damit auf steigende Kurse setzen.

Nun stellen Sie sich vor, der Markt fällt seit Wochen und Sie warten sehnsüchtig auf einen passenden Einstieg, welcher Ihrem Handelssystem entspricht. Nun endlich scheint Ihre Zeit gekommen zu sein und der Kurs steigt an zwei Tagen hintereinander. Bereits jetzt kitzelt Ihnen der Zeigefinger und es drängt Sie stark danach, schon verfrüht in den Trade einzusteigen. Doch Sie sind diszipliniert und halten sich an Ihr Regelwerk. Am dritten Tag korrigiert nun der Markt nach unten und es kommt daher zu keinem Einstiegssignal. An den beiden Folgetagen ist es dann soweit und der Preis explodiert förmlich, während Sie paralysiert vor dem Bildschirm sitzen und der Chance hinterhertrauern. Hier eröffnet sich ein immenses Potenzial für gleich zwei Fehler:

1 Der erste wäre, tatsächlich verfrüht den Trade zu eröffnen, obwohl Ihr System noch kein offizielles Einstiegssignal erzeugt hat. In diesem Falle hätten Sie womöglich Glück gehabt, doch dieses Glück wird Sie auch in Zukunft dazu bewegen, die Regeln Ihres Handelsansatzes zu missachten, was auf Dauer **zwangsläufig** dazu führt, dass Sie Geld verlieren werden.

2 Der andere Fehler wäre, unsystematisch im Nachhinein in den Trade einzusteigen, nachdem der Kurs schon viel zu weit in die von Ihnen erwartete Richtung gelaufen ist. Sie verschlechtern damit ungemein Ihr Chance-Risiko-Verhältnis, was ich Ihnen im folgenden Kapitel über Moneymanagement noch genauer erläutern werde. Auch dies führt auf lange Sicht zu Kapitalverlust.

Akzeptieren Sie also die Situation als das, was Sie ist – ein Trade, welchen Sie aufgrund eines nicht aufgetauchten Einstiegssignals verpasst haben und mit welchem Sie folglich weder Geld verloren noch gewonnen haben. Sie werden genügend neue Chancen erhalten, vertrauen Sie mir!

9. BEURTEILEN SIE EINE ENTSCHEIDUNG NICHT AUFGRUND DES ERGEBNISSES.

Nehmen wir an, Sie haben ein Handelssystem entwickelt, welches im langfristigen Durchschnitt in zwei von drei Fällen verliert, bei jedem dritten Versuch jedoch das Vierfache des Verlustes gewinnt.

PRAKTISCHES BEISPIEL

ICH VERDEUTLICHE DIES ANHAND EINES ZAHLENBEISPIELS:

Trade 1 verliert 50 $, Trade 2 verliert nochmals 50 $ und Trade 3 gewinnt schließlich 200 $. Nach drei Trades hätten Sie also in Summe 100 $ verdient. Nun handelt es sich hierbei natürlich um einen langfristig betrachteten Schnitt und die

Chance, dass nach einer Stichprobe von nur drei Trades exakt dieses Ergebnis zustande kommt, ist recht gering. Bei einer Verlustchance von 66,6 % wird es nicht selten vorkommen, dass Sie diverse Verlusttrades hintereinander realisieren müssen. Nun kommen Sie nach einer Reihe von sieben verlorenen Versuchen sicher ins Grübeln – ist Ihr System wirklich so gut, wie Sie es sich gedacht haben? Also setzen Sie das System aus und beobachten verzweifelt, wie Ihr System gleich drei Gewinner hintereinander erzeugt. Dies bezeichnet man als Regression zur Mitte, Ihr Handelsansatz nähert sich also wieder dem Durchschnitt an. Sie haben jedoch Ihre grundsätzliche Handelsidee aufgrund einer vollkommen üblichen, temporären Negativphase direkt infrage gestellt und das System grundlos ausgesetzt.

EIN ANDERES BEISPIEL:

Sie haben sich ausführlich mit dem Aktienkauf auf Basis von gewissen Bewertungskennzahlen spezialisiert. Nun kaufen Sie anhand Ihrer Analyse die Aktien von fünf Unternehmen, von deren positiver Kursentwicklung Sie überzeugt sind. Nach einem halben Jahr stirbt auf tragische Weise der CEO eines Ihrer Aktienunternehmen und der Kurs der Aktie bricht schlagartig ein. Keinen Monat später brennt unerwartet die Hauptproduktionsfabrik des zweiten Unternehmens aus Ihrem Portfolio ab und auch dessen Kurs reagiert schlagartig mit einem Preissturz. Frustriert verkaufen Sie die Aktien all Ihrer fünf Firmen und kommen zu dem Schluss, dass Sie sich wohl auf die falschen Kennzahlen konzentriert haben und von nun an ein anderes System verfolgen sollten. Der Grundgedanke Ihres Handelsansatzes hat jedoch keinerlei Zusammenhang mit den zufällig aufgetretenen Tragödien, welche zwei Ihrer Unternehmen heimgesucht haben. Ihr Gehirn ist allerdings so ausgelegt, dass es sofort versucht, diesen Fehler bei sich und Ihrem System zu suchen und festzulegen. Überlegen Sie sich also stets, ob das aufgetretene Ergebnis wirklich das Resultat einer falschen Handelsidee war.

10. DIE BÖRSE HAT SICH NICHT GEGEN SIE VERSCHWOREN.

Ich kann Ihnen fast schon garantieren, dass Sie sich gerade in den ersten Monaten Ihrer Börsenaktivität mehr als einmal die Frage stellen werden, ob am anderen Ende Ihrer Internetleitung eigentlich ein Market Maker sitzt, welcher aus purer Boshaftigkeit die Kurse immer genau zu dem Punkt fallen lässt, wo Ihre absichernde Stop Order liegt, um Sie mit Verlust aus dem Trade zu schmeißen und dann den Kurs direkt wieder steigen zu lassen. Das andere klassische Beispiel ist, wenn Sie ein Börsenprodukt über eine sogenannte Limit Order kaufen möchten, diese aber knapp verfehlt wird. Lassen Sie mich dies erklären: Angenommen, eine Aktie kostet zum aktuellen Zeitpunkt 100 $. Nach Ihrem System wären Sie bereit, diese bei einem Preisfall auf 90 $ zu kaufen und übermitteln Ihrem Broker entsprechend eine Limit Kauf Order bei 90 $, sodass dieser Ihnen die Aktie automatisch beim Erreichen dieses Kurses einbuchen würde. Wie von Ihnen erwartet fällt die Aktie noch. Bei exakt 90,20 $ dreht der Kurs allerdings und beginnt wieder, wie von Ihnen erwartet, zu steigen. Da Ihr Zielpreis nicht erreicht wurde, erhalten Sie die Aktie auch nicht. In der Tat ist so etwas ärgerlich, doch es passiert häufiger, als Ihnen lieb ist und hat nichts mit einer Verschwörung gegen Sie zu tun. Entweder, Sie haben schlicht Pech und der Kursverlauf zu Ihrem Nachteil ist ein Produkt puren Zufalls oder Sie haben Ihre Order an einem wichtigen psychologischen Chartkurs platziert. Stellen Sie sich das Ganze so vor: Sie möchten wie oben beschrieben bei 90 $ kaufen. Neben Ihnen wollen tausende andere Trader dasselbe tun. Da nun einige von diesen befürchten, dass der Kurs bereits vor der wichtigen runden Marke von 90 $ drehen könnte und sie Angst haben, den Trade zu verpassen, beginnen viele Trader mit dem Kauf schon etwas vor der magischen 90. Da nun also bereits vor diesem Preislevel Kauforders akkumuliert werden, ist es nicht verwunderlich, dass als Resultat einer sich selbst erfüllenden Prophezeiung der Kurs oftmals schon etwas vor diesen Marken zu drehen beginnt. Egal, ob durch Zufall oder einem Chartkurs von hohem Interesse, versuchen Sie, sich nicht über derartige Vorkommnisse zu ärgern und akzeptieren Sie, dass Sie keinesfalls der Grund für diese sind.

11. SCHEUEN SIE SICH NICHT, DEN TASCHENRECHNER ZU BENUTZEN.

Dem Menschen fehlt ein intuitives Verständnis von Wahrscheinlichkeiten. Wir neigen dazu, lediglich die Höhe der möglichen Rendite eines Investments zu betrachten, ohne dabei genügend das Risiko in unsere Überlegungen mit einzubeziehen.

PRAKTISCHES BEISPIEL

ZWEI WAHRHAFT UNGLEICHE ANLEIHEN:

Ihnen stehen zwei verschiedene Investmentmöglichkeiten für Unternehmensanleihen zur Auswahl, zwischen denen Sie sich entscheiden müssen. Die erste bietet Ihnen eine Festverzinsung von 10 % bei einem Totalverlustrisiko von 15 %. Die zweite bietet Ihnen einen Zins von 5 % bei einem Totalverlustrisiko Ihres eingesetzten Kapitals von 5 %. Nun würde ich Ihnen selbstverständlich kein Investment mit einem von vornherein zur Debatte stehenden Totalverlustrisiko empfehlen, aber es geht mir um das theoretische Beispiel. Wenn es Ihnen geht, wie den meisten Menschen, so sehen Sie zu allererst einen zweistelligen Renditebetrag und Ihre Augen leuchten. Dieser ist in der Tat doppelt so hoch wie bei Investment Nummer 2, doch gleichzeitig hätten Sie das Dreifache an Risiko zu tragen. Rein objektiv betrachtet wäre also das zweite Investment die deutlich bessere Wahl, dennoch entscheiden wir uns in der Praxis häufig instinktiv für die höhere Rendite. Die einzige Ausnahme bildet der Null-Risiko-Fall. Wir haben eine unglaublich hohe Tendenz dazu, bereitwillig einen vollkommen überhöhten Preis dafür zu bezahlen, nur um auch den letzten Rest des Risikos zu eliminieren.

Verändern wir dafür unser Beispiel wie folgt: Das erste Investment bietet Ihnen nach wie vor eine Festverzinsung von 10 % bei einem Verlustrisiko von 2 %. Investment 2 ist nun aber mit einer Verzinsung von nur noch 2 % ausgeschrieben, dies allerdings bei einem Totalverlustrisiko von 0 %. Sie könnten sich hier nun ein grandioses Investment von hervorragenden 10 % sichern und würden nur in einem von fünfzig Fällen Ihr Geld verlieren. Dennoch würden sich die meisten Menschen für die fünffach geringere Rendite von 2 % entscheiden, nur um auch dieses letzte, unwahrscheinliche Risiko auszuschließen. Versuchen Sie daher immer so gut es geht, das Verhältnis von Chance und Risiko aus mathematischer Sicht zu betrachten und weniger Ihrem Gefühl zu vertrauen, denn dieses liegt in diesen Angelegenheiten zumeist falsch. Auch für die Berechnung von exponentiellem Wachstum, beispielsweise um den Zinseszinseffekt eines Investments zu ermitteln, sollten Sie stets den Taschenrechner bemühen, da unserem Gehirn weitestgehend die Vorstellungskraft für dieses Phänomen fehlt.

12. VERWECHSELN SIE NICHT ABHÄNGIGE MIT UNABHÄNGIGEN EREIGNISSEN.

PRAKTISCHES BEISPIEL

KAFFEE- VS. PHARMAINDUSTRIE:

Angenommen, Sie vergleichen gerade zwei Unternehmen miteinander. Das eine ist in der Medizinbranche tätig, das andere ein Kaffeeproduzent. Beide Firmen haben in den letzten Jahren hervorragend gewirtschaftet, das Management wirkt kompetent, die Bilanzen sehen sauber aus und das Geschäftsmodell ist zukunftsorientiert und fundiert. Sie haben nun die Wahl, in eine dieser beiden Aktien zu investieren. Diese wird mit 50 %iger Wahrscheinlichkeit auf das eine oder mit 50 %iger Wahrscheinlichkeit auf das andere Unternehmen fallen. Dennoch handelt es sich hierbei um ein abhängiges Ereignis, da beide Firmen von fundamentalen Ereignissen abhängig sind, auf welche sie zum Teil nicht einmal eigenen Einfluss haben. Es könnte zum Beispiel die Kaffeeernte ausfallen und den Kaffeeproduzenten entsprechend in Bedrängnis bringen. Ich möchte hier nicht für Unternehmen 1 oder 2 plädieren, sondern lediglich den Fall eines von äußeren Bedingungen abhängigen Ereignisses darstellen.

Anders verhält es sich zum Beispiel bei einem Münzwurf. Hierbei haben wir es zunächst ebenso mit einer Wahrscheinlichkeit von 50 % zu tun, dass die Münze nach dem Werfen „Kopf" zeigt und 50 %, dass sie „Zahl" zeigt. Nun stellen Sie sich vor, Sie werfen die Münze zehn Mal und bei jedem Wurf war das Ergebnis „Kopf". Es handelt sich um eine ungezinkte Münze. Unser Gehirn spielt uns nun mit jedem weiteren Wurf den Streich, dass es uns Glauben macht, die Chance würde immer größer, dass beim nächsten Mal „Zahl" zu sehen sein wird. Logischerweise ist dem aber nicht so, auch bei jedem weiteren Wurf ist die Wahrscheinlichkeit sowohl für „Kopf" als auch für „Zahl" 50 %. In seinem Buch „How we decide" beschreibt Jonah Lehrer, wie es in Monte Carlo im Jahr 1913 zu dem Fall kam, dass am Roulette Tisch die Kugel zwanzig Mal hintereinander auf dem schwarzen Feld gelandet ist. Die Leute scherten sich in Massen um den Tisch und begannen, Unsummen Geldes auf „rot" zu setzen, da ihr Kopf davon ausging, dass mit jedem weiteren Versuch

die Chancen dafür steigen würde. Es handelt sich jedoch sowohl bei der Münze als auch beim Roulette um unabhängige Ereignisse, deren Wahrscheinlichkeit immer konstant bleibt. Vermeiden Sie es, auf diesen Denkfehler in der Praxis hereinzufallen. Lassen Sie eine konstante Vorsicht auch bei Investments walten, welche sich über einen langen Zeitraum positiv entwickeln.

BETRACHTEN WIR FÜR DIESES ARGUMENT DEN WOCHENCHART DES PALLADIUM FUTURES SEIT BEGINN DES JAHRES 2016:

Quelle: Palladium Future Chart TradingView.com

Stellen Sie sich vor, Sie hätten nun im Januar 2016 erstmals in Palladium investiert. Spätestens nach zwei Jahren hätten Sie sich wahrscheinlich unbesiegbar gefühlt. Im Jahr 2018 kam es dann zu einer etwas ernüchternden Korrektur, doch danach hat das Industriemetall seinen unaufhaltsamen Kursverlauf nach oben wieder aufgenommen. Dies verleitet uns zu zwei gefährlichen Handlungen:

1 Wenn wir ein Investment halten, welches über einen derart langen Zeitraum nur steigt, neigen wir dazu, zu glauben, es könne überhaupt nicht mehr fallen. Wir kaufen daher bei jeder kleineren Korrektur Mengen nach, die weder unserer Kontogröße noch der ursprünglichen Idee unseres Handelssystems entsprechen.

2 Die zweite Gefahr liegt darin, dass wir nachlässig mit unseren Absicherungen durch Stop Orders umgehen. Da unser Investment ja ausschließlich am Steigen ist, erscheint es uns nicht mehr notwendig, unsere Absicherung systemkonform anzulegen oder nachzuziehen.

Ein maximal extremes, aber durchaus im Bereich des Möglichen liegendes Resultat sehen Sie am Ende dieses Charts. Zu Beginn der Coronakrise hat Palladium über 50 % an Wert verloren. Einen derartigen Preisverfall konnte bei dem großen Gewinnermetall der letzten Jahre wahrlich niemand voraussehen und wer hier sorglos mit seinen Positionsgrößen oder Absicherungen umgegangen ist, musste vermutlich empfindliche Verluste hinnehmen. Merken Sie sich daher, kein Investment ist unverwundbar, auch wenn es noch so lang in die von Ihnen gewünschte Richtung gelaufen ist.

13. DER MENSCH NEIGT DAZU, VERLUSTEN MEHR WERT ZUZUGESTEHEN ALS GEWINNEN.

Wenn Sie bereits über ein wenig Tradingerfahrung verfügen, so blicken Sie bitte auf Ihr letztes Handelsjahr zurück. An welche Trades können Sie sich eher erinnern, die großen Verlierer oder die großen Gewinner? Teilweise schmerzen uns unsere Verlustgeschäfte dermaßen, dass wir dazu geneigt sind, die guten Trades und Tage rückblickend vollständig auszublenden. Es existiert die Theorie, dass ein Gewinn der doppelten Summe notwendig ist, um die gleiche Menge an Glücksgefühl zu erzeugen, wie ein Verlust der halben Summe an Unglücksgefühl hervorbringt. Dies bedeutet, Sie müssen 2.000 Euro gewinnen, um emotional den Verlust von 1.000 Euro auszugleichen. Natürlich handelt es sich hierbei um eine sehr vage und theoretische Betrachtungsweise, doch ich kann Ihnen aus eigener Erfahrung bestätigen, dass diese Aussage der Wahrheit entspricht, wenn ich von meinen eigenen Gefühlen ausgehe. In der Praxis hat dies zur Folge, dass wir unter allen Umständen versuchen, Verluste zu vermeiden. Das ist selbstverständlich grundsätzlich nicht verkehrt, wird jedoch dann gefährlich, wenn Sie sich weigern, sich von einem Investment zu trennen, welches im Verlust liegt und eigentlich nicht mehr Ihrem Investitionsplan entspricht. Dennoch behalten Sie dieses im Depot, um den bislang theoretischen Verlust nicht zu realisieren. Lernen Sie daher, Verluste zu akzeptieren und als normale Gegebenheit im Trading hinzunehmen.

14. ACHTEN SIE DARAUF, EINE SACHLAGE NICHT UNTERSCHIEDLICH ZU INTERPRETIEREN, WEIL SIE SYMPATHISCHER DARGESTELLT WIRD, ALS SIE IST.

Welchen dieser beiden Sätze hören Sie in Bezug auf eine Aktie, welche Sie im Depot halten, lieber:

„DER WERT DER AKTIE IST SEIT GERAUMER ZEIT AM FALLEN."

„DIE AKTIE BEFINDET SICH IN EINER TEMPORÄREN KORREKTUR."

Wenn Sie mich fragen, so könnte ich definitiv besser mit dem Wissen leben, dass mein Investment nur einer zeitlich begrenzten, natürlichen Preiskorrektur unterliegt, als dass diese permanent an Wert verliert. Beide Sätze beschreiben exakt denselben Sachverhalt – der Kurs der Aktie fällt. Es ist jedoch ganz natürlich, dass wir versuchen, Probleme von Werten, die sich in unserem Besitz befinden, möglichst klein zu reden und dies entsprechend ausdrücken. Lassen Sie sich weder in Bezug auf Ihre bereits getätigten Investments noch für infrage kommende Investitionen von Wortmalerei täuschen. Sollten Sie für Ihren Handelsansatz aktuelle Meldungen der Presse in Ihre Überlegungen mit einbeziehen, so lesen Sie stets zwischen den Zeilen und lassen sich nicht durch geschickte Wortwahl in Ihrer Entscheidung beeinflussen. Eine Aktie, die fällt, tut dies aus einem bestimmten Grund und diesen gilt es zu ermitteln.

15. SEIEN SIE SKEPTISCH, WENN MEDIEN ALLZU EINSTIMMIG EINE BESTIMMTE AKTIE LOBEN.

Schon oft wurden vor größeren wirtschaftlichen Krisen gewisse Unternehmen durch Fachzeitschriften, Internetforen und von allseits bekannten Börsenexperten für ihr außerordentlich fähiges Management, effiziente Produktions- und Lieferketten und besonders robuste oder zukunftsorientierte Geschäftsmodelle in den Himmel gelobt. Nachdem die Aktienpreise besagter Unternehmen dann im Zuge der Rezession massiv gefallen waren, bleibt zumeist von all der Wertschätzung nicht viel übrig. Das Management war plötzlich doch zu gierig oder überambitioniert, der Produktionsablauf

hätte besser geplant werden müssen und überhaupt hat die Branche im Wandel der Zeit kaum noch Zukunftsaussichten. Ähnlich wie die allseits bekannten Tageszeitschriften mit den großen Buchstaben, so sind auch die wirtschaftsorientierten Medien äußerst launisch und deren Gutachten und Zukunftsprognosen mit äußerster Skepsis zu betrachten. Beziehen Sie nur Meinungen von Anbietern und Spezialisten in Ihre Investitionsüberlegungen mit ein, denen Sie volles Vertrauen schenken und von deren Kompetenz Sie durchweg überzeugt sind. Und auch bei diesen bedenken Sie stets, dass sie sich irren können.

16. ÜBEN SIE SICH IN ZURÜCKHALTUNG.

Sicher ist Ihnen dieses Gefühl bekannt: Sie haben gerade ein vielversprechendes Seminar besucht und eine neue Handelsstrategie kennengelernt, welche Ihnen absolut vielversprechend erscheint. Nun können Sie es kaum erwarten, diese in der Praxis zu handeln und die ersten Trades zu eröffnen. Ärgerlicherweise erzeugt das System im Jahr nur etwa dreißig Einstiegssignale und so müssen Sie sich zunächst in Geduld üben. Sie analysieren also pflichtbewusst am Wochenende die Märkte und stellen dabei fest, dass Gold und Kupfer schon bald für einen potenziellen Trade infrage kommen. Sie müssen also nur noch auf den passenden Einstieg warten, doch dieser will einfach nicht kommen. Nach drei langen Wochen des Wartens haben Sie genug. Auch wenn es noch kein eindeutiges Signal zum Eingehen des Trades gab, eröffnen Sie schon einmal die erste Position. Schließlich wollen Sie nicht riskieren, dass der Markt ohne Sie losläuft und Sie womöglich den Gewinn verpassen. Das Resultat – der Trade läuft direkt gegen Sie und wird nach kurzer Zeit im Verlust ausgestoppt.
Der starke Drang zum Handeln liegt in unserer menschlichen Natur. Mehrere Einflüsse haben Sie hier zum vorschnellen Agieren bewegt: Ihre Ungeduld, die Angst und damit verbundene Gier, Sie könnten den Trade verpassen aber auch Ihre Euphorie und Ihr Aktionismus. Gerade bei neu Gelerntem verspüren wir eine starke Antriebskraft, dieses in die Tat umzusetzen. Doch genau dies sollte der Zeitpunkt sein, an dem wir uns umso entschiedener um Geduld bemühen sollten. Denn wenn Sie bereits mit den ersten Trades eines neuen Handelssystems schlechte Erfahrungen machen, so wird es Ihnen umso schwerer fallen, Vertrauen in dieses zu entwickeln und es dauerhaft weiter zu betreiben. Im Börsengeschäft ist es eminent wichtig, dass Sie auf die richtigen und eindeutigen Gelegenheiten warten. Handeln Sie nach

einem Regelwerk, welches keinen Spielraum für Interpretation oder emotionale Fehler zulässt. Die Trades werden kommen und es ist weniger ärgerlich, einmal eine Gelegenheit zu verpassen oder auszulassen, als bewusst gegen das eigene System zu handeln und dann mit den Konsequenzen leben zu müssen, selbst wenn diese das eine oder andere Mal zu Ihren Gunsten ausfallen. Im absoluten Zweifelsfall entscheiden Sie sich tendenziell eher gegen einen Einstieg in den Trade als dafür. Ein wesentlicher Unterschied des Börsenhandels zu den meisten anderen Arbeiten und Berufsfeldern ist, dass mehr Arbeit und Aktivität nicht automatisch auch mehr Ergebnis und Fortschritt bedeutet. Dies erscheint gerade ambitionierten, fleißigen und ehrgeizigen Menschen vollkommen befremdlich, da es allem widerspricht, was Sie in Ihrer Karriere bislang gelernt und erfahren haben. Oftmals ist an der Börse jedoch Nichtstun die allerbeste Option!

17. FÜR GUTE RESULTATE LOBEN WIR GERN UNS SELBST, FÜR SCHLECHTE MACHEN WIR ÄUẞERE FAKTOREN VERANTWORTLICH.

Ich kann mich gut an einen Trade aus dem Jahr 2019 im Kupfer Future erinnern. Das Industriemetall war über einen längeren Zeitraum preislich am Fallen und entsprechend waren immer weniger Produzenten gewillt, Kupfer derart günstig zu verkaufen. Die Situation entwickelte sich dahin, dass die fundamentale Datenlage für einen Long Trade, also eine Spekulation auf steigende Kurse, immer interessanter wurde. Schließlich erreichte das Metall eine wichtige Preisunterstützungslinie im Chart. Bei einem Unterstützungslevel handelt es sich um eine Preiszone, bei welcher anzunehmen ist, dass viele Käufer aktiv werden und somit die Kurse zum Steigen antreiben. Obwohl mein System noch kein eindeutiges Einstiegssignal ausgegeben hatte, entschied ich mich dafür, Kupfer zu kaufen und sicherte mich durch eine Stop Order ab. Ich handelte zwar nicht systemgetreu, hatte jedoch Glück, denn Kupfer begann nach einigen Tagen tatsächlich zu steigen. Ich klopfte mir auf die Schulter und dachte bei mir, „Du hast alles richtig gemacht!". Vom weiteren Kursanstieg überzeugt kaufte ich nochmals nach. Nachdem der Kurs eine Weile seitwärts verlief, erschien nun nach etwa zwei Wochen die Meldung, dass der US-Präsident Donald Trump die Strafzölle gegen China weiter verschärfen würde. Dies hatte nicht nur direkten Einfluss auf den Kupferhandel, sondern nachvollziehbarerweise auch auf die gesamte wirtschaftliche Situation. Kupfer wird gern als das Fieberthermometer der Wirtschaft

bezeichnet. Sein Kursverlauf spiegelt zumeist die aktuelle Stimmung an den Märkten wider. Der Preis reagierte sofort und Kupfer fiel in den nächsten Tagen, sodass ich ärgerlicherweise sowohl mit meinem ursprünglichen Trade als auch dem Nachkauf im Verlust ausgestoppt wurde. Natürlich machte ich den Präsidenten für seine undurchdachte und feindselige Politik für das Scheitern meiner Trades verantwortlich. Mit etwas emotionalem Abstand wusste ich aber, dass ich eigentlich mich selbst doppelt hätte tadeln müssen. Für den Erfolg, der sich zunächst eingestellt hatte, gab ich meiner eigenen vermeintlich klugen Entscheidung die Verantwortung, während ich die Schuld für den darauffolgenden Verlust an äußere Faktoren abschob. Stattdessen war die Ursache für das verlorene Geld gleich zweifach bei mir zu finden. Ich hätte niemals gegen mein Handelssystem den ursprünglichen Kauf eingehen dürfen, denn es gab schlichtweg noch kein Einstiegssignal für diesen. Auch der Nachkauf geschah aus dem Bauchgefühl heraus und war nicht gerechtfertigt. Hier sollte mein Ärger ausschließlich meinen eigenen Fehlentscheidungen gelten und nichts anderem. Dass die fundamentale Lage sich durch die Strafzölle zu meinen Ungunsten wendete, war schlicht Pech, doch solche Situationen sind weder eine Seltenheit noch geschah dies zu diesem Zeitpunkt vollkommen unerwartet. Übernehmen Sie immer die volle Verantwortung für Ihre Fehler und falschen Entscheidungen, lernen Sie daraus und machen es beim nächsten Mal besser.

18. LASSEN SIE VORSICHT WALTEN, WENN SIE MIT ALLZU VIEL ANFÄNGERGLÜCK GESEGNET SIND.

Können Sie sich noch an meine Geschichte aus dem ersten Kapitel erinnern, wie ich über meinen Gitarrenschüler Alex ursprünglich zur Börse gekommen bin? Alex hat in seiner Unerfahrenheit bei all seinen ersten Trades sein volles Kapital eingesetzt und damit mehrfach ein unverschämtes Glück gehabt. Doch die Märkte schlagen bei solch einem Verhalten zwangsweise zurück und so vernichtete er binnen weniger Tage sein Tradingkonto. Anfängerglück ist natürlich, wie jede Form von Glück, eine schöne Sache, doch neigen wir in dieser Situation schnell dazu, unvorsichtig zu werden und unverhältnismäßige Risiken einzugehen. Wenn Sie einen neuen Handelsansatz verfolgen, so empfiehlt es sich, dass Sie sich zunächst an erfahrene Händler wenden, welche Sie umfassend über die Risiken und möglichen Fehlerquellen unterrichten und Ihnen Hinweise und Anleitungen geben, wie Sie Ihr Konto schützen können. Entgegen einer breiten Meinung hat der Börsenhandel wenig mit Talent zu tun,

sondern vielmehr mit Erfahrung, Lernwillen, Risikobewusstsein und, im Falle von spekulativen Ansätzen, auch einem Grundverständnis für Mathematik, insbesondere Stochastik. Wer sich jedoch allzu schnell unangreifbar und allwissend fühlt, wird früher oder später mit negativen Konsequenzen zu rechnen haben. Gehen Sie daher immer tendenziell eher vorsichtig und passiv an neu Erlerntes heran und halten Sie sich genau an das von Ihnen erarbeitete oder erlernte Regelwerk. Sollten Sie dieses von einem anderen Trader erhalten haben oder gar im Internet oder einer Fachzeitschrift entnommen haben, so nehmen Sie sich die Zeit und testen es ausführlich anhand historischer Charts.

19. INTERPRETIEREN SIE EREIGNISSE NICHT IM NACHHINEIN ZU IHREN GUNSTEN UM.

Wir neigen dazu, uns die Situation nach einem Fehlschlag so zurechtzulegen, als wenn dieser in gewisser Weise sogar eingeplant war und verharmlosen damit das aufgetretene Problem. Kommen wir nochmals zurück zu dem soeben beschriebenen Kupfertrade aus dem Jahr 2019. Die fundamentalen Daten sprachen zunächst für eine Spekulation auf steigende Preise, es ist allerdings nicht zu einem klaren Einstiegssignal meines Handelssystems gekommen. Ich habe mich schon oft dabei ertappt, wie ich in solchen Situationen Trades mit einer geringeren Positionsgröße und damit einem verminderten Risiko eingegangen bin. Sollte ein solcher Handel zu einem Verlust führen, so kann man sich im Nachhinein die Spekulation schönreden, indem man sich einredet, es wäre ja nur ein Versuch gewesen. Unterlassen Sie solche Trades. Die kleineren Verluste summieren sich und schaden schlussendlich massiv Ihrer Gesamtperformance. Darüber hinaus belügen Sie sich selbst und reden eine schlecht getroffene Entscheidung klein. Nehmen Sie jeden Trade ernst und gehen ihn mit derselben Seriosität an. Ein anderes Beispiel wäre der Kauf einer Aktie, von deren baldigem Preisanstieg Sie überzeugt sind. Nun läuft der Kurs allerdings geraume Zeit gegen die von Ihnen erwartete Richtung. Statt zu akzeptieren, dass Sie womöglich in ein Unternehmen mit fundamentalen Schwierigkeiten investiert haben oder sich schlicht in Ihrer Prognose geirrt haben, ist eine oft verwendete Floskel „die Aktie schwächelt nur etwas". Hier haben wir es zudem wieder mit der zuvor beschriebenen Problematik zu tun, ernsthafte Probleme durch den Gebrauch von Wortmalerei zu beschönigen. Gehen Sie offen mit Fehlentscheidungen um und korrigieren Sie diese gemäß Ihres Handelsplans umgehend.

20. VERFALLEN SIE NICHT DEM IRRGLAUBEN, SIE WÜRDEN DAS TRADING BEHERRSCHEN, WEIL SIE EINE POSITIVE RENDITE AUF EINEM DEMOKONTO ERWIRTSCHAFTET HABEN.

Ich wähle diesen Punkt bewusst zum Abschluss, denn hierbei handelt es sich um eines der größten Missverständnisse des Börsenhandels. Nahezu jeder Tradingcoach wird Ihnen den Ratschlag geben, die neu erlernte Handelsstrategie zunächst auf einem Konto mit Demogeld zu testen, welches Ihnen jeder Broker kostenlos zur Verfügung stellt. Dies mag auch grundsätzlich nicht verkehrt sein, doch werden Sie so schnell dem Irrglauben verfallen, Sie seien in der Lage, die jeweilige Strategie tatsächlich in der Praxis zu handeln, nur weil Sie auf dem Demokonto Erfolg damit hatten. Ich versichere Ihnen, dem ist nicht so. Der Grund dafür ist sehr einfach: Alle zuvor in diesem Kapitel aufgeführten psychologischen Kräfte wirken beim Handel eines Demokontos nicht! Ich hoffe jedoch, dass Ihnen die Bedeutung und essenzielle Wichtigkeit dieser Faktoren zum jetzigen Zeitpunkt bewusst geworden ist. Ich widerspreche den anderen Tradingcoaches keinesfalls. Bevor Sie mit einem neuen System in den Live Handel einsteigen, sollten Sie sich mit diesem eine gewisse Zeit im Demomodus vertraut gemacht haben, um dessen Funktionsweise und den Handelsablauf kennenzulernen und zu verinnerlichen. Sobald dies geschehen ist, sollten Sie jedoch binnen kürzester Zeit in den Handel mit Echtgeld wechseln. Hier genügt bereits eine sehr kleine Kontosumme. Selbst wenn diese in Kombination mit den damit verbundenen Gebühren den Handel noch nicht wirklich sinnvoll gestaltbar macht, so werden Sie dennoch sehr schnell merken, dass Sie plötzlich das Trading Ihres neuen System mit ganz anderem Interesse und allem voran deutlich stärkeren Emotionen verfolgen. Sie nehmen Ihre Tätigkeit plötzlich mit einer anderen Ernsthaftigkeit wahr, als Sie es mit Demogeld jemals hätten tun können. Sie werden die Umsetzung eines Tradingsystems nur dann erfolgreich erlernen, wenn Sie dieses mit Ihrem echten Geld handeln.

21. ABSCHLIEßENDE WORTE

Ich muss an dieser Stelle einräumen, dass dieses Kapitel über Börsenpsychologie länger geworden ist, als ich es selbst ursprünglich geplant hatte. Dies unterstreicht jedoch nur nochmals die maßgebliche Wichtigkeit dieser Thematik. Ohne die Beachtung der von mir angesprochenen Punkte werden Sie auf Dauer nicht in der Lage

sein, rentabel an der Börse zu handeln, unabhängig davon, wie ausgereift und durchdacht Ihr Handelssystem ist. Bevor Sie also kurz davor stehen, sich eventuell dafür zu entscheiden, aus einem bestimmten Grund einige Regeln Ihres Systems zu brechen, rufen Sie sich die Liste dieser psychologischen Fallstricke vor Augen und prüfen Sie, ob Sie eventuell Gefahr laufen, einem dieser unvorteilhaften Denkmuster zum Opfer zu fallen. Noch besser wäre es, diese Punkte in wenigen Worten untereinander als eine Art Checkliste aufzuschreiben, sodass Sie stets über eine kurze Übersicht der psychologischen Börsenfallen verfügen. Allgemein kann ich Ihnen gerade in den ersten Jahren nur ans Herz legen, genauestens Buch über Ihre Handelsaktivitäten zu führen. Schreiben Sie sich nicht nur auf, welchen Trade Sie wann und zu welchem Preis eröffnet und geschlossen haben, sondern ebenso, auf Basis welchen Systems Sie sich auf den Handel eingelassen haben und welche Gedanken Sie dabei hatten respektive welches Ziel Sie verfolgt haben. Sie werden feststellen, dass es Ihnen auf diese Weise deutlich leichter fallen wird, eventuelle Verluste auf bestimmte Fehler zurückzuführen und in Zukunft bewusster zu urteilen und diese zu vermeiden.

Ein letztes großes Missverständnis möchte ich an dieser Stelle noch ansprechen: Erwarten Sie keinesfalls, an der Börse schnell reich zu werden! Geschichten von sagenumwobenen Händlern, welche innerhalb eines Jahres mit 5.000 Euro Ausganskapital eine Million Euro ertraden konnten, kursieren neben vielen anderen Legenden zuhauf im Internet. Durchaus gab es Trader wie Larry Williams, denen dieses Kunststück gelungen ist, doch haben sie dies keinesfalls durch seriöses und fundamental sicheres Traden geschafft. Williams selbst lächelt gern, wenn man ihn auf diesen Erfolg anspricht und räumt dabei ein, dass er einfach mit jedem Trade volles Risiko eingegangen ist und am Ende viel Glück hatte. Wenn Sie über genügend Kapital verfügen und den Hang zum Glücksspiel haben, so legen Sie sich bei Ihrem Broker ein Unterkonto zum Zocken an und statten dieses mit etwas Geld aus. Mit diesem Kapital können Sie nun risikoreich und nach Bauchgefühl handeln, wie es Ihnen gerade passt. Diese Art des Handelns sollte jedoch stets klar von Ihren seriösen Investments und Trades getrennt werden. Sofern Sie nur über ein Investitionskapital unter 100.000 Euro verfügen, sollten Sie derlei Späße ganz lassen und sich stattdessen auf den fundierten Aufbau Ihres Vermögens konzentrieren.

KAPITEL 7.3

RISIKO- UND MONEY MANAGEMENT

In diesem Kapitel werden wir uns mit der Frage beschäftigen, wie Sie Ihr Kapital im aktiven Handel optimal schützen können. Es ist eine gängige Meinung, dass die Themen Risiko- und Moneymanagement ausschließlich im spekulativen Bereich von Relevanz wären, ich bin jedoch der Auffassung, dass Sie sich auch als aktiver Investor damit auseinandersetzen sollten. Der Hintergrundgedanke des Risiko- und Moneymanagements ist die Erhaltung Ihrer finanziellen Basis, denn diese stellt nachvollziehbarerweise die Grundlage für Ihre Tätigkeit an der Börse dar. Beim passiven Investieren konzentrieren Sie Ihr Kapital in aller Regel in Fonds, welche eine Vielzahl von Aktienwerten oder Anleihen enthalten und damit auf einen langen Zeitraum betrachtet immer steigen werden. Was Sie hier also benötigen, sind Geduld und eine stabile Psyche, welche Sie davon abhält, in Ihr Portfolio einzugreifen, wenn es einmal stärker gegen Sie laufen sollte.

Wenn Sie jedoch Einzelaktien halten, so sieht die Angelegenheit bereits anders aus. Zwar ist die Chance gering, doch haben die Phasen nach Wirtschaftskrisen immer wieder gezeigt, dass

auch vermeintlich stabile und solide Unternehmen zum Teil ihre Allzeithochkurse nie wieder erreichen. Natürlich können Sie sich in so einem Fall auf die Dividende berufen, doch was, wenn Ihr Unternehmen tatsächlich vor einem Bankrott steht. Und offen gesagt, mir persönlich wäre eine reine Dividendenrendite auf Dauer auch nicht effektiv genug, auf lange Sicht möchte ich als Investor natürlich auch von einem Kursanstieg profitieren. Es macht also absolut Sinn, sich auch vor einem langfristigen Engagement in eine Aktie darüber Gedanken zu machen, ab welchem Punkt man sich gegebenenfalls von diesem Wert trennen würde. Darüber hinaus kann es durchaus auch von Vorteil sein, von Zeit zu Zeit Buchgewinne abzusichern, ohne diese direkt realisieren zu müssen, indem man den Trade schließt.

KLÄREN WIR ZUNÄCHST EINMAL, WORUM ES SICH IM EINZELNEN BEI RISIKO- UND MONEYMANAGEMENT HANDELT.

Das Risikomanagement beinhaltet vornehmlich die Planung eines Trades unter Risikogesichtspunkten. Es beschäftigt sich entsprechend mit der Frage, wie viel Geld Sie bereit sind, sowohl pro Trade als auch in Bezug auf Ihr Gesamtkapital zu riskieren. Das Moneymanagement hingegen kommt zum Tragen, wenn es um die gezielte Steuerung Ihres Kapitaleinsatzes beim Handeln geht. Durch das Zusammenspiel von beiden Faktoren wird also gegenübergestellt, wie viel Sie mit einem Trade gewinnen und auf der anderen Seite verlieren können und damit die Frage geklärt, ob sich dieser Trade lohnt beziehungsweise überhaupt Sinn macht.

Wie wir bereits besprochen haben, sind potenzielle Renditen immer auch mit Risiken verbunden. Dies gilt im Übrigen für alle Bereiche des Lebens. Um etwas zu erhalten, müssen Sie zunächst darin investieren und laufen Gefahr, dass Ihre Mühen umsonst waren und Ihnen ein Verlust droht. Entsprechend ist es naheliegend, dass die mögliche Belohnung umso größer sein sollte, je größer sich das Risiko darstellt, welches Sie bereit sind, einzugehen. Ähnlich verhält es sich mit den meisten Börsenszenarios. Da wir bereits festgestellt haben, dass sich niemals eine eindeutige Prognose darüber erstellen lässt, wie sich der Kurs eines bestimmten Wertes in Zukunft entwickeln wird, ist es zwingend notwendig, dass Sie Ihr Risiko systematisch begrenzen, um nicht mit einigen wenigen Trades Ihr komplettes Konto zu ruinieren. Das Risikomanagement stellt daher den einzigen Weg dar, um die Unsicherheit in

Bezug auf die zukünftigen Entwicklungen in eine gewisse Sicherheit umzuwandeln. Mit Hilfe des Moneymanagement steuern Sie dann schließlich Ihr Investitionskapital und bauen im Idealfall konsequent Ihr Vermögen auf. Entscheidend für die Herangehensweise an Ihr Risiko- und Moneymanagement ist dabei, als welche Art von Investor Sie sich verstehen. Wir haben im Kapitel über „Zielsetzung" vier Typen von Anlegern kennengelernt, ich bezeichne sie als den passiven Investor, den aktiven Investor, den Teilzeittrader sowie den professionellen Berufstrader. Schauen wir uns also an, inwieweit Sie sich als jeweiliger Investor mit den Themen Risiko- und Moneymanagement zu beschäftigen haben.

01. PASSIVER INVESTOR

Als passiver Investor haben Sie es hierbei aus nachvollziehbaren Gründen am einfachsten, da Sie im laufenden Handel möglichst wenig in Ihr Konto eingreifen werden und sich auch um eine Absicherung Ihrer Positionen keine Gedanken machen müssen. Dennoch müssen Sie gerade zu Beginn Ihres Handels die Risikoaufteilung in Ihrem Portfolio festlegen und diese gegebenenfalls im Laufe der Zeit nachjustieren.

Lassen Sie mich dies erläutern: Genau wie allen anderen Investorentypen, stehen Ihnen tausende verschiedener Fonds und Anleihen in Form von ETFs zur Verfügung. Einige von diesen verstehen sich als konservativ, sicher und zumeist dividendenorientiert, während andere sich auf Zukunfts- und Entwicklungsmärkte konzentrieren und entsprechend als risikoreicher einzustufen sind. Darüber hinaus gelten Staatsanleihen der großen Industrienationen als sicherere Anlagealternative gegenüber Aktien, erzeugen aber auch entsprechend **weitaus** weniger Rendite. Die Frage ist daher nun, wie Sie Ihr Konto aufteilen. Angenommen, Sie möchten ein Portfolio von 10.000 Euro einrichten und dieses Geld in verschiedene Werte investieren. Sie entscheiden sich dafür, eine etwas offensivere Strategie zu nutzen und investieren 75 % Ihres Kapitals in Aktien ETFs. Die restlichen 2.500 Euro fließen in ETFs auf Staatsanleihen. Das für Aktien aufgebrachte Kapital teilen Sie nochmals auf, indem Sie ein Drittel in risikoreichere, dafür aber eher chancenorientierte Werte investieren und die verbliebenen 5.000 Euro in einen ETF investieren, welcher eher konservativ ausgelegt ist und eine

solide Dividende auszahlt. Durch die Aufteilung Ihres Kontos nach diesem Beispiel haben Sie bereits aktives Risikomanagement betrieben. Nun stellen Sie nach einem Jahr fest, dass sich Ihre Aktienwerte weitaus besser entwickelt haben als die Anleihen. Entsprechend werden diese nun einen prozentual höheren Anteil an Ihrem Portfolio ausmachen als die ursprünglichen 75 %. An dieser Stelle macht ein sogenanntes Rebalancing Sinn. Das heißt, Sie verkaufen entweder einen Teil Ihrer Aktien ETFs, um das Geld in neue Staatsanleihen zu investieren und das ursprüngliche Anlage- und Risikoverhältnis wiederherzustellen oder Sie zahlen zusätzliches Kapital auf Ihr Brokerkonto ein, um von diesem neue Staatsanleihen ETFs zu erwerben und das Risikoverhältnis auf diese Weise wiederherzustellen. Auch dieser Vorgang stellt ein Management Ihres Risikos dar.

02. AKTIVER INVESTOR

Als aktiver Trader werden Sie vornehmlich Einzelwerte in Ihrem Portfolio halten, von deren Vorteil gegenüber dem Gesamtmarkt Sie überzeugt sind. Diese halten Sie entweder langfristig über Jahre, ähnlich dem passiven Ansatz, oder aber auf Basis von sogenanntem Positionstrading. Beim Positionstrading werden die verschiedenen Werte über mehrere Wochen bis Monate gehalten und dann gegebenenfalls geschlossen oder ausgetauscht, sobald sie entweder einen Zielkurs erreicht haben oder die fundamentalen Kriterien sich nicht mehr als ausreichend gut darstellen. In jedem Fall macht es hier Sinn, sich vor Eröffnung der Investition folgende zwei Fragen zu stellen:

1. Wie viel Kapital wäre ich bereit, mit diesem Trade zu verlieren?

2. Bis zu welchem Preis darf der Kurs gegen mich laufen, bis ich meine ursprüngliche Tradingidee als gescheitert akzeptiere?

PRAKTISCHES BEISPIEL

BREAKOUT NACH KORREKTUR:

Quelle: Tradenavigator Charts Microsoft Aktie

Dies ist der Kursverlauf der Microsoft Aktie ab 2018 im Wochenchart. Das bedeutet, dass jede der Kerzen den Kursverlauf von einer Woche darstellt. Wie Sie sehen, hat der Preis im letzten Quartal des Jahres 2018 korrigiert und ist ein Stück weit gefallen. Danach hat die Aktie ihren Aufwärtstrend wieder aufgenommen. Beim erstmaligen Schließen des Kurses über dem vorherigen Allzeithoch Anfang 2019 entscheiden Sie sich nun dazu, in das Unternehmen zu investieren, da die Auswertung der fundamentalen Daten Ihnen dies nahelegt. Die Stelle ist im Chart mit einem grünen Pfeil markiert. Sie gehen davon aus, dass der Kurs der Aktie im laufenden Jahr sehr gut performen wird und eine tendenziell bessere Rendite als mit dem Gesamtmarkt zu erwirtschaften ist. Sollte der Kurs allerdings nicht wie von Ihnen vermutet steigen und schließlich sogar unter das Tief der vorangegangenen Korrektur fallen, so würden Sie Ihre ursprüngliche Idee als Fehleinschätzung bewerten und den Trade entsprechend schließen wollen. Dieses Tief ist mit dem roten Pfeil gekennzeichnet. Sie kaufen die Aktie also bei einem Kurs von etwa 115 $ und würden Ihre Stop Loss Order knapp unter diesem

Tief platzieren, entscheiden wir uns der Einfachheit halber für rund 90 $. Sollten Sie nur ein einziges Exemplar dieser Aktie kaufen, so könnten Sie mit dem Trade also maximal 25 $ verlieren. Eine warnende Anmerkung an dieser Stelle – beim Erreichen des Kurses von 90 $ wird Ihr Broker sofort versuchen, den Trade zum nächstbesten Preis für Sie zu schließen. Wenn dieser unter 90 $ liegt, so können Sie theoretisch auch mehr als besagte 25 $ verlieren. Dies passiert beispielsweise, wenn die Kurse durch Verkaufspanik getrieben mit einer sehr hohen Dynamik fallen oder der Handelstag mit einer Kurslücke, einem sogenannten Gap, eröffnet. Seien Sie sich dessen bewusst.

Doch zurück zu unserem Beispiel. Da wir diesen Sonderfall an dieser Stelle ausklammern, bleiben wir zunächst bei den besagten 25 $ Maximalverlust pro gekaufter Aktie. Nehmen wir nun theoretisch an, Sie würden über ein Tradingkapital von 10.000 $ verfügen. Sie möchten mit diesem Geld natürlich ein gut diversifiziertes Portfolio aufbauen und können daher keinen zu großen Betrag in eine Einzelaktie investieren. Überlegen Sie sich nun, wie viel Prozent Ihres Handelskapitals Sie bereit wären, für einen Trade maximal zu verlieren.

BEDENKEN SIE HIERFÜR FOLGENDES:

Bei einem Gesamtverlust von 20 % würde Ihr Konto 2.000 $ verlieren und stünde schließlich bei 8.000 $. Um diesen Betrag wieder aufzuholen und die ursprünglichen 10.000 $ wiederherzustellen, wäre nun allerdings ein Gewinn von 25 % notwendig, da 2.000 $ 25 % von 8.000 $ entsprechen. Ein Verlust von 30 % würde bereits dazu führen, dass Sie bereits einen Gewinn von 43 % erzielen müssten, um wieder Ihren Anfangskontostand zu erreichen. Bei 50 % Verlust wären schließlich 100 % Gewinn, also eine Verdopplung des Kapitals, nötig, um überhaupt das Startkapital wiederherzustellen. Wenn Sie zum Erreichen einer solchen Rendite in der Lage sind, so hätten Sie diese Fähigkeit besser von Beginn an eingesetzt. Es ist also zwingend notwendig, zu vermeiden, dass Ihr Kontowert unter 30 % Verlust fällt, da es sonst sehr schwierig wird, diesen wieder aufzuholen. Fragen Sie sich also mit dieser Erkenntnis nochmals, welchen Betrag Sie bereit wären, pro Trade zu riskieren. Vergessen Sie dabei nicht, dass eine Verlustserie von mehreren Trades hintereinander auch im Positionstrading nichts vollkommen Ungewöhnliches ist. Den maximalen Verlust pro Trade sollten Sie immer

prozentual zu Ihrer Kontogröße betrachten. Sollten Sie tatsächlich mehrere Verluste in Folge erleiden, so verringert sich mit jedem Trade das potenziell zu verlierende Kapital, was zum Schutze Ihres Kontos absolut unerlässlich ist. Da Sie als Positionstrader einen vergleichsweise langen Anlagehorizont verfolgen, können Sie für dieses Risiko einen höheren Wert ansetzen, als es ein kurzfristig orientierter Trader tun sollte. Dieses prozentuale Risiko sollte jedoch 2 % pro Trade nicht weit übersteigen.

FÜR UNSER BEISPIEL MIT DER MICROSOFT AKTIE WÜRDE SICH DIES ALSO WIE FOLGT VERHALTEN:

Sie verfügen über 10.000 $ Handelskapital. Sie sind bereit, 2 % dieses Betrages für den Trade maximal zu riskieren, dies ergibt eine Summe von 200 $ Risiko. Da Sie die Aktie bei 115 $ gekauft haben und den Handel bei 90 $ absichern, können Sie pro gekaufter Aktie 25 $ verlieren. Dementsprechend können Sie eine Positionsgröße von 8 Aktien kaufen. Wenn der Kurs auf 90 $ fällt, würde Ihr Broker automatisch Ihre Stopp Loss Order ausführen und Sie würden 8 x 25 $ Verlust realisieren, was exakt 200 $ entspricht, also 2 % Ihres Gesamtkapitals. Wenn Ihnen das Nachvollziehen dieser Rechnung Schwierigkeiten bereitet hat, so lesen Sie den Absatz gern noch einmal. Es ist sehr wichtig, dass Sie dieses Grundprinzip des Moneymanagements verstehen!

Ihr Kapital verringert sich nun im Verlustfall auf 9.800 $, was Sie dazu veranlassen sollte, beim folgenden Trade nur noch 196 $ anstatt der vorherigen 200 $ zu riskieren, also 2 % Ihres jetzigen Kontostandes. Da diese Rechnung natürlich nicht immer so glatt aufgeht wie in diesem Beispiel, sollten Sie im Zweifelsfalle immer die Menge der zu kaufenden Aktien abrunden. Hätten wir also ein theoretisches Maximalrisiko von 30 $ pro Aktie anstatt 25 $ gehabt, so wären wir bei 7 gekauften Exemplaren bei einem Risiko von 210 $ (7 x 30) gelandet. Es wäre also notwendig, um eine Aktie abzurunden und stattdessen nur 6 Stück zu kaufen, sodass das Gesamtrisiko schlussendlich bei 180 $ gelegen hätte. Achten Sie bei langfristigem Trading darauf, dass Ihr Investment Platz zur Entfaltung benötigt. Setzen Sie den Stopp Loss keinesfalls zu eng an Ihren Einstiegspreis. Je längerfristig Ihr Zeithorizont ausgelegt ist, desto mehr Kurskorrekturen innerhalb Ihres Trades müssen Sie akzeptieren und es kann

natürlich ohne Weiteres vorkommen, dass die Position anfangs zunächst gegen Sie läuft. Es wäre daher ärgerlich, wenn Ihr Stopp ausgelöst werden würde, obwohl Ihre Aktie kurz darauf die von Ihnen vermutete Richtung einschlägt.

Wir haben nun unser Anfangsrisiko begrenzt und damit sichergestellt, dass wir unser Tradingkapital grundsätzlich davor schützen, mit einigen wenigen Verlusttrades das Konto zu ruinieren. Da Sie, im Gegensatz zum passiven Investor, nicht zwangsläufig daran interessiert sind, Ihre Positionen über Jahrzehnte und gegebenenfalls auch durch Wirtschaftskrisen hindurch zu halten, macht es nun natürlich auch Sinn, die Buchgewinne Ihrer Trades an sinnvollen Punkten abzusichern. Sie haben hierzu zwei Möglichkeiten: die Absicherung nach Kursrücksetzern oder die Nutzung des sogenannten Volumen Profils. Da dies an dieser Stelle den Rahmen des Buches sprengen würde und sich vornehmlich an fortgeschrittene Trader richtet, konzentrieren wir uns daher auf die einfacher zu realisierende Absicherung Ihrer Tradinggewinne durch das Nachziehen der Stop Loss Order unter markante Chartpunkte.

ZIEHEN WIR HIERFÜR NOCHMALS DAS BEISPIEL UNSERES MICROSOFT KAUFES HERAN:

Quelle: Tradenavigator Charts Microsoft Aktie

Die blaue Linie markiert unseren Einstiegspreis bei 115 $. Die rote Linie zeigt den ursprünglichen Stop Loss unter dem Tief der Preiskorrektur des letzten Quartals von 2018. Wie Sie sehen, begann die Aktie nach unserem Einstieg zunächst wie erwartet zu steigen. Gegen Mitte des Jahres 2019 ist der Kurs dann allerdings in einer sogenannten Seitwärtsphase verlaufen, es konnten sich in diesem Zeitraum also weder Käufer noch Verkäufer durchsetzen. Die Phase ist durch den schwarz umrandeten Kasten hervorgehoben. Schließlich konnten die Käufer genügend Druck aufbauen, sodass der Preis ein neues Hoch über der Seitwärtsphase etablieren konnte, in dessen Folge der Kurs der Aktie wieder zu steigen begann. Dieser Zeitpunkt, markiert durch einen grünen Pfeil, ist ideal, um unseren ursprünglichen Stop Loss „nachzuziehen". Die Stop Order bei 90 $ wird entsprechend beim Broker gecancelt und durch eine neue Stop Order unter dem Tief der Seitwärtsphase bei nunmehr 130 $ ersetzt, markiert durch die grüne Linie. Sollte der Preis nun auf diesen Wert zurückfallen, so verkauft der Broker unsere 8 Aktien automatisch bei 130 $ und realisiert damit einen Gewinn von 15 $ pro Exemplar, also insgesamt 120 $. Wie Sie sehen, stieg der Kurs von Microsoft in den folgenden Monaten sehr rapide an, wurde dann jedoch impulsiv durch das Auftreten des Corona Virus zurückgeworfen. Sicher wäre es sinnvoll gewesen, im Laufe des überdurchschnittlich starken Anstieges des Kurswertes den Stop nochmals nachzuziehen und weitere Gewinne zu abzusichern.

Achten Sie jedoch darauf, dies stets an möglichst relevanten Preismarken zu tun, wie in diesem Falle das Tief unter der Seitwärtsphase. Ich unterstreiche zudem nochmals, dass Sie dem Trade immer Raum geben sollten und den Stop Loss keinesfalls zu dicht an den aktuellen Preis legen sollten, da Sie sonst Gefahr laufen, dass Ihr Broker Sie früher als von Ihnen gewollt aus Ihrem Trade ausbucht. Infolge der Corona Krise hätten Sie herbe Buchverluste akzeptieren müssen, wenn Sie den Stop nicht weiter als in unserem Beispiel nachgezogen hätten. Unser Stop Kurs wäre jedoch Stand April 2020 nicht angelaufen worden und Sie wären nach wie vor erfolgreich investiert.

03. TEILZEITTRADER / BERUFSTRADER

Während Sie sich als langfristig orientierter Investor lediglich über die Absicherung Ihrer Positionen und gelegentliche Buchgewinnsicherungen Gedanken machen müssen, ist es beim aktiven Spekulieren zwangsläufig notwendig, dass Sie sich tiefergehend mit dem Risiko- und Moneymanagement beschäftigen, wenn Sie dauerhaft in diesem Feld erfolgreich sein wollen. Die Theorie basiert natürlich auf den Vorgehensweisen, welche wir auch bei der Microsoft Aktie angewendet haben. Wir nutzen nach wie vor die Grundlagen des Risikomanagements, um Verluste zu begrenzen. Hinzu kommt jedoch ein aktives Trade- und Moneymanagement, denn beim kurz- bis mittelfristigen Spekulieren ist es unerlässlich, dass Sie neben einer Verlustbegrenzung zu Beginn des Trades auch ein Ziel beziehungsweise ein Ausstiegskriterium festlegen. Sollten Sie der Meinung sein, Sie könnten Ihre Trades dauerhaft nach Bauchgefühl schließen, wenn Sie der Auffassung sind, der Gewinn würde Ihnen nun ausreichen, muss ich Sie enttäuschen. Sie werden stets mehr riskieren, als Sie schließlich an Gewinn realisieren, was zwangsläufig dazu führt, dass Ihre Verluste größer als Ihre Gewinne sein werden und Sie damit ein negatives Gesamtergebnis erzielen werden.

Wir haben zuvor bereits gelernt, dass Sie als langfristig orientierter, aktiver Investor sogenanntes Positionstrading betreiben und Ihre Trades in aller Regel über mehrere Monate bis hin zu Jahren halten. Als aktiver Trader hingegen sind Sie entweder als Swingtrader oder Daytrader tätig. Das Ziel des Swingtraders ist es, wie der Name bereits vermuten lässt, schwunghaft die Trendwellen eines Marktes zu handeln und dabei sowohl auf steigende als auch auf fallende Kurse zu setzen. Die Handelspositionen werden dabei einige Tage bis Wochen, teilweise auch mehrere Monate gehalten und der Trader versucht dabei, möglichst viel Strecke von einer Trendbewegung als Gewinn zu realisieren. Der Handel findet zumeist auf Tageskerzenbasis statt. Einige Händler verfolgen jedoch auch Strategien, welche sich auf den 4-Stunden-Kerzen Chart beziehen. Beim Daytrading sind Sie im kurzfristigen Spekulationsbereich tätig. Dies bedeutet, dass Sie eine Position, welche Sie eröffnet haben, auch am selben Tag vor Handelsschluss wieder schließen werden.

Sie handeln dabei anhand des 1-Minuten, 5-Minuten, 15-Minuten oder 1-Stunden Charts. Ich lege Ihnen hiermit eindringlich ans Herz, Daytrading nur in Betracht zu ziehen, wenn Sie planen, sich auf institutioneller Basis in dieser Art des Handels ausbilden zu lassen. Weit über 90 % aller Händler, die sich am manuellen Daytrading versucht haben, sind binnen kürzester Zeit aufgrund herber Verluste wieder davon abgekommen. Ich unterstreiche nochmals, dass sich Daytrading Ansätze absolut lohnen können, doch nur unter der Voraussetzung, dass Sie diese Strategien unter Anleitung eines Mentors vermittelt bekommen haben.

Bevor wir uns mit dem Moneymanagement in Bezug auf Einzeltrades beschäftigen, sollten wir uns zunächst mit Ihrem Gesamtkapital beschäftigen. Jede noch so rentable Handelsstrategie läuft von Zeit zu Zeit in eine sogenannte Drawdownphase. Die Strategie erzeugt zwangsläufig irgendwann eine Reihe von Verlusttrades, welche Ihre Rendite zunächst mindern. Die Drawdownphase gilt dann als beendet, wenn Ihr zuvor erreichter Höchststand an Kapital wieder erreicht und schließlich überboten wird. Innerhalb dieser Phasen ist es natürlich wichtig, dass Sie handlungsfähig bleiben und Ihnen genügend Kapital hierfür zur Verfügung steht. Sie haben sich dementsprechend, genau wie der langfristige Investor, Gedanken darüber gemacht, wie viel Sie bereit sind, pro Trade an prozentualem Verlust zu akzeptieren. Da Ihre Tradingfrequenz bei einem kurz- bis mittelfristigen Ansatz deutlich höher liegen wird als bei Langfristinvestitionen, sollte dieser Verlust pro Trade im Verhältnis geringer ausfallen. Während wir im Vorkapitel für unsere langfristigen Aktieninvestments noch bis zu 2 % pro Trade als akzeptabel eingestuft haben, sollten Sie nun vehement davon absehen, mehr als 1 % Ihres Gesamtkapitals pro Trade zu riskieren. Darüber hinaus müssen Sie sich natürlich darüber Gedanken machen, wie viel Gesamtverlust pro Handelsstrategie Sie bereit wären, zu akzeptieren. Wie ich bereits dargelegt habe, sollte es Ihr Anliegen sein, keinesfalls mehr als 30 % Ihres Tradingvermögens zu verlieren, da es sich sonst als sehr mühselig gestalten wird, dieses Geld zurückzuverdienen. Wenn Ihr Kapital also, wie im Vorbeispiel, 10.000 $ beträgt und die von Ihnen gewählte Handelsstrategie neigt dazu, regelmäßig Drawdownphasen von bis zu 3.000 $ zu erzeugen, so sollten Sie davon absehen, diese aktiv zu handeln. Obwohl es sich womöglich um eine rentable Strategie handelt, ist ihr zwischenzeitlicher Verlust im Verhältnis zu Ihrer Kontogröße schlicht zu groß. Beachten Sie diese Faktoren bei der Wahl Ihrer Strategie und der zu handelnden Märkte. In den Forex- und Aktienmärkten lassen sich beispielsweise auch kleine Positionsgrößen realisieren,

während Sie in den Futuremärkten hier auf die sogenannten Mini- und Micro Futures zurückgreifen müssen, welche im Verhältnis zu ihren "großen" Pendants weniger liquide sind, jedoch über deutlich kleinere Tickwerte verfügen. Ich möchte an dieser Stelle nochmals darauf hinweisen, dass Sie einen Teil Ihres Kapitals auch immer für langfristige Investitionen und Barreserven zur Verfügung belassen sollten.

KOMBINATION AUS TRADINGSTRATEGIE UND HANDELSMARKT:

Nehmen wir nun an, dass Sie sich für eine Kombination aus Tradingstrategie und Handelsmarkt entschieden haben, mit welcher Sie davon ausgehen, dass bei den üblicherweise auftretenden Verlustserien kein Drawdown von mehr als 10 % Ihres Tradingkapitals zustande kommen sollte. Nun kann es in extremen Situationen natürlich dennoch dazu kommen, dass Ihr System einen größeren Verlust als erwartet erzeugt oder dieses nicht mehr funktioniert. Sie werden eventuell feststellen, dass bestimmte Systeme jahrelang gut performen und dies ab einem bestimmten Zeitpunkt schlicht nicht mehr tun. Machen Sie sich entsprechend auch für eine solche Situation einen Plan und seien Sie darauf vorbereitet. Sie könnten beim Erreichen eines Drawdowns von beispielsweise 15 % Ihr System zunächst aussetzen und auf einem Demokonto weiterhandeln, um zu analysieren, ob es sich lediglich um Pech handelte oder Ihr System tatsächlich nicht mehr die konstanten Ergebnisse liefert, wie zuvor. Ein weiterer, wichtiger Faktor, den es bei der Risikoplanung zu bedenken gilt, ist die sogenannte Marktkorrelation. Gerade beim Handel von Futures ist darauf zu achten, dass bestimmte Märkte ähnliche Kursverläufe vorzuweisen haben. Prominentestes Beispiel sind hier sicherlich Gold und Silber. Natürlich verläuft der Kurs der beiden Edelmetalle nicht exakt gleich, jedoch werden Sie beim Vergleich der beiden Charts, gerade auf langfristiger Ebene, feststellen, dass grobe Trends in aller Regel identisch verlaufen. Wenn Sie nun dieselbe Handelsstrategie in diesen Märkten handeln, so besteht die Gefahr, dass im Falle einer Verlustserie beide Strategien gleichzeitig ernstzunehmende Drawdowns erzeugen und deren Effekt somit verdoppelt wird. Sie sollten daher viel Wert darauf legen, ähnliche Handelsansätze oder gleiche Strategien auf möglichst wenig korrelierten Märkten zu handeln.

Nachdem wir uns nun mit der Risikoplanung Ihres Gesamtkontos beschäftigt haben, legen wir den Fokus auf die Planung des einzelnen Trades. Als spekulativer Trader müssen Sie zuerst dieselben Überlegungen anstellen, welche wir bereits beim

langfristigen Investieren kennengelernt haben. Sie legen zunächst eine prozentuale Summe fest, welche Sie bereit sind, pro Trade zu verlieren. Wie zuvor angemerkt sollte diese bei spekulativen Ansätzen nicht höher als 1 % liegen. Gerade zu Beginn ist es ratsam, mit 0,2 bis 0,5 % zu starten und diesen Wert mit steigendem Erfolg und mehr Selbstsicherheit auf bis zu 1 % zu steigern.

Nun sollten Sie Ihr Tradesetup betrachten und festlegen, ab welchem Kurs ein sinnvolles Festhalten an Ihrem Trade nicht mehr gerechtfertigt wäre. Für diese Frage gibt es keine pauschale Lösung. Die Antwort ist abhängig von Ihrem Handelsansatz und System sowie der Marktsituation. Wenn Sie beispielsweise einen Ansatz verfolgen, welcher auf technischer Chartanalyse beruht, so lässt sich ein sinnvolles Level zur Stopsetzung oftmals aus dem Chart heraus festlegen. Das Volume Profile bietet Ihnen die Möglichkeit, sehr genaue Einstiegspunkte zu definieren und den Stop entsprechend nah am Einstiegskurs zu wählen. Ein auf CoT-Daten beruhender Ansatz setzt hingegen oftmals einen deutlich weiteren Stop voraus, da der Trade hier nicht selten Zeit zur Entfaltung benötigt. Anhand der preislichen Entfernung des Stops zu Ihrem Kauf- oder Verkaufskurs können Sie nun exakt, wie am Beispiel der Microsoft Aktie beschrieben, Ihre Positionsgröße berechnen. Aufgrund der fundamentalen Wichtigkeit dieses Prinzips möchte ich Ihnen dies anhand eines zweiten Beispiels erläutern, dieses Mal werden wir jedoch den Platin Future zur Berechnung verwenden.

PRAKTISCHES BEISPIEL

VERKAUF EINES PLATIN FUTURES:

An der durch den roten Pfeil gekennzeichneten Stelle durchbricht der Kurs den schwarzen gleitenden Durchschnitt und schließt unter diesem. Nehmen wir nun an, unser theoretisches Beispielhandelshandelssystem erzeugt an dieser Stelle ein Verkaufssignal. Wir verkaufen also den Platin Future bei 980 $, eröffnen damit eine Short Position und setzen entsprechend auf fallende Kurse.

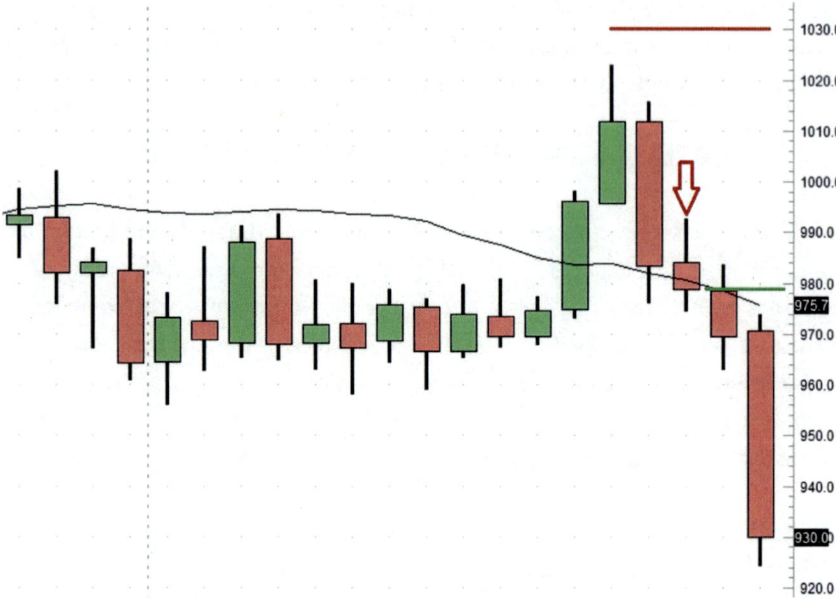

Quelle: Tradenavigator Charts Platin Future

Die Absicherung durch eine Stop Loss Order platzieren wir etwas über dem vorangegangenen Hoch bei 1030 $. Wenn der Kurs also vor unserem noch nicht festgelegten Gewinnziel bis auf 1030 $ steigt, so wird der Broker die Stop Order ausführen, Platin automatisch für Sie kaufen und Ihre Handelsposition damit schließen. Nochmals zum Verständnis: Sie haben Platin zunächst leer verkauft, Ihre Futurekontrakt Positionsgröße beträgt damit -1. Um diese Position glattzustellen, also zu schließen, müssen Sie einen Kontrakt kaufen, also +1. Dies ergibt 0 und Ihr Trade ist damit geschlossen. Wenn Sie diesen Kauf zu einem günstigeren Preis als Ihrem ursprünglichen Verkaufspreis tätigen, so erzielen Sie einen Gewinn. Der Preis des Platin Futures wird in Dollar pro Unze gemessen. Wenn der Kurs also bei 980 steht, so bedeutet dies, dass eine Unze Platin gerade 980 $ wert ist. Beim Kauf eines Platin Futurekontraktes erwerben Sie 50 Unzen Platin. Welche Menge des zugrunde liegenden Rohstoffes durch einen Futurekontrakt gehandelt wird, ist von Future zu Future unterschiedlich. Im Falle von Gold sind es beispielsweise 100 Unzen. Die Kleinstbewegung eines Future Kontraktes wird in Ticks bemessen. Die Tickgröße von Platin beträgt 0,1. Das bedeutet, dass sich der Kurs des Futures in 0,1 $ Schritten bewegen kann. Der Tickwert des Platin Futures

beträgt demzufolge 5 $, da Sie mit einem Kontrakt, wie bereits erwähnt, 50 Unzen Platin handeln. Wenn Sie also einen Platinkontrakt halten und sich der Kurs um einen Dollar bewegt, so haben Sie 50 $ gewonnen oder verloren.

AUF UNSER BEISPIEL BEZOGEN BEDEUTET DIES NUN FOLGENDES:

Die Spanne zwischen dem Einstiegspreis bei 980 $ und der absichernden Stop Order bei 1030 $ beträgt 50 $. Pro Dollar schwankt der Futurekontrakt um 50 $. Sie können mit diesem Trade also 50 x 50 $ verlieren, das entspricht einem Risiko von 2.500 $. Davon ausgehend, dass wir pro Trade nicht mehr als 1 % unseres Kontowertes riskieren möchten, sollten Sie also über eine Kontogröße von mindestens 250.000 $ verfügen, um diesen Trade vernünftig und mit nur einem Futurekontrakt realisieren zu können. Wenn Sie hingegen über eine Kontogröße von 500.000 $ verfügen, so könnten Sie entsprechend 2 Platin Futures handeln, um diesen Trade mit 1 % Risiko zu realisieren. Das klingt natürlich zunächst nach sehr viel. Sie sehen, die Futuremärkte eignen sich allein durch ihre schiere Größe am ehesten für professionelle und gut kapitalisierte Händler. Doch keine Angst, auch in diesen Märkten bieten sich mit den entsprechenden Systemen Chancen auf Trades mit geringerem Risikoeinsatz. Darüber hinaus sind für zahlreiche Märkte auch Mini- sowie Micro Futures verfügbar, mit welchen kleinere Kontogrößen handelbar sind.

Ich habe Ihnen nun anhand eines zweiten, etwas komplexeren Beispiels nochmals die Berechnung des Risikos und der daraus resultierenden Positionsgröße veranschaulicht. Da wir nun unseren Stop platziert und damit das Risiko für diesen Trade begrenzt haben, müssen wir uns Gedanken zum gewünschten Zielkurs machen, der englische Begriff hierfür lautet „Target". Während langfristig ausgelegte Investoren Ihre Positionen so lang offen halten, wie es Ihnen gemäß Ihres Systems und der fundamentalen Datenlage für sinnvoll erscheint, ist es im spekulativen ereich absolut unerlässlich, dass Sie ein festgelegtes Ausstiegskriterium für Ihren Trade definieren. Dies muss nicht immer ein exakter Zielkurs sein, sondern kann durchaus auch ein fundamentaler Wert oder die Bewegung eines bestimmten Indikators sein. Sicher haben Sie davon gehört, dass es erstrebenswert

sei, Verluste zu begrenzen und Gewinne möglichst laufen zu lassen, doch dies führt zumeist zu den üblichen Problemen. Da nun Ihr eigenes Gefühl für das Schließen eines Trades verantwortlich wäre, werden Sie dazu neigen, diesen entweder bei der kleinsten Gegenbewegung aus Angst vor dem Verlust Ihrer Buchgewinne voreilig zu beenden oder so lang ausharren, bis eine heftige Korrektur Ihnen tatsächlich einen zu großen Teil Ihrer Gewinne nimmt. Unter einem Buchgewinn versteht man den aktuellen Gewinn eines offenen Trades. Dieser schwankt permanent mit dem Steigen und Fallen des Kurses. Erst, wenn Sie den Trade schließen, wird dieser Gewinn oder schlimmstenfalls Verlust realisiert. Natürlich wird auch ein regelorientierter Ausstieg selten zu dem perfekten Ergebnis führen, doch dieser erzeugt zumindest eine gewisse Beständigkeit und ermöglicht das statistische Auswerten sowie gegebenenfalls eine damit verbundene Anpassung Ihrer Regeln. Halten Sie sich stets vor Augen, dass Trading auf Wahrscheinlichkeiten beruht. Um auf Dauer ein positives Ergebnis zu erzielen, müssen Sie also systematisch so handeln, dass die Gewinnwahrscheinlichkeit sich zu Ihren Gunsten auswirkt. Dies ist bereits in der Theorie leichter gesagt als getan und hinzu kommen noch die besprochenen psychologischen Fallen im praktischen Handel. Die Gewinnwahrscheinlichkeit können Sie durch vier Faktoren beeinflussen, welche wiederum einen starken gegenseitigen Einfluss aufeinander ausüben. Diese Faktoren sind die Trefferquote, das Risiko pro Trade, die Tradingfrequenz und das Chance-Risiko-Verhältnis. Ich möchte Ihnen kurz jeden dieser vier wichtigen Punkte erklären:

GEWINNWAHRSCHEINLICHKEIT DURCH VIER FAKTOREN

1. DAS CHANCE-RISIKO-VERHÄLTNIS

Das Chance-Risiko-Verhältnis, kurz CRV, ist einer der entscheidenden Faktoren im Trading. Es beschreibt das Verhältnis von dem möglichen Gewinn, den Ihnen ein Trade bietet, zu dem von Ihnen festgelegten maximalen Risiko. Als Faustregel gilt, dass dieser Wert nicht kleiner 1 sein sollte. Wenn Sie also 1.000 $ bei einem Trade riskieren, so sollte Ihr Gewinnziel ebenso mindestens bei 1.000 $ liegen. Bei Handelssystemen, welche auf technischer Chartanalyse beruhen, lässt sich das

CRV relativ gut planen und konstant einhalten, bei komplexeren und fundamental orientierten Systemen können Sie das CRV oftmals erst durch das Vorhandensein einiger Beispieltrades bestimmen. Sollten Sie bereits vor einem potenziellen Trade feststellen, dass Sie womöglich mehr riskieren würden, als mit dem Handel an Gewinn zu erzielen wäre, so wäre dies ein mögliches Ausschlusskriterium für diesen Trade.

2. DIE TREFFERQUOTE

Die Trefferquote beschreibt das Verhältnis der Menge an Gewinntrades zu Verlusttrades. Wenn Ihr System eine Trefferquote von 50 % vorzuweisen hat, so bedeutet dies, dass es ebenso viele Gewinner wie Verlierer erzeugt. Folglich muss das Chance-Risiko-Verhältnis über 1 liegen, damit Sie profitabel handeln. Sie müssen also bei einem Gewinntrade eine höhere Summe erhalten, als Sie bei einem Verlusttrade verlieren. Gerade bei klassischen Trendfolgesystemen liegt die Trefferquote oftmals nur zwischen 30 und 40 %, dies wird jedoch durch die hohen Gewinne im Verhältnis zu niedrigen Verlusten ausgeglichen.

3. DAS RISIKO PRO TRADE

Diesen Wert haben wir bereits ausführlich besprochen, er beschreibt die maximal eingesetzte Summe, welche Sie bei einem Einzeltrade zu verlieren bereit sind. Anhand dieses Faktors wird zudem die Positionsgröße berechnet.

4. DIE TRADINGFREQUENZ

Die Tradingfrequenz beschreibt die Häufigkeit Ihres Handelns und ist damit ein maßgeblicher Faktor für die schlussendlich zustande kommende Rendite. Wenn Sie über ein System verfügen, welches Ihnen einen langfristigen, statistischen Vorteil bietet, so werden Sie am Ende umso mehr Geld verdienen, je häufiger Sie traden. Doch hier ist natürlich Vorsicht geboten. Beginnen Sie keinesfalls, Ihre Tradingfrequenz künstlich zu erhöhen, indem Sie auch Signale handeln, welche gar nicht oder nur teilweise Ihrem System entsprechen oder diesem nicht gerecht werden. Nicht nur werden Sie hiermit höchstwahrscheinlich Verluste erleiden, Sie nehmen sich zudem

auch die Möglichkeit einer realistischen, statistischen Auswertung Ihres Handelns. Somit haben Sie die vier wichtigsten Faktoren bei der Tradeplanung kennengelernt, welche die Grundlage für das Moneymanagement darstellen. Jeder dieser Werte ist für sich allein betrachtet wertlos und nicht aussagekräftig. Was Sie verstehen müssen, ist die Tatsache, wie sich diese vier Komponenten gegenseitig beeinflussen und nur ihre Betrachtung als Ganzes eine Aussage über die Effizienz eines Tradingsystems oder die Gewinnaussichten eines einzelnen Trades treffen kann.

Gerade die meisten Anfänger betrachten ein möglichst hohes Chance-Risiko-Verhältnis als das erstrebenswerteste Ziel und ordnen diesem alle anderen Faktoren unter. Beachten Sie jedoch, je größer das CRV ist, desto weiter ist Ihr Ziel von Ihrem Einstiegspunkt entfernt. Dementsprechend ist die Wahrscheinlichkeit umso geringer, dass dieses Ziel erreicht wird. Folglich verringert sich die Trefferquote Ihres Systems. Sie können also ein System mit einem CRV von 5 haben, bei welchem die durchschnittliche Gewinnsumme also das Fünffache der durchschnittlichen Verlustsumme entspricht. Dieses System kann auch durchaus rentabel sein, doch müssen Sie hier mit Trefferquoten von 30 % oder gar weniger rechnen. Möchten Sie wirklich ein System mit sehr vielen kleinen Verlusten und wenigen großen Gewinnen handeln? Wenn das Ihrem Naturell entspricht, so können Sie dies natürlich gern tun, doch für die meisten Trader handelt es sich hierbei um eine frustrierende Art des Handelns. Bedenken Sie zudem, dass Sie mit mehr Kurskorrekturen rechnen müssen, je weiter weg sich Ihr Ziel befindet. Auch dies kann auf Dauer dazu beitragen, dass sich ein gewisser Frust beim Traden bildet, obgleich Ihr System auf lange Sicht Gewinne erwirtschaftet. In der Praxis haben sich CRV Werte von 1 bis 4 als praktikabel erwiesen und sollten angestrebt werden.

WORAUF SIE ACHTEN MÜSSEN

Ich möchte Ihnen nun mit einigen kurzen und aussagekräftigen Stichpunkten darlegen, wie sich die vier Moneymanagement Faktoren gegenseitig beeinflussen und worauf entsprechend zu achten ist:

1. Ein hohes Chance-Risiko-Verhältnis mindert die Trefferquote. Streben Sie danach, die Trefferquote über 30 % zu halten, da sonst das Trading frustrierend wird.

2. Bei einem hohen CRV liegt Ihr Ziel weiter vom Einstiegskurs entfernt. Entsprechend mehr Zeit wird Ihr Trade benötigen, um dieses Ziel zu erreichen. Ergo verringert sich die Tradingfrequenz und weniger Trades werden möglich sein.

3. Ein hohes CRV setzt zumeist voraus, dass sich der Stop relativ nah am Einstiegskurs befindet. Hierdurch verringern Sie das Risiko pro Trade. Je näher Sie den Stop jedoch am Einstiegskurs platzieren, desto größer ist die Wahrscheinlichkeit, dass dieser ausgelöst wird. Folglich verringert sich die Trefferquote.

4. Eine hohe Trefferquote setzt voraus, dass sich der Stop weiter vom Einstiegskurs entfernt befindet. Hierdurch verringert sich die Tradingfrequenz, da Sie Einzeltrades entsprechend länger halten werden.

5. Je höher Ihr Risiko pro Trade, desto mehr sollten Sie auf die Tradingfrequenz achten. Stellen Sie sich zum Beispiel vor, Sie agieren im Daytrading, verfügen über ein 100.000 $ Konto und riskieren 1 % pro Trade. Nun erwischen Sie einen schlechten Tag und haben sechs Verlusttrades hintereinander – nichts Ungewöhnliches. Sie haben nun rund 5 % Ihres Kontos innerhalb kürzester Zeit verloren. Dies ist eine Herausforderung für Ihre Psyche. Verringern Sie also bei allzu hoher Tradingfrequenz das Risiko pro Trade!

Sie sehen also, am Ende geht es darum, ein möglichst ausgewogenes Verhältnis zwischen den vier Faktoren herzustellen. Es gibt hier kein „Richtig“ oder „Falsch“, jedes Handelssystem ist unterschiedlich und wird auf den einen oder anderen Punkt mehr oder weniger Wert legen.

FAUSTREGELN

Als grundlegende Faustregeln können Sie sich jedoch an Folgendem orientieren:

1. Versuchen Sie, das CRV zwischen 1 und 4 zu halten.

2. Ihre Trefferquote sollte bei einem niedrigen CRV möglichst hoch sein, bei einem hohen CRV sollte sie jedoch nicht weniger als 30 % betragen.

3. Ihre Tradingfrequenz sollte immer möglichst hoch sein, muss jedoch Ihrem Risiko pro Trade gerecht werden, damit Sie nachts beruhigt schlafen können. Erhöhen Sie Ihre Tradingfrequenz niemals durch das Brechen oder großzügigere Auslegen Ihrer Systemregeln!

4. Ihr Risiko pro Trade muss Ihrer Kontogröße entsprechen und sollte beim spekulativen Handel 1 % nicht übersteigen. Die Entfernung des Stop Loss zum Einstiegskurs sollte möglichst gering sein, um ein positives und gesundes Chance-Risiko-Verhältnis von mindestens 1 zu ermöglichen. Sie darf jedoch nicht zu gering sein, um die Trefferquote zu sehr negativ zu beeinflussen. Je länger der Zeithorizont Ihrer Trades, desto weiter muss der Stop Loss platziert werden, um dem Trade Raum zu geben.

Durch die Beachtung dieser Regeln sollten Sie nun in der Lage sein, vielversprechende von nicht vielversprechenden Trades klar voneinander trennen zu können und somit Ihre Ergebnisse langfristig bedeutend zu verbessern. Versuchen Sie, das Gelernte in Ihren praktischen Handel zu integrieren und damit gegebenenfalls auch Trades herauszufiltern, welche zwar Ihrem System entsprechen, allerdings weniger potenziell erfolgsversprechend sind. Betrachten wir zur Veranschaulichung nochmals unseren Platin Future Trade. Nehmen wir an, Sie verfügen über besagtes 250.000 $ Konto und das Einstiegssignal entspricht dem Regelwerk Ihres Handelssystems. Dennoch

könnten Sie feststellen, dass der Trade schon zu weit in Ihre gewünschte Richtung gelaufen ist, bevor das Handelssignal für den Einstieg gekommen ist. Die preisliche Entfernung vom Einstiegspreis bei 980 $ zu dem Stop Loss bei 1.030 $ ist mit 2.500 $ pro Kontrakt sehr groß und Sie haben auf charttechnischer Basis analysiert, dass der Trade womöglich nur bis zu 1.000 $ in den Gewinn laufen dürfte, bevor mit Widerstand durch die Käufer zu rechnen wäre. Somit würde das Chance-Risiko-Verhältnis lediglich 0,4 betragen (1.000 $ potenzieller Gewinn / 2.500 $ potenzieller Verlust), was nicht Ihrem Tradingansatz entsprechen würde. Demzufolge lassen Sie den Trade aus und warten auf eine bessere Gelegenheit.

Beachten Sie bei Ihrem Tradingansatz auch stets die Gebühren Ihres Brokers. Gerade bei kurzfristigen Handelssystem können diese langfristig mehr ins Gewicht fallen, als Sie zunächst vermuten würden. Achten Sie daher bei der Wahl Ihres Brokers darauf, dass Sie sich für einen Anbieter entscheiden, welcher Ihnen möglichst geringe Gebühren für den Handel mit den von Ihnen ausgewählten Märkten berechnet. Der letzte Punkt, den es zu bedenken gilt, ist die Absicherung Ihrer Buchgewinne. Ich habe Ihnen dieses Prinzip bereits im Rahmen des langfristigen Investierens vorgestellt. Auch beim Spekulieren können Sie durch das systematische Nachziehen Ihres Stops die zu erzielenden Ergebnisse drastisch verändern – sowohl zum Positiven als auch zum Negativen. Als goldene Regel gilt jedoch:

> “ IHRE STOP LOSS ORDER WIRD NUR NACHGEZOGEN UND KORRIGIERT, UM GEWINNE ABZUSICHERN, NIEMALS, UM VERLUSTE ZU VERGRÖSSERN. ”

Hierbei handelt es sich wohl um den am meisten verbreiteten Anfängerfehler von allen. Sie kaufen eine Aktie bei 100 $ und sichern sich bei 90 $ ab. Der Kurs läuft gegen Sie und erreicht schließlich 91 $. Schnell verschieben Sie Ihren Stop auf 85 $,

um nicht aus dem Trade geschmissen zu werden. Denn Ihr Gehirn sagt Ihnen, dass ein unrealisierter Verlust ja noch kein realer Verlust ist und Sie sicher noch eine Chance haben, dass sich der Trade doch noch in Ihre Richtung entwickelt. Sollten Sie sich dies zur Angewohnheit machen, so werden Sie unter Garantie auf Dauer immer Geld verlieren! Sinnvoll kann es hingegen sein, den Stop nachzuziehen, sobald Ihr Trade in den Gewinn gelaufen ist. Gerade bei volatilen Märkten, welche zu großen und schnellen Bewegungen neigen, ist es absolut gerechtfertigt, Gewinne von Zeit zu Zeit abzusichern. Hierfür gibt es mehrere Ansätze, die ich Ihnen kurz vorstellen möchte:

1. Die erste Variante ist der Breakeven Stop. Dies bedeutet, dass Sie Ihren Stop beim Erreichen eines bestimmen Buchgewinns auf den Einstiegspreis nachziehen. Lassen Sie mich dies an einem Beispiel erläutern: Sie kaufen eine Aktie wie gehabt bei 100 $ und sichern sich bei 90 $ ab. Ihr angezieltes CRV liegt bei 2, was bedeutet, dass Sie die doppelte Summe an Gewinn anstreben, welche Sie als Risiko gesetzt haben. Ihr Risiko liegt bei 10 $, entsprechend müsste die Aktie auf 120 $ laufen, um den Trade zu schließen. Sie haben sich nun vorgenommen, den Stop beim Erreichen von 10 $ Buchgewinn auf Breakeven nachzuziehen. Entsprechend ändern Sie Ihre Stop Loss Order von 90 $ auf 100 $, sobald der Aktienkurs bei 110 $ steht. Sie laufen nun nicht mehr Gefahr, einen Verlust zu erleiden. Selbst wenn der Kurs nun wieder gegen Sie läuft und fällt, werden Sie schlimmstenfalls bei 100 $, also Ihrem Einstiegspreis, ausgestoppt. Diese Vorgehensweise ist natürlich gut für die Psyche, da Sie so möglichst früh Ihr Risiko eliminieren. Bedenken Sie jedoch, dass es relativ häufig vorkommt, dass der Kurs nach anfänglichen Gewinnen nochmals zu Ihrem Einstiegspreis zurückkehrt und Sie oftmals grundlos aus dem Trade geschmissen werden. Somit verringert sich Ihre Trefferquote ungemein. Das Nachziehen auf Breakeven macht daher nur bei längerfristig ausgelegten Systemen mit einem hohen Chance-Risiko-Verhältnis Sinn.

2. Das zweite Prinzip ist der sogenannte Trailing Stop. Statt einer gewöhnlichen Stop Loss Order übermitteln Sie Ihrem Broker nun eine spezifische Trailing Stop Order. Diese hat einen festgelegten Wert und Ihre Handelsplattform wird den Stop nun automatisch auf Basis dieses Wertes beim Erreichen neuer Buchgewinn-

Höchststände nachziehen. Bleiben wir bei unserem Beispiel, in welchem Sie eine Aktie für 100 $ kaufen. Sie entscheiden sich für einen Trailing Stop von 10 $. Ihr Startrisiko liegt nunmehr wie zuvor bei 90 $. Wenn die Aktie auf 101 $ steigt, Sie also 1 $ im Gewinn liegen, wird der Stop automatisch auf 91 $ nachgezogen. Dies geschieht mit jedem weiteren Cent Gewinn. Beim Erreichen von 105 $ liegt Ihr Stop entsprechend bei 95 $. Wenn die Kurse nun allerdings sinken, so wird die Trailing Stop Order nicht wieder nach unten korrigiert, sondern bleibt konstant bei 95 $ liegen. Dies geschieht so lange, bis der Kurs mehr als 10 $ vom zuvor erreichten Höchststand fällt und Sie somit ausgestoppt werden. Angenommen, der Preis der Aktie erreicht 120 $, Ihr Trailing Stop würde in diesem Moment also bei 110 $ gesetzt sein. Wenn der Kurs nun auf 110 $ fällt, wird Ihnen die Aktie zu diesem Preis ausgebucht. Das Problem an dem zunächst gut klingenden Prinzip ist jedoch, dass Sie bei einem zu klein gesetzten Trailing Stop in der Regel sehr schnell wieder ausgestoppt werden, während ein zu großer Trailing Stop dafür Sorge trägt, dass Sie einen großen Teil Ihres zuvor erreichten Buchgewinnes wieder abgeben. Statistiken beweisen, dass Trailing Stops üblicherweise schlechtere Ergebnisse erzeugen als konventionelle, feste Stop Loss Orders in Kombination mit zuvor festgelegten Targetpreisen.

3. Die dritte und aus meiner Sicht sinnvollste Variante ist das Nachziehen des Stops auf charttechnischer Basis oder mithilfe des Volumen Profils, wobei immer Teilausstiege realisiert werden. Es handelt sich hierbei im Grunde genommen um die Vorgehensweise, welche ich Ihnen anhand der Microsoft Aktie beim langfristigen Investieren vorgestellt habe. Sie warten darauf, dass der laufende Trade im Gewinn eine Korrektur oder Seitwärtsphase bildet und dann schließlich in die von Ihnen gewünschte Richtung weiterläuft. Sobald diese Korrektur überwunden ist, platzieren Sie die nachgezogene Stop Order bei einem Long Trade unterhalb beziehungsweise bei einem Short Trade oberhalb der Korrektur. Sollten Sie über das nötige Wissen verfügen, so beziehen Sie möglichst das Volumen Profil mit ein, um die Chance zu verringern, dass dieser Stop zu frühzeitig ausgelöst wird. Im Idealfall handeln Sie den Trade mit mehreren Exemplaren Ihrer Anlageklasse, also beispielsweise mit mehreren Aktien oder Futurekontrakten. Dies ermöglicht Ihnen das Realisieren von Teilausstiegen. Wenn Sie also zum Beispiel über 100 Stück einer Aktie verfügen, so könnten Sie den Broker anweisen, lediglich 50 Exemplare bei dem nachgezogenen Stop zu verkaufen

und für die restlichen 50 Aktien bleibt der ursprünglich gewählte Stop aktiv, in der Hoffnung, dass der Trade das anfänglich erdachte Gewinnziel noch erreicht. Im schlimmsten Falle hätten Sie also mit den 50 durch den nachgezogenen Stop ausgebuchten Aktien einen Gewinn erzielt und mit den 50 verbliebenen Aktien, sollten diese das Gewinnziel nicht erreichen und beim Ursprungsstop ausgebucht werden, einen Verlust. Beides würde sich ausgleichen. Darüber hinaus ist es natürlich ebenso möglich, von Beginn an mehrere Kursziele festzulegen und beim Erreichen der jeweiligen Preismarken Teilausstiege zu realisieren.

PRAKTISCHES BEISPIEL

SEHEN WIR UNS DAFÜR DIESES BEISPIEL DER APPLE AKTIE AN:

Quelle: Tradenavigator Charts AAPL Aktie

Die Aktie ist über einen längeren Zeitraum gefallen. Durch die Auswertung Ihrer fundamentalen Analyse sind Sie nun zu dem Schluss gekommen, dass dies ein günstiger Zeitpunkt wäre, Apple Aktien zu kaufen. Ihr theoretisches Budget ermöglicht Ihnen den Kauf von 100 Exemplaren an der mit dem grünen

Pfeil markierten Stelle. Sie kaufen also 100 Aktien zum Preis von je 155 $. Ihre absichernde Stop Loss Order platzieren Sie unter dem zuvor aufgetretenen Tief bei 140 $, gekennzeichnet durch die rote Linie. Ihr Risiko liegt entsprechend bei 15 $ pro Aktie, insgesamt also 1.500 $. Rückblickend erkennen Sie in dem Wochenchart, dass es zuvor zwei Seitwärtsphasen gab, welche Ihren Trade womöglich ausbremsen würden. Ihr eigentliches Kursziel liegt am Tief der höheren Seitwärtsrange, markiert durch die grüne Linie bei 210 $. Da Sie nicht sicher sind, ob der Preis der Aktie tatsächlich in absehbarer Zeit diese Marke erreichen wird, entschließen Sie sich, die Hälfte Ihrer Position bereits beim Erreichen des Tiefs der davorliegenden Seitwärtsrange zu liquidieren. Dieses liegt bei der mittleren grünen Linie bei 175 $. Hiermit ergibt sich für die Hälfte Ihres Trades ein Chance-Risiko-Verhältnis von 1,3 (20 / 15) und für den restlichen Trade ein CRV von 3,6 (55 / 15).

ES ERGEBEN SICH NUN DREI MÖGLICHE AUSGÄNGE:

1 Entweder, Sie haben sich geirrt und der Kurs läuft direkt gegen Sie bis zu Ihrem Stop. Sie verlieren dann die vollen 1.500 $.

2 Ein zweites Szenario wäre, dass der Wert der Aktie bis zu Ihrem mittleren Kursziel steigt. Sie verkaufen nun die Hälfte Ihrer Gesamtposition und realisieren einen Gewinn von 20 $ pro Aktie. Bei 50 verkauften Exemplaren ergibt dies 1.000 $ Gewinn. Nun beginnt die Apple Aktie allerdings zu fallen und Ihre Position läuft mit den verbliebenen 50 Aktien zu Ihrem Stop Kurs. Hier realisieren Sie pro Aktie 15 $ Verlust, was bei 50 Stück 750 $ ergibt. Insgesamt bleibt Ihnen von diesem Trade also ein Gewinn von 250 $.

3 Der dritte mögliche Ausgang wäre, wenn der Preis der Aktie bis zu Ihrem Gesamtziel bei 210 $ läuft, ohne zwischenzeitlich die Stop Loss Order ausgelöst zu haben. Dabei würden Sie bei Ihrem ersten Ziel wie gehabt 1.000 $ Gewinn realisieren und beim Erreichen des Hauptzieles nochmals 55 $ pro Aktie, was mit den verbliebenen 50 Exemplaren 2.750 $ ergeben würde. Sie realisieren also einen Gesamtgewinn von 3.750 $.

WIE SIE SEHEN, HÄTTE DER KURS IN DIESEM FALL TATSÄCHLICH UNSER ZIEL BEI 210 $ ERREICHT:

Quelle: Tradenavigator Charts AAPL Aktie

FAZIT

Sie haben somit alle essenziellen Werkzeuge des Risiko- und Moneymanagements kennengelernt. Durch dieses Wissen verfügen Sie über einen entscheidenden Vorteil gegenüber der breiten Masse der Anleger. Wie Sie diese Regeln anwenden hängt selbstverständlich sehr von Ihrem System und auch Ihren persönlichen Präferenzen ab. Es gibt Händler, welche eine hohe Tradingfrequenz mit guten Trefferquoten, jedoch niedrigen CRVs bevorzugen. Andere gehen eher langfristig und trendorientiert vor, akzeptieren dabei jedoch eine Mehrzahl an kleineren Verlusten. Egal, für welchen Weg Sie sich entscheiden, es empfiehlt sich immer, genau Buch über Ihr Vorgehen zu führen. Bauen Sie sich Ihre persönliche Statistik auf und fügen Sie den Trades Ihre Gedanken und Notizen hinzu.

WARUM SIND SIE DIESEN TRADE EINGEGANGEN, WELCHES WAR DAS GENAUE EINSTIEGSSIGNAL?

MIT WELCHEM CHANCE-RISIKO-VERHÄLTNIS RECHNEN SIE?

WIE WIRKT SICH DIES AUF DIE TREFFERQUOTE IHRER GESAMTEN TRADES AUS?

WIE OFT TRITT EIN EINSTIEGSSIGNAL AUF?

WELCHE RISIKEN MÜSSEN SIE DABEI EINGEHEN?

EXISTIEREN EVENTUELL MÄRKTE, AUF DENEN SIE DIESES RISIKO VERRINGERN ODER EXAKTER KALKULIEREN KÖNNEN?

Nur über derartige Statistiken werden Sie eine fundierte Auswertung Ihres Handelns erhalten und ein Gefühl sowohl für Ihr System als auch für die Märkte und das Trading generell erhalten. Schnell werden Sie erkennen, an welchen Stellen Verbesserungen angebracht oder gar notwendig sind und ob das von Ihnen verfolgte Ziel mit einer bestimmten Strategie überhaupt realistisch erreichbar ist.

Wenn Sie sich dann schließlich für einen Trade entschieden haben, so bestimmen Sie direkt den Preis für Ihre absichernde Stop Order sowie das Kursziel. Wenn möglich, übermitteln Sie diese Orders direkt an Ihren Broker, sodass Sie weniger dazu geneigt sind, selbst in den laufenden Trade einzugreifen und womöglich unnötigerweise Ihr System zu manipulieren. Ich kann nur immer wieder betonen, wie stark der Drang dazu psychologisch in uns verwurzelt ist. Lernen Sie, diesem Instinkt zu trotzen und überlassen Sie Ihre offenen Trades dem Markt. Halten Sie sich immer an die Regeln Ihres Systems!

DAS KOMPLETTE BÖRSENGRUNDWISSEN

INHALTS VERZEICHNIS

KAPITEL 3

INVESTITIONSMÖGLICHKEITEN

KAPITEL 4

ZIELSETZUNG VERSCHIEDENER INVESTORENTYPEN

KAPITEL 5
BÖRSENINSTRUMENTE

1

KAPITEL 1
VORWORT

WAS DIE BÖRSE **NICHT** IST

Wie viele Menschen vor mir, so bin auch ich auf besonderem Wege zur Börse gekommen. Um den Einstieg in das Berufsleben zu finden, habe ich nach meinem Musikstudium vor der Gründung meines ersten Unternehmens zunächst privaten Gitarrenunterricht gegeben. Einer meiner ersten Schüler hieß Alex, war Mitte 30, Bauunternehmer von Beruf, ein cleverer Kerl. Eines Tages kam Alex mit einem breiten Grinsen in den Unterricht und zückte sofort sein Handy. *„Olli, ich muss Dir unbedingt etwas zeigen"*, begann er. *„Ich habe eine Riesenentdeckung gemacht, das musst Du unbedingt auch probieren. Ich hab' letzte Woche bei so einem Broker ein Börsenkonto eröffnet und einfach mal 500 Euro eingezahlt. Schau mal, was daraus geworden ist."* Strahlend überreichte mir Alex sein Smartphone. Aus den 500 Euro waren innerhalb einer Woche 4.000 Euro geworden. Ich war tief beeindruckt und das ist an dieser Stelle wohl noch untertrieben ausgedrückt. Das erschien mir magisch. Ich stand noch ganz am Anfang meiner beruflichen

Karriere, was die Wirkung, welche diese Zahlen auf mich ausübten, nur umso mehr intensivierte. *„Das ist ja so“*, fuhr Alex fort, *„das heißt ja aus einem bestimmten Grund ‚Börse‘. Es funkt-ioniert nämlich genau wie eine Geldbörse. Du machst die Börse auf, nimmst das Geld heraus, und machst die Börse wieder zu.“* Mich packte umgehend die Euphorie. In der Schule habe ich nie etwas über die Börse gelernt. Überhaupt kamen die Themen Geld und Investitionen in meiner schulischen Ausbildung schlicht und ergreifend nicht vor. Meine Großeltern schenkten mir zum 4. Geburtstag ein klassisches Zinssparbuch bei der Bank ihres Vertrauens, zum damaligen Zeitpunkt hat so ein Sparbuch noch 4 % Jahresrendite erwirtschaftet. Heutzutage natürlich undenkbar. Meine Eltern hingegen legten hin und wieder etwas Kapital in Edelmetallen an, davon ab wurde das Geld aber hauptsächlich in das eigene Unternehmen investiert, gespart oder ausgegeben. Alle drei Punkte sind übrigens von großer Wichtigkeit, doch darauf werde ich zu einem späteren Zeitpunkt zurückkommen.

Geblendet von Alexs unglaublichen Ergebnissen und als Opfer meiner eigenen Naivität eröffnete ich also noch am selben Abend mein eigenes Konto bei einem sogenannten Social Trading Broker, welcher noch bis heute mit pfiffigen Facebook Werbespots nichtsahnende Privatkunden für sein sehr fragwürdiges Konzept anwirbt. So wird die Börse für die meisten privaten Händler oftmals zu einem kurzen Abenteuer. Auch ich opferte 500 Euro meiner Ersparnisse, um meine vermeintlich glorreiche Tradingkarriere zu beginnen, in voller Überzeugung, mein Konto, genau wie Alex, in wenigen Tagen um mehrere 100 Prozent wachsen lassen zu können. Frisch aus dem Studium gekommen war das zu diesem Zeitpunkt eine beträchtliche Menge an Geld für mich. Meinen ersten Trade eröffnete ich auf den deutschen Aktienindex DAX. Der Kurs des DAX war bereits seit Stunden am Steigen, also war ich mir sicher, dass er dies auch für den Rest des Tages tun müsse. Ich riskierte für den Trade also die Hälfte meines Geldes und setzte auf steigende Kurse. Alex hatte mir noch am Nachmittag ans Herz gelegt, immer den vollen Kontobetrag zu riskieren und All-In zu gehen, das würde die Rendite stark erhöhen, aber ich als „konservativer Investor“ wollte dieses Risiko nicht eingehen. 50 Prozent Risiko pro Trade müsse reichen. Hier muss natürlich angemerkt werden, dass ich zu diesem Zeitpunkt noch vollkommen der Überzeugung war, dass so gut wie jeder Trade ein Gewinner sein wird. Es ist ja schließlich eine Geldbörse, so dachte ich. In einem späteren Kapitel werde ich Ihnen begründen, warum bereits 5 Prozent Risiko pro Trade in den meisten Fällen ein absolut inakzeptabel hohes Risiko darstellen. Derlei Theorien waren mir jedoch

zu diesem Zeitpunkt gänzlich unbekannt. Ich platzierte also meine Long Position, einen Trade, welcher von steigenden Kursen profitiert, und setzte mich gebannt vor mein Notebook – um dabei zuzusehen, wie die Kurse direkt nach dem Eröffnen meiner Order anfingen zu fallen. „Das kann nicht wahr sein", dachte ich bei mir. Die Börse muss sich gegen mich verschworen haben. Dort muss am anderen Ende der Leitung eine bösartige Person sitzen, die nur auf **meine** Order gewartet hat, um dann schließlich die Kurse zum Drehen zu zwingen. Eine typische Denkweise, welche wir später im Kapitel „Börsenpsychologie" noch weiter besprechen werden.

Nachdem ich also mit 200 Euro im Verlust lag, war ich schließlich fest davon überzeugt, dass die Kurskorrektur nun vorbei sein müsse und der DAX fortan seinen Weg nach oben wieder aufnehmen sollte. Ich eröffnete also einen zweiten Long Trade mit dem Rest meines verfügbaren Geldes. Da ich nun zu einem tieferen Zeitpunkt nachgekauft hatte, habe ich somit den durchschnittlichen Preis für mein gesamtes Investment vermindert. Man bezeichnet dies als „Averaging down", was in der Regel immer eine absolut schlechte Idee ist. Zu diesem Zeitpunkt war ich jedoch der festen Überzeugung, genau das Richtige getan und sogar noch einen guten Deal ausgehandelt zu haben. Zu meinem Entsetzen passierte jedoch, was passieren musste – die Kurse des DAX fielen weiter. Panik überkam mich. Ich sah fassungslos zu, wie mein hart erarbeitetes Geld dahin zu schmelzen schien. Ich fühlte mich paralysiert und wusste nicht, was zu tun ist. Als von meinen anfänglichen 500 Euro noch 50 Euro übrig waren, schloss ich schließlich den Trade, setzte mich auf das Sofa und schrie innerlich die Welt an. Wie konnte dies passieren? Alex hatte mir doch versichert, dass dieses Trading eine sichere Angelegenheit darstellt und man eigentlich nur gewinnen kann. Ich schämte mich dafür, mein Geld so leichtgläubig verschwendet zu haben. War ich zu dumm, zu naiv oder war am Ende doch der hinterlistige Börsenmakler schuld? An dieser Stelle sei erwähnt, dass die Kurskorrektur nach dem Schließen meiner Trades beendet war und der DAX wieder zu steigen begann. Kommt Ihnen diese kleine Geschichte bekannt vor? Natürlich hoffe ich, dass Ihnen ein ähnliches Erlebnis erspart geblieben ist, im Nachhinein bin ich aber äußerst dankbar für diese Erfahrung. Manch einer mag sich an dieser Stelle denken: „Mein Gott, wie dumm muss dieser Kerl sein, so arglos sein Geld zu verschleudern?". Aber glauben Sie mir, ich bin mit diesem Erlebnis alles andere als ein Einzelfall. Nach offiziellen Angaben diverser Broker verlieren über 80 Prozent aller privaten Trader an der Börse Geld. Hierbei spreche ich von Spekulanten, nicht

von Investoren. Ich bin der festen Überzeugung, dass es in der Realität weit über 90 Prozent sind. Dies heisst jedoch im Umkehrschluss, dass die anderen 10 Prozent der Börsenhändler beträchtliche Summen mit ihrem Trading verdienen müssen. Ich befand mich also an einem Scheideweg. Die meisten Privattrader verabschieden sich nach solch einer Erfahrung für den Rest ihres Lebens von der Börse. Sie wird als Kasino und Teufelswerk verflucht oder die Person redet sich schlicht ein, dass die Börse einfach nicht für sie gemacht sei. Nachdem ich die Szenerie ein wenig auf mich habe wirken lassen, war ich allerdings der festen Überzeugung, dass ich zwar dumm vorgegangen bin und einen Fehler gemacht habe, jedoch war ich nun fest entschlossen, die Vorgehensweisen der wirklich erfolgreichen Trader zu erlernen und mir ein fundiertes Wissen anzueignen, bevor ich mein nächstes Geld an den Märkten riskieren werde.

WAS DIE BÖRSE **NICHT** IST

> “ DAS IST JA SO“, FUHR ALEX FORT,
> „DAS HEISST JA AUS EINEM BESTIMMTEN GRUND ‚BÖRSE‘.
> ES FUNKTIONIERT NÄMLICH GENAU WIE EINE GELDBÖRSE. DU MACHST DIE BÖRSE AUF, NIMMST DAS GELD HERAUS, UND MACHST DIE BÖRSE WIEDER ZU. ”
>
> ——— ALEX

Ich griff also am nächsten Tag zum Telefonhörer und rief Alex an. Ich schlug ihm vor, bei einem lokalen Hamburger Broker einen Einsteigerkurs für böseninteressierte Anfänger zu besuchen. Alex kam dieser Anruf gerade recht. Er hatte am Vorabend seine kompletten 4.000 Euro Kapital mit nur einem Trade verloren. Er willigte also ein und wir meldeten uns zu dem Seminar an. An diesem Tag begann für mich eine der spannendsten Reisen meines Lebens. Es ist nun gut 10 Jahre her. Seither ist unglaublich viel geschehen. Ich habe zwei Firmen gegründet und nahezu jeden Tag dazu genutzt, meine Fähigkeiten und mein Wissen im Bereich des Börsenhandels zu erweitern. Ich habe Bücher verschlungen, zahlreiche Seminare besucht und nächtelang Charts analysiert, Handelssysteme entwickelt und diese perfektioniert.

Ich bin froh und stolz darauf, diesen Fundus an Wissen heute im Rahmen meiner eigenen Investment Akademie weitergeben zu dürfen, eine Arbeit, die mir große Freude bereitet. 10 Jahre später muss ich immer noch lächeln, wenn ich an meine ersten Gehversuche an der Börse denke. Wer weiß, ob ich diesen Weg gegangen wäre, hätte ich damals schon gewusst, wie viele Rückschläge und schwierige Situationen ich noch zu bewältigen hätte, denn ich müsste lügen, wenn ich behaupten würde, dass es während dieser Zeit immer nur bergauf mit meinem Tradingkonto ging. Um nun die Frage aus der Überschrift dieses Kapitels zu beantworten: Die Börse ist definitiv nicht das von Alex beschriebene Portemonnaie, aus welchem man sich jederzeit an beliebigen Summen Geldes bedienen kann. Die Börse bietet aber für alle Personen mit unterschiedlichsten Zielen und finanziellen Hintergründen eine Vielzahl an Möglichkeiten, ihr Geld für sich arbeiten zu lassen und beachtliche Renditen zu erzeugen. Je nach Erwartungshaltung und Zielsetzung sollte das Vorgehen individuell gestaltet werden, doch versichere ich Ihnen, dass die Börse für jeden Anlegertyp die passenden Wege bietet. Ich möchte unterstreichen, als wie lohnenswert sich all der Aufwand im Laufe der Zeit für mich persönlich erwiesen hat. Daher möchte ich nun zwei wichtige Fragen beantworten:

FÜR WEN IST DIESES BUCH?

Ich habe es mir zur Aufgabe gemacht, mit diesem Buch ein möglichst breites Spektrum an Menschen zu erreichen. In den Köpfen der meisten Personen hat sich die Börse als ein unerreichbares Mysterium manifestiert. Ein Kasino, in dem wohlhabende Menschen mit unfassbaren Summen um sich schmeißen und diese auf lange Sicht wohl auch meistens verlieren. Doch dies ist absolut nicht der Fall, denn die Börse wurde keinesfalls ausschließlich für die besonders vermögenden Menschen erfunden. Ein jedermann kann sie nutzen, um mit der zu ihm passenden Anlagestrategie sein Kapital zu vergrößern und auf lange Sicht finanziell von ihr profitieren. Wenn Sie sich in dieser pessimistischen Denkweise ein Stück weit wiedererkennen, lege ich Ihnen ans Herz – trennen Sie sich bitte schnellstmöglich von dieser Ansicht! Mit dem richtigen Wissen und der für die eigene Zielsetzung passenden Herangehensweise kann wirklich jeder Mensch an der Börse investieren und sein Geld für sich arbeiten lassen. Der Faktor Zeit spielt natürlich bei der Wahl der Strategie eine

wesentliche Rolle, ist aber kein Kriterium, das Aktivwerden an der Börse für sich von vornherein auszuschließen. Auch ich war lange Zeit der Auffassung, man müsse sich ein schier maßloses Fachwissen aneignen, um überhaupt darüber nachdenken zu können, als Investor an den Märkten tätig zu werden. Ich versichere Ihnen aber, dass dem nicht so ist. Natürlich, wenn es Ihr Ziel sein sollte, ein regelmäßiges Einkommen über die Börse zu generieren oder gar davon zu leben, dann werden Sie um eine Menge Studium nicht herumkommen. Doch zum „einfachen" Investieren, beispielsweise in passiv gemanagte Fonds, bedarf es definitiv keiner Hexerei und auf lange Sicht werden Sie hier mit maximal hoher Wahrscheinlichkeit eine positive Rendite erwirtschaftet haben. Wenn Sie Ihr Geld beispielsweise in einen passiven Fonds auf den größten amerikanischen Aktienindex S&P 500 anlegen, so wäre es aus historischer Sicht noch nie vorgekommen, dass Sie bei einer Haltedauer von mindestens 13 Jahren Geld verloren hätten – trotz aller Wirtschaftskrisen. Und hierbei haben Sie noch nicht einmal nach „guten" und „schlechten" Aktien sortieren müssen. Kein anderes Investitionsmedium bietet auf lange Sicht derart hohe Wahrscheinlichkeiten auf positive Rendite, nicht einmal das hierzulande so viel beschworene Zinssparbuch. Letzteres ist heutzutage als Anlagemöglichkeit ohnehin in der Bedeutungslosigkeit verschwunden. Um mein Argument zu stützen, sehen Sie sich bitte folgendes Diagramm an:

GEWINNER- UND VERLIERERJAHRE DES S&P500 SEIT 1928:

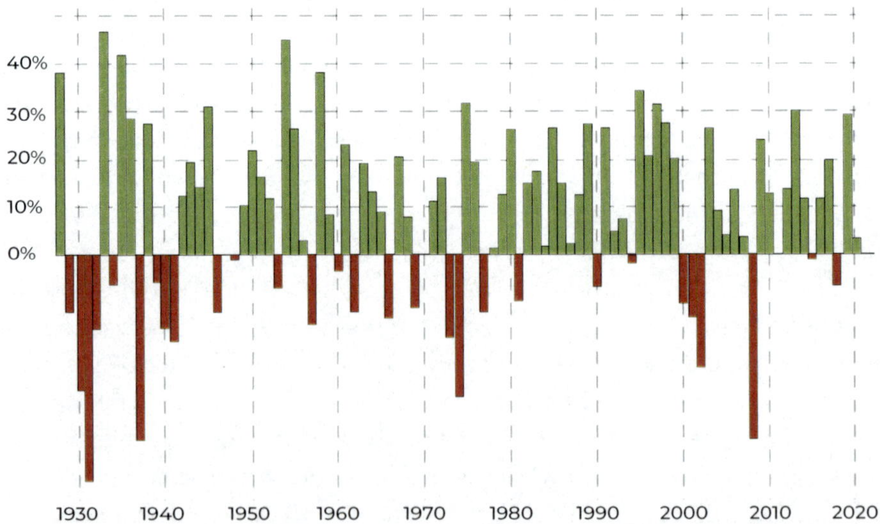

Quelle: https://www.macrotrends.net/2526/sp-500-historical-annual-returns

Es zeigt die Gewinner- und Verliererjahre des S&P 500 seit 1928. Wenn Sie von einer 5-jährigen Haltedauer des Fonds ausgehen, hätten Sie mit etwas Pech am Ende weniger Geld als vorher, wenn Sie beispielsweise direkt vor einer der großen Wirtschaftskrisen gekauft hätten. Bei einer 10-jährigen Haltedauer hätten Sie in lediglich 5 der letzten 100 Jahre nicht kaufen dürfen, um am Ende Geld verdient zu haben. Bei einer 20-jährigen Haltedauer hätten Sie am Ende immer ein Plus erwirtschaftet, selbst, wenn Sie direkt vor der großen Depression 1929 gekauft hätten und die Marktphasen der dreißiger Jahre miterlebt hätten, in welchen es zu großen Kursschwankungen kam. Im historischen Durchschnitt erzeugt der S&P 500 eine jährliche Rendite von rund 9 %. Kein schlechtes Ergebnis, wenn man bedenkt, dass wir hier keine Minute darauf verwendet haben, die Märkte oder einzelne Aktien zu analysieren. Selbstverständlich sind mit etwas Arbeit und Wissen auch weitaus höhere Renditen realistisch. Die Gewinner der offiziellen Futures Trading Weltmeisterschaft, die jedes Jahr von der Robbins Trading Gruppe veranstaltet wird, generieren regelmäßige Renditen im dreistelligen Bereich.

Hier sind natürlich auch viele Glücksritter dabei, doch bei genauem Betrachten fallen immer wieder dieselben Namen, die diese Renditen mit einer erstaunlichen Konstanz erzeugen. Die meisten dieser Trader haben ihren Hintergrund im automatisierten Trading. Soviel vorweg – automatisiertes Trading verlangt sehr viel Erfahrung und Vorwissen sowie paradoxerweise einen äußerst hohen Zeitaufwand. Darüber hinaus muss man mit einer robusten psychischen Einstellung ausgestattet sein, da man teilweise schmerzhafte Drawdownphasen, also Phasen, in denen der Gewinn zeitweise sinkt, zu überstehen hat. Hierbei handelt es sich um Zeiträume, in welchen Ihr System Verluste erwirtschaftet. Die Drawdownphase gilt dann als beendet, wenn Ihr Gewinn einen neuen Höchststand erreicht hat.

ICH MÖCHTE ALSO NOCHMALS ZUSAMMENFASSEN, AN WEN SICH DIESES BUCH RICHTET:

Wenn Sie Ihr Geld gern für sich arbeiten lassen möchten, sich auf den Weg zur finanziellen Freiheit begeben wollen oder es Ihr Ziel ist, einen lohnenswerten Bonus für Ihre Altersvorsorge zu erwirtschaften, dann ist dieses Buch genau für Sie! Doch auch wenn Sie sich mehr von der Börse als nur eine bescheidene monatliche Sparrate erhoffen, werde ich Ihnen zahlreiche Möglichkeiten und Wege aufzeigen.

Ich habe meinen Weg vom Gelegenheits- zum Hobbytrader und schließlich zum Berufstrader gefunden. Er war teils steinig und ich habe wohl jeden erdenklichen Tradingfehler begangen. Welche dies im Einzelnen sind, werde ich ausführlich im Kapitel über Börsenpsychologie darstellen und hoffe, dass ich somit Sorge dafür tragen kann, dass Sie eventuell den einen oder anderen dieser Fehler bewusst vermeiden können. Sollte es auch Ihr Ziel sein, sich professionell dem Börsenhandel zu widmen, so steht Ihnen in der Tat weitaus mehr Studium bevor als nur dieses Buch. Doch möchte ich Ihnen allem voran eine Vielzahl an Möglichkeiten und Handelsinstrumenten aufzeigen, damit Sie klar selektieren können, für welche Art des Handelns Sie sich interessieren und mit welchen Börsenmärkten und -instrumenten Sie diese in der Praxis umsetzen können.

WAS BIETET IHNEN DIESES BUCH?

Ich kann Ihnen aus Erfahrung sagen, dass jedes Kapitel dieses Buches von der inhaltlichen Komplexität ein eigenes Buch füllen könnte. Schon über die Themen Börsenpsychologie und Mindset sind ganze Werke geschrieben worden. Ich möchte Ihnen daher vielmehr einen Überblick über sämtliche Faktoren geben, die nötig sind, um den Einstieg in das Investieren an der Börse sowie auch das Trading an sich zu finden. Doch möchte ich dies nicht als reines Einsteigerbuch verstanden wissen. Auch erfahrene und bereits profitable Trader möchte ich dazu motivieren, eventuell über ihren bisherigen Tellerrand zu schauen und sich mit weiteren Märkten oder Handelsinstrumenten zu beschäftigen, welche Sie bislang womöglich weniger oder gar nicht in ihr Trading einbezogen haben.

Am Ende des Buches wird jeder Leser seine eigenen Ziele definieren können und in der Lage sein, für sich zu entscheiden, welchen der aufgezeigten Wege er gehen möchte und welche für ihn interessanten Ansätze er weiter verfolgen und vertiefen will. Wir werden in diesem Buch zunächst Schritt für Schritt die einzelnen Grundlagen behandeln, welche für erfolgreiches Handeln an der Börse notwendig sind. Außerdem werden Sie weitere Bereiche neben der Börse kennenlernen, die für modernes Investieren relevant sind.

Im darauffolgenden Kapitel werde ich 4 individuelle Typen von Investoren respektive Tradern klassifizieren. Angefangen beim passiven Investor bis hin zum professionellen Vollzeittrader werde ich Ihnen genaustens darlegen, welche Voraussetzungen für die jeweilige Handelsart vonnöten sind und mit welchem Aufwand dabei zu rechnen ist. Nach den Grundkomponenten werden wir uns mit den einzelnen Märkten und Instrumenten beschäftigen, die Sie an der Börse handeln können. Einer der wichtigsten Aspekte beim Handeln an der Börse ist die psychologische Komponente. Daher widme ich das letzte Kapitel des Buches den immens wichtigen Themen Mindset, Psychologie und Moneymanagement.

Abschließend möchte ich anmerken, dass ich im Laufe des Buches verschiedene Empfehlungen für andere Bücher, Hilfs- und Analyseplattformen, Chartingsoftware und anderes aussprechen werde. Ich möchte unterstreichen, dass ich von keiner dieser Empfehlungen finanziell profitiere und mit keinem Drittanbieter zusammenarbeite. Wenn ich Ihnen irgendeine Art von börsenrelevantem Service empfehle, dann aus rein objektiven Gründen und weil ich persönlich gute Erfahrungen mit dem jeweiligen Medium gemacht habe. Darüber hinaus arbeite ich mit keinem Broker zusammen, von dem ich finanzielle Vorteile erhalte. Letztendlich ist es mir wichtig, dass die Entscheidung, wie Sie Ihren Handel angehen möchten, ganz bei Ihnen liegt!

“ ICH WÜNSCHE IHNEN NUN VIEL FREUDE BEIM LESEN UND HOFFE, DASS AUCH SIE IHRE FINANZEN UND ZUKUNFT IN DIE EIGENEN HÄNDE NEHMEN WERDEN UND DIE BÖRSE BEI DIESER ZUKUNFTSGESTALTUNG EINE WESENTLICHE ROLLE EINNEHMEN WIRD! ”

2

KAPITEL 2

SPEKULIEREN UND INVESTIEREN

Bevor wir uns mit den verschiedenen Kategorien des modernen Investierens beschäftigen, liegt es mir am Herzen, einige Missverständnisse in Bezug auf die Begriffe „Spekulation“ und „Investition“ aus dem Weg zu räumen. Beide Disziplinen des Geldanlegens haben in den letzten Jahren einen enormen Schaden an ihrem Image erleiden müssen. Dies ist nicht ganz grundlos, nimmt doch der oligopolbildende Finanzkapitalismus, der sich in den letzten Jahrzehnten immer mehr durchgesetzt hat, teilweise groteske Formen an. Der Einfluss von Wirtschaftslobbys auf die Politik ist größer denn je, was in beträchtlichem Maße mit dafür verantwortlich ist, dass die Schere zwischen Arm und Reich immer weiter auseinander zu klaffen droht. Warum erzähle ich das? Aufgrund der aktuellen politischen Situation ist es für die Medien ein Leichtes, wohlhabende Menschen als eine der Wurzeln allen Übels darzustellen. Auch in der Familie und im Freundeskreis wird nicht selten

über „die Reichen“ geschimpft. In der Öffentlichkeit wird von Spekulanten oftmals ein Bild von unmoralischen, vermögenden Menschen gezeichnet, die nicht wissen, was sie mit ihrem Geld noch anstellen sollen und es daher an der Börse „verzocken“. Der vermeintlich bösartige Spekulant geistert wie ein Schreckgespenst durch die Medien und wird nicht selten zur Ursache aller Wirtschaftskrisen der vergangenen hundert Jahre erklärt. In **gewissem** Maße hat dies auch durchaus seine Berechtigung, das möchte ich keinesfalls leugnen. Doch sind solche Ursachen deutlich komplexer und lassen sich nicht allein auf das Spekulieren an sich zurückführen. Darüber hinaus möchte ich Ihnen ans Herz legen, nicht den Fehler zu begehen, alle reichen Menschen als pauschal bösartig abzustempeln. Wenn das Sprichwort „Geld verdirbt den Charakter“ zu Ihrem Vokabular gehört, dann bitte ich Sie, es schleunigst zu verbannen, wenn Sie es in Betracht ziehen, an der Börse tätig werden zu wollen. Ein guter Mensch wird durch Geld zu keinem schlechten. Ein Mensch mit einem von vornherein verdorbenem Charakter wird jedoch umso mehr auffallen, wenn er zu viel Geld kommt.

DAS SPEKULIEREN

Spekulation ist per se nichts Verwerfliches und hat entgegen der breiten Meinung auch nichts mit Glücksspiel zu tun, auch wenn es durchaus einige Parallelen gibt. Durch das Kapital der Spekulanten werden die Märkte mit Geld versorgt und liquide gehalten, was sowohl in den Aktien- als auch in den Rohstoffmärkten absolut Sinn ergibt und sogar förderlich für diese ist. Durch systematisches Spekulieren ist es möglich, an der Börse auf regelmäßiger Basis Geld zu erwirtschaften, ohne dabei den Märkten Schaden zuzufügen. Ihr Geld stellt in den Aktienmärkten den Unternehmen Liquidität zur Verfügung, um zu wirtschaften und Investitionen zu tätigen. In den Futuremärkten geben Sie den kommerziellen Händlern die Möglichkeit, sich effektiver gegen Preisschwankungen abzusichern und die Preise stabil zu halten. Von größter Bedeutung ist hierbei die Betonung auf **systematisches Spekulieren**. Wenn Sie beginnen, willkürlich und nach Bauchgefühl oder durch reine Beobachtung der Märkte Trades zu eröffnen, so führt das in aller Regel sehr schnell zur Vernichtung Ihres Kapitals. Es ist von absolut essenzieller Wichtigkeit, dass Sie jeden Ihrer Trades nach einem vorher festgelegten

System durchführen, von welchem Sie idealerweise nicht abrücken. Sie müssen nach Eröffnung des Trades klar formulieren können, warum Sie sich dazu entschieden haben, diesen zu eröffnen. Wenn Sie sich für Spekulation interessieren, so führen Sie in den ersten Jahren am besten ein klares Tradingtagebuch, zum Beispiel in Form einer Excel Tabelle. Hier tragen Sie neben den Tradedaten auch eine Anmerkung zu Ihrer Tradeidee mit ein. Bevor wir uns dem Trading Tagebuch widmen, möchte ich zunächst zwei Begriffe klären:

LONG TRADE

Beim Spekulieren schließen Sie eine Wette auf den zukünftigen Verlauf des Kurses eines bestimmten Wertes ab. Sie können diesen kaufen, um ihn später zu einem höheren Preis gewinnbringend zu verkaufen. Dies bezeichnet man als Long Trade.

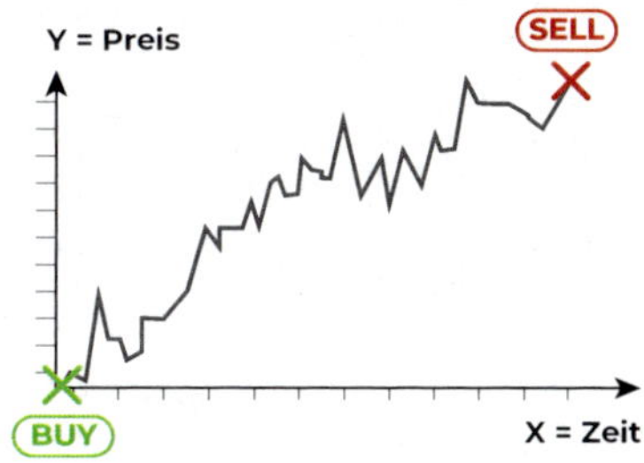

SHORT TRADE

Sie können die meisten Börseninstrumente jedoch auch leer verkaufen, ohne Sie zu besitzen, um Sie dann zu einem späteren Zeitpunkt und einem idealerweise günstigeren Preis zurückzukaufen. So profitieren Sie von fallenden Kursen, was als Short Trade bezeichnet wird.

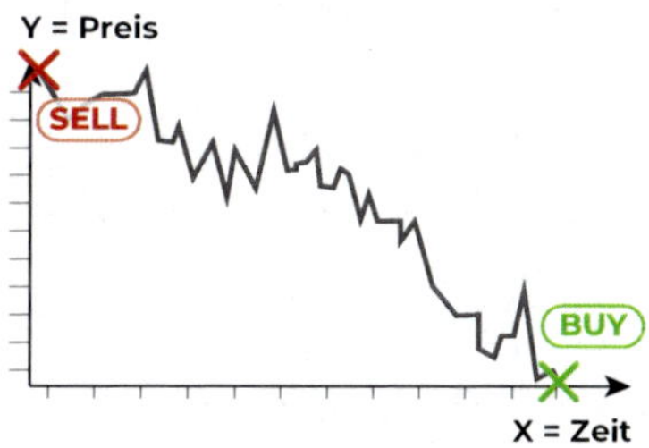

ICH FÜHRE NACH WIE VOR MEIN TRADING TAGEBUCH NACH FOLGENDEM SCHEMA:

Handelsdatum	Buy or Sell	Name oder Symbol	Anzahl	Preis	Gesamt	Einnahmen Option	Einnahmen Verkauf	Einnahmen Abruf	Beschreibung Handel	Einnahmen / Dividendem	Kosten / Gebühren
04.04.18	Buy	SWKS	10	98,29	-982,98				VP / Fibo. Sicherung durch Stop		-1
04.04.18	Sell	SWKS	10	88,97	889,7		-95,21		Auslösung Stop		-1,02

Long Trades hinterlege ich mit einem grünen Hintergrund, Short Trades mit roter Hintergrundfarbe. Natürlich ist dies nur ein Beispiel und kann je nach Vorlieben und Tradingstil beliebig angepasst werden.

Spalte 1: Datum

In diesem Beispiel handelt es sich also um einen Long Trade, ich habe auf steigende Kurse gesetzt. In der ersten Spalte trage ich das Datum meines ursprünglichen Kaufes sowie in der Zeile darunter das Verkaufsdatum ein.

Spalte 2: Buy oder Sell

Hier trage ich ein, ob ich kaufe (buy) oder verkaufe (sell).

Spalte 3: Handelstyp

In diesem Fall habe ich eine Aktie gehandelt, daher steht in Spalte 3 „Aktienkauf“.

Spalte 4: Börsensymbol

Darauf folgt das Börsensymbol, in diesem Beispiel „SWKS“, die Aktie der Firma Skyworks Solutions.

Spalte 5-7: Anzahl, Preis und Gesamt

In den darauffolgenden Spalten gebe ich an, wie viele Exemplare ich von dem jeweiligen Finanzinstrument gekauft oder verkauft habe, gefolgt von den Preisen für ein Einzelexemplar sowie der Gesamtposition.

Spalte 8: Einahmen Option

Sollte es sich um einen Optionstrade handeln, wird hier die erhaltene Prämie eingetragen.

Spalte 9: Einnahmen Verkauf

Da ich mit diesem Trade einen Verlust realisiert habe, habe ich in die Spalte „Einnahmen Verkauf“ den negativen Wert von „-95,21“ notiert.

Spalte 10: Abruf

Auch dieses Feld bezieht sich auf Optionstrades und bleibt in diesem Falle frei.

Spalte 11: Beschreibung Handel

In der Beschreibungsspalte vermerke ich nun, auf Basis welchen Handelssystems ich den Trade eröffnet hatte und aufgrund welcher Regel dieser geschlossen wurde.

Spalte 12: Einnahmen / Dividenden
Sollte ich in der Zwischenzeit Dividenden erhalten haben, werden diese in Spalte 12 eingetragen.

Spalte 13: Kosten / Gebühren
Abschließend füge ich der Tabelle die gezahlten Transaktionsgebühren ein.

DAS INVESTIEREN

Kommen wir nun zur weniger negativ behafteten Anlageform – dem Investieren. Zunächst einmal möchte ich die grundlegenden Unterschiede zum Spekulieren betrachten. Diese gehen aus meiner Sicht weit über den bloßen Zeithorizont des Investments hinaus. Dieser dürfte jedoch das offensichtlichste Merkmal sein, welches Investition von Spekulation unterscheidet. Eine Investition wird zumeist über einen längeren Zeitraum von mindestens fünf Jahren getätigt. Je länger eine Investition gehalten wird, desto höher ist in aller Regel die Wahrscheinlichkeit, dass sie eine positive Rendite abwirft. Einzige Ausnahme ist, wenn die Idee oder das Unternehmen, welchem die Investition zugutekommt, scheitert oder dieses bankrott geht. Die Idee hinter einem Investment hat fast immer einen fundamentalen Hintergrund. Wenn Sie beispielsweise langfristig in ein Unternehmen investieren und dessen Aktien kaufen möchten, so sollten Sie sich vorher Gedanken zu dieser Firma gemacht haben und davon überzeugt sein, dass ihr Konzept ein dauerhaftes Potenzial haben wird. Diese fundamentale Analyse sollte selbstverständlich sehr sorgfältig und nach einem festgelegten System erfolgen.

Fundamentale Daten können auch in der Spekulation eine wesentliche Rolle spielen, der kurzfristige bis mittelfristige Zeithorizont zwingt den Trader jedoch dazu, nach einem bestimmten festen Regelwerk vorzugehen, welches über die reine Fundamentalanalyse hinaus geht. Der einfache Grund hierfür ist, dass die Märkte umso mehr zur Willkür tendieren, je kürzer der Investitionszeitraum ist. So spielt beim Spekulieren – und dies ist die wesentliche Komponente, die auch im Glücksspiel zu finden ist – die Stochastik eine unmittelbare Rolle. Ihr System muss zwingend in der Vergangenheit einen statistischen Vorteil erbracht haben, andernfalls wird

es mit großer Sicherheit auch in der Zukunft keine positiven Erträge erzeugen. Der Zeitpunkt des Einstiegs in ein Investment spielt eine deutlich geringere Rolle als bei einer Spekulation. Hier stellt sich zum Beispiel die berühmte Frage, ob man eine Aktie besser kauft, wenn sie gerade ein neues Hoch erreicht hat und am Steigen ist, oder nach Beendigung einer Kurskorrektur. Bei einem entsprechend langen Investitionshorizont wird diese Entscheidung kaum einen Unterschied machen. Aus persönlicher Erfahrung kann ich Ihnen aber an dieser Stelle verraten, dass es immer mehr Sinn macht, in steigende als in fallende Werte zu investieren.

Anders verhält es sich beim Spekulieren. Da es Ihr Ziel ist, nur einen bestimmten Abschnitt des Kursverlaufs für Ihren Trade zu nutzen, muss der Einstieg möglichst genau abgepasst werden. Schon wenige Cent / Ticks / Pips (je nach Markt und Börseninstrument) können hier über Erfolg oder Misserfolg eines Trades entscheiden. Wir werden dieses Phänomen genauer betrachten, wenn wir uns im Kapitel „Moneymanagement“ mit dem Chance-Risiko-Verhältnis, kurz CRV, beschäftigen. Der Investor stellt sein Kapital immer einer Person oder Personengruppe zur Verfügung, von deren Konzept oder Idee er überzeugt ist und auf lange Sicht am Gewinn des Projekts beteiligt sein möchte. Dies muss nicht zwingend ein Unternehmen sein, es kann sich ebenso gut um eine Erfindung, Innovation oder Ähnliches handeln. Der Investor ist hierbei nicht aktiv am Projekt beteiligt, sondern stellt lediglich finanzielle Mittel zur Verfügung. Im Idealfall profitieren beide Seiten von der Investition, indem die aktive Seite das zur Verfügung gestellte Geld nutzen kann, um das Projekt oder die Firma zu fördern und wachsen zu lassen, während der Investor später finanziell von den Ergebnissen profitiert.

Der Spekulant hingegen betrachtet zunächst die historische Wertentwicklung eines an der Börse gehandelten Wertes oder Marktes und zieht dann auf der Basis verschiedener Faktoren Schlüsse auf dessen mögliche zukünftige Kursentwicklung. Die langfristige Idee des sogenannten Underlyings, also des Wertes, den er handelt, interessiert ihn in der Regel wenig oder nur in speziellen Fällen. Auch eine Spekulation kann unter Umständen ein erfolgreiches Geschäft für beide Seiten werden, wie wir später erfahren werden, wenn wir uns mit Future- und Optionshandel beschäftigen werden. Sowohl beim Spekulieren als auch beim Investieren muss Ihnen bewusst sein, dass Sie sich auf ein Risiko einlassen. Dieses Risiko lässt sich durchaus steuern, es gehört aber zum Börsenalltag dazu. Sie werden sich langfristig daran gewöhnen

müssen. Unabhängig davon, ob Sie als aktiver Trader spekulieren werden oder sich als langfristigen Investor verstehen, Sie werden von Zeit zu Zeit Geld an der Börse verlieren. Lassen Sie sich hiervon nicht abschrecken. Wichtig ist sowohl beim Spekulieren als auch beim Investieren, dass sich Ihr Geld auf einen langfristigen, nicht auf einen kurzfristigen Zeitraum betrachtet, vermehrt. Mit den richtigen Herangehensweisen und Strategien ist dies mit beiden Disziplinen absolut seriös umsetzbar. Ohne Risiko ist jedoch kein Gewinn möglich. Ich denke, dies gilt für die meisten Dinge im Leben. Wenn wir vorankommen und die nächste Stufe erreichen wollen, sind gewisse Risiken unvermeidbar. Es wird stets ein paar Rückschläge geben, aber auf lange Sicht lohnen sich die Bemühungen.

WENN DAS SPRICHWORT
„GELD VERDIRBT DEN CHARAKTER“
ZU IHREM VOKABULAR GEHÖRT,
DANN BITTE ICH SIE,
ES SCHLEUNIGST ZU VERBANNEN,
WENN SIE AN DER BÖRSE TÄTIG
WERDEN WOLLEN.

Zum Abschluss und als Fazit dieses Kapitels möchte ich Ihnen Folgendes mit auf den Weg geben: Sie werden sich überall in Ihrem Umfeld, ob unter Freunden, Familie oder im Arbeitskreis, als Trader, Spekulant und Investor mit gewissen Vorurteilen konfrontiert sehen. Lassen Sie sich hiervon bitte nicht verunsichern. Das Thema Geld ist noch immer ein mit vielen Klischees und Missverständnissen behaftetes. Weder das Spekulieren noch das Investieren macht Sie zu einem schlechteren Menschen und wenn Sie die Sache mit Verstand, System und einer gesunden Einstellung angehen, fügen Sie auch niemand anderem einen Schaden zu. Als Trader handeln Sie in erster Linie für sich selbst und sind entsprechend für sich selbst und Ihre Entscheidungen verantwortlich. Ich persönlich mag diesen Gedanken sehr gern.

3

KAPITEL 3

INVESTITIONS MÖGLICH KEITEN

Ich hatte vor Kurzem eine interessante, wenn auch etwas frustrierende Diskussion auf einer Gartenparty. Ein Neffe meiner Freundin hat gerade sein Studium beendet und es hat sich herausgestellt, dass seine Großeltern in der Zeit seit seinem Abschluss des Abiturs sein angespartes Geld verwahrt haben, damit er nicht dazu neigt, es auszugeben. Er konnte durch das fleißige Sparen aller Geldgeschenke von Verwandten und zur Jugendweihe eine stolze Summe von 10.000 Euro ansparen. Ich war beeindruckt und fragte seinen Großvater, wo er das Geld denn in den zwischenzeitlich vergangenen 10 Jahren angelegt hätte.

Er sah mich mit verwunderten Augen an und antwortete ganz selbstverständlich: „Das Geld haben wir gut versteckt. Wo hätte ich es bitte anlegen sollen, es gibt schließlich keine Zinsen mehr und auf einem Bankkonto wäre es auch nicht sicher gewesen."

Vor 10 Jahren war die Weltwirtschaftskrise gerade beendet. Hätte man das Geld beispielsweise in einen passiven Fonds auf den US-Index S&P 500 investiert und nicht mehr angerührt, so hätte sich das Vermögen von 10.000 Euro in den letzten 10 Jahren mehr als **vervierfacht** - und das trotz zwischenzeitlicher Coronakrise. Zugegeben, eine dermaßen gute Performance wäre auch viel Glück gewesen und man hätte das Ende der Wirtschaftskrise sehr genau abpassen müssen, doch wie bereits im vorangegangenen Kapitel beschrieben, der S&P 500 legt im Durchschnitt rund 9 % pro Jahr an Gewinn zu. Stattdessen lag das Geld herum und hat an Wert verloren. Wie soll es denn bitte an Wert verloren haben, wenn niemand es berührt hat? Ein teurer Fehler, den die meisten konservativen Sparer heutzutage machen, ist es, die Inflationsrate zu ignorieren. Schauen Sie sich dazu bitte folgende Tabelle an:

INFLATIONSRATEN 2009 - 2019:

Jahr	Verbraucherindex	Inflationsrate (rechnerisch)	Inflationsrate (gerundet)
2019	105,3	1,4451%	1,4 %
2018	103,8	1,7647 %	1,8 %
2017	102,0	1,4925 %	1,5 %
2016	100,5	0,5000 %	0,5 %
2015	100,0	0,50,52	0, %
2014	99,5	1,0152 %	1,0 %
2013	98,5	1,4418 %	1,4 %
2012	97,1	1,9958 %	2,0 %
2011	95,2	2,1459 %	2,01 %
2010	93,2	1,0846 %	1,1 %
2009	92,2	0,3264 %	0,3 %

Quelle: https://www.finanz-tools.de/inflation/inflationsraten-deutschland

Durch das Erwerben von Staats- und Unternehmensanleihen durch die europäische Zentralbank werden die Märkte mit zusätzlicher Liquidität versorgt. Diese führt langfristig zu einer erhöhten Güternachfrage seitens der Unternehmen und am Ende auch Arbeitnehmer. Eine erhöhte Güternachfrage hat wiederum Preiserhöhungen

zur Folge, die entsprechend den Wert des Geldes an sich mindern – der Prozess einer Inflation. Worum es sich bei jenen Staats- und Unternehmensanleihen im Genauen handelt, werde ich im entsprechenden Kapitel über dieses Thema ausführlich beleuchten. Daher ergibt es auch keinen Sinn, wenn man heutzutage nach wie vor die seltsame Angewohnheit hat, Europreise in DM umzurechnen und den ursprünglichen Wechselkurs von 1:2 zu nutzen. Trotz des damals festgelegten Wechselkurses entsprechen die heutigen Europreise aufgrund der vorangeschrittenen Inflationsrate mindestens den damaligen DM Preisen. Statt also die Ersparnisse anzulegen und deren Wert wachsen zu lassen, wurde es Opfer der in der Tabelle aufgeführten jährlichen Inflationsraten des Euro. Zum jetzigen Zeitpunkt, Anfang 2020, sind die 10.000 Euro zwar immer noch 10.000 Euro, haben aber im Verhältnis zu damals nur noch eine **Kaufkraft** von rund 8.500 Euro. Eine bittere Erkenntnis, nicht wahr? Man kann den Verwandten meiner Freundin hier absolut keinen Vorwurf machen. Wie ich bereits im Vorwort angemerkt habe, sind Finanzen und Kapitalbildung keine Fächer, die in der Schule oder im Studium angesprochen und behandelt werden. Auch in der Erziehung durch die Eltern kommt dieser Bereich oftmals viel zu kurz. Dies kann verschiedene Gründe haben – über Geld wird nicht gesprochen, es herrschen veraltete oder schlichtweg falsche Kenntnisse oder, und auch dies ist heutzutage in vielen Familien leider noch ein gängiges Kredo, das Thema Finanzen wird von vornherein verteufelt und der Besitz von Geld als etwas Schlechtes und Lasterhaftes deklariert.

> “ DAS GELD HABEN WIR GUT VERSTECKT. WO HÄTTE ICH ES BITTE ANLEGEN SOLLEN, ES GIBT SCHLIESSLICH KEINE ZINSEN MEHR UND AUF EINEM BANKKONTO WÄRE ES AUCH NICHT SICHER GEWESEN. ”

Kaum verwunderlich, dass in breiten Teilen der Bevölkerung die finanzielle Bildung vollkommen unzureichend ist. Fakt ist doch aber Folgendes: Geld geht uns alle etwas an! Es ist beständiger Teil unseres Lebens, ob wir uns nun für einen bescheidenen Lebensstil entscheiden oder es genießen, uns verschiedenste Dinge zu leisten. Es ist aus meiner Sicht für jeden Menschen von unschätzbarem Vorteil, sich mit seinen Finanzen auseinanderzusetzen, zu verstehen, wie Geld funktioniert und bewusst und geschickt damit umzugehen. Finanzielle Bildung bietet klare Vorteile für jedermann.

Ein großer Irrtum ist es, zu glauben, dass die einzig lohnenswerte und sichere Anlageform von Geld das klassische Sparbuch bei der Hausbank sei. Auch dank des Internets ist es in der heutigen Zeit einfacher und komfortabler denn je, sein Geld gewinnbringend anzulegen. Natürlich, und das ist die Kehrseite dieser Medaille, gibt es hier auch zahlreiche Fallen und schwarze Schafe, die es dringend zu vermeiden gilt. Ich möchte Ihnen in diesem Kapitel die wichtigsten Kapitalanlageformen vorstellen. Ich werde beschreiben, für wen die jeweilige Anlageform interessant ist und welche Vor- beziehungsweise Nachteile jeder der Bereiche mit sich bringt.

Natürlich ist dies ein Buch über die Börse, aber es ist mir trotzdem wichtig, auch andere Investitionsmöglichkeiten vorzustellen und Sie dazu anzuregen, sich auch mit diesen zu beschäftigen. Eventuell ist Ihnen aufgefallen, dass sowohl das Zinssparbuch als auch kapitalbildende Lebensversicherungen in dieser Auflistung fehlen. Beide sind aus meiner Sicht zum heutigen Zeitpunkt keine relevanten Alternativen zu den anderen Anlagemöglichkeiten. Selbst wenn Sie 0,3 % Rendite als lohnenswertes, weil sicheres Investment betrachten, vergessen Sie bitte niemals die Inflationsrate!

KAPITEL 3.1

HUMAN KAPITAL

Erneut möchte ich das Kapitel mit einer Geschichte aus dem Bekanntenkreis beginnen. Im weiteren Familienkreis gibt es einen tüchtigen und hochmotivierten jungen Mann. Henry ist Anfang 20 und hat gerade seine Lehre zum Installateur beendet. Er arbeitet momentan als Angestellter bei einem norddeutschen Betrieb. Wenn an Feier- oder Geburtstagen die Familie zusammenkommt, berichtet er mir oft von seiner Arbeit und seinen Plänen. Im Gegensatz zu den meisten anderen Männern in seinem Alter macht sich Henry bereits viele Gedanken um seine Zukunft.

Er hat begonnen, Bücher über das Thema Mindset zu lesen, sich mit Immobilieninvestments ohne Eigenkapital zu beschäftigen und stellt bereits jetzt Überlegungen an, wie er mittelfristig sein Einkommen steigern kann, um möglichst früh seine Sparrate zu erhöhen. Ich freue mich immer, wenn sich Menschen schon in jungem Alter Gedanken über diese Dinge machen und bereit sind, sich in die Arbeit zu stürzen und viel zu lernen, um sich eine komfortable, sichere und finanziell freie Zukunft zu gestalten. Natürlich ist es nie zu spät, um damit anzufangen, aber das es wesentliche Vorteile mit sich bringt, dies bereits möglichst früh zu tun, liegt wohl auf der Hand.

Als ich Henry kennenlernte, habe ich noch in der Edelmetall Branche gearbeitet und einen Onlineshop für Anlagemetalle betrieben. Ich habe ihm also ein bisschen über Wertanlagen und Börseninvestments erzählt und damit zusätzliches Interesse bei ihm geweckt. Schließlich kam Henry mit einem Anliegen zu mir. Er hatte seine ersten 5.000 Euro angespart und bat mich, ihm Tipps zu geben, wie er diese anlegen sollte.

ICH HABE IHM FÜR DEN ANFANG ZWEI DINGE GERATEN:

1 Der Geldbetrag ist noch zu gering, um sich mit größeren Investments zu beschäftigen. Dennoch halte ich es für sinnvoll, von Beginn an ein gut diversifiziertes Portfolio aufzubauen. Sie werden im Laufe dieses Buches noch häufig über Diversifikation lesen. Sie ist der heilige Gral des Investierens. Man versteht darunter die Aufteilung seines Kapitals auf möglichst viele unterschiedliche Anlageklassen und Werte. Diversifikation ist sowohl in Bezug auf Ihr Gesamtportfolio als auch für die einzelnen Investmentbereiche sinnvoll. Sie müssen keinesfalls in sämtliche der hier im Buch erwähnten Anlageformen investieren, doch würde ich Ihnen empfehlen, in mindestens 3 Bereichen tätig zu werden. Die verschiedenen Anlageklassen, sowohl im allgemeinen Sinne als auch im speziellen Bezug auf die Börse, werde ich Ihnen im Laufe des Buches ausführlich vorstellen. So könnten Sie sich beispielsweise ein Aktienportfolio aufbauen und weitere Investitionen in Edelmetalle und P2P Kredite tätigen. Oder Sie betreiben Optionshandel, halten einige Staatsanleihen und besitzen eventuell ein bis zwei Wohnungen, um mit den Mieteinnahmen regelmäßiges Einkommen zu generieren. Auf der anderen Seite ist es ebenso in jedem der einzelnen Investitionsbereiche sinnvoll, zu diversifizieren. An der Börse könnte dies beispielsweise so aussehen, dass Sie ein ETF Portfolio mit 3 ETFs halten, einen Welt ETF, einen Emerging Markets ETF und einen Nachhaltigkeits ETF. Dies sind passiv gemanagte Fonds, welchen wir uns später eingehend widmen werden. Darüber hinaus besitzen Sie Aktien von 10 verschiedenen Unternehmen aus verschiedenen Branchen, die Sie für sinnvoll und langfristig profitabel erachten. Setzen Sie bitte niemals auf nur eine einzelne Aktie, weil Sie in irgendeiner sogenannten Fachzeitschrift gelesen haben, dass diese kurz davor stünde, alle Rekorde zu brechen! Wenn Sie sich für Edelmetalle interessieren, kaufen Sie nicht nur Gold, sondern halten Sie auch Silber und eventuell Platin oder Palladium. Ich habe Henry geraten, sich schon möglichst früh mit seinen Investments breit aufzustellen. Dies hat auf lange Sicht den Effekt, dass das Kapital breit gestreut und damit krisensicher geschützt ist.

STELLEN SIE SICH MIT IHREN INVESTMENTS BREIT AUF. DIES HAT AUF LANGE SICHT DEN EFFEKT, DASS DAS KAPITAL BREIT GESTREUT UND DAMIT KRISENSICHER GESCHÜTZT IST.

2 Der zweite und für den Anfang viel wichtigere Ratschlag, den ich ihm gegeben habe, ist, zunächst in sich selbst zu investieren. Wie bereits angemerkt kann man mit 5.000 Euro zwar schon vorsichtig an den Märkten tätig werden, dies macht jedoch dann wenig Sinn, wenn keine weiteren Rücklagen vorhanden sind.Ich habe Henry daher vorgeschlagen, zunächst in das zu investieren, was man als „Humankapital" bezeichnet. Dies können verschiedene Dinge sein: Bücher, um sich Wissen anzueignen, Kurse und Seminare, um von anderen, auf ihrem Gebiet erfolgreichen Menschen zu lernen, Workshops, um sich eigene spezielle Fähigkeiten anzueignen und vieles mehr. Ich bin von einer Sache fest überzeugt:

Je mehr Wissen und je mehr Fähigkeiten Sie sich aneignen, desto mehr steigern Sie auch Ihren Marktwert und Ihr Selbstbewusstsein. Unabhängig davon, in welcher Branche Sie tätig sind, versuchen Sie stets, einen Schritt weiter als alle anderen zu denken. Wenn es Ihr übergeordnetes Ziel ist, mit der Börse so viel Geld zu generieren, dass Sie davon leben können, dann besuchen Sie die Kurse von allen Coaches, die Sie begeistern und welche Sie für seriös halten. Lesen Sie so viele Bücher, wie es Ihre Zeit hergibt. Beschäftigen Sie sich mit diversen Strategien und Märkten und handeln Sie diese parallel. Ich garantiere Ihnen, dass dies Ihre Chancen auf Dauer ungemein erhöhen wird, erfolgreich zu sein. Diese Ausbildung in sich selbst kostet Geld, welches Sie bereit sein sollten, zu investieren, bevor Sie mit wirklichem Erfolg rechnen können. Beachten Sie unbedingt, dass es Ihnen auf lange Sicht auch eine Menge an Lehrgeld ersparen kann, direkt von den Erfahrungen und auch den Fehlern derjenigen zu lernen, die vor Ihnen diesen Weg gegangen sind und nun erfolgreich auf dem jeweiligen Gebiet sind. An dieser Stelle muss ich allerdings auch eine Warnung aussprechen. Seien Sie unbedingt kritisch bei der Auswahl Ihrer Lehrer! Bevor Sie ein teures Seminar besuchen oder einen kostspieligen Videokurs erwerben, setzen Sie sich mit der Person auseinander, der Sie Ihr Vertrauen schenken wollen. Gerade im Bereich Finanzen und

Börse sind weit über 50 Prozent aller selbsternannten Coaches und Profis schlichtweg Scharlatane, die selbst nicht profitabel an der Börse handeln, sondern Ihr Geld über den Verkauf von unseriösen Seminaren und Videokursen verdienen. Hier werden zumeist fadenscheinige Strategien verkauft, die schlicht und ergreifend nicht funktionieren. Benutzen Sie Ihren gesunden Menschenverstand. Wenn Ihnen ein YouTube Video gigantische Tagesrenditen mit einer vollkommen sicheren Daytrading Strategie ohne jegliches Risiko verspricht, werden Sie skeptisch. So funktioniert das Leben leider nicht, aber dennoch fallen täglich dutzende Menschen auf die dreisten Verkaufsfloskeln dieser Betrüger herein. Lassen Sie sich nicht von den Traumautos blenden, die diese Menschen in den Videos durch die Gegend fahren, während Sie von ihren unglaublich einfachen Handelsstrategien schwärmen, die angeblich prozentual zweistellige Tagesrenditen garantieren. Die Autos sind zumeist nur geliehen und die Strategien nur Schall und Rauch. Das ist selbstverständlich nicht immer der Fall, doch der Coach sollte sein Können und seine Kompetenz in irgendeiner Form transparent belegen können.

BEVOR SIE EINEN HÖHEREN BETRAG IN EIN COACHINGPROGRAMM ODER SEMINAR INVESTIEREN, FRAGEN SIE SICH BITTE STETS FOLGENDES:

1. Kann ich die Person, deren Coaching ich in Anspruch nehmen möchte, persönlich erreichen? Wenn ja, tun Sie es und treten Sie in Kontakt! Wenn nicht, wenden Sie sich an jemand anderen!

2. Kann diese Person Ihren Erfolg in irgendeiner Form belegen? Viele der seriösen Experten veröffentlichen hin und wieder Kontoauszüge, die ihren Erfolg dokumentieren. Auch könnten Sie Personen kontaktieren, die vor Ihnen einen Kurs bei dem jeweiligen Coach belegt haben, um nach deren Erfahrungen zu fragen.

3. Wie tritt diese Person in der Öffentlichkeit auf? Die meisten Coaches haben heutzutage Kanäle bei YouTube oder anderen Plattformen. Wie wirkt die Person auf Sie? Prahlt er oder sie permanent mit seinem respektive ihrem Erfolg und Besitz oder redet der Coach sachlich und praxisorientiert?

4. Wie kritisch tritt der Coach in der Öffentlichkeit auf? Werden ausschließlich die positiven Aspekte seines Handelns erwähnt oder spricht die Person auch über Risiken und mögliche Rückschläge, die mit seinen Strategien auftreten können? Wie bereits im vorherigen Kapitel erwähnt, gehören negative Phasen zu jeder Börsenstrategie dazu und sind absolut unvermeidbar. Wie offen geht der Coach mit dieser Tatsache um?

5. Gibt es eventuell Literatur von dem jeweiligen Coach? Ein Fachbuch ist zumeist für eine überschaubare Summe zu erwerben. Nehmen Sie sich die Zeit und lesen es. So bekommen Sie von vornherein ein Gefühl, ob Sie die Person für kompetent und vertrauenswürdig halten und von ihrem Wissen profitieren können.

DAS WICHTIGSTE INVESTMENT,
DAS SIE IN IHREM LEBEN TÄTIGEN KÖNNEN,
IST IHRE PERSÖNLICHE
ENTWICKLUNG.

3 Der letzte Punkt, über den ich mit Henry gesprochen habe, ist die Thematik „Umgang mit Geld". Beginnen wir zunächst mit einem Phänomen, welches seit Jahren immer häufiger durch die Medien und finanzorientierten Videos bei YouTube spukt: Frugalismus. Hintergrund einer frugalistischen Lebensweise ist es, in den frühen Lebensjahren maximal sparsam zu wirtschaften, um dann ab etwa Mitte 40 ein von Arbeitsaufwand unabhängiges, finanziell freies Leben führen zu können. Maximale Sparsamkeit ist hier in jeglicher Hinsicht wörtlich zu nehmen. Frugalisten versuchen, sämtliche Fixkosten fernzuhalten und stets nur das Billigste vom Billigsten zu konsumieren. Doch ganz offen gesprochen – glauben Sie wirklich, dass Sie in späteren Jahren in der Lage sein werden, das Leben in vollen Zügen zu genießen, wenn Sie bis etwa zum 35. Lebensjahr aus Kostengründen bei den Eltern gelebt und sich von Dosensuppen ernährt haben?

ES IST DAHER VON BEGINN AN ABSOLUT ESSENZIELL, DASS SIE EIN GESUNDES VERHÄLTNIS ZU GELD ENTWICKELN.

Ich **persönlich** bin fest davon überzeugt, dass eine frugalistische Lebensweise noch nie in irgendeiner Form zu finanziellem Erfolg geführt hat. Wie wollen Sie den Umgang und den Wert des Geldes erlernen, wenn Sie es nie zu schätzen gelernt haben? Wenn Sie Ihre ersten Gehälter nicht auch einmal dazu nutzen, sich etwas zu gönnen, wird Sie auch zu einem späteren Zeitpunkt stets das schlechte Gewissen verfolgen, wenn Sie dies zu tun gedenken. Es ist daher von Beginn an absolut essenziell, dass Sie ein gesundes Verhältnis zu Geld entwickeln. Betrachten Sie das Geld aus verschiedenen Perspektiven. Natürlich bietet es Ihnen auf der einen Seite eine gewisse Sicherheit, auf der anderen Seite sollte es aber auch dazu genutzt werden, Ihre Lebensqualität zu erhöhen. Inwieweit Sie diese für sich definieren, sei natürlich Ihnen selbst überlassen.

Wenn Sie noch am Anfang Ihrer finanziellen Karriere stehen, kann ich Ihnen das Buch „Der reichste Mann von Babylon" empfehlen. Es behandelt einige grundlegende Angewohnheiten im Umgang mit Geld, welche Sie sich unbedingt zu eigen machen sollten. Auch wenn viele der im Buch beschriebenen Lektionen uns als selbstverständlich erscheinen, so werden Sie sich doch immer wieder bei irrationalen Fehlentscheidungen in Bezug auf Ihre Finanzen ertappen. Einer der wichtigsten im Buch beschriebenen Punkte ist das Sparen eines gewissen prozentualen Anteils des monatlich verfügbaren Einkommens. Der „reichste Mann von Babylon" spart stets ein Zehntel seines Monatsgehalts, entweder, um eine gewisse Summe für den Notfall liquide parat zu haben, oder, um es zu investieren. Ob Sie sich für ein Zehntel oder einen anderen Anteil entscheiden, ist selbstverständlich auch Ihre Entscheidung, aber ich bin mir sicher, Sie verstehen den Grundgedanken. Doch auch für Sie persönlich sollte jeden Monat eine gewissen Summe übrig sein. Gönnen Sie sich etwas, Sie haben es sich verdient. Vielleicht denken Sie darüber nach, auch für persönliche Ausgaben einen prozentualen Gehaltsanteil zur Verfügung zu stellen. Je mehr Überblick Sie über Ihre Finanzen haben und je geordneter diese organisiert sind, desto schneller werden Sie sich finanziell frei fühlen. Ich gebe Ihnen mein Wort darauf.

4 Ein letzter Punkt in diesem Kapitel soll das Gehalt an sich sein. Gerade in den ersten Jahren Ihrer Karriere sollte Ihr Fokus insbesondere darauf gerichtet sein, Ihr monatliches Einkommen zu erhöhen. Keine Investition der Welt kommt an Wichtigkeit an diesen Faktor heran. Bilden Sie sich weiter und spezialisieren Sie sich, um für Ihre Firma von größerem Nutzen zu sein und so möglichst früh in der Gehaltsklasse aufzusteigen. Wenn der Aufbau eines wirklich großen Vermögens und finanzielle Freiheit Ihr Ziel sind, kommen Sie um eine Selbstständigkeit nicht herum.

Kaum einer der Menschen, welche wir heute als finanziell reich bezeichnen, hat es zu diesem Status in einem Angestelltenverhältnis gebracht. Wenn Sie ambitionierte Ziele haben, dann gründen Sie ein Unternehmen. Auch hier möchte ich dennoch eine Warnung aussprechen - eine gute Idee, eine positive Einstellung und ein gesundes Mindset reichen nicht aus, um ein erfolgreiches Unternehmen zu führen. Sie können von den äußeren und inneren Faktoren alles richtig machen, ambitioniert und fleißig an die Sache herangehen und all Ihr Herzblut in eine Firma stecken, dies ist entgegen der breiten Ansicht der modernen Life- und Business Coaches **definitiv kein** Garant dafür, dass Ihr Unternehmen Erfolg haben wird. Sie können sich an alle Regeln des modernen Unternehmertums halten und dennoch scheitern. Machen Sie sich im Vorfeld einer Firmengründung Gedanken zu allen Aspekten rund um Ihre Branche - Wie ist die Marktlage und Nachfrage? Wie ist die allgemeine wirtschaftliche Situation? Wird mein Produkt oder meine Dienstleistung dringend und langfristig benötigt? So viele äußere Faktoren, auf die Sie schlicht und ergreifend keinen Einfluss haben, spielen bei der Gründung und langfristigen Führung eines Unternehmens eine Rolle. Seien Sie sich dessen bitte stets bewusst. Dennoch - wenn Sie sich in der Unternehmerrolle wohlfühlen, mit dem Risiko und dem aufkommenden Druck leben können und Ihre Firma vom Kunden angenommen wird, dann gibt es keine lukrativere Alternative zu einer Selbstständigkeit.

KAPITEL 3.2

IMMOBILIEN

Neben dem Zinssparbuch stellen Immobilien historisch betrachtet die beliebteste Anlageklasse der Deutschen dar. Im Gegensatz zu Ersterem sind Immobilien als Wertanlage auch heute noch von großer Relevanz und bilden eine wertvolle Bereicherung für jedes kapitalstarke Portfolio. Wer sich für eine Investition in Immobilien interessiert, hat zunächst drei relevante Ansatzmöglichkeiten:

A Die Investition in ein eigenes Heim oder eine Eigentumswohnung, um die Zahlung von Miete zu vermeiden

B Der Kauf einer Immobilie und deren Vermietung

C Die Investition in börsengehandelte Immobilienfonds, sogenannte REITs

3.2.1 DIE EIGENE WOHNIMMOBILIE

Wir wollen uns zunächst mit der ersten Variante beschäftigen und ich hoffe, ich schocke Sie an dieser Stelle nicht allzu sehr mit dem Fakt, dass es sich hierbei um den größten Finanzirrtum in den Köpfen der meisten Menschen handelt. Die fremdfinanzierte Geldanlage in eine Immobilie, welche Sie selbst bewohnen, ist keine Wertanlage. An dieser Stelle ist es sinnvoll, zunächst den Begriff „Wertanlage" etwas näher zu beleuchten. Laut Duden handelt es sich dabei um „etwas, was als wertbeständig gilt und dessen Erwerb daher eine Möglichkeit darstellt, Geld anzulegen". Wir sind uns dabei sicher einig, dass der Sinn hinter einer solchen Investition nicht nur der Schutz des eigenen Geldes ist, sondern im Idealfall auch dessen Vermehrung ein klares Ziel darstellt. Sofern wir also planen, unser Geld in eine Wertanlage zu investieren, möchten wir, dass diese uns eine gewisse Gewinnrendite einbringt oder zumindest unser Geld schützt und es vor Wertverfall und Inflation bewahrt.

Ein über Kredit finanziertes Eigenheim erfüllt diese Definition nicht, da es Ihnen auf einen langen Zeitraum Kosten erzeugt, anstatt Rendite zu erwirtschaften, während es als Objekt an sich zusätzlich einem Wertverfall unterliegt. Wir sind uns einig, dass ein Gebäude – unabhängig von der Entwicklung der allgemeinen Immobilienpreise – **als solches** nach 20 Jahren Nutzungszeit einen geringeren Wert hat als zu seiner Bauzeit.Ich möchte Ihnen keinesfalls den Kauf einer Immobilie für den Eigenbedarf ausreden, doch seien Sie sich stets darüber im Klaren, dass

es sich dabei um ein Luxusgut handelt und niemals eine Anlageinvestition in die Zukunft. Holger Grethe, der Gründer des Online Finanzportals zendepot.de, hat in einem Artikel wesentliche Irrtümer im Zusammenhang mit dem Eigenheimkauf erläutert und auf sehr treffende Weise auf den Punkt gebracht. Ich möchte Ihnen diese Irrtümer bezugnehmend auf diesen Artikel gern vorstellen und näher besprechen.

DIE 5 IMMOBILIEN IRRTÜMER:

1. IRRTUM

DIE ZINSEN SIND NIEDRIG, ALSO LOHNT SICH EIN KAUF

Dass die aktuell unglaublich niedrigen Kreditzinsen in jedem Fall verlockend wirken, liegt in der Natur der Dinge. Doch hat dies natürlich auch zur Folge, dass umso mehr Menschen denken, sie könnten sich Wohneigentum und die damit verbundene Verschuldung dauerhaft leisten. Sobald die Anfrage auf Kredite in unverhältnismäßigem Grad zunimmt, erhöht sich die Gefahr einer Blasenbildung immens. Wenn die Toleranzschwelle zur Kreditaufnahme sinkt, werden konsequenterweise am Ende weniger Kredite bedient werden können und die Blase droht schließlich, zu platzen und Finanzkrisen auszulösen. Ein wesentlicher Auslösefaktor für die Krise von 2008 waren amerikanische Hypothekenkredite, welche inflationär herausgegeben wurden und am Ende nicht mehr durch die Schuldner bedient werden konnten. Die Summe der Immobilienkredite für private Haushalte belief sich im vierten Quartal 2019 laut statista.com auf 1.471 Milliarden Euro. Dies ist eine Steigerung von 26 % im Verhältnis zu 2010. Klammern Sie bitte den Fakt nicht aus, dass Immobilienpreise auch wieder sinken können. Niedrige Zinsen allein sollten niemals ein Kaufgrund für eine Sache sein. Es ist vergleichbar mit dem Kauf eines rabattierten Fernsehers im Elektrofachgeschäft. Sie kommen gut gelaunt nach Hause und erzählen Ihrem Partner oder Ihrer Partnerin, Sie hätten gerade ein Schnäppchen geschlagen und das TV-Gerät für 1.500 Euro gekauft, wobei der Fernseher normalerweise 2.000 Euro kosten würde. Stolz erwähnen Sie, dass Sie doch 500 Euro „gespart" hätten. Das haben Sie aber nicht. Sie haben 1.500 Euro ausgegeben. Verwechseln Sie niemals eine Ausgabe mit einer Ersparnis!

2. IRRTUM

STATT FÜR VIEL GELD ZU MIETEN,
SOLLTE MAN BESSER „ETWAS EIGENES" ABBEZAHLEN

Dies ist wohl das vermeintlich schlagkräftigste Argument von Wohneigentums- verfechtern und an der grundsätzlichen Aussage ist selbstverständlich nichts auszusetzen. In der Praxis müssen Sie allerdings Folgendes beachten: Die monatliche Belastung für dasselbe Wohnobjekt ist bei einer Kauffinanzierung in etwa doppelt so hoch wie bei der Anmietung desselben Objektes. Dem zugrunde liegen unter anderem die Zinsen, welche Sie über einen sehr langen Zeitraum, ähnlich der Miete, einem Dritten bezahlen, in diesem Fall der Bank. Der Grundgedanke, Sie würden hier nur für sich selbst finanzieren, ist also ein Irrtum. Hinzu kommen neben der Tilgungsrate noch weitere Kosten für Steuern, Dienstleistern wie Architekten und Statikern und über längere Zeit natürlich auch Reparatur- und Renovierungskosten, die Sie nicht einfach an Ihren Vermieter weiterleiten können. Lassen Sie auch nicht außer Acht, dass Ihre Immobilie nach der kompletten Tilgung weiterhin laufende Kosten verursacht. Meine Schwiegereltern zahlen für ihr Haus am Stadtrand von Hamburg monatlich weiterhin ca. 800 Euro für dessen Instandhaltung und laufende Kosten. Wie bereits erwähnt, entspricht die Kredittilgungsrate für ein Kaufobjekt in der Regel etwa dem Doppelten der Mietbelastung für einen vergleichbaren Wohnraum. Während des Tilgungszeitraums verliert Ihre Immobilie zusätzlich an Objektwert und muss von Zeit zu Zeit renoviert werden. Gehen wir also davon aus, dass Sie stattdessen selbiges Objekt mieten, so müssen Sie entsprechend nur die Hälfte an monatlichen Kosten zahlen und können die andere Hälfte gewinnbringend investieren, etwa in einen ETF Sparplan, der Ihnen eine jährliche Durchschnittsrendite von 7 % (oder mehr) einbringt. Es ist klar erwiesen, dass ein Mieter bei dieser Vorgehensweise am Ende eines Zeitraums von 25 Jahren, also einer klassischen Tilgungsphase, deutlich mehr Kapital erwirtschaftet hat als ein Wohneigentumsbesitzer mit seinem abbezahlten Objekt.

Nun könnten Sie natürlich argumentieren, dass es stattdessen Sinn machen würde, eine Immobilie auf dem Land zu kaufen, anstatt die teure Miete in der Stadt zu bezahlen, um so aufgrund des günstigeren Wohnraums und geringerer Grundstückspreise die Tilgungsrate zu senken und auf ein Niveau mit der Mietzahlung zu bringen, doch

vergleichen Sie bitte nicht Äpfel mit Birnen. Wenn Sie aus rein finanziellen Gründen Ihre Liebe zur idyllischen Natur wiederentdeckt haben, dann möchte ich Sie an dieser Stelle herzlich dazu einladen, einmal in sich zu gehen und diese Liebe auf ihre Wahrhaftigkeit zu prüfen. Darüber hinaus kommen auf dem Land weitere Kosten und Fallstricke wie ein längerer Arbeitsweg und weiter entfernte Nahversorgung auf Sie zu. Wenn all das Ihnen keine Sorgen bereitet, ist das Haus auf dem Land natürlich eine denkbare Alternative – es sei denn, Sie entscheiden sich, dort wieder wegzuziehen. Mit einem Umzug auf das Land büßen Sie schnell die Flexibilität ein, welche ein Mieter genießt. Es ist kein Geheimnis, dass die Lage eines Immobilienobjektes maßgeblichen Einfluss auf dessen Wert sowie Wertentwicklung hat. Freunde von uns besitzen ein wunderschönes, etwa 20 Jahre altes Haus auf dem Land nahe der polnischen Grenze. Da sie es in Betracht ziehen, ins Ausland auszuwandern, haben sie das Gebäude samt Grundstück vor etwa 5 Jahren von einem unabhängigen Immobilienmakler bewerten lassen. Fazit war, dass das Haus inklusive 2.000 Quadratmeter Grundstück am aktuellen Ort einen Verkaufswert von einer knappen halben Million Euro hätte. Der Makler hat dabei angemerkt, dass selbiges Haus mit einem vergleichbaren Grundstück in der Nähe von Hamburg den drei- bis vierfachen Wert zu verzeichnen hätte. Dieser Fakt wird Ihnen nicht unbekannt sein: Die Lage spielt im Bereich der Immobilien eine sehr wesentliche Rolle. Es lässt sich jedoch kaum eine Vorhersage treffen, welche Lage ideal **ist** und ideal **bleiben** wird.

3. IRRTUM

KÄUFER BILDEN MEHR VERMÖGEN ALS MIETER

Wie bereits im vorangegangenen Punkt angedeutet, ist dieses Argument nur unter drei Voraussetzungen korrekt. Zum einen, wenn der Käufer sich dazu entscheidet, eine Immobilie auf dem Land zu bauen oder zu kaufen und diese dann Zeit seines Lebens nicht mehr verlässt. Darüber hinaus investiert er einen Teil seines monatlichen Einkommens gewinnbringend. Eine weitere denkbare Alternative, unter welcher dieses Argument Gültigkeit haben könnte, wäre, wenn der Käufer über ein großes Vermögen verfügt, welches ihm ermöglicht, die Immobilie ohne Kredit direkt zu bezahlen und den Rest seines Vermögens zum Investieren nutzt. Eine dritte Variante trifft dann unter Umständen zu, wenn der Mieter seinen Kostenvorteil gegenüber fremdfinanzierenden Käufern nicht nutzt, um das Geld zu investieren und

damit Vermögen aufzubauen. Dieser Fall ist womöglich relevanter, als Sie denken. Sicher kennen Sie folgende Anekdote - ein Nichtraucher kommt zu einem Raucher und meint: „Wenn Du in den letzten 20 Jahren das Rauchen gelassen hättest und stattdessen Dein Geld gespart hättest, könntest Du Dir jetzt einen Mercedes leisten". Darauf erwidert der Raucher: „Und? Wo ist Dein Mercedes?". Sicher merken Sie, worauf ich damit hinaus will. Wenn Sie als Mieter Ihren Kostenvorteil nicht nutzen, um das gesparte Geld auch gewinnbringend anzulegen und stattdessen für Konsumgüter ausgeben, dann ist ihr Vorteil gegenüber Käufern nachvollziehbarerweise irrelevant.

4. IRRTUM

VOR HOHER INFLATION SCHÜTZEN IMMOBILIEN
BESSER ALS ANDERE ANLAGEOBJEKTE

Dieses Argument ist so schlicht nicht korrekt. In der Tat fielen die Immobilienpreise zwischen 1981 und 2009 inflationsbereinigt um etwa 30 %. Hinzu kommt, dass Immobilienbesitzer historisch betrachtet nach starken Inflationsphasen oftmals im Nachhinein über Sondersteuern zur Kasse gebeten wurden. Vergessen Sie auch nicht, dass bei steigender Inflation auch die Fixkosten für den Unterhalt der Immobilie steigen und somit zusätzlichen Druck auf die monatlichen Kosten ausüben. Um vor starker Inflation zu schützen, eignet sich ein gut diversifiziertes Aktienkonto auf Dauer weitaus besser als ein Eigenheim.

5. IRRTUM

IMMOBILIEN SIND SICHERER ALS AKTIEN,
DENN IHR WERT KANN NIE AUF NULL FALLEN

Während ein Grundstück in der Tat stets einen Restwert behalten wird, kann der Wert eines Hauses durchaus bis hin zur kompletten Wertlosigkeit tendieren. Wie bereits erwähnt ist jede Immobilie ein Nutzgegenstand und verliert als Objekt betrachtet über die Zeit an Wert. Oftmals unterschätzen Käufer zudem die immensen Instandhaltungskosten ihrer Immobilie. Inflationsbereinigt und die Kosten einbeziehend liegt die Wertsteigerung bei Immobilien bei unter 1 % pro Jahr. Bedenken Sie auch den Einfluss von eventuellen Naturkatastrophen. Glücklicherweise sind wir

in Deutschland aufgrund gemäßigter klimatischer Bedingungen und einer soliden Bauweise weitestgehend vor derartigen Vorfällen geschützt, doch wer garantiert Ihnen, dass dies in Zukunft so bleiben wird? Wenn es Ihr Traum ist, Besitzer einer eigenen Wohnimmobilie zu sein und diese gestalten zu können, wie es Ihnen beliebt, dann möchte ich Ihnen diesen Wunsch natürlich keinesfalls nehmen. Ein eigenes Heim, welches nur Ihnen gehört und in welchem Sie freien Gestaltungsspielraum genießen, ist natürlich etwas sehr Schönes und hat entsprechend auch einen hohen emotionalen Wert. Ich bitte Sie allerdings, sich sehr genau zu überlegen, ob dieser Schritt für Ihre finanziellen Ziele und Ihre finanzielle Situation wirklich der richtige ist. Das kreditfinanzierte Eigenheim ist und bleibt für die meisten Menschen schlussendlich einer der Hauptgründe, warum sie es nie zu finanzieller Freiheit geschafft haben.

Wenn Sie die Entscheidung zum Kauf einer eigenen Wohnimmobilie also aus rein emotionalen Gründen treffen, dann spricht natürlich nichts gegen den Weg zu Ihrem Wohnglück. Sollte jedoch rein finanzielles Kalkül Ihr Beweggrund für den Haus- oder Wohnungskauf sein, sollten Sie diesen besser nochmals überdenken.

DAS KREDITFINANZIERTE EIGENHEIM IST UND BLEIBT FÜR DIE MEISTEN MENSCHEN SCHLUSSENDLICH EINER DER HAUPTGRÜNDE, WARUM SIE ES NIE ZU FINANZIELLER FREIHEIT GESCHAFFT HABEN.

3.2.2 DER IMMOBILIENKAUF ZUR VERMIETUNG ODER SPEKULATION

Warum ein Immobilienkauf mit reinem Spekulationshintergrund sich in aller Regel nicht lohnt, habe ich bereits im vorangegangenen Punkt deutlich herausgestellt. Die Immobilienpreisentwicklung ist für sich genommen nicht vorhersehbar genug und vollzieht sich teils auch über lange Zeiträume negativ. Inflationsbereinigt liegt die Rendite mit unter einem Prozent schlicht nicht im lukrativen Bereich. Anders verhält es sich mit Objekten, welche sie käuflich erwerben, um sie dann zu vermieten. Der zugrunde liegende Gedanke ist, dass Sie in eine Immobilie investieren, diese im Idealfall auf Dauer nicht an Wert verliert und Ihnen einen monatlichen Cashflow über Mieteinnahmen erzeugt. Sollten Sie die Liquidität benötigen, welche in Ihrer Immobilie gebunden ist, so verkaufen Sie diese schließlich und bestenfalls gewinnbringend weiter.

Das Investment in Mietimmobilien ist auch heute noch ein gängiges und absolut gerechtfertigtes, sofern Sie über ein entsprechend großes Vermögen verfügen. Sicher werden einige Leser nun darauf bestehen, dass es auch mit geringem oder gar ohne Eigenkapital möglich ist, Mietimmobilien zu finanzieren. Dies ist in der Tat so, doch würde ich Ihnen dringend davon abraten.

WENN SIE SICH FÜR EIN ENGAGEMENT IM IMMOBILIENSEKTOR INTERESSIEREN, WÜRDE ICH IHNEN FOLGENDE PUNKTE ZU BEDENKEN GEBEN:

1. Je geringer Ihre Eigenkapitalquote ist, desto größer wird Ihr Investmentrisiko. Die Tilgungsdauer erhöht sich, das Kreditinstitut wird sich nur auf einen höheren Zins einlassen. Gerade zu Beginn Ihrer Investmentkarriere sollten Sie jedoch versuchen, zu hohes Risiko in jedem Fall zu vermeiden.

2. Wie bereits angesprochen, ist ein gut diversifiziertes Portfolio das Maß der Dinge im Investmentsektor. Wenn Sie schon zu Beginn Ihrer Karriere anfangen, in Immobilien zu investieren, binden Sie damit Ihr gesamtes Kapital in nur wenige oder gar nur ein Objekt. Für weitere Investitionen müssen Sie entweder neues Kapital erwirtschaften oder warten, bis Ihre Erstinvestition genügend Liquidität erzeugt hat, um weitere Investitionen zu tätigen. Sie sind also gezwungen, sich auf den Immobilienmarkt zu konzentrieren und es wird Ihnen kaum möglich sein, andere Anlageklassen in Ihr Portfolio aufzunehmen.

3. Wie bereits im Zusammenhang mit Wohnimmobilien angesprochen, werfen Mietimmobilien keinesfalls permanent nur Geld ab, sondern erzeugen auch laufende Kosten. Hierzu zählen neben Steuern auch kaputte Fenster, verstopfte Rohre und all die weiteren Problematiken, welche Sie als Mieter einfach an den Vermieter weiterleiten können. Auch Renovierungsarbeiten werden von Zeit zu Zeit notwendig, da Ihre Immobilie sonst zügig an Wert verliert und die Mieter unzufrieden werden.

4. Das Mieterrecht wird in Deutschland sehr großgeschrieben, was grundsätzlich auch gut so ist. Für Sie als Vermieter bedeutet dies jedoch im Umkehrschluss, dass es fast unmöglich ist, einen unliebsamen Mieter einfach aus Ihrer Wohnung zu entfernen. Bedenken Sie daher, dass Mieter oftmals nicht mit der gleichen Sorgfalt mit Ihrer Immobilie umgehen, wie Sie es tun würden. Ich habe hier schon

die unglaublichsten Geschichten von Vermietern gehört. Mieter, die man zunächst als vernünftige Menschen kennengelernt und eingeschätzt hat und die nach bereits wenigen Jahren die Wohnungen in einen komplett renovierungsbedürftigen Zustand heruntergewirtschaftet haben. Dennoch haben Sie als Vermieter bei dieser Sachlage kaum eine Chance, den Mieter aus der Wohnung zu klagen. Gehen Sie daher sehr sorgfältig bei der Wahl Ihrer Mieter vor.

5. Es ist ein Irrglaube, zu denken, dass Sie Ihre Immobilie stets problemlos und in kurzer Zeit weiterverkaufen könnten. Gerade hochpreisige Objekte sind oftmals über mehrere Monate ausgeschrieben und finden nur sehr schwer einen Käufer. Hier spielt die Lage und Preiskategorie natürlich eine wesentliche Rolle, doch wie bereits angedeutet, ist die Wertentwicklung einer bestimmten Lage langfristig nur sehr schwer vorherzusagen. Auch sind Sie nicht davor geschützt, dass es in den kommenden Jahren wieder zum Platzen einer Immobilienblase kommt und Ihr Objekt plötzlich deutlich weniger wert sein wird als zum Kaufzeitpunkt. Gerade über längere Zeitperioden haben beispielsweise Aktien oder ETFs eine immens höhere Wertzuwachswahrscheinlichkeit als Immobilien.

6. Das Investment in Mietimmobilien setzt deutlich höhere Fachkenntnisse als andere Anlageklassen voraus. Lassen Sie sich bitte von keinem Fachmann etwas anderes erzählen. Überhaupt sollten Sie, und dies gilt für absolut jede Branche und jede Investitionsform, die Worte von sogenannten Experten stets anzweifeln und sich im Zweifelsfall selbst ein Bild von der Materie machen - mich eingeschlossen. Wenn Sie eine Immobilie kaufen wollen, dann müssen Sie über Faktoren wie Bausubstanz, Lage des Immobilienmarktes im Allgemeinen, Situation des Immobilienmarktes in der Gegend des betreffenden Objektes, mögliche Wertentwicklung des Gebäudes, marktübliche Renditen und Renditenentwicklungen und viele weitere Punkte bestens Bescheid wissen. Andernfalls ist von einem Engagement im Immobiliensektor dringend abzuraten. Sollten Sie allerdings über das nötige Wissen und allem voran das nötige Kapital verfügen, so sind Mietimmobilen eine sinnvolle Bereicherung Ihres Investitionsportfolios. Für den Anfang bieten sich jedoch andere Anlageklassen deutlich mehr an.

3.2.3 INVESTITION IN REITS

REITs sind eine relativ junge Anlageform. Die Abkürzung REIT steht für „Real Estate Investment Trusts" und es handelt sich um börsengehandelte Investmentfonds. Sie verbinden die Vorteile von Aktienanlagen und Immobilieninvestments miteinander. Die Renditen, welche REITs erwirtschaften, werden gänzlich durch Verpachtung, Vermietung und Verkauf von Immobilien erzielt. Wie bei einem normalen Investmentfonds, so wird auch bei REITs das Geld von Investoren in gesammelter Form dazu genutzt, um die entsprechenden Investitionen in Immobilienobjekte zu tätigen. Der grundsätzliche Unterschied zu einer Investition in eine Immobilien-Aktiengesellschaft ist der steuerliche Vorteil. Da Sie als Besitzer eines REITs quasi als Mitbesitzer der zugrundeliegenden Immobilien fungieren, sind die Kursgewinne des REITs für Sie steuerfrei. Lediglich die Dividendenzahlungen unterliegen der Versteuerungspflicht. Der Leitgedanke hinter dem REIT, dass sich dessen Aktionäre als Immobilienbesitzer verstehen sollen, wird dadurch unterstrichen, dass die Aktiengesellschaft mindestens 90 % ihrer Gewinne an die Aktionäre auszuschütten hat.

Ein weiterer Vorteil von Real Estate Investment Trusts sind die strengen Auflagen, welchen die Fonds unterliegen. Es darf weder reiner Immobilienspekulationshandel betrieben werden und eine REIT AG ist zudem dazu verpflichtet, ihr Portfolio an Gebäuden breit zu diversifizieren. Weiterhin darf der REIT nur beschränkt in Wohnimmobilien investieren, wobei eine Investition in Objekte, welche vor 2006 erbaut worden

sind, komplett untersagt ist, um der Bildung von Spekulationsblasen vorzubeugen. Die Eigenkapitalquote des REITs darf 45 % nicht unterschreiten, um entsprechend das Risiko zu minimieren. Diese gesetzlichen Bestimmungen sowie die strengen Börsenauflagen führen dazu, dass es sich bei REITs um ein deutlich transparenteres und auch für den Privatinvestor leicht zu verstehendes Anlageprodukt handelt. Ich persönlich weiß es darüber hinaus zu schätzen, dass REITs im Gegensatz zum allgemeinen Immobilienmarkt einen klar definierten Preis und damit Kursverlauf vorweisen, welchen ich betrachten und entsprechend analysieren kann. Leider ist die Auswahl an deutschen REITs momentan noch sehr überschaubar, was den Investor dazu veranlasst, eher zu amerikanischen Fonds zu tendieren, wo es diese Anlageklasse bereits seit den sechziger Jahren gibt und entsprechend eine deutlich größere Auswahl an Produkten vorhanden ist.

Ferner sind sogenannte ETFs auf REITs verfügbar. Hierbei handelt es sich um passiv gehandelte Fonds, welche den Index mehrerer REIT Gesellschaften abbilden und folglich eine breitere Streuung ermöglichen. Wir werden uns in einem späteren Kapitel genauer mit ETFs beschäftigen. Als mögliche Nachteile wären zu nennen, dass REITs, wie alle börsengehandelten Instrumente, Wertschwankungen unterliegen, welche es gegebenenfalls auszusitzen gilt. Zudem überlassen Sie die Entscheidungen darüber, in welche Objekte das Kapital des Fonds investiert wird, den Managern und geben diese folglich aus der Hand. Dennoch bilden REITs, gerade für Privatinvestoren und Investoren mit geringerem Kapital, eine sehr lohnenswerte Alternative zu Direktinvestments in Immobilien, da sie streng reguliert sind, attraktive Preise und damit flexible Investitionsgrößen ermöglichen und problemlos wieder liquidierbar sind. Auch mit unliebsamen Mietern müssen Sie sich nicht herumärgern. Für ein breit diversifiziertes Portfolio bilden REITs einen sehr interessanten Bestandteil.

KAPITEL 3.3

EDEL METALLE

Kommen wir nun zu der wohl ältesten Anlageklasse der Menschheitsgeschichte. Auch nach Jahrtausenden des Handels mit ihnen bilden Edelmetalle eine sinnvolle Ergänzung zu jedem Anlageportfolio und gelten als sicherer Hafen des Investierens. Doch für welchen Anlegertyp eignen sich Edelmetalle und zu welchem Zweck sollte man sie erwerben? Ich habe einige Jahre ein Anlagemetallunternehmen geführt. Wir haben unseren Kunden stets empfohlen, etwa 5 bis 10 % ihres für Investitionen zur Verfügung stehenden Kapitals in Edelmetallen anzulegen. Auch wenn meine persönliche Edelmetallquote etwas unter dieser Quote liegt, da ich mich mittlerweile mehr auf Renditeinvestitionen konzentriere, halte ich diese Einschätzung nach wie vor für durchaus sinnvoll.

Edelmetalle eignen sich zur klassischen Spekulation nur bedingt. Betrachtet man die reine Rendite von Gold seit 1975, so beträgt diese gerade einmal knapp 4 % pro Jahr. Natürlich ändert sich dieser Wert drastisch, wenn Sie als Zeitraum nur die vergangenen 20 Jahre betrachten. Hier würde Gold mit einer Jahresrendite von etwa 25 % sogar die meisten Aktienmärkte schlagen, doch vergessen Sie nicht den Fakt, dass sich Gold seit seinem Hoch im Jahr 2011 in einer 9-jährigen Drawdownphase befand, bevor es im Jahr 2020 ein neues Hoch erreicht hat.

Quelle: Gold in US Dollar XAU/USD Chart TradingView.com

Vielmehr sollten Edelmetalle als das betrachtet werden, was sie sind – ein sicherer Hafen. Neben der klassischen Bargeldrücklage, dem „Notgroschen“, welcher mindestens Ihre Fixkosten für ein halbes Jahr abbilden sollte, bietet es sich an, Edelmetalle zu besitzen. Natürlich haben Edelmetalle den Vorteil, dass man sie jederzeit liquidieren und wieder in Bargeld umwandeln kann, doch sollten Sie sie idealerweise einfach verstauen und als Notreserve betrachten, welche jederzeit über einen gewissen Wert verfügen wird. Auch in Zeiten von Hyperinflation ist es sehr wahrscheinlich, dass Edelmetalle einen maximalen Wertbestand aufweisen. Ich wiederhole mich an dieser Stelle gerne –

BETRACHTEN SIE EDELMETALLE WENIGER ALS SPEKULATIONSOBJEKT, SONDERN VIELMEHR ALS BESTÄNDIGE RESERVE.

DIE VIER WICHTIGSTEN ANLAGEMETALLE SIND GOLD, SILBER, PLATIN UND PALLADIUM.

GOLD

Gold ist das bekannteste und mit Abstand prestigeträchtigste Edelmetall. Sie können es in Deutschland steuerfrei und bis zu einem Betrag von 9.999 € (Stand August 2021) komplett anonym erwerben. Letzteres gilt im Übrigen für alle Edelmetalle. Wenn Sie es also für sinnvoll erachten, die Größe Ihres Vermögens möglichst verdeckt zu halten, bietet sich ein Edelmetallinvestment in jedem Fall an, da der anonyme Kauf den Kapitalfluss nur sehr schwer zurückverfolgen lässt. Sie können Gold in Münz- und in Barrenform erwerben. Barren sind leichter zu lagern und preislich oftmals etwas günstiger als Münzen. Beide Varianten sind gleichermaßen von der Steuer befreit.

SILBER

Silber gilt historisch als das Gold des kleinen Mannes, ist aber gerade heutzutage eine überaus interessante Alternative zu seinem „großen Bruder". Als Industriemetall ist Silber gefragter denn je und in nahezu jedem technischen Gerät enthalten. Darüber hinaus ist es durch seinen weitaus niedrigeren Preis auch für kleinere Budgets ein sinnvolles Investment.

LEGEN SIE ETWA 5 % IHRES ZUR VERFÜGUNG STEHENDEN KAPITALS IN EDELMETALLEN AN!

DASS SILBER STAND MÄRZ 2020 IM VERHÄLTNIS ZU GOLD DEUTLICH UNTERBEWERTET IST, ZEIGT FOLGENDER CHART:

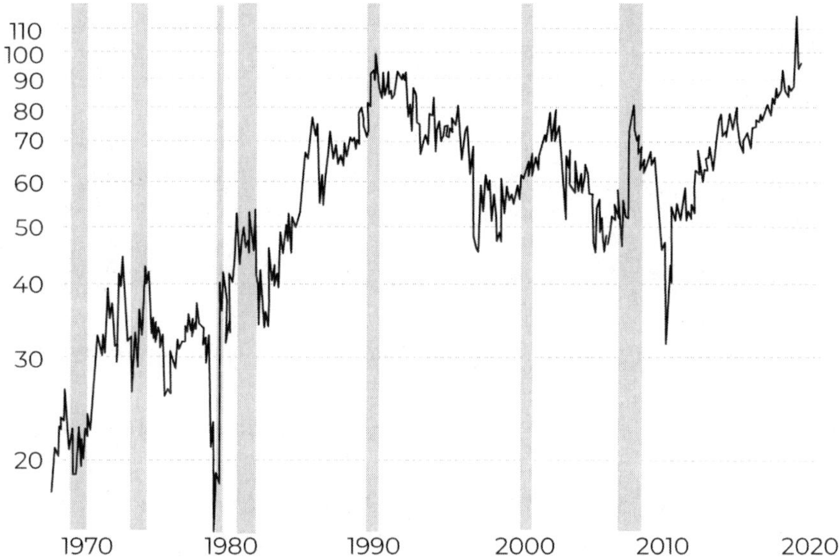

Quelle: https://www.macrotrends.net/1441/gold-to-silver-ratio

Dargestellt ist das sogenannte Gold-Silber-Ratio. Sie benötigen momentan knapp 100 Unzen Silber, um 1 Unze Gold zu erwerben. Wie Sie sehen, ist dieser Wert historisch hoch und führt in der Regel dazu, dass Silber im Verhältnis zu Gold in den kommenden Jahren überdurchschnittlich stark an Wert gewinnen wird, da das Verhältnis auf Dauer dazu neigt, sich auszugleichen. Diese These wird dadurch verstärkt, dass Silber in der Industrie bei weitem mehr Gebrauch findet als Gold. Silbermünzen unterliegen in Deutschland der sogenannten Differenzbesteuerung. Der Edelmetallhändler hat seinen Gewinn beim Verkauf einer Münze mit 19 % Mehrwertsteuer zu versteuern, während Sie als Endkunde von der Steuer befreit sind. Ich empfehle Ihnen hier die beeindruckenden 1 Kilogramm Münzen. Diese sind nicht nur schön anzusehen, sondern preislich auch sehr attraktiv. Klassische Silberbarren werden hingegen generell mit 19 % Mehrwertsteuer belegt. Clevere Hersteller haben hier allerdings eine Lösung gefunden. Wenn Sie die Investition in Barren bevorzugen,

können Sie sogenannte Münzbarren erwerben. Diese haben die klassische Barrenform, besitzen allerdings wie Münzen einen aufgedruckten Nennwert und werden daher von offizieller Seite aus als Münzen gehandelt. Den Nennwert einer Edelmetallmünze können Sie im Übrigen getrost als nichtig betrachten. Er liegt stets weit unter dem Materialwert der Münze und hat lediglich eine theoretische Bedeutung, die für uns als Investoren nicht von Relevanz ist.

PLATIN UND PALLADIUM

Platin und Palladium sind eher als Industriemetalle bekannt und spielen im Bereich des Edelmetallinvestments nur eine Nebenrolle. Hinzu kommt, dass beide Metalle beim Kauf mit 19 % Mehrwertsteuer belegt sind, unabhängig davon, ob Sie Münzen oder Barren erwerben wollen. Dennoch ist bei einem Großinvestment in Edelmetalle eine geringe Beimischung von etwas Platin oder Palladium durchaus sinnvoll. Während Platin, welches vorrangig in Dieselkatalysatoren Verwendung findet, in den letzten Jahren einen historischen Preisrückgang zu verzeichnen hatte, nimmt der Aufwärtstrend von Palladium, einem platinähnlichen Metall, welches für Benzinmotoren verwendet wird, seit Jahren kein Ende.

Seit 2009 hat das Metall seinen Wert sage und schreibe verfünfzehnfacht. Genaugenommen sprechen wir um einen Anstieg von zwischenzeitlich knapp 1.400 %. Wenn Sie also vor einigen Jahren Palladium erworben hatten, so haben Sie alles richtig gemacht. Diese Entwicklung konnte allerdings niemand vorhersehen und so entspricht ein Kauf von Industriemetallen vielmehr einer Spekulation als einer Wertinvestition wie in Gold und Silber. Wenn Sie sich generell für die Wertanlage in Edelmetalle interessieren, so möchte ich Ihnen im Folgenden einige Hinweise geben und Fehler ansprechen, die es unbedingt zu vermeiden gilt.

7 HINWEISE FÜR DIE WERTANLAGE IN EDELMETALLE:

1. Kaufen Sie Edelmetalle stets bei einem darauf spezialisierten Händler und niemals bei Ihrer Bank oder einem dubiosen Ladengeschäft. Sie erhalten zwar dieselbe Ware, bezahlen allerdings einen viel zu hohen Preis. Ladengeschäfte kleiner

Händler sind in der Regel mehr auf Numismatik und Sammlermünzen spezialisiert, die für uns als Anleger weniger interessant sind (es sei denn, Sie spezialisieren sich auf dieses Fachgebiet). Sie rufen daher auch für ihre Anlagemünzen üblicherweise unrealistische Preise auf. Banken hingegen stehen dem Edelmetallhandel intern eher kritisch gegenüber, da er ihrem eigentlichem Geschäftsmodell, welches auf dem Handel mit Geld und Zinsen in jeglicher Form beruht, widerspricht. Die meisten Banken bieten zwar Edelmetalle zum Kauf an, geben diese allerdings zu horrenden Preisen heraus.

Gehen Sie also, wenn Sie auf Anonymität Wert legen, zu einem Fachhandel in Ihrer Nähe. Große Namen sind hier unter anderem die Degussa, pro aurum, Emporium, Auragentum, Geiger, Philoro sowie Kettner Edelmetalle. Wenn Sie den günstigsten Preis für ein Produkt erhalten wollen, so lege ich Ihnen die Website gold.de nahe. Es handelt sich um ein Online Preisvergleichsportal für Edelmetalle, über welches Sie für jedes Edelmetallprodukt in sämtlichen Stückelungen die Preise von diversen Händlern in aufsteigender Reihenfolge finden können. Die dort aufgeführten Onlineshops sind streng geprüft und absolut vertrauenswürdig. Auch für den Fall, dass Sie Ihre vorhandenen Edelmetalle wieder veräußern wollen, bietet Ihnen gold.de die Möglichkeit, den Händler zu finden, welcher Ihnen aktuell den attraktivsten Preis für Ihre Edelmetalle bietet.

2. Die Stückelung, also das Gewicht, spielt bei Edelmetallen eine wesentliche Rolle und hat direkten Einfluss auf dessen Preisgestaltung. Mit kleineren Stückelungen sind Sie flexibler, wenn Sie es in Betracht ziehen, diese wieder zu veräußern. Wenn es beispielsweise Ihr Anliegen ist, etwa 500 Euro für Ihren Edelmetallverkauf zu erhalten, dann können Sie dies problemlos umsetzen, wenn Sie statt einer Unze Gold zehn 1/10 Unzen Gold erworben haben. Doch hier ist Vorsicht geboten. Für zehn 1/10 Unzen zahlen Sie **beim Kauf** einen deutlich höheren Preis als für eine Unze. Generell gilt für alle Edelmetalle, je größer die Stückelung, desto günstiger der Preis im Verhältnis zum aktuellen Goldkurs. Als Faustregel empfiehlt sich, beim Gold keine Gewichtgrößen unter einer halben Unze und beim Silber nicht unter einer Unze zu kaufen, da sonst der Preis unrentabel hoch ausfällt. Seien Sie sich dessen vor jedem Edelmetallinvestment bewusst.

3. Die Reinheit spielt bei der Werterhaltung und für einen eventuellen Wiederverkauf zu einem späteren Zeitpunkt eine große Rolle. Für Anlagemetalle ist eine Reinheit von 999/1000 üblich, die meisten Anlagemünzen und fast alle Barren weisen aber heutzutage eine Reinheit von 9999/1000 (four nine fine) auf. Ausnahmen bilden hier Münzen wie der Krügerrand, denen, um die Robustheit zu stärken, ein Kupferanteil beigemischt ist. Daher erhält der Krügerrand seine leicht rötliche Färbung. Seien Sie aber unbesorgt, Sie erhalten bei dieser Münze dennoch dieselbe Menge an Gold wie bei anderen Anlagemünzen.

4. Wenn Sie in Edelmetalle investieren, dann tun Sie dies, wie bereits umfassend angesprochen, in der Regel zu dem Zweck, einen realen Wert mit Bestand zu erwerben. Ich würde Ihnen daher immer empfehlen, für langfristige Investitionen die Edelmetalle physisch zu kaufen und selbst zu lagern. In jedem anderen Fall geben Sie den größten Vorteil, den Edelmetalle mit sich bringen, aus der Hand – einen Realwert zu besitzen, auf den Sie zu jeder gegebenen Zeit Zugriff haben. Einzig bei Platin und Palladium macht es durchaus Sinn, auf ein börsengehandeltes Pendant zurückzugreifen, um die steuerlichen Nachteile des physischen Kaufes zu umgehen. Bei der Lagerung können Sie auf ein Schließfach bei einem Unternehmen wie Auragentum zurückgreifen, ich empfehle Ihnen jedoch, Ihre Metalle selbst zu halten, um jederzeit Zugang zu ihnen zu haben. Werden Sie kreativ beim Verstecken!

5. Wie bereits dargestellt, eignen sich Edelmetalle nur sehr bedingt zum Spekulieren und unterliegen teilweise jahrelangen Phasen mit Kursrückgängen. Sie sollten beim Kauf daher von einer maximal langen Haltedauer von mindestens 30 Jahren ausgehen, um von den Vorteilen der Edelmetalle maximal zu profitieren.

6. Achten Sie beim Kauf auf die sogenannte Fungibilität der Produkte. Investieren Sie am besten in die gängigsten Anlagemünzen oder Barren. Einen Barren mit einer 999er Feinheit (oder höher) wird Ihnen jeder noch so kleine Edelmetallhändler auf der ganzen Welt ohne Probleme wieder abkaufen. Bei Münzen gilt dies nicht für alle Exemplare. Ich empfehle Ihnen daher, sich an folgende Münzserien zu halten:

GOLD

Krügerrand, Maple Leaf, Australian Kangaroo, Wiener Philharmoniker, American Eagle, Britannia, Buffalo, Call of the wild, China Panda, Dragon Rectangle, Goldeuro, Libertad, australische Lunar Serie, Somalia Elefant, Queens Beast

SILBER

Maple Leaf, Wiener Philharmoniker, Australian Kangaroo, American Eagle, Arche Noah, Britannia, China Panda, Dragon Rectangle, Koala, Kookaburra, Krügerrand, australische Lunar Serie, Münzbarren jeder Art, Somalia Elefant, Queens Beast

7. Abschließend noch ein Insidertip aus der Branche: Sicher ist Ihnen bewusst, dass man zwischen Anlagemünzen und Sammlermünzen unterscheidet. In der Tat handelt es sich hierbei um zwei vollkommen verschiedene Welten. Doch wussten Sie, dass es durchaus Zwischenformen gibt? Als prominentestes Beispiel ist die australische Lunar Serie zu nennen. Diese erfreut sich seit vielen Jahren größter Beliebtheit, gleichermaßen bei Anlegern wie bei Sammlern. Die Idee ist, in jedem Jahr eine neue Münze mit wechselnden Motiven herauszugeben, welche auf dem chinesischen Mondkalender basieren. Dieser Gedanke ist an sich nichts Neues, doch waren solche Form von Münzen vorher größtenteils nur mit derart großen Aufschlägen auf den Edelmetallkurs zu erwerben, dass sie sich als Investmentmünzen schlicht nicht geeignet haben. Bei der Lunar Serie ist dies aber nicht mehr der Fall.

Der aktuelle Jahrgang kostet stets nur einen kaum nennenswerten Prozentsatz mehr als die am weitesten verbreiteten Anlagemünzen. Über die Jahre bilden diese Münzen jedoch einen fantastischen Wertzuwachs, da Sammler darauf erpicht sind, ihre Sätze zu vervollständigen. Da der chinesische Mondkalender aus 12 Jahren besteht, beginnt nach Ablauf dieser Zeit eine neue Serie. Die Lunar Serie befindet sich bereits in ihrem dritten Durchgang.

PRAKTISCHES BEISPIEL

LUNAR SERIE UND KRÜGERRAND IM VERGLEICH:

Ein 2020er 1oz (eine Unze) Krügerrand kostet zum jetzigen Zeitpunkt 1.510 Euro beim günstigsten Händler. Der aktuelle Jahrgang 2020 der Lunar III Serie mit dem Motiv Maus liegt bei 1.522 Euro, also nur 12 Euro Aufschlag. Nun schauen wir uns die älteren Jahrgänge der Serie an. Der 2019er Jahrgang, der letzte der Lunar II Serie mit dem Motiv „Schwein“, erzielt schon 1.532 Euro. Dies sind entsprechend bereits 10 Euro Sammlerwert nach einem Jahr. Der 2015er Jahrgang mit dem Aufdruck „Ziege“ wird aktuell zu 1.564 Euro gehandelt. Schauen wir nun etwas weiter zurück. Die Münze aus dem Jahr 2000 mit dem Abbild eines Drachen liegt gerade bei 2.019 Euro. Wir sprechen hier immer noch von 1 Unze Gold. Die Reinheit der Anlagemünze liegt bei 9999/1000, ihre Fungibilität ist hervorragend und auch sie war im Jahr ihrer Ausgabe nicht viel teurer als der Krügerrand zu erwerben. Nahezu jeder Edelmetallhändler am Markt führt die Serie und gerade die älteren Jahrgänge sind zum Ankauf äußerst begehrt. Weitere vergleichbare Münzserien sind die kanadische Call of the wild, die China Panda, die Queens Beasts sowie der Somalia Elefant. Während auch historische Krügerrand Münzen üblicherweise denselben Aufschlag auf den Goldpreis erzielen wie der aktuelle Jahrgang oder sogar noch an Wert verlieren, entwickeln Münzserien wie die australische Lunar Serie über die Zeit einen lukrativen Sammleraufschlag, den Sie sich zunutze machen können. Dafür zahlen Sie im Jahr der Ausgabe lediglich einen geringen Aufschlag im Verhältnis zu den klassichen Anlagemünzen wir Krügerrand oder Maple Leaf.

KAPITEL 3.4

P2P KREDITE

Von allen in diesem Buch vorgestellten Anlageklassen sind P2P Kredite die mit Abstand jüngste. „P2P" steht dabei für „Peer to peer", frei übersetzt bedeutet dies „Kollege zu Kollege". Die Idee dahinter ist, dass mithilfe von P2P Plattformen Privatpersonen Kredite an andere Privatperson vergeben können. Klassischerweise wurde dieser Handel mittels einer Bank getroffen. Ein Anleger legt sein Geld bei einer Bank an, um von dieser Zinsen ausgezahlt zu bekommen. Mit dem angelegten Kapital kann die Bank nun Kredite herausgeben, für welche sie wiederum Zinsen erhält. Die Differenz aus den von Kreditnehmern erhaltenen Zinsen und den an die Anleger ausgezahlten Zinsen stellt den Gewinn der Bank dar. So sollte das Geschäft zumindest in der Theorie aussehen. In der Praxis ist dieses Geschäftsmodell unter anderem aufgrund des maximal niedrigen Zinsniveaus natürlich stark ins Wanken gekommen.

P2P Kredite ermöglichen es nun also, die Bank als Mittelsmann zu umgehen und direkte Kreditgeschäfte von privat zu privat zu tätigen. Die Firma Zopa hat im Jahr 2005 erstmalig das Konzept am Markt etabliert. Seither wurden zahlreiche Plattformen gegründet, von denen ein großer Teil bereits wieder

verschwunden ist. Hier kommen wir auch zur ersten negativen Seite des P2P Business. Da es sich, wie bereits erwähnt, um eine relativ neuartige Anlageform handelt, haben sich viele Startup Unternehmen übernommen und mussten frühzeitig Insolvenz anmelden. Vor allem in China, wo die P2P Branche weltweit am meisten Umsatz macht, ist es zu zahlreichen Insolvenzfällen gekommen. Auch in Europa sind diverse P2P Plattformen von der Bildfläche verschwunden, die zunächst als sehr vielversprechend galten. Es ist bei der Wahl des richtigen Anbieters also äußerste Vorsicht geboten. Als sicherste P2P Anbieter haben sich über die Jahre die in Estland ansässigen Firmen Mintos und Bondora durchgesetzt. Beide Unternehmen verzeichnen ein starkes Wachstum und ein fundiertes Geschäftsmodell sowie bislang dauerhaft gute Zahlen. Als dritte Plattform ist das ebenfalls in Estland beheimatete Portal Estateguru zu nennen. Hier wird jedoch ausschließlich in Immobilienprivatkredite investiert.

Auch im investmentkonservativen Deutschland haben es P2P Kredite im Jahr 2019 auf ein Volumen von 209 Millionen Euro gebracht. Dadurch wird deutlich, dass das Modell auch hierzulande auf großes Interesse und Akzeptanz stößt. Die Plattformen sind dabei vergleichbar mit einem Marktplatz, auf dem Kreditgeber und Kreditnehmer zusammenkommen. Diese treten allerdings auch hier nicht in direkten Kontakt miteinander. Mintos und Co. arbeiten mit diversen sogenannten Darlehensanbahnern zusammen. Diese sind zunächst dafür verantwortlich, dem Kreditnehmer das Darlehen zu genehmigen, dessen Bonität zu prüfen und einen Zinssatz auszuhandeln. Die P2P Plattform prüft die Kreditunternehmen, also die Anbahner, wiederum auf deren Bonität und Vertrauenswürdigkeit und stellt die Ergebnisse transparent auf ihrer Website zur Verfügung. Entsprechend kann der Investor am Ende selbst entscheiden, in welche Risikoklassen er investieren möchte. Sobald das Geschäft zwischen Kreditnehmer und Darlehensanbahner zustande kommt, wird der Kredit bei den P2P Plattformen zur Verfügung gestellt und es werden schließlich Anteile an den diversen Krediten an die Investoren verkauft. Als Geldgeber sind Sie also nie Gläubiger für ein vollständiges Darlehen, sondern halten stets nur Anteile an diesem und verdienen an dessen Zinssatz. Die P2P Plattform profitiert dabei in keiner Weise von den Kreditzinsen, sondern finanziert sich ausschließlich über Gebühren. Das Risiko tragen dabei der Darlehensanbahner, welcher den Kredit ursprünglich bewilligt hat, und der Investor, also Sie. Sowohl Mintos als auch Bondora bieten Ihnen die Möglichkeit, in Kredite mit Rückkaufgarantie zu investieren. Hierbei

übernimmt der Anbahner das volle Risiko. Im Falle eines Zahlungsverzugs durch den Kreditnehmer von mehr als 60 Tagen kauft die Kreditgesellschaft den Kredit von Ihnen zurück und Sie erhalten die komplette Investitionssumme sowie die bis dahin angefallenen Zinsen. Ein Restrisiko bleibt dennoch bestehen. Die Firma Mintos hat in ihrer fünfjährigen Geschichte bereits einmal den Fall gehabt, dass ein Darlehensanbahner, die Firma Afortie Finance, die Rückkaufgarantie ausgesetzt hat, da sie zahlungsunfähig war. Zugegebenermaßen, hierbei handelt es sich bislang um einen Einzelfall, doch er ermahnt zur Vorsicht. Glücklicherweise haben Sie bei sämtlichen P2P Anbietern die Möglichkeit, sehr geringe Mindestinvestitionssummen pro Kredit einzugehen, sodass eine maximale Diversifikation möglich ist. Bei Mintos und Bondora beträgt diese lediglich 10 Euro. Mit einer theoretischen Investitionssumme von 2.000 Euro könnten Sie so in 200 verschiedene Kredite investieren, was aus Sicht einer sinnvollen Streuung natürlich ideal ist. Bei Estateguru beträgt diese Mindestinvestitionssumme aktuell 50 Euro. Da jedoch kaum ein privater Investor in der Lage sein wird, dermaßen viele Kredite zu prüfen, bieten die großen P2P Plattformen einen sogenannten „Auto Invest Service“ an, welcher den Investitionsvorgang stark erleichtert und auch ein sparplanartiges Investieren ermöglicht.

Über ein Formularfeld geben Sie zunächst ein, in welche Art von Krediten Sie investieren wollen. Sie können beispielsweise angeben, dass Sie jeweils 10 Euro pro Kredit einbringen wollen, ausschließlich in Kredite aus den Ländern Polen und Spanien investiert werden soll, der Kreditanbahner mindestens über ein Rating von A- verfügen soll und Sie nur in den Rubriken Autokredite, Agrarkredite und Hypotheken tätig sein wollen. Weitere Filter sind möglich, sodass Sie Ihr Investment professionell und individuell planen können. Selbstverständlich werden die Renditen umso größer, je riskantere Anbahnerunternehmen und Kreditarten Sie zu Ihrem Portfolio hinzufügen. Über den Grad des Risikos entscheiden am Ende Sie selbst.

BEACHTEN SIE JEDOCH FOLGENDE PUNKTE, WENN SIE SICH FÜR EINE INVESTITION IN P2P KREDITE INTERESSIEREN:

1. Entscheiden Sie sich möglichst für eine bekannte und bereits profilierte Plattform. Eines der Hauptrisiken stellt nach wie vor eine Insolvenz des P2P Anbieters dar, da es sich allesamt um relativ junge Unternehmen handelt.

2. P2P Kredite haben als Anlageklasse noch keine langfristige Wirtschaftskrise erlebt. Es ist daher ungewiss, wie sich dieser Markt entwickelt, wenn es zu einer solchen kommt und entsprechend viele Schuldner gleichzeitig ihre Kredite nicht mehr bedienen werden können. Die Coronakrise hat gezeigt, wie fragil diese Branche aktuell noch ist.

3. Ihr Geld ist für den individuellen Tilgungszeitraum des jeweiligen Kredites festgesetzt. Sie kommen dementsprechend nicht flexibel an Ihre investierte Summe. Mintos und Bondora bieten hierfür den sogenannten Sekundärmarkt. Auf diesem können Sie die Kredite, in welche Sie investiert sind, zum Weiterverkauf anbieten. Um den investierten Betrag zu liquidieren, müssen Sie allerdings zunächst einen Käufer finden, welcher Ihnen Ihren Kredit beziehungsweise Ihre Kredite abnimmt. In manchen Fällen können Sie hier sogar einen zusätzlichen Gewinn erzielen, indem Sie den Kredit teurer weiterverkaufen, als Sie ihn erstanden haben, doch in der Regel fällt solch ein Geschäft nicht zu Ihren Gunsten aus. Betrachten Sie P2P Kredite also als eine "Buy and hold" Strategie und investieren Sie nur, wenn Sie sicher sind, dass Sie das Kapital für den Tilgungszeitraum nicht benötigen. Sie können in der „Auto Invest Maske" beispielsweise eingeben, dass Sie nur in Kredite investieren möchten, welche eine Restlaufzeit von weniger als 2 Jahren haben.

4. Bedenken Sie, dass sowohl Ihre Zinsgewinne als auch potenzielle Gewinne am Sekundärmarkt versteuert werden müssen, sofern Sie den Sparerpauschbetrag von 801 Euro übersteigen. Hierfür stellen die Plattformen eine Art Kontoauszug für Sie bereit. Zinsgewinne unterliegen in Deutschland bislang der Kapitalertragssteuer von 25 % (Stand März 2020).

5. Da es sich bei P2P Krediten aus erwähnten Gründen um ein risikoreiches Investment handelt, sollten Sie hierfür nur einen Teil Ihres Investitionskapitals aufbringen. Ich empfehle Ihnen, dass P2P Kredite nicht mehr als 10 % Ihres Portfolios ausmachen sollten. Meine Freundin und ich führen ein Haushaltskonto. Auf dieses überweisen wir monatlich eine feste Summe, von der wir Lebensmittel und Haushaltsgegenstände bezahlen. Der Betrag, der am Monatsende übrig ist, wird schließlich auf unser Konto bei Mintos überwiesen, wo es die Plattform automatisch anhand der von mir angegebenen Parameter in verschiedene Kredite investiert. Wir handhaben dies nun schon seit gut zweieinhalb Jahren auf diese Weise. Mintos informiert täglich über die erwirtschaftete Rendite und gegebenenfalls Probleme. Bislang wird eine Durchschnittsrendite von 10,63 % pro Jahr erzielt, ich investiere in jeden Kredit nur die Mindestsumme von 10 Euro und hatte bislang keinen Ausfall zu verzeichnen.

KAPITEL 3.5

AUSSER BÖRSLICHE ANLEIHEN

Ich bin viele Jahre lang Mitglied in einer Fitnesscenterkette gewesen, welche exklusive Anlagen in einigen deutschen Großstädten betreibt. Neben den Sporträumlichkeiten verfügen alle angehörigen Komplexe über großzügige Sauna- und Wellnessbereiche und haben äußerst fähiges Fachpersonal sowohl als Personal Trainer als auch für die Massagen beschäftigt. Die Anlagen waren stets sauber, gepflegt und rundum in einem top Zustand. Das Interior Design war in jedem der Center individuell und doch hat die Kette eine klare Linie verfolgt, mit warmen Tönen und einem orientalischen Stil. Ich habe mich als Kunde stets willkommen gefühlt und konnte so dem Alltag kurz in eine Wohlfühloase entfliehen. Die Center waren stets gut besucht, aber man hat sich durch andere Gäste nie bedrängt gefühlt.

Eines Tages bemerkte ich neben dem Kursplan eine Ausschreibung des Managements. Das Konzept des Unternehmens würde von den Kunden an allen Standorten sehr gut angenommen und man plane nun die Eröffnung weiterer Filialen in anderen Städten. Hierzu sucht die Firma Investoren, die von der weiteren Entwicklung des Unternehmens profitieren möchten, da die Kette Finanzmittel für Ihre Expansion

> ICH ERZÄHLE IHNEN DIESE KURZE GESCHICHTE, WEIL ES SICH HIERBEI AUS MEINER SICHT UM EINE OPTIMALE INVESTITIONSCHANCE UND EIN PERFEKTES BEISPIEL EINER AUSSERBÖRSLICHEN UNTERNEHMENSANLEIHE HANDELT.

benötigte. Die Mindestanlagesumme betrug 3.000 Euro und war mit einem Festzins von 6 % ausgeschrieben. Bei einer Anleihe handelt es sich um eine Schuldverschreibung. Sie leihen dem Unternehmen also einen Geldbetrag und dieses verpflichtet sich, Ihnen die Summe nach Ablauf eines vertraglich geregelten Zeitraumes zurückzuzahlen. Dafür erhalten Sie als Investor einen vorab vereinbarten, zumeist festen Zinssatz als Entlohnung. Um über ein solches Geschäft nachzudenken, halte ich es für überaus sinnvoll und fast schon zwingend, dass Sie einen **persönlichen** Bezug zu dem Unternehmen haben, dessen Arbeitsweise kennen, mit dem Management vertraut sind und das Geschäftsmodell komplett verstehen und diesem positiv gegenüberstehen. Lassen Sie sich bitte nicht von Flyern oder Prospekten im Briefkasten oder gar Werbemails zu einer Investition in Anleihen hinreißen.

Darüber hinaus sollten Sie in der Lage sein, die Bilanzen der vergangenen Jahre zumindest im Groben zu verstehen und die Unternehmenskennzahlen, welche für Sie relevant sind, sollten eine gesunde Entwicklung der Firma darstellen. Außerbörsliche Anleihen sind in aller Regel hochriskante Investments, die für unerfahrene Anleger keinesfalls empfehlenswert sind. Wenn Sie allerdings bereits über ein gut diversifiziertes Portfolio und vor allem genügend Kapital verfügen, dann werden Sie feststellen, dass derlei Investitionsgelegenheiten sich von Zeit zu Zeit immer wieder in Ihrem Alltag ergeben werden. Ich hatte stets ein gutes Verhältnis zu der Fitnesscenterkette, war von ihrem Konzept und ihrer Firmenpolitik sehr angetan und die benötigten Zahlen wurden mir auf Nachfrage zur Verfügung gestellt. Wenn Sie auf der Suche nach Investitionsmöglichkeiten sind und gerade über offenes Kapital verfügen, welches Sie gern anlegen möchten, dann sind derartige Unternehmensanleihen

durchaus eine interessante Alternative. Bedenken Sie jedoch, dass Sie in diesem Fall nicht von den strengen Regularien profitieren, welche Ihnen börsliche Geschäfte bieten. Die Anzahl der Anleihen emittierenden Unternehmen, welche im Zuge des Investments bankrottgehen, ist unglücklicherweise beachtlich. Im Verhältnis dazu stehen üblicherweise Renditen von nur 5 bis 10 %, welche das eingegangene Risiko oftmals nicht realistisch abbilden.

Dennoch - wenn Sie meinen, Ihnen ist gerade eine äußerst gute Chance begegnet, dann zögern Sie nicht, sich mit dem Unternehmen auseinanderzusetzen und das Investment gegebenenfalls zu tätigen - vorausgesetzt, Sie haben Erfahrung auf dem Gebiet und wissen exakt, was Sie tun!

KAPITEL 3.6

BÖRSE

Da der Rest dieses Buches sich ausschließlich dem Thema Börse widmet, werde ich mich in diesem Punkt kurzfassen. Beim Gedanken an die Börse stellen sich die meisten Menschen einen großen Saal voller Bildschirme mit Kurscharts und in der Mitte diverse Pults mit Anzug tragenden Menschen vor, die hysterisch „Verkaufen, verkaufen!" durch den Raum schreien. In der Realität sind die wichtigsten Börsenplätze der Welt heute eher ruhige, etwas verlassen wirkende Orte. Das wilde Treiben der vergangenen Tage existiert so nicht mehr, die digitale Welt hat auch im Bereich Börse das Ruder übernommen. Wenn Sie in der Vergangenheit einen Kauf vornehmen wollten, mussten Sie zunächst Ihren Broker telefonisch anrufen, dieser hat Ihre Order, also Ihre Wertpapierbestellung, aufgenommen und an die Börse weitergeleitet, wo schließlich eine passende Gegenpartei in Form eines Käufers oder Verkäufers für Ihr Geschäft gesucht worden ist und schlussendlich von Mensch zu Mensch ein Handel vereinbart wurde. Ob und gegebenenfalls zu welchem Preis dieser Handel zustande kam, haben Sie stets erst im Nachhinein durch Ihren Broker erfahren.

Ganz ähnlich funktioniert es heutzutage auch noch, nur, dass die humane Komponente bei weitem nicht mehr dieselbe Rolle spielt, sondern das gesamte Börsengeschäft in Millisekundenschnelle durch den Computer abgewickelt wird. Ich möchte an dieser Stelle nicht zu sehr in die Theorie abdriften und darstellen, wie dieser Prozess genau funktioniert, schließlich soll dies in erster Linie ein Buch von praktischem Wert sein. Für Sie als

Retail Händler, also als privaten Spekulanten, hat diese Entwicklung große Vorteile mit sich gebracht. Die Nachteile sind eher psychologischer Natur, aber dazu später mehr.

1 Um an der Börse tätig zu werden, benötigen Sie zunächst ein Konto bei einem Broker. Dieser fungiert nach wie vor als Mittelsmann zwischen Ihnen und der eigentlichen Börse, Sie können also Ihre Orders nie direkt dort platzieren. Der Broker finanziert sich durch Gebühren, welche Sie bezahlen, sobald Sie einen Kauf oder Verkauf tätigen. Der Broker stellt Ihnen eine Software zur Verfügung, die oftmals eine Vielzahl von Funktionen bietet, generell aber in erster Linie den Zweck hat, Ihnen den Handel zu ermöglichen und Aufträge zu platzieren. Die Börsen selbst stellen Ihnen ein gigantisches Spektrum an Produkten zur Verfügung, welche Sie kaufen oder verkaufen können. Oftmals haben sich die Broker auf einige dieser Produkte spezialisiert und bieten für diese besonders günstige Konditionen an, andere Produkte sind hingegen nicht verfügbar. Wir werden uns im Kapitel „Broker" näher mit diesem Sachverhalt beschäftigen.

2 Im nächsten Schritt müssen Sie Ihr Konto mit Kapital ausstatten. Das Konto führt der Broker entweder im eigenen Haus, bei einer ihm direkt angeschlossenen Bank oder einer Partnerbank. Bei den großen, seriösen Brokern haben Sie jederzeit Zugriff auf dieses Konto und verfügen flexibel über Ihr Geld. Sobald Sie also das Konto eröffnet haben, es mit Kapital ausgestattet ist und Sie sich mit der Software vertraut gemacht haben, können Sie starten. Ihnen steht nun ein Handelsplatz zur Verfügung, welcher reichhaltiger nicht sein könnte und Ihnen Investitionsmöglichkeiten aller erdenkbaren Art zur Verfügung stellt. Egal, ob Sie als langfristiger Anleger oder kurzfristiger Spekulant agieren wollen, die Börse hat die passenden Produkte für Sie bereitgestellt. So ist es kaum verwunderlich, dass man sich gerade als Anfänger im schieren Dschungel der Möglichkeiten zu verirren droht. Unternehmensbeteiligungen, Staatsanleihen, Immobilienwertpapiere, Rohstoffe, Währungen und neuerdings Kryptowährungen, Versicherungsgeschäfte oder gar komplette Branchen – es gibt kaum eine Anlageklasse, welche nicht über eine Börse handelbar wäre.

DAS ERFAHREN SIE IN DEN FOLGENDEN KAPITELN:

Ich möchte Ihnen in diesem Buch nicht nur einen Überblick über all die verschiedenen Börsenhandelsinstrumente geben, sondern auch klar besprechen, was Sie von den jeweiligen Handelsklassen erwarten dürfen und für welchen Anlegertyp sich welches Investment eignet. Im Anschluss werde ich ausführlich auf die Faktoren Zielsetzung und Psychologie eingehen. Vertrauen Sie mir, wenn ich Ihnen sage, dass es absolut fatale Folgen haben kann, wenn Sie mit Ihrem Börsenhandel beginnen, ohne sich vorerst gründlich mit diesen beiden Komponenten beschäftigt zu haben.

KAPITEL 4

Sie müssen allem voran für sich definieren, was Ihre grundsätzlichen Ziele sind und was Sie sich von Ihrem Engagement an der Börse versprechen. Solange Sie sich hierüber nicht im Klaren sind, gestaltet es sich äußerst schwierig, die passende Strategie und Herangehensweise für Ihr Investment zu entwickeln. Deshalb beschäftigen wir uns im Kapitel 4 mit den Investorentypen, um Ihre Zielsetzung an der Börse zu definieren.

KAPITEL 5

Im 5. Kapitel "Börseninstrumente" werde ich Ihnen die Handelsklassen vorstellen, die an der Börse getradet werden. Wir besprechen, für welche Strategien und Ansätze sich die einzelnen Instrumente jeweils gut oder auch weniger gut eignen. Sie werden nicht für jede Anlagestrategie Fachkenntnis über jedes Börseninstrument erlangen müssen. Ich habe daher in der Überschrift jedes Börseninstrument mit den in Kapitel 4 definierten Symbolen für die jeweiligen Investorentypen versehen, damit Sie von Anfang an einschätzen können, ob das gerade besprochene Börseninstrument für Sie Relevanz hat.

KAPITEL 6

Kapitel 6 beschäftigt sich mit der Wahl des passenden Brokers. Ich möchte Ihnen eine Entscheidungshilfe geben, welcher Brokertyp für welchen Investorentyp gut geeignet ist und von welchen Brokern sie eher absehen sollten.

KAPITEL 7

Im Laufe der Zeit werden Sie feststellen, dass eine noch so gute und ausgearbeitete Strategie Ihnen schlicht nichts bringen wird, wenn Sie auf die klassischen Fallen der Börsenpsychologie hineinfallen. Nicht umsonst sind über diese Thematik ganze Werke verfasst worden. **Börse ist Psychologie.** Viel zu häufig werden selbst erfahrene Trader Opfer ihrer Emotionen. Kapitel 7 widmet sich diesem Thema. Nicht minder wichtig ist eine gesunde Einstellung gegenüber den Themen Geld, Investitionen und Börse und ich werde entsprechend auch zu dieser Thematik einige wichtige Punkte ansprechen. Sie brauchen hier nicht mit den klassischen Mindset Floskeln rechnen. Wünsche an das Universum werden Ihnen an der Börse keinen Erfolg bringen, das garantiere ich Ihnen hiermit.

KAPITEL 9

Vergessen Sie bitte nicht das Glossar! Sollten Sie Begriffen begegnen, die Sie nicht verstehen oder die Sie vergessen haben, schlagen Sie gern Kapitel 9 - das Glossar auf. Weitere Begriffe finden Sie auch auf unserer Website www.sparing-academy.de unter dem Menüpunkt „Börsenlexikon".

4

KAPITEL 4

ZIELSETZUNG VERSCHIEDENER INVESTOREN TYPEN

Bevor Sie sich als Investor auf das digitale Börsenparkett begeben können, müssen Sie zwangsläufig einen groben Plan ausarbeiten. Wenn Sie meine Geschichte aus dem Vorwort gelesen haben, dann wissen Sie, was passieren kann, wenn man ohne einen solchen einfach damit beginnt, hoffnungsvoll, aber naiv loszutraden. Die Märkte werden binnen kürzester Zeit gnadenlos zurückschlagen. Entgegen einer breiten Meinung ist die Börse kein Casino, zumindest sollte sie dies für niemanden sein. Machen Sie sich daher Gedanken darüber, was Sie eigentlich von der Börse erwarten und wo Sie sich als Investor in einem, fünf und in zwanzig Jahren sehen. Natürlich ist die Zukunft umso schwerer vorauszusagen, je ferner sie liegt, doch ist es gerade am Anfang durchaus hilfreich, sich erreichbare Ziele zu stecken. Dieses Kapitel soll sich genau dieser Überlegung widmen und Ihnen aufzeigen, was eigentlich an der Börse möglich ist und welche Erwartungshaltungen als realistisch einzustufen sind. Ich habe dafür vier Investorentypen erdacht, welche wir im Einzelnen ausführlich besprechen werden. Natürlich ist es dabei auch möglich, verschiedene Ansätze parallel zu verfolgen.

DIE 4 INVESTORENTYPEN:

INVESTORENTYP 1 - DER „PASSIVE INVESTOR“

Er möchte sich möglichst passiv verhalten und wenig mit seinen Investments zu tun haben beziehungsweise sich im laufenden Prozess um diese kümmern. Es genügt ihm, eine überschaubare Rendite zu erwirtschaften, die Inflationsrate auszugleichen und sein Geld ein wenig für sich arbeiten zu lassen.

INVESTORENTYP 2 - DER „AKTIVE INVESTOR“

Investorentyp 2 ist etwas ambitionierter. Ich bezeichne ihn als „aktiven Investor“. Er interessiert sich grundsätzlich für Wirtschaft, ist bereit, ein wenig Zeit nach der Arbeit in Aktienrecherche zu investieren und möchte, wenn möglich, ein besseres Ergebnis erzielen als der Gesamtmarkt.

INVESTORENTYP 3 - DER „TEILZEITTRADER“

Er ist hoch motiviert und interessiert sich mit Leidenschaft für die Börse. Er ist wissbegierig und bereit, viel Zeit für das Lesen von Büchern und den Besuch von Seminaren einzukalkulieren. Der Teilzeittrader schreckt nicht vor komplizierten Handelsinstrumenten zurück, denn es ist sein Ziel, jeden Monat sein Einkommen durch Kapitalgewinne an der Börse zu erhöhen.

INVESTORENTYP 4 - DER „BERUFSTRADER“

Er erzielt sein komplettes Einkommen entweder unmittelbar über die Börse oder durch Tätigkeiten, welche in direktem Zusammenhang mit dem Börsenhandel stehen. Er ist umfassend informiert und kann sicher mit allen professionell genutzten Handelsklassen umgehen. Gegebenenfalls hat er sich auf eine Strategie spezialisiert, er verfügt jedoch darüber hinaus grundsätzliche Kenntnis über alternative Herangehensweisen und kann sich diese im Zweifelsfall zunutze machen.

Wir werden jeden dieser Investoren- beziehungsweise Tradertypen in den kommenden Kapiteln ausführlich besprechen. Dabei werde ich jeweils auf die folgenden grundsätzlichen Fragen eingehen:

1. ZEITHORIZONT

Wie viel Zeit benötige ich für diesen Handelstyp?

2. ANLAGEHORIZONT

Mit welchem Anlagehorizont oder mit welcher Haltedauer meiner Investments muss ich rechnen?

3. MINDEST- UND IDEALKAPITAL

Wie viel Mindestkapital benötige ich? Wie viel Kapital wäre ideal?

4. ANLAGEKLASSEN

Welche Anlageklassen sind für mich für diesen Handelsansatz interessant?

5. RISIKO

Mit wie viel Risiko habe ich zu rechnen und wie sollte mein generelles Verhältnis zu Risiko aussehen?

6. FACHWISSEN

Welches Wissen und welches Vorwissen benötige ich?

7. VOR- UND NACHTEILE

Welche Vor- und Nachteile bringt diese Art des Handelns?

8. ERWARTUNGSHALTUNG

Welche Erwartungshaltung sollte ich haben und wie viel Rendite ist möglich?

Am Ende des Kapitels können Sie dann für sich beurteilen, auf welchem Stand Sie sich befinden und können Ihre Herangehensweise an die Börse planen. Eventuell werden Sie feststellen, dass Sie mit Ihren Vorstellungen etwas zu ambitioniert waren und sich eher für eine konservativere Investmentstrategie entscheiden. Vielleicht wird auf der anderen Seite auch Ihre Neugier geweckt und Sie stellen fest, dass Sie sich tiefer mit der Materie und ihren Möglichkeiten beschäftigen wollen. Das Wichtigste ist schlussendlich, dass Sie realistisch bei dieser Einschätzung bleiben und sich und Ihre verfügbare Zeit sowie Ihr vorhandenes Kapital nicht überschätzen. Schauen wir uns nun den ersten Investor an.

!

Beim Beschreiben der 4 Investorentypen, deren Zielen und Grundvoraussetzungen, ist es unvermeidlich, einige börsenrelevante Begriffe zu verwenden, die Ihnen zunächst fremd erscheinen werden. Diese Begriffe werden später im 5. Kapitel genauer erläutert. Kurzbeschreibungen finden Sie zudem im Glossar am Ende des Buches.

Ich habe das Kapitel über die Investorentypen bewusst dem Kapitel über die Börseninstrumente vorgezogen. Ich halte es für wichtig, dass Sie sich zunächst im Klaren darüber sind, was Ihre Ziele an der Börse sind und welche Voraussetzungen dafür vorhanden sein müssen. So können Sie sich später im 5. Kapitel nur auf die Börseninstrumente konzentrieren, welche wirklich von Relevanz für Sie sind. Zunächst gilt es also zu klären, mit welchem Investorentyp Sie sich am ehesten identifizieren können.

KAPITEL 4.1

DER PASSIVE INVESTOR

REGELMÄSSIGE RENDITEN DURCH LANGFRISTIGES, PASSIVES ANLEGEN

Ein weit verbreitetes Missverständnis ist die Hypothese, dass man an der Börse nur aktiv werden sollte, wenn man sich ein umfangreiches Fachwissen über Aktien und Anleihen angeeignet hat und in der Lage ist, Bilanzen bis ins kleinste Detail zu analysieren und zu verstehen. Wenn auch Sie solche Annahmen hatten, kann ich Sie beruhigen – dem ist nicht so. Eine weitere Unwahrheit, welche vor allem in Deutschland die gängige Meinung darstellt, ist, dass Börseninvestments nur für reiche Menschen geeignet wären und der Durchschnittsverdiener tunlichst die Finger davon lassen sollte, da er aufgrund des unkalkulierbaren Risikos seine hart erwirtschafteten Ersparnisse zu verlieren droht. Dieser Gedanke ist meines Erachtens nach fatal falsch. Jegliches Investment, vom konservativen Sparbuch bis hin zur riskanten Start-Up Anleihe, ist immer mit einem gewissen Risiko verbunden. Da der Kapitalismus äußerst dynamisch ist und sich die Zukunft weder sicher mit Formeln berechnen noch voraussagen lässt, müssen wir die Unkalkulierbarkeit des Risikos als gegeben hinnehmen, auch wenn Ihnen eine

gewisse große Investmentfondsgesellschaft in kitschigen Werbespots gern anderes verspricht. Dennoch lassen sich Investments in bestimmte Risikoklassen einordnen und von vornherein als riskant bis weniger riskant einstufen. Dieses Risiko lässt sich anhand der historischen Entwicklung der einzelnen Anlageformen messen. In der Tat bietet die Börse sämtliche Risikoklassen und entsprechend für jeden Anlegertyp die passende Lösung. Mit einem gewissen Restrisiko müssen wir dabei stets leben, doch diesem beugen wir, wie bereits angedeutet, mit einer breiten Streuung unserer Investments vor. Selbst für den schlimmsten Fall, dass eines der Unternehmen, in welches Sie investieren, insolvent wird, wird Sie dies nicht ruinieren, da nur ein kleiner Teil Ihres Kapitals hierfür aufgebracht wurde und die anderen Investitionen diesen Verlust abfedern werden. Wie ich bereits im ersten Kapitel angesprochen habe, ist das Nichtinvestieren Ihrer Ersparnisse nie eine Alternative, da die Inflationsrate dafür sorgt, dass Ihr Vermögen stetig an Wert verlieren wird. Dieser Fakt ist vollkommen unabhängig davon zu betrachten, wie viel Sie verdienen. Gewöhnen Sie sich also an den Gedanken, dass ein gewisses Risiko immer eingegangen werden muss, Sie sich allerdings mit der richtigen Strategie vor großen Verlusten absichern können. Sie können und **sollten** also unbedingt auch als Durchschnitts- oder Geringverdiener die Börse dafür nutzen, Ihre Finanzen aufzubessern und Schritt für Schritt den Aufbau Ihres Vermögens voranzutreiben.

Verständlicherweise bringt nicht jeder Mensch ein Interesse an Wirtschaft und Finanzen mit und es ist kein Geheimnis, dass es für die meisten Leute ein leidiges Thema ist, welches entweder vor sich hergeschoben oder überhaupt nicht angegangen wird. Gehen wir nun also davon aus, Sie arbeiten in einem zeitlich anspruchsvollen Beruf und haben weder Interesse noch Geduld, sich näher mit dem Thema Investieren zu beschäftigen. Klassischerweise wählt jemand wie Sie nun den Weg zum Bankberater, wenn er sein Geld anlegen möchte. Doch ich muss Sie leider enttäuschen. Bei dem sogenannten Bankberater handelt es sich leider weder um einen Berater im klassischen Sinne noch um einen Fachmann auf dem Gebiet des Geldanlegens. Die Banken sind Unternehmen, die in erster Linie ein Interesse daran haben, Ihnen selbstentworfene Anlageprodukte zu verkaufen, an denen vorrangig die Bank selbst verdient. Die Gebühren für bankengemanagte Investmentfonds sind riesig, die Rendite dagegen in aller Regel weit unter der durchschnittlichen Marktperformance. Ihr Bankberater ist lediglich ein klassischer Verkäufer, welcher dazu ausgebildet wurde und dessen Aufgabe es ist, Ihnen diese Produkte möglichst gut verpackt zu **verkaufen.** Die Alternative stellt ein unabhängiger Anlageberater

dar. Schon besser, doch auch hier müssen Sie Glück haben, um auf wirkliche Fachkompetenz zu treffen und auch diese Zunft lässt sich ihre Dienste fürstlich bezahlen.

Wussten Sie, dass zwischen 80 und 90 % der Fondmanager weltweit den Markt underperformen? Das heißt, die Renditeergebnisse von aktiv gemanagten Fonds schneiden fast immer schlechter ab als die prozentuale Bewegung der großen Indizes wie S&P 500, Dow Jones oder hier in Deutschland der DAX. Es gibt heutzutage keinen triftigen Grund mehr, die Dienste von solchen Institutionen in Anspruch zu nehmen, da es mehr als einfach ist, von den Bewegungen der Gesamtmärkte zu profitieren, indem Sie direkt in eben solche investieren. Sie möchten sich also um möglichst wenig kümmern und finden auch nicht die Zeit, sich nötiges Fachwissen anzueignen? Dennoch möchten Sie Ihre Finanzen in die eigene Hand nehmen und Ihre Ersparnisse gewinnbringend anlegen? Schauen wir uns also anhand unserer zuvor aufgezählten 8 Kriterien an, was Sie tun können und welche Grundvoraussetzungen Sie erfüllen müssten.

4.1.1. ZEITLICHER AUFWAND

Der zeitliche Mindestaufwand, um Investments an der Börse zu tätigen, ist minimal. Gegebenenfalls kann es sich sogar um einen einmaligen Aufwand handeln. Sie müssen sich für einen Broker entscheiden und das Konto bei diesem eröffnen. Unter Umständen ist es hierfür notwendig, dass Sie sich über ein Online Identifikationsverfahren oder Post Ident für diesen Vorgang identifizieren lassen. Auch Ihre Hausbank verfügt in einer separaten Abteilung über einen Brokerage Service, Sie können also Ihr Handelskonto auch hier eröffnen. Dies ist jedoch mit einigen Nachteilen verbunden, welche wir im Kapitel über Broker näher beleuchten werden. Sobald dies geschehen ist, müssen Sie die Software des Brokers installieren. Die meisten Broker bieten natürlich auch an, den Handel komplett über den Webbrowser zu tätigen, sodass Sie keinerlei Programme herunterladen müssen. Die meisten Handelsoberflächen sind sehr intuitiv bedienbar. Schließlich müssen Sie sich nur noch für ein Produkt oder einen Sparplan entscheiden und diesen einrichten. Ab diesem Zeitpunkt würde es genügen und wäre sogar ratsam, wenn Sie nur halbjährlich oder gar nur einmal im Jahr einen Blick auf Ihr Konto werfen, um sich über Ihre Performance zu

informieren. Eingreifen sollten Sie in Ihr Investment nur, wenn es zu maßgeblichen fundamentalen Veränderungen gekommen ist. Eine Wirtschaftskrise wie die von 2008 oder die Corona Krise vom März 2020 zählen im Übrigen nicht dazu. Angebrachte Gründe wären hingegen eine mögliche bevorstehende Insolvenz des Fondsherausgebers, geschichtsträchtige politische oder wirtschaftliche Veränderungen und Umwälzungen oder ein ernsthafter persönlicher Grund, welcher Sie dazu bewegt, Ihre Anlagen zu liquidieren, um Ihr Barvermögen zu erhöhen.

4.1.2. ANLAGEHORIZONT

Da Sie sich bei diesem Handelstyp als passiver Investor verstehen sollten, welcher nur selten bis gar nicht in seine Sparpläne oder Anlagen eingreift, ist der Anlagehorizont hier maximal lang ausgelegt. Je länger Sie Ihre Investments halten, desto besser und umso wahrscheinlicher, dass Sie auf Dauer Geld damit verdienen werden. Einmal getätigt, sollten Sie Ihre Anlage nach Möglichkeit mindestens 10 Jahre nicht mehr anrühren, besser wären 20 Jahre oder länger.

4.1.3. MINDEST- UND IDEALKAPITAL

Bei dem passiven Handelsansatz haben Sie die Wahl zwischen einem monatlichen Sparplan oder einer Einmalinvestition. Sparpläne, zum Beispiel auf ETFs, können Sie bereits mit einer monatlichen Sparrate von 25 Euro führen. Viele Broker bieten dies sogar transaktionsgebührenfrei an und behalten dafür nur maximal geringe Gebühren von weniger als 1 % des Anlagevolumens am Jahresende ein. Für eine Direktinvestition in ein bestimmtes Finanzprodukt wie eine Aktie oder einen ETF würde ich Ihnen stets eine Mindestanlagesumme von 1.000 Euro empfehlen. Natürlich können Sie hier auch kleinere Summen wählen, doch je kleiner die Stückelung, desto mehr fallen die Gebühren für die Transaktionen ins Gewicht. Interactive Brokers, der weltweit größte Broker und einer der günstigsten Aktienbroker, berechnet in der Regel beim Kauf einer Aktie einen Dollar Gebühren und beim Verkauf einen weiteren Dollar. Die Währungsumrechnung beim Kauf von

Produkten in einer Fremdwährung tätigt der Broker übrigens automatisch und direkt beim Kauf oder Verkauf. Bei einer Investitionssumme von 1.000 Euro sind dies also knapp 0,2 % beim aktuellen Wechselkurs. Eine fast irrelevante Summe. Investieren Sie allerdings nur 100 Euro, so stellen die 2 Dollar Gebühren bereits knapp 2 % an Gebühren dar. Dies ist eine unrentable Minderung Ihrer Rendite und lohnt sich daher nicht. Zum Vergleich: Beim Broker Ihrer Hausbank zahlen Sie für einen Round-Turn Handelsgeschäft, also den Kauf und späteren Verkauf eines Investmentproduktes, üblicherweise über 10 Euro Gebühren!

Um wiederum in der Lage zu sein, 1.000 Euro oder mehr in ein einzelnes Produkt zu investieren, sollten Sie über ein weitaus größeres Vermögen verfügen, da wir unser Kapital breit diversifizieren wollen und entsprechend weit mehr als nur eine Anlage in unserem Portfolio vorhanden sein sollte. Einzige Ausnahme sind hier ETFs, da diese ja schon in sich ein diversifiziertes Investment darstellen, doch hierzu später mehr. Für kleinere Anlagesummen bieten sich entsprechend Sparpläne umso mehr an, da hier die genannten Transaktionsgebühren bei den meisten Brokern gänzlich wegfallen. Ziehen wir also Fazit – sollten Sie noch über ein geringes Kapital unter 5.000 Euro verfügen, so würde sich ein ETF Sparplan am ehesten für Sie als passiven Investor anbieten. Um generell mit dem Investieren zu beginnen, genügen hier bereits 25 Euro im Monat. Haben Sie ein größeres Vermögen zur Verfügung, können Sie auch ein Investment in mehrere Einzelwerte in Betracht ziehen.

4.1.4. ANLAGEKLASSEN

Im Anlagehorizont der Börse sind für diesen Handelsansatz ganz klar ETFs, passiv gemanagte Fonds, das Handelsinstrument, welches sich am ehesten anbietet. Mit einem etwas größeren Konto können Sie alternativ auch in Einzelaktien investieren, hierfür sind allerdings beträchtlich mehr Aufwand und Recherche vonnöten. Außerhalb der Börse können Sie über die Investition in Edelmetalle und P2P Kredite auf einfache Art und Weise Ihr Portfolio breiter diversifizieren. Diese Anlageklassen sollten jedoch im Verhältnis zu ETFs oder Aktien nur einen deutlich geringeren prozentualen Anteil ausmachen.

4.1.5. RISIKO

Das Risiko stellt am Aktienmarkt ein viel diskutiertes Thema dar. Ich schreibe diese Zeilen gerade, während das Corona Virus Covid-19 die Welt ein Stück weit in Atem hält und den Finanzmärkten gelinde gesagt chaotische Wochen beschert. Wirtschaftskrisen und die damit verbundenen, teils heftigen Kurskorrekturen an den Märkten sind ein Phänomen, welches im Laufe der Geschichte immer wieder aufgetreten ist und bei der derzeitigen Form des Kapitalismus mit absoluter Sicherheit auch immer wieder vorkommen wird. Egal, ob die Ursachen dafür wie 2008 direkt in den wirtschaftlichen Entwicklungen zu suchen sind oder, wie zum jetzigen Zeitpunkt durch das Virus, durch äußere Einflüsse Panik an den Märkten kumuliert wird, wir müssen uns als Investoren mit dem Aufkommen dieser Phasen abfinden. Eines hatten jedoch alle Wirtschaftskrisen gemeinsam: Egal, wie intensiv sie ausgefallen sind - auf kurze oder lange Sicht haben sich die Märkte wieder erholt und die Kurse haben ihren Weg nach oben wieder aufgenommen. Und dies ist unser entscheidender Vorteil als Aktieninvestoren: Sofern die kapitalistische Marktwirtschaft nicht als Wirtschaftssystem selbst komplett in sich zusammenfällt, wird die Weltwirtschaft auf Dauer wachsen und entsprechend die Kurse steigen. Das Beste, was wir also in Zeiten der Rezession machen können, ist abwarten. Hier ist Ihr Durchhaltevermögen als passiver Investor gefragt. Ich weiß aus eigener Erfahrung, wie schwierig es ist, an seinen Aktien festzuhalten, wenn die Kurse einbrechen, der Kontonettowert auf schmerzhafte Weise sinkt und die Medien dafür sorgen, dass man überall mit Szenarien des Untergangs konfrontiert wird. Als langfristiger Investor ist die Wahrscheinlichkeit jedoch hoch, dass Sie solche Situationen im Laufe der Zeit erleben werden, Sie sollten sich also mental darauf einstellen und es als natürliches Wirtschaftsphänomen einordnen.

Nun kann es natürlich durchaus vorkommen, dass Sie sich gerade unmittelbar vor einer solchen Krise für eine einmalige Investition entschieden haben. Sollten Sie über genügend Kapital verfügen, dann empfehle ich Ihnen, sich nicht allzu sehr zu ärgern, die Situation anzunehmen und auszusitzen. Schließlich kassieren Sie trotz aller Kursschwankungen als Firmenteilhaber Ihre regelmäßige Dividende. Als Mietwohnungsbesitzer verkaufen Sie vermutlich auch ihr Objekt nicht, nur weil die Immobilienpreise gesunken sind, sondern sind an dem Cash Flow interessiert, welcher Ihnen durch Mieteinnahmen generiert wird.

Als Anfänger oder Anleger mit kleinerem Vermögen kann ich Ihnen hinsichtlich des Risikos nur nochmals einen ETF Sparplan mit monatlichen Sparraten ans Herz legen. Sie profitieren auf diese Weise nämlich vom sogenannten "Cost Average Effekt". Lassen Sie mich dies kurz erklären. Nehmen wir an, eine Aktie weist über einen Zeitraum von 5 Monaten folgenden Kursverlauf auf:

PRAKTISCHES BEISPIEL

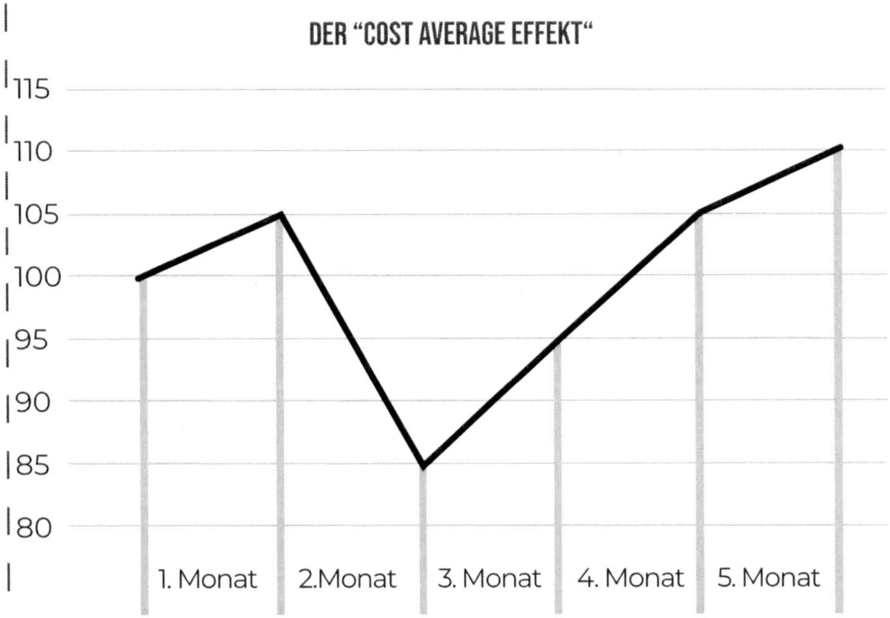

Investor Anton investiert nun am Anfang dieser Periode einmalig in diese Aktie und kauft 100 Stück zu 100 $. Die Aktie steigt zunächst etwas und der Investor freut sich bereits über seinen Gewinn. Dann allerdings korrigiert der Kurs im Folgemonat massiv und fällt auf 85 $. Da Anton mit seinem Investment langfristig denkt und sich darüber im Klaren ist, dass derlei Kurskorrekturen nichts Ungewöhnliches sind, behält er seine Aktie, obwohl sich sein Konto aktuell mit 1.500 $ im Minus befindet. Damit hat er alles richtig gemacht, denn nach 5 Monaten ist die Aktie auf

110 $ gestiegen. Dies ist selbstverständlich ein extremes Beispiel, doch möchte ich hier nur das mathematische Phänomen des Cost Average Effekt erklären. Investor 1 hat also 10 $ pro Aktie an Gewinn zu verzeichnen, was bei 100 Aktien 1.000 $ entspricht. Statt eine einmalige Investition in die besagten 100 Aktien zu tätigen, verfügt Investorin Berta über einen Sparplan und kauft jeden Monat, idealerweise ohne Transaktionsgebühren, 20 Aktien. Nach Ablauf der 5 Monate besitzt sie also dieselbe Anzahl Aktien wie Anton, doch durch die spezifischen Bewegungen des Kurses und den Cost Average Effekt hat sie am Ende einen höheren Gewinn erzielt, wenn die Aktie bei 110 $ schließt.

DIE RECHNUNG SIEHT WIE FOLGT AUS:

Monat 1: 20 Aktien zu 100 $ = 20 x 10 $ Gewinn = 200 $ Gewinn

Monat 2: 20 Aktien zu 105 $ = 20 x 5 $ Gewinn = 100 $ Gewinn

Monat 3: 20 Aktien zu 85 $ = 20 x 25 $ Gewinn = 500 $ Gewinn

Monat 4: 20 Aktien zu 95 $ = 20 x 15 $ Gewinn = 300 $ Gewinn

Monat 5: 20 Aktien zu 105 $ = 20 x 5 $ Gewinn = 100 $ Gewinn

Gesamtgewinn Sparplan: 1.200 $

Investorin Berta hat also dank des regelmäßigen Nachkaufens 200 $ mehr in derselben Zeit verdient als Anton. Natürlich hätte dies auch anders laufen können. Wenn die Kurse dauerhaft nur gestiegen wären, hätte die Sparplan - Investorin nicht günstiger nachkaufen können und hätte am Ende ein schlechteres Ergebnis. Diese Vorgehensweise ist für die Psyche vorteilhaft, da Sie in Zeiten starker Kursrückgänge stetig in fallenden Preisen nachkaufen und so Ihren Durchschnittskaufpreis senken. So können Sie stets auch einen Vorteil in Kurskorrekturen sehen und hätten sich bei dem Preisfall im 2. Monat sicher nicht halb so sehr geärgert wie Investor Anton. **Achtung,** diese Vorgehensweise erzeugt auf **lange** Sicht eine **geringere** Rendite als das Tätigen von Direktinvestments, da Aktienkurse zeitlich gesehen eher steigen als fallen oder seitwärts verlaufen.

Abschließend kann man also feststellen, dass das größte Risiko beim langfristigen Börseninvestment Ihre eigene Psyche ist. In Zeiten von Rezession und Panik passiv zu bleiben und Ihr Portfolio nicht anzurühren, ist schwieriger, als Sie vielleicht denken. Wenn Sie jedoch durchhalten, so ist die Anlage in Qualitätsaktien und ETFs mit einem möglichst langen Anlagehorizont eine der sichersten und gleichzeitig rentabelsten Geldanlagen, welche Sie tätigen können.

4.1.6. FACHWISSEN

Das Wissen, über welches Sie für den passiven Handel verfügen müssen, ist sehr überschaubar und geht nicht grob über das hinaus, was Sie später in den Kapiteln „Aktien“ und „ETFs“ erfahren werden. Sie werden dann verstanden haben, was eine Aktie ist und welche Rechte und Pflichten Sie als Aktienbesitzer haben. Was ETFs angeht, so werden Sie die Funktion, den Sinn und den Aufbau dieses Finanzproduktes verstanden haben und sich einen groben Überblick darüber verschaffen, welche ETFs verfügbar sind und welche Sie explizit interessieren. Für viele Menschen ist ein Portfolio, welches aus gerade einmal 2 ETFs besteht, vollkommen ausreichend. Ferner sollten Sie einen soliden Umgang mit Computern beherrschen, um die Softwareoberfläche bedienen zu können und den Börsenhandel somit überhaupt realisieren zu können. Sollten Sie sich darüber hinaus für Investitionen in Edelmetalle und P2P Kredite interessieren, um hiermit Ihr Investitionsportfolio breiter aufzustellen, so erfahren Sie alles, was Sie hierzu wissen müssen, in den entsprechenden Kapiteln in diesem Buch.

4.1.7. VOR- UND NACHTEILE

Der Vorteil des passiven Handelns ist ganz klar die einfache und unkomplizierte Handhabung. Wirklich jeder Mensch ist in der Lage dazu, einen Sparplan einzurichten, welcher automatisch auf einer regelmäßigen Basis in zuvor ausgewählte ETFs oder Aktien investiert. Sie können diese Art des Anlegens ohne nennenswerten Zeitaufwand durchführen und benötigen kaum Fachwissen. Auch bedarf Ihr Portfolio so gut wie keiner regelmäßigen Pflege, da es vollkommen genügt, Ihre Performance in langen Zeitabständen zu prüfen. Ein weiteres Eingreifen Ihrerseits

ist nach der Ersteinrichtung theoretisch nicht vonnöten. Der Nachteil liegt hier in der psychologischen Komponente. Die meisten Menschen, die beginnen, an der Börse aktiv zu werden, entwickeln schnell einen starken Drang, tätig zu werden und in den Handel einzugreifen. Das passive Investieren liegt nicht unbedingt in unserem Naturell und wir müssen uns disziplinieren, gerade in Rezessionszeiten dem Konto Zeit zu geben und keine Panikverkäufe zu tätigen. Ein weiterer Nachteil ist die maximale Rendite, welche Sie erreichen können, da diese sich auf die Performance des Gesamtmarktes beschränkt. Man kann davon ausgehen, dass die meisten Menschen mit einer Rendite von ca. 8 % im Durchschnitt absolut zufrieden wären, doch mit dem Wissen, dass Ihnen die Börse bei aktivem Handel auch höhere Performances bieten kann, ist dieses Ergebnis für einige Investoren dauerhaft nicht zufriedenstellend. Wenn Ihnen die mittlere Rendite der Indexes als ausreichend erscheint und Sie einen passiven Handel bevorzugen, dann ist dies der richtige Weg für Sie. Sollten Sie es auf höhere Erträge abgesehen haben, müssen Sie zwangsweise aktiv werden.

Ein letzter Nachteil liegt in dem Handel mit passiven Fonds an sich. Da Sie mit der Investition in einen Fonds in eine Vielzahl an Unternehmen verschiedenster Branchen investieren, so sind mit Sicherheit auch einige Werte dabei, die Ihnen aus moralischen oder sonstigen Gründen missfallen. Wenn Sie beispielsweise kritisch auf die Pharmaindustrie blicken oder Firmen, welche aktiv oder passiv an der Rüstungsindustrie beteiligt sind, abwertend gegenüberstehen, so müssen Sie mit der Tatsache leben, dass Sie bei einer Investition in große ETFs, die den Gesamtmarkt widerspiegeln, auch Anteilseigner an einigen dieser Unternehmen werden und diese damit unterstützen. Glücklicherweise gibt es mittlerweile auch Fonds, die sich auf ethisch und ökologisch nachhaltige Firmen und Branchen oder erneuerbare Energien spezialisiert haben und nur Aktien von Unternehmen enthalten, die in diesen Bereichen tätig sind.

4.1.8. ERWARTUNGSHALTUNG UND RENDITE

Einer der wichtigsten Faktoren, welcher auf lange Sicht mit darüber entscheiden wird, ob Sie an der Börse aktiv bleiben werden, ist Ihre Erwartungshaltung. Gefördert durch die Medien, insbesondere unseriösen Werbeeinblendungen auf den großen Social

Media Plattformen sowie selbsternannten "YouTube Gurus", die mit vollkommen überzogenen Vorschau Thumbnails für ihre Videos nur darauf abzielen, möglichst viele Klicks zu erhalten, gehen die meisten Menschen mit vollkommen verblendeten Vorstellungen an ihr erstes Börseninvestment heran. Ja, Sie können über die Börse eine Menge Geld verdienen, genug Leute vor Ihnen haben dies geschafft und ja, zwei- bis teilweise sogar dreistellige Jahresrenditen sind möglich, doch solche Performances werden Sie eine Menge Zeit, Tränen, Flüche, Stunden des Lernens und Studierens und schlussendlich auch Lehrgeld kosten.

Als passiver Investor muss Sie all dies nicht interessieren. Ihr Ziel ist eine seriöse und unkomplizierte Wertanlage Ihres Geldes. Der S&P 500, der größte Aktienindex der USA, liegt im historischen Durchschnitt bei einer Jahresperformance von etwa 8 %. In knapp jedem dritten Jahr ist die Rendite dabei negativ und das sollten Sie bedenken. Bei diesen Werten sollten Sie Ihre Erwartungshaltung ansetzen. Je länger Sie Ihr Investment passiv halten, desto mehr wird sich Ihre durchschnittliche Jahresrendite aller Voraussicht nach an diesen Wert angleichen, unabhängig davon, ob Sie einen MSCI World Weltindex ETF als Basis Ihres Portfolios nutzen oder einen ETF auf den S&P 500. Es ist dabei natürlich ratsam, dass Sie die Arbeit nicht nur Ihrem Geld überlassen, sondern selbst aktiv werden und Ihr Konto immer wieder mit neuem Kapital ausstatten, um des Öfteren nachzukaufen oder Ihre Sparrate im Falle eines Sparplans auf Dauer immer wieder zu erhöhen.

PRAKTISCHES BEISPIEL

DIE WIRKUNG DER SPARRATE:

1 Angenommen, Sie statten Ihr Konto mit 5.000 Euro Startkapital aus und erreichen bei 30 Jahren Haltedauer die Durchschnittsperformance von 9 %. Wir runden hier auf 9 % auf und gehen der Einfachheit halber davon aus, dass in jedem Jahr diese 9 % Rendite erwirtschaftet werden. Außerdem klammern wir Steuern und Gebühren für diese Beispielrechnung aus. Die erwirtschaftete Rendite investieren Sie jeweils neu und lassen sich diese nicht auszahlen, um vom Zinseszinseffekt zu profitieren. Nach 10 Jahren beträgt Ihr Kapital 11.836 Euro, nach 20 Jahren 28.022 Euro und nach 30 Jahren 66.338 Euro. Eine nette Summe, doch finanzielle Freiheit sieht anders aus, da stimmen Sie mir sicher zu.

2 Nun gehen wir von denselben 5.000 Euro Startkapital aus, jedoch statten Sie Ihr Konto zusätzlich jeden Monat mit 200 Euro aus und investieren diese sofort, ohne diese Sparrate jemals zu erhöhen. **Nun sieht das Ergebnis wie folgt aus:** Nach 10 Jahren liegt Ihr Vermögen bereits bei 50.077 Euro, nach 20 Jahren bei 156.792 Euro und nach 30 Jahren bei 409.424 Euro.

3 Nun stellen Sie sich vor, Sie erhöhen zusätzlich die Sparrate in jedem Jahr um 10 %. Im ersten Jahr zahlen Sie also monatlich 200 Euro auf Ihr Konto ein, im 2. Jahr 220 Euro, im 3. Jahr 242 Euro etc. **Dies wäre ambitioniert, aber machbar. Hier das Ergebnis:** Nach 10 Jahren hat Ihr Konto einen Wert von 68.816 Euro, nach 20 Jahren verfügen Sie über 310.703 Euro und nach 30 Jahren 1.118.878 Euro.
Sie haben es geschafft und sind Millionär.

Ich hoffe sehr, ich habe Ihren Ehrgeiz geweckt! Berechnen können Sie solche Modelle übrigens komfortabel online mithilfe eines Zinsrechners. Besuchen Sie hierzu gern unsere Website: www.sparing-academy.de/zinseszinsrechner.

KAPITEL 4.2

DER AKTIVE INVESTOR

ALS AKTIVER INVESTOR „DEN MARKT SCHLAGEN"

Eventuell haben Sie in dem einen oder anderen Artikel schon einmal gelesen, dass die meisten professionellen Fondsmanager nicht in der Lage dazu sind, den Markt zu schlagen. Doch was ist damit eigentlich gemeint? Sicher können Sie es sich mittlerweile bereits denken. Ein aktiver Investor, der auf regelmäßiger Basis in der Lage dazu ist, eine durchschnittlich bessere Rendite Performance zu erzielen als die großen Indizes, ist sprichwörtlich dazu in der Lage, den „Markt zu schlagen“. Bezugnehmend auf die durchschnittliche Steigung des S&P 500 würde dies also bedeuten, dass Sie jährlich mit Ihren Investments mehr als 9 % Rendite im Langzeitdurchschnitt erwirtschaften sollten. Da dieser Index sich ja nachvollziehbarerweise aus gut und schlecht performenden Aktien zusammensetzt, müssen Sie also dazu in der Lage sein, eben jene Werte für Ihr Portfolio auszuwählen, welche eine überdurchschnittlich gute Performance aufweisen werden.

Während wir uns im vorherigen Kapitel mit dem passiven Investor beschäftigt haben, ist es nun also an der Zeit, aktiv zu werden. Denn ohne Recherche und einem gewissen Maß an

Fachwissen wird es Ihnen unmöglich sein, auf Dauer eben jene Top Werte aus dem schier unendlichen Meer an Aktien zu wählen. Sie haben nun zwei Möglichkeiten – entweder, Sie eignen sich selber eine Strategie an, um die Auswahl Ihrer Aktien zu treffen, oder Sie handeln einem Investor respektive einer Gruppe von Investoren nach, welche erwiesenermaßen über einen Zeitraum von mehreren Jahrzehnten bewiesen hat, dass Sie in der Lage dazu ist, eine überdurchschnittliche Rendite zu erzielen.

Natürlich kann es dabei auch Teil Ihrer eigenen Strategie sein, von dem Fachwissen dieser Investoren zu profitieren, aber Ihre Meinung und Expertise nur zum Teil für sich zu nutzen. Auch hier kann ich Sie beruhigen – Sie müssen nicht zwingend BWL studieren oder sich den Kopf über Bilanzen zerbrechen, auch wenn es an dieser Stelle durchaus von Vorteil sein kann, wenn Sie Bilanzen interpretieren können. Betrachten wir also auch für diese Art des Investierens unsere 8 Faktoren:

4.2.1. ZEITLICHER AUFWAND

Der zeitliche Aufwand lässt sich hier relativ schwer bestimmen, da er stark davon abhängt, wie tief Sie in die Materie eintauchen wollen. Da Sie nach wie vor als langfristiger Investor agieren, wird Ihnen definitiv kein Aufwand auf täglicher Basis entstehen. Der Schwerpunkt Ihrer Arbeit wird am Anfang stattfinden, um sich das nötige Wissen über den Aktienhandel anzueignen und die ersten Erfahrungen im praktischen Handel zu erlangen. Neben den Hürden, die auch der passive Investor anfangs zu überwinden hat, also die Wahl des Brokers und die Einrichtung des Brokerkontos sowie die Einarbeitung mit der Handelssoftware, werden Sie sich mit den potenziellen Unternehmen beschäftigen müssen, welche Sie in Ihr Portfolio aufnehmen möchten. Ihr Ziel wird es sein, ein diversifiziertes Aktienkonto mit etwa 10 bis 20 verschiedenen Werten zu erstellen. Ist diese Arbeit einmal getan, so haben Sie zunächst einmal Ruhe und sollten lediglich von Zeit zu Zeit, ähnlich dem passiven Investor, Ihre Performance kontrollieren. Darüber hinaus sollten Sie sich quartalsweise einen Überblick verschaffen, was in den einzelnen Unternehmen Ihres Portfolios vor sich geht. Wenn Sie das Gefühl haben, dass eine der Aktien nicht mehr zu Ihrem Anlageprofil passt, so können Sie diese durch ein anderes Unternehmen ersetzen. Doch hier ist Vorsicht geboten. Werden Sie nicht zu aktiv! Auch die besten Aktienwerte gehen

in teils langatmige Drawdownphasen über, in welchen der Kurs fällt. Dies muss nicht zwingend heißen, dass die Firma auch substanziell gefährdet ist, sondern kann beispielsweise einfach dem Fakt geschuldet sein, dass der Gesamtmarkt gerade einer Kurskorrektur unterliegt. Sie sollten Ihre Aktienwerte nicht häufiger als einmal im Jahr austauschen, es sei denn, eines der Unternehmen kommt auf plötzliche Weise und unerwartet stark in Bedrängnis.

4.2.2. ANLAGEHORIZONT

Auch beim aktiven Investieren ist es absolut sinnvoll, Ihre Positionen so lang wie möglich zu halten. Wenn Sie auf der Grundlage Ihrer Recherche davon überzeugt sind, dass ein Unternehmen sich langfristig am Markt behaupten wird und ein solides Geschäftsmodell verfolgt, so geben Sie diesem auch die Zeit, sich zu entwickeln. Auch stabile Dividendenaktien, wie zum Beispiel Coca Cola, werden im Laufe der Zeit Kurskorrekturen durchführen und diese gilt es, ebenso wie beim passiven Investieren, zu überstehen. Ihr Anlagehorizont sollte also mindestens fünf Jahre betragen, sofern sich in der Zwischenzeit keine dramatischen Änderungen ergeben, welche die Rentabilität oder Stabilität der Unternehmen in Ihrem Portfolio bedrohen.

4.2.3. MINDEST- UND IDEALKAPITAL

Als aktiver Investor sollten Sie über verhältnismäßig weitaus mehr Kapital verfügen als beim passiven Investieren. Unser Ziel ist nach wie vor ein breit gestreutes Portfolio, Sie benötigen also mindestens zehn verschiedene Werte, um eine genügende Diversifikation zu gewährleisten. Im vorangegangenen Kapitel habe ich Ihnen bereits dargelegt, dass Sie pro Position idealerweise einen Mindestbetrag von 1.000 Euro investieren sollten, da andernfalls die Kauf- und Verkaufsgebühren der Aktie zu sehr ins Gewicht fallen. Sie können diese Summe etwas senken, sollten jedoch als Mindestinvestition 500 Euro keinesfalls unterschreiten. Wenn Sie nun von einem Portfolio ausgehen, welches zehn verschiedene Aktien enthalten soll, ergibt dies einen Mindestkontowert von 5.000 Euro. Darüber hinaus sollten Sie über genügend Ersparnisse verfügen, um keinesfalls Gefahr zu laufen, Ihre Fixkosten nicht mehr bedienen zu können. Ideal wäre hingegen eine Kontogröße von mindestens 20.000

Euro. Sie hätten hier weitaus mehr Spielraum bei der Auswahl Ihrer Aktien und könnten darüber hinaus auch beginnen, Aktienoptionen in Ihre Handelsstrategie zu integrieren.

4.2.4. RISIKO

Beim aktiven Investieren wird Ihr Geld vornehmlich in Einzelwerte, also einzelne Aktien, fließen. Natürlich spricht auch hier nichts dagegen, zusätzlich ETFs mit in das Portfolio aufzunehmen, doch wird dieses am Ende aus weitaus weniger Aktien bestehen als beim reinen ETF Investment, mit welchem Sie Ihr Kapital in hunderte verschiedener Unternehmen anlegen. Entsprechend besteht die Möglichkeit, dass Ihr Kontostand verhältnismäßig größeren Schwankungen unterliegt. Als Anleger mit einer gewissen Erfahrung sind Sie sich dessen aber bewusst und handeln entsprechend. Wenn ein Kursrückgang bei einem Ihrer Unternehmen fundamentalen Faktoren unterliegt, das Unternehmen also in irgendeiner Form durch äußere Einflüsse oder Fehlmanagement unter Druck gerät, so tauschen Sie die Aktie gegen eine andere Alternative aus. Wenn der Preis der Aktie jedoch fällt, obwohl das Unternehmen solide wirtschaftet, gute Zahlen schreibt und zudem die Branche Ihnen nach wie vor gesund und zukunftsträchtig erscheint, so ist kein Grund zum Handeln gegeben. Schlussendlich wird Ihnen das Unternehmen weiterhin Dividende zahlen, unabhängig von eventuellen Kursbewegungen. Durch Diversifikation schützen Sie auch als aktiver Investor Ihr Konto vor zu großem Klumpenrisiko und sind daher langfristig auf der sicheren Seite, sofern Sie sich in Krisenzeiten, genau wie beim passiven Investieren, zurückhalten und keine Panikverkäufe tätigen. Ihr Anlagehorizont ist nach wie vor langfristig ausgelegt und Ihr Portfolio wird entsprechend auf lange Sicht Rendite abwerfen. Wie hoch diese ausfällt, liegt nunmehr natürlich umso mehr in Ihren eigenen Händen.

4.2.5. ANLAGEKLASSEN

Als aktiver Investor rücken Sie zunehmend vom Investieren in passive Fonds ab. Wie bereits erwähnt ist es absolut gerechtfertigt, diese zum Zwecke der Diversifikation zum Teil in Ihrem Portfolio zu halten, doch liegt Ihr Fokus nun natürlich eher auf

der Auswahl der Aktiengesellschaften, die Ihrem Anlageprofil entsprechen. Bei einem entsprechend großen Vermögen, idealerweise über 20.000 Euro, empfehle ich Ihnen, sich mit Optionen zu beschäftigen. Der Verkauf von Cash Secured Puts ist die Wahl der Profiinvestoren, um in Aktien zu investieren. Sie werden diese Strategie später im Kapitel über Optionen erlernen. Neben Aktien und ETFs können Sie in P2P Kredite sowie Edelmetalle investieren, diese sollten aber auch hier nur einen geringen Anteil Ihrer Gesamtanlage ausmachen. Wenn Sie bereits viel Erfahrung auf dem Gebiet des Investierens gesammelt haben und über genügend Kapital verfügen, sind Unternehmensanleihen, sowohl börslich als auch außerbörslich, eine interessante Alternative. Jedoch stellen Aktien auf Dauer das sicherste und rentabelste Investitionsmodell dar. Immobilien bilden in jedem Fall eine sinnvolle Ergänzung zu Ihrem Portfolio, doch sollten Sie hier über ein mindestens sechsstelliges Vermögen verfügen und entsprechendes Fachwissen vorweisen können.

4.2.6. FACHWISSEN

Kommen wir nun zu der spannenden Frage, welche Voraussetzungen Sie für das aktive Investieren in Aktien erfüllen sollten. Natürlich ist diese Frage nicht ohne Weiteres pauschal zu beantworten, da das benötigte Wissen sehr von Ihrer Strategie und Herangehensweise abhängig ist. Zunächst einmal sollten Sie in vollem Umfang verstanden haben, was eine Aktie ist, wie der Aktienhandel funktioniert und welche Rechte und Pflichten Sie als Aktienkäufer oder -verkäufer zu erfüllen haben. Zur Auswahl der Aktien sollten Sie in der Lage sein, Geschäftsmodelle verschiedener Unternehmen zu verstehen, diese zu vergleichen und im Kontext der jeweiligen Branche einzuordnen. US-amerikanische Unternehmen veröffentlichen quartalsweise Ihre Gewinne und stellen Ihnen darüber hinaus Berichte zur Verfügung. Sie müssen also wissen, wo Sie diese Informationen erhalten und sollten in der Lage sein, Sie zu interpretieren. Auch macht es aus meiner Sicht Sinn, die objektiven Berichte von Dritten zu lesen. Hierfür ist es natürlich absolut notwendig, dass Sie dieser Drittpartei vertrauen und sich auf ihre Objektivität verlassen können. Fachzeitschriften sind hier in der aller Regel nicht die beste Informationsquelle. Vertrauen Sie daher lieber auf bewährte Institutionen oder Händler, deren Erfolg belegbar ist und die offen mit ihrer eigenen Fehlbarkeit, was Zukunftsvorhersagen angeht, umgehen. Abschließend sollten Sie in der Lage sein, die wichtigsten Unternehmenskennzahlen zu verstehen

und zu interpretieren. Sie sind ein effektives Mittel, um Unternehmen miteinander zu vergleichen und, gegebenenfalls im Kontext ihres jeweiligen Geschäftssektors, auf Ihre Rentabilität zu prüfen. Auch mit den Themen Börsenpsychologie, Mindset und Moneymanagement sollten Sie sich intensiv beschäftigt haben. Letzteres ist auf Dauer ein äußerst wichtiger Punkt, denn Sie sollten sich, bevor Sie ein Investment tätigen, immer bereits einen Plan B ausgearbeitet haben und die Überlegung anstellen, wann Sie eine Position im Zweifelsfalle wieder schließen würden, da Ihre ursprüngliche Idee sich als falsch erwiesen hat.

4.2.7. VOR- UND NACHTEILE

Im Gegensatz zum passiven Investor haben Sie nun die volle Kontrolle über Ihre Investments. Dies hat den klaren Vorteil, dass Sie sich gezielt auf Unternehmen konzentrieren können, die sowohl moralisch Ihren Werten und Vorstellungen entsprechen - sofern Sie hierauf Wert legen - als auch von den wirtschaftlichen Faktoren Ihre bevorzugten Kriterien erfüllen. Darüber hinaus haben Sie nun die Möglichkeit, über Erfahrung und Geschick überdurchschnittliche Renditen zu erwirtschaften. Bedenken Sie jedoch, dass es auch bei der sorgfältigen Auswahl Ihrer Aktien durchaus im Bereich des Möglichen liegt, dass Sie am Ende schlechter als der Markt abschneiden. Wie bereits erwähnt, schaffen es selbst die meisten Fondsmanager, welche sich als Experten in ihrer Branche verstehen, nicht, dieses Ziel zu erreichen. Das Risiko liegt beim aktiven Handel aufgrund der geringeren Diversifikation zunächst etwas über dem des passiven Handels, mit steigender Erfahrung werden Sie jedoch sicher in der Lage sein, dies durch die geschickte Auswahl bestimmter Werte auszugleichen. Obgleich er immer noch sehr überschaubar ist, übersteigt der zeitliche Aufwand den des passiven Investierens bei weitem. Sie müssen sich zunächst Wissen aneignen und über Unternehmensstrukturen sowie Unternehmenskennzahlen und deren Interpretation lernen. Natürlich müssen Sie sich mit den Firmen, welchen Sie Ihr Kapital zur Verfügung stellen, eingehend beschäftigen und deren Entwicklung kritisch verfolgen. Dieser zeitliche Mehraufwand kann allerdings auch in gewisser Weise ein Vorteil sein, denn vielen Menschen bringt er Spaß. Ich persönlich liebe es, mich mit allen Facetten der Börse zu beschäftigen, es ist nicht nur mein Beruf, sondern auch mein Hobby. Egal ob Preis- und Unternehmensanalyse oder die Entwicklung automatisierter Systeme, es macht mir Freude, meine Zeit mit diesen Themen zu verbringen.

4.2.8. ERWARTUNGSHALTUNG UND RENDITE

Warren Buffett, Meisterinvestor und einer der wohl prominentesten Aktienanleger aller Zeiten, hat eine durchschnittliche Jahresperformance von 20,5 % vorzuweisen. Sie sollten Ihre Ziele ambitioniert also zwischen 5 und 20 % Rendite ansetzen, wobei Sie natürlich auch hier mit Verlustjahren kalkulieren müssen. Auch ein Portfolio mit vermeintlich sicheren und dauerhaft rentablen Unternehmen wird von Zeit zu Zeit eine negative Jahresperformance erzeugen. In den vergangenen zehn Jahren war es ein Leichtes, mit einem Aktienportfolio Geld zu verdienen. Man musste sich bei der Auswahl der richtigen Werte noch nicht einmal großartig Mühe geben und hätte dennoch mit großer Sicherheit ein gutes Ergebnis erzielt. In der Wirtschaftskrisenzeit um 2008 sah die Angelegenheit jedoch anders aus. Wer es in dieser Phase als Investor geschafft hat, Negativrenditen gänzlich zu vermeiden, hatte entweder Glück oder muss ein Meister auf seinem Gebiet sein. Ich empfehle Ihnen an dieser Stelle, sich mit den Biografien bekannter Investoren zu beschäftigen. Dies gibt Ihnen nicht nur eine realistischere Erwartungshaltung, sondern auch Einblicke in das Mindset und die Handelsweisen dieser erfolgreichen Börsenspekulanten. Lernen können Sie unter anderem von Warren Buffett, Benjamin Graham, Jesse Livermore, André Kostolany, George Soros, Peter Lynch und natürlich vielen weiteren „Tradinglegenden". Erwarten Sie jedoch vom Aktienhandel **keine** Überrenditen jenseits der 50 %. Sie brauchen Geduld und sollten auch hier Ihr Konto monatlich mit zusätzlichem Kapital ausstatten, welches Sie umgehend investieren. Der Zinseszins ist Ihr größter Verbündeter. Ohne diese regelmäßigen Kapitaleinlagen für Ihr Brokerkonto wird der allgemeine Traum von der ersten Million auch mit dem aktiven Handel ein schwer erreichbarer sein.

KAPITEL 4.3

DER TEILZEIT TRADER

REGELMÄSSIGES EINKOMMEN AN DER BÖRSE

Wir werden im folgenden Kapitel die Brücke zwischen aktivem Investieren und dem Spekulieren schlagen. Wenn dieser Begriff ein ungutes Gefühl bei Ihnen erzeugt und Sie sich generell als risikoscheue Person beurteilen, so kann es gut sein, dass der spekulative Börsenhandel nichts für Sie ist. Daran ist nichts Verwerfliches auszusetzen und Sie sollten hier ehrlich zu sich sein. Börsenspekulation kann und wird von Zeit zu Zeit eine Menge Frust aufkommen lassen und Sie, gerade zu Beginn dieses Abenteuers, mit großer Wahrscheinlichkeit auch Lehrgeld kosten. Wenn Sie ein neues System erlernen, so genügt es in aller Regel nicht, sich fest vorzunehmen, die Regeln stur zu befolgen und nicht von diesen abzuweichen. Sie müssen eine gewisse Erfahrung und ein positives Mindset an den Tag legen und sich darüber hinaus über die Fallstricke der Börsenpsychologie absolut bewusst sein und diese tunlichst vermeiden. Das Handelssystem an sich wird nur einen kleinen Teil Ihres Erfolges ausmachen. Dies hat sich nach jedem Börsenseminar, welches ich im Laufe meiner Karriere besucht habe, eindrucksvoll herausgestellt. Einer bestimmten Anzahl an Leuten wird ein und dasselbe System

beigebracht, mit einem festen Regelwerk und einer historisch positiven Performance. Nach dem Kurs beginnen alle Teilnehmer hochmotiviert, das erlernte System zu handeln. Dennoch verdient am Ende nur ein kleiner Teil von ihnen, zumeist unter 20 %, mit dem Handelssystem Geld. Dies hat allem voran psychologische Gründe, von denen wir eine Vielzahl im Kapitel über Börsenpsychologie näher betrachten werden. Wenn ich in diesem Abschnitt über „regelmäßiges Einkommen an der Börse“ spreche, so meine ich hiermit einen Betrag, der Ihnen in erster Linie einen finanziellen Zuschuss zu Ihrem eigentlichen monatlichen Gehalt bietet. Neben den langfristigen Investitionsmethoden, welche ich in den beiden vorangegangenen Kapiteln besprochen habe, werden Sie nun auch eine kurz- bis mittelfristige Anlagestrategie in Ihren Handel integrieren, welche im Idealfall einen monatlichen Gewinn für Sie erzeugt. Welche Art und Menge an Aufwand Sie hierfür aufbringen müssen, möchte ich wieder anhand unserer acht Handelskriterien darstellen:

4.3.1. ZEITLICHER AUFWAND

Im Gegensatz zum langfristigen Investieren in Aktien oder andere Anlageklassen wird bei einem spekulativen Ansatz Arbeit auf einer regelmäßigen Basis für Sie anfallen. Dies muss nicht bedeuten, dass Sie jeden Tag an Ihrem Tradingsystem arbeiten müssen, doch werden Sie hierfür zumindest einmal in der Woche für eine Analyse der Märkte und dem Anpassen Ihrer Positionen tätig werden müssen. Ich empfehle Ihnen, nur einen Teil Ihres Investitionskapitals für spekulative Geschäfte zu nutzen. Es macht Sinn, sich Konten bei zwei verschiedenen Brokern anzulegen, um auf dem einen langfristig orientierte Aktien- oder ETF-Investitionen zu tätigen und auf dem zweiten das Spekulationsgeschäft. Missachten Sie auf keinen Fall die Vorteile der Diversifikation, sobald Sie sich für den Handel auf regelmäßiger Basis entscheiden und schließen Sie die langfristigen Anlageklassen möglichst nicht aus Ihrem Portfolio aus. Spekulation wird zu teilweise großen Kapitalschwankungen auf Ihrem Konto führen und daher ist es absolut angebracht, einen Teil Ihres Vermögens für konservativere und langfristig orientierte Investitionsformen einzubehalten. Für die meisten Systeme, welche für diese Form des Handelns infrage kommen, wird es notwendig sein, dass Sie einmal pro Woche eine längere Analyseeinheit von zwei bis fünf Stunden einplanen sollten. Darüber hinaus sollten Sie an jedem Abend die

wichtigen Märkte sowie Ihre offenen Positionen kontrollieren und gegebenenfalls anpassen. Mit etwas Routine ist diese Arbeit innerhalb einer Viertelstunde erledigt. Die Aneignung des Wissens für den spekulativen Handel wird für Sie mit Sicherheit den zeitlichen Hauptaufwand darstellen. Es lässt sich keinesfalls vermeiden, dass Sie zunächst zahlreiche Bücher lesen, Seminare besuchen und viel Zeit mit der Analyse von Kurscharts oder gegebenenfalls Orderbüchern verbringen, bis Sie eine Strategie gefunden haben, die Ihrer Persönlichkeit entspricht und mit der Sie langfristig erfolgreich an den Märkten agieren können.

4.3.2. ANLAGEHORIZONT

Für den langfristig orientierten Teil Ihrer Investments gelten selbstverständlich alle im vorherigen Kapitel besprochenen Kriterien, daher beschränke ich mich an dieser Stelle auf den spekulativen Anteil. Die Grundlage für jedes System, welches für Sie als Teilzeittrader interessant sein könnte, bilden in jedem Fall die Tagesschlusskurse beziehungsweise Tageskerzen. Es wird also keinesfalls notwendig sein, die Kurse innerhalb eines laufenden Tages zu beobachten, ich warne Sie an dieser Stelle schon einmal vor, hiermit bestenfalls gar nicht erst zu beginnen. Sie werden sich auf Dauer nur verrückt machen und ziehen keinerlei Vorteil daraus. Die für Sie interessanten Trades werden eine Haltedauer von einer Woche bis zu drei Monaten haben. Sie müssen sich über die Verwaltung Ihrer offenen Positionen kaum Gedanken machen, da die meisten Handelssysteme so ausgelegt sind, dass bereits beim Eröffnen des Trades eine Zielpreisorder sowie eine Notstoppreisorder angelegt werden. Der Broker wird entsprechend automatisch beim Erreichen der jeweiligen Kursmarke die jeweilige Order automatisch ausführen.

4.3.3. MINDEST- UND IDEALKAPITAL

Um den spekulativen Handel seriös und sicher betreiben zu können, benötigen Sie eine Menge an Kapital. Zunächst einmal müssen Sie fundamental abgesichert sein. Sie sollten über ein geregeltes und nach Möglichkeit überdurchschnittliches Gehalt von **mindestens** 2.500 Euro netto verfügen. Außerdem ist es ratsam, dass Sie ein gewisses Barvermögen halten, welches Ihnen als Notgroschen dient und

jederzeit verfügbar ist. Dieses könnte beispielsweise das Dreifache Ihrer monatlichen Fixkosten sein. Wie bereits angesprochen wäre es sträflich, wenn Sie Ihr insgesamt verfügbares Investitionsvermögen komplett für die Spekulation aufwenden würden. Aus psychologischer Sicht macht es Sinn, wenn Sie dieses Kapital in Ihrem Kopf von vornherein als Verlust abschreiben. Wenn Sie merken, dass es Sie allzu sehr schmerzt, dieses Geld im Kompletten verloren zu haben, dann ist der Betrag zu groß! Betrachten wir die Angelegenheit nun objektiv und gehen zunächst von einer Summe aus, welche das absolute Minimum darstellt. Für den Spekulationshandel an sich benötigen Sie ein Kapital von 10.000 Euro, um überhaupt in der Lage dazu zu sein, die Margin der meisten Handelsprodukte bedienen zu können. Das bedeutet, Sie sollten über dieses Vermögen verfügen, um überhaupt einen Trade eröffnen zu können. Mit vielen Handelsinstrumenten ginge dies in der Theorie auch mit weitaus weniger Kapital, aber das prozentuale Risiko, welches Sie pro Trade eingehen würden, wäre hierbei einfach zu hoch und Sie würden auf absehbare Zeit Ihr Konto vernichten. Ich empfehle Ihnen daher, nicht unter einer Kontogröße von 20.000 Euro mit dem Spekulieren zu beginnen. Darüber hinaus sollten Sie, wie bereits angesprochen, über ein geregeltes Einkommen, genügend Barreserven sowie genügend Kapital zum langfristigen Investieren verfügen. Sollten Sie also nicht vor Risiko zurückschrecken, Ihre Emotionen gut im Griff haben und sich eine bewusste und realistische Haltung gegenüber der Börse erarbeitet haben, so können Sie mit einem Gesamtvermögen von 30.000 Euro mit dem spekulativen Handel beginnen. Ideal wäre hingegen, wenn Sie über 50.000 Euro oder mehr verfügen. So können Sie gewährleisten, dass ein lohnenswerter Teil Ihres Kapitals in langfristige Anlagen fließt und Sie dennoch genügend Mittel zur Verfügung haben, um im spekulativen Handel aus Sicht des Risikomanagements sinnvolle Trades einzugehen. Sollten Sie noch nicht über ein solches Vermögen verfügen, so wäre es ratsam, wenn Sie zunächst daran arbeiten, Ihr monatliches Gehalt zu maximieren, Ihre Ausgaben zu optimieren und sich auf längerfristige Investitionen konzentrieren.

4.3.4. RISIKO

Je bewusster Sie mit der Gesamtthematik Risiko umgehen, umso besser stehen Ihre Chancen, langfristig an der Börse erfolgreich zu sein. Das bedeutet im Einzelnen, dass Sie nicht vor Risiken zurückscheuen dürfen, denn ohne diese ist Spekulation schlicht nicht möglich. Auf der anderen Seite ist es selbstverständlich zwingend notwendig,

dass Sie die Risiken innerhalb Ihrer Trades so gering wie möglich halten, um Ihr Konto bestmöglich zu schützen. Hierfür sollten Sie sich mit den grundsätzlichen Regeln des Moneymanagement vertraut machen. Chance und Risiko richtig auszutarieren und sich für entsprechende Positionsgrößen zu entscheiden sind entscheidende Faktoren beim Trading. Ein gutes und rentables Handelssystem wird bei einem schlechten Risiko- und Geldmanagement **in keinem Fall** funktionieren.

Grundsätzlich werden Sie sich schnellstmöglich mit dem Gedanken abfinden müssen, dass es den heiligen Gral der Tradingsysteme schlicht nicht gibt. Jedes System wird Gewinntrades und Verlusttrades erzeugen. Auf Dauer sollten dabei die Gewinne natürlich die Verluste übersteigen. Es ist jedoch unumgänglich, dass Ihr Konto Drawdownphasen zu überstehen hat, in welchen sich Ihr Kapital verringert und teilweise mehrere Trades gegen Sie laufen, bis sich Ihr Vermögen auf längere Sicht dann wieder erhöht. Ausgehend von automatisierten Handelssystemen ist es dabei nicht ungewöhnlich, dass dieser Drawdown auch bei einem gut funktionierenden System bis zu 25 % Ihres Kontonettowertes betragen kann. Stellen Sie sich also vor, Sie starten mit einem Guthaben von 50.000 Euro, handeln dieses hoch auf 80.000 Euro und fallen schließlich zwischenzeitlich zurück auf 60.000 Euro. An dieser Stelle wird es jedem Händler schwerfallen, an seinem System festzuhalten und dieses weiter zu handeln. Selbstverständlich sollten Sie Ihr System bei einer derart großen Verlustphase nochmals eingehend überprüfen, doch kann es sich hierbei auch um eine für das System übliche Negativphase handeln, nach welcher es sich wieder erholt und Gewinne erzeugt. Selbstverständlich ist dies ein Extrembeispiel und es existieren Handelsansätze, die weitaus weniger Risiko mit sich bringen, doch sollten Sie sich in jedem Falle die Frage stellen, ob Sie mental in der Lage sind, Phasen, in denen alles gegen Sie zu laufen scheint, zu überstehen und sich nicht von Ihrem Ansatz abbringen zu lassen.

!

Die nun folgenden Begriffe könnten Ihnen noch fremd vorkommen. Ich kann Sie beruhigen, im nachfolgenden Kapitel gehen wir ausführlich auf die Börseninstrumente ein. Zusätzlich können Sie das Glossar als Erinnerungsstütze verwenden. Nehmen Sie daher unbekannte Begriffe zunächst einmal einfach zur Kenntniss.

4.3.5. ANLAGEKLASSEN

Auch für diesen Punkt möchte ich den langfristig orientierten Teil Ihrer Investitionen ausklammern, da dieser in den Vorkapiteln ausführlich besprochen wurde und mich auf den kurz- bis mittelfristig ausgelegten Handelsansatz beziehen. Als wichtigste Handelsinstrumente gelten hier definitiv Futures. Futures sind die klare Wahl der professionellen Trader, wenn es um Spekulation geht. Den Futurehandel können Sie um die Möglichkeit des Optionshandels erweitern. Optionen spielen darüber hinaus auch beim Kauf und Hedging von Aktienbeständen eine Rolle. Natürlich stehen Ihnen auch die gigantischen Forexmärkte zum Handel offen, doch würde ich Ihnen empfehlen, diese nur für den Handel mit automatisierten Systemen zu nutzen. Dies gilt gleichermaßen für Kryptowährungen, sofern Ihnen Ihr Broker den Handel mit diesen ermöglicht. CFDs oder von Banken emittierte Börseninstrumente wie Zertifikate oder Optionsscheine werden von professionellen Tradern kaum oder meistens überhaupt nicht genutzt.

4.3.6. FACHWISSEN

Die meisten privaten Börsenhändler, allen voran die Anfänger, gehen davon aus, dass es lediglich eines soliden und gut funktionierenden Handelssystems bedarf, um an den Märkten erfolgreich zu sein. Ich kann Ihnen mit Brief und Siegel versichern, dass dem bei weitem nicht so ist. Wenn Sie sich für spekulativen Handel interessieren und mit diesem langfristig erfolgreich sein wollen, so liegen viele Jahre des Lernens vor Ihnen. Sie werden eine unglaubliche Menge an Erfahrungen sammeln müssen, auch negative, bis Sie in der Lage dazu sind, konstant positive Ergebnisse zu erzeugen. Umso wichtiger ist es, dass Sie sich möglichst früh an erfolgreiche Börsenhändler mit eben jener Erfahrung wenden. Dabei sollten Sie den Fokus darauf legen, dass Sie nicht nur die Handelsweisen und Ansätze dieser Händler verinnerlichen, sondern allem voran von deren Fehlern lernen. Natürlich sind es Ihre eigenen Fehler, welche am schmerzhaftesten sind und durch welche Sie vermutlich am meisten bleibende Erfahrung sammeln werden, doch kann es in keinem Fall schaden, wenn Sie gut darauf vorbereitet werden, was schiefgehen kann und wo die Gründe dafür liegen, dass sich bei der Mehrzahl der Händler trotz solider Systeme kein Erfolg einstellt.

Ich habe dies bei den meisten Kursen, an welchen ich teilgenommen habe, leider stets vermisst. Die Trader, deren Seminare ich besucht habe, hatten oftmals einen beachtlichen Erfolg mit Ihrem Handel vorzuweisen, doch wurde zumeist nur über die Vorteile des Handelssystems gesprochen und mögliche Risiken, Fehlerquellen oder aus psychologischer Sicht problematische Faktoren komplett ausgeklammert. Dies hat nicht selten zu großem Frust im Nachhinein geführt, nicht nur bei anderen Seminarteilnehmern, mit denen man in Kontakt geblieben ist, sondern durchaus auch bei mir selbst. Dies ist auch der Grund, warum ich in den Kursen meiner eigenen Investmentakademie so großen Wert darauf lege, diese Faktoren anzusprechen und der Thematik viel Zeit einräume.

Sie sollten zunächst beginnen, sich mit verschiedenen Ansätzen und deren Vor- sowie Nachteilen zu beschäftigen. Konzentrieren Sie sich auf die Ansätze, von denen Sie der Meinung sind, dass sie am ehesten Ihrem Profil, Charakter und zur Verfügung stehenden Zeitressourcen entsprechen. Entwickeln Sie für diese Handelsarten eigene konkrete Strategien mit Trade Ein- und Ausstiegen und versuchen Sie, diese auf historischen Kurscharts nachzuhandeln. Wenn Sie den für sich passenden Ansatz gefunden haben, konzentrieren Sie sich auf diesen und versuchen Sie, soviel darüber zu lernen, wie eben möglich. Recherchieren Sie nach den erfolgreichsten Tradern, die nach diesem Prinzip vorgehen und lesen Sie ihre Bücher oder besuchen Sie ihre Seminare. Die meisten Händler geben auf die eine oder andere Art ihr Wissen weiter.

4.3.7. VOR- UND NACHTEILE

Wenn Sie sich für spekulativen Börsenhandel interessieren, so tun Sie dies mit Gewissheit aus einem vornehmlichen Grund – Sie möchten Geld verdienen. Ich versichere Ihnen, dass Sie an den Börsenmärkten ohne Zweifel sehr viel Geld verdienen können, was also klar als **der Vorteil** bezeichnet werden kann. Hierzu bedarf es jedoch Selbstdisziplin, Geduld, Risikofreude und ein fundiertes Risikobewusstsein nebst genügend Kapital, auf welches man im schlimmsten Falle auch verzichten könnte. An den psychologischen Komponenten kann gearbeitet werden und das nötige Vermögen kann verdient werden, doch Sie müssen bereit dazu sein und im wahrsten Sinne des Wortes den Preis dafür zahlen können und wollen. Wenn Sie durchhalten, wird die Belohnung es in jedem Falle wert sein, doch stellen Sie sich

zunächst auf emotionale Achterbahnfahrten ein, welche ich an dieser Stelle als den größten Nachteil der Spekulation bezeichnen würde. Mit der Zeit kommt Routine und mit dieser kommt ein gewisses Selbstbewusstsein, ein Verständnis für die Märkte und ein sicherer Umgang mit Ihren Handelssystemen. Sie lernen, deren Stärken und Schwächen richtig zu beurteilen und diese zu akzeptieren, doch der Weg bis zu diesem Punkt ist mitunter ein langer. Aus diesem Grund ist es gerade zu Beginn essenziell wichtig, das Risiko pro Trade so gering wie möglich zu halten und ein Verständnis für Moneymanagement zu entwickeln.

4.3.8. ERWARTUNGSHALUTNG UND RENDITE

Nun habe ich viel über die Tücken der Börsenpsychologie gesprochen, sodass sich viele unter Ihnen höchstwahrscheinlich mittlerweile fragen werden, ob sich der Aufwand denn überhaupt lohnt und was Sie realistischerweise von Ihrem Engagement erwarten dürfen. Die zu erwartende Durchschnittsrendite ist in der Tat sehr von Ihrem System und den Filtern, welche Sie verwenden, abhängig. Betrachten wir nochmals die Ergebnisse der offiziellen Futures Trading Weltmeisterschaft, welche jährlich von der Robbins Trading Gruppe veranstaltet wird. Jeder Händler, egal ob privat oder kommerziell, kann an diesem Wettbewerb teilnehmen. Grundvoraussetzung ist eine Mindesteinlage von 10.000 $ auf Ihrem Tradingkonto. Die fünf bestplatzierten Teilnehmer werden dann am Jahresende veröffentlicht, wobei die Top 3 eine Trophäe für ihren Sieg erhalten. Diese Ergebnisse sind historisch auf der Website von Robbins Trading einsehbar. Wenn wir nun also rückwirkend die besten drei Teilnehmer der einzelnen Jahre betrachten, so wird Ihnen auffallen, dass es fast schon zwingend notwendig ist, eine Rendite im dreistelligen Bereich zu ertraden, um überhaupt eine Chance zu haben, das begehrte Podium zu erreichen. Viele von Ihnen werden nun spontan sicher denken, „was für Glücksritter". In der Tat werden nicht wenige der Gewinner auf Glück gespielt haben und über einige wenige Trades mit absolut überzogenem Risiko diese phänomenalen Ergebnisse „erzockt" haben. Solche Spieler tauchen dann einmal in diesem Ranking auf und sind schließlich in den kommenden Jahren wieder verschwunden.

Doch bei genauem Hinsehen wird Ihnen auffallen, dass überaus viele Namen mit einer erstaunlichen Beständigkeit unter den Gewinnern auftauchen: Dr. Andrea Unger,

Michael Cook, Kevin Davey und allen voran der Großmeister Larry Williams sind nur einige dieser Namen. Es ist also durchaus möglich, mit der nötigen Erfahrung und Kreativität bei der Systementwicklung konstant Renditen in dieser Größenordnung zu erzeugen. Ich verrate Ihnen an dieser Stelle das offene Geheimnis, dass die meisten dieser Trading WM-Gewinner sich auf automatisiertes Trading spezialisiert haben und ihre eigenen Algorithmen entwickeln. Dies ist eine besonders zeitaufwändige Tradingdisziplin, welche ein großes Maß an Erfahrung voraussetzt. Ich wollte Ihnen aber dennoch einmal aufzeigen, was mit der richtigen Herangehensweise möglich ist. Nun sind diese Leute selbstverständlich Berufstrader und verfügen über entsprechende Zeit, sich um ihren Handel zu kümmern. Ferner setzt dies natürlich auch ein entsprechendes Handelskapital voraus.

Dennoch ist es auch für Sie als nebenberuflichen Trader absolut im Bereich des Machbaren, Performances von 20 bis 80 % im Jahr zu erzielen. Natürlich ist diese Spanne weit gewählt, doch sind die Ergebnisse, wie bereits erwähnt, sehr von dem Handelsansatz und Ihrer Erfahrung abhängig. Verabschieden Sie sich jedoch in jedem Fall von dem Gedanken, dass mehr Zeitaufwand und Bemühung auch gleichzeitig mehr Rendite bedeuten. Dies ist ein absoluter Fehlschluss. Gerade unter Anfängern kursiert der Irrglaube, man könne mit Daytrading automatisch mehr Geld verdienen, da Sie ja mehr Zeit investieren und häufiger traden. Auch wenn in der Tat viele institutionelle Trader auf Tagesbasis handeln, so ist es dennoch auch möglich, mit mittel- bis längerfristig ausgerichteten Ansätzen beachtliche Renditen zu erzeugen. Das Erlernen von Daytrading setzt zudem einen weitaus höheren Zeitaufwand in der Praxis sowie den routinierten Umgang mit Orderbüchern, Footprint Charts und dem Volume- bzw. Market Profile voraus, was für viele private Händler zunächst etwas abschreckend komplex erscheint.

Auf Dauer wäre es für Sie ratsam, sich zunächst auf einen Handelsansatz zu spezialisieren und diesen kontinuierlich zu verfolgen, bis Sie sicher mit diesem umgehen können und in der Lage sind, dauerhaft positive Renditen zu erwirtschaften. Danach können und sollten Sie es in Betracht ziehen, weitere Strategien in Ihren Handel zu implementieren. Auf unserer Website www.sparing-academy.de sowie auf unserem YouTube Kanal finden Sie zahlreiche Informationen über verschiedene Handelsansätze und mögliche Strategien.

KAPITEL 4.4

DER BERUFS TRADER

VON DER BÖRSE LEBEN - DER WEG ZUM BERUFSTRADER

Der oftmals unausgesprochene Traum der meisten Börsenhändler ist es, irgendwann einmal den kompletten Lebensunterhalt über das Trading zu verdienen. Argumente wie ein kurzer Arbeitstag, völlige Ortsunabhängigkeit, günstige Steuern, Unabhängigkeit von Kunden und natürlich ein äußerst hohes Gehalt klingen dabei verlockend. Auch die sozialen Netzwerke tragen ungemein dazu bei, diesen inneren Wunsch zu stärken, wird man doch von allen Seiten mit goldenen Versprechungen in Form von Werbung für Online-Tradingkurse sowie selbsternannten YouTube Tradinggurus mit exorbitanten Gewinnen und Luxusautos unter der Sonne berieselt.

Auch für mich war es jahrelang die Traumvorstellung, den Weg des Berufstraders einzuschlagen und so entschied ich mich vor 2 Jahren dazu, diesen Weg zu gehen. Warum ich diese Entscheidung so nicht wieder treffen würde und welche Erfahrungen ich dabei gesammelt habe, möchte ich Ihnen, wie in den Vorkapiteln, anhand unserer acht Kriterien auf offene und ehrliche Weise darlegen.

4.4.1. ZEITLICHER AUFWAND

Kaum ein anderer Beruf ist von derart vielen Missverständnissen seitens der Laien geprägt, wie der des Traders. Ich möchte mich auf eine Geschichte von Kevin Davey beziehen, welche er in seinem Buch „Building winning algorithmic Trading systems" beschreibt. Bevor sich Davey explizit seiner Herangehensweise an das automatisierte Trading widmet, erzählt er darin die Geschichte seiner eigenen Tradingkarriere, welche ich als äußerst spannend empfand. Der Autor begann bereits Ende der 80er Jahre mit dem Börsenhandel, also in Zeiten, in denen an die Themen Handelssoftware oder gar algorithmisches Traden noch kaum zu denken war. Nicht nur einmal hat Kevin Davey im Laufe der Zeit nahezu sein komplettes Kapital verloren und daraufhin für lange Phasen der Börse den Rücken zugekehrt. Doch am Ende ist er hartnäckig geblieben und hat schließlich Mitte der 2000er Jahre dreimal in Folge die Trading Weltmeisterschaft als Erst- oder Zweitplatzierter abgeschlossen. Nahezu zwanzig Jahre hat er benötigt, um nicht nur den Erfolg zu erreichen, sondern diesen auch dauerhaft zu replizieren. Er hat sich daraufhin entschieden, das Traden zu seinem Hauptberuf zu machen. Sein Alltag sieht nun so aus, dass er an sieben Tagen in der Woche etwa acht Stunden am Tag damit verbringt, automatisierte Handelssysteme zu entwickeln und diese auf historischen Charts rückzutesten. Dabei stößt Davey laut eigener Aussage alle hundert Versuche auf eine Strategie, welche tatsächlich funktioniert. Er landet also im Schnitt nur ein einziges Mal im Jahr auf einen Treffer, welcher sich als rentabel herausstellt. Dies genügt ihm, um sich ein komfortables Leben darauf aufzubauen, doch mit der fehlgeleiteten Vorstellung, mit einem Cocktail unter Palmen bei einer Stunde Arbeitsaufwand am Tag mittels Trading Reichtum anzuhäufen hat dies in der Tat wenig zu tun. Trading ist, wie die meisten anderen Selbstständigkeiten auch, ein Vollzeitjob. Das eigentliche Handeln der Strategien macht dabei nur einen kleinen Teil des Aufwandes aus, vielmehr werden Sie Ihre Zeit mit Vor- und Nachbereitungen sowie dem Studium der Märkte verbringen. Auch müssen Sie permanent aktiv bleiben, an der Entwicklung neuer Strategien arbeiten und sich auf aktuelle Situationen und Marktphasen einstellen.

! Bitte nehmen Sie unbekannte Börsenbegriffe zunächst nur zur Kenntnis. Kapitel 5 befasst sich ausführlich mit allen Börseninstrumenten und Kapitel 9 - Das Glossar wird Ihnen ebenso bei weiteren Begriffen behilflich sein.

4.4.2. ANLAGEHORIZONT

Sie werden als Berufstrader mit großer Wahrscheinlichkeit diverse Strategien parallel zueinander handeln. Darunter befinden sich langfristige Investitionen in Aktien, Fonds, Währungen und Rohstoffe ebenso wie kurz- bis mittelfristig ausgelegte Strategien auf Futures, Optionen und gegebenenfalls die Forex Märkte. Die meisten Ihrer spekulativen Trades werden eine Haltedauer von fünf Werktagen bis zu drei Monaten haben. Die Mehrzahl der professionellen Händler verfolgt zudem einen Intraday Handelsansatz basierend auf Orderflow und Marktprofilen. Die entsprechenden Trades werden dabei am selben Tag geschlossen, an welchem sie eröffnet wurden. Eine Strategie zu entwerfen, die auf Dauer einen statistischen Vorteil erzeugt, ist jedoch eine herausfordernde Aufgabe, welche Sie keinesfalls unterschätzen sollten. Auch Erfahrung spielt hierbei eine maßgebliche Rolle.

4.4.3. MINDEST- UND IDEALKAPITAL / 4.4.4. RISIKO

Ich fasse die beiden Unterkapitel über Kapital und Risiko für den Berufstrader zusammen, da die beiden Punkte in diesem Falle Hand in Hand gehen und sich praktikabler im Zusammenhang erläutern lassen. Ich muss Sie in diesem Abschnitt mit einigen Wahrheiten konfrontieren, welche bei vielen Lesern sicher auf Abneigung stoßen werden. Nicht wenige unter Ihnen werden spätestens im vorangegangenen Kapitel mit dem Rechnen begonnen haben. Wenn ich also behaupte, dass mit dem nebenberuflichen Trading Renditen in Höhe von 50 % oder mehr im Bereich des Möglichen liegen, dann sollte das Ziel der Selbstständigkeit als Trader ja ein absolut Erreichbares sein. Die Beispielrechnung könnte so aussehen: In Ihrem aktuellen Beruf verdienen Sie als Angestellter 2.000 Euro netto. Das ergibt in Summe ein Jahresgehalt von 24.000 Euro. Dies hat Ihnen bislang immer gut zum Leben gereicht, Sie konnten alle Kosten decken und sich sogar noch einen kleinen Urlaub im Jahr leisten. Wenn Sie nun also in der Lage sind, 50.000 Euro anzusparen und dann fähig sind, mit dieser Summe 50 % Rendite im Jahr zu erwirtschaften, so sind Sie alle Sorgen des Berufsalltages los und können sich ganz dem Traden widmen – und das bei selbigem Gehalt wie zuvor. **Weit gefehlt!** Zunächst einmal müssen Sie, bei all den Vorteilen, welche Ihnen diese bietet, die Nachteile der Selbstständigkeit in Betracht ziehen. Allem voran stehen Steuern und Versicherungen. 25 % Ihres Gewinnes müssen Sie Stand

2020 am Jahresende als Kapitalertragssteuer abführen. Womöglich wird sich hier die Gesetzeslage in naher Zukunft drastisch ändern. Neben der Steuer müssen Sie Ihre Versicherungen ab sofort zu 100 % selbst tragen. Unterschätzen Sie diesen Faktor nicht. Auch ein Steuerberater und kundiger Anwalt will in Zukunft regelmäßig bezahlt werden. Ihre fixen monatlichen Kosten steigen also unumgänglich, doch das ist nicht das eigentliche Problem. Dieses liegt vielmehr in der Natur des Börsenhandels an sich - Sie müssen mit den Schwankungen leben. Nicht nur die Schwankungen der Märkte, sondern zwangsläufig auch die Ihres Handelssystems. Um Renditen im höheren zweistelligen Bereich zu erzielen, müssen Sie notwendigerweise ein Tradingsystem mit höherem Risiko handeln. Dieses kann und muss auf Dauer zwangsläufig eine positive Rendite erzeugen, doch wird es ohne jeden Zweifel auch längere Phasen geben, in denen es gegen Sie läuft. Ihre laufenden Kosten müssen jedoch weiter gedeckt sein. Selbst, wenn Sie diese so niedrig wie nur eben möglich halten, werden Sie nicht darum herumkommen, entsprechende Rücklagen zur Hand zu haben, um diese Zeitabschnitte sicher zu überstehen. Und was glauben Sie, was in diesen Phasen mit Ihren Emotionen passieren wird? Angst ist eine unserer ureigensten Eigenschaften und ein Schutzmechanismus, dieser wird ohne jeden Zweifel aktiv werden und Ihre Anfälligkeit für Fehler erhöhen. Sie werden Trades eingehen, die nicht Ihrem System entsprechen oder zu riskant sind, um die Negativserie möglichst schnell zu beenden. Die Folgen sind jedoch in aller Regel eher das gegenteilige Ergebnis. Ich selbst habe meine Selbstständigkeit als Börsenhändler mit einem niedrigen sechsstelligen Betrag begonnen und würde die Entscheidung heute kein zweites Mal so treffen. Auch wenn ich in der Lage war, die Kosten für meinen Lebensunterhalt zu decken, so ist der finanzielle Druck einfach immens und selbst mit meiner langjährigen Erfahrung und erwiesenermaßen äußerst profitablen Handelssystemen fiel es mir auf Dauer schlicht zu schwer, diesem Stand zu halten. Daher gebe ich Ihnen aus eigener Erfahrung diese Ratschläge und bitte Sie eindringlich, sich diese zu Herzen zu nehmen:

1. Wenn Sie bislang ein Einkommen unter 5.000 Euro netto verdient haben, egal ob als Angestellter oder Unternehmer, so sind Sie mit großer Sicherheit noch nicht bereit, sich dem Berufstrading zu widmen. Die meisten Futures haben eine tägliche Schwankungsbreite von mehreren hundert Euro, nicht wenige schwanken an vielen Tagen um mehrere tausend Euro. Dies ist im Verhältnis zu Ihrem jetzigen

gewohnten Gehalt einfach eine zu große Summe und wird Ihnen schlaflose Nächte bereiten, sofern die Zahlung Ihres Lebensunterhaltes davon abhängig ist.

2. Um sich als Trader selbstständig zu machen, sollten Sie über finanziell liquide Rücklagen verfügen, welche Ihre monatlichen Fixkosten für mindestens zwei Jahre abdecken würden. Dieses Geld steht Ihnen nicht zum Trading zur Verfügung, sondern stellt Ihre Reserve dar, welche nur im äußersten Notfall angebrochen werden sollte.

3. Nur, weil Sie in einigen Jahren Renditen in Höhe von 80 % oder mehr erreichen, bedeutet das nicht, dass dies unter Garantie ein Dauerzustand ist. Selbst das beste System erzeugt schwankende Ergebnisse und wird schlimmstenfalls im hoffentlich seltenen Fall auch eine negative Jahresrendite erwirtschaften. Dem können Sie mit Diversifikation und dem Handeln mehrerer Handelssysteme und Märkte vorbeugen, doch hierfür benötigen Sie Kapital. Ich würde niemandem empfehlen, unter einem Vermögen von 500.000 Euro mit dem hauptberuflichen Trading zu beginnen! Andere Berufstrader nennen hier auch durchaus Summen von über 2 Millionen Euro.

4. Im Gegensatz zu den vorherigen drei Punkten, welche ich als absolut allgemeingültig deklarieren würde, ist dieser vierte Punkt subjektiver. Wie Sie schon aus der kurzen Episode über Kevin Davey erfahren haben, entspricht der Berufsalltag des Börsenhändlers in den allerseltensten Fällen dem romantischen Szenario beim Sonnenuntergang am Strand. Vielmehr verbringen Sie die meiste Zeit relativ isoliert am Schreibtisch vor Ihrem Rechner und betrachten Charts und Orderbücher. Verstehen Sie mich nicht falsch, ich liebe diese Tätigkeit nach wie vor und will keinesfalls auf sie verzichten, doch habe ich nach einer gewissen Zeit die Abwechslung und den Kontakt zu Menschen vermisst. Ich habe in meinen vorherigen Unternehmen viel Zeit mit Kundengeschäften verbracht. Gerade in der Edelmetallbranche waren dies nicht selten schwierige Charaktere und ich habe des Öfteren geflucht, daher war ich zunächst davon überzeugt, dass mir ein Unternehmen in Unabhängigkeit von Kunden gut tun würde. Auf Dauer musste ich dies allerdings verneinen und freue mich daher, im Rahmen meiner Investmentakademie wieder in regem Austausch mit interessanten Menschen zu sein.

4.4.5. ANLAGEKLASSEN

Als Berufstrader müssen Sie nicht zwangsläufig in Ihrem Alltag mit sämtlichen Handelsinstrumenten zu tun haben, doch sollten Sie die Wichtigsten unter ihnen in jedem Fall kennen und deren Funktionsprinzip verstanden haben. Der aktive Handel wird dann vornehmlich mit Futures, Aktien, gegebenenfalls Optionen und Währungen stattfinden.

4.4.6. FACHWISSEN

Neben den im vorherigen Kapitel genannten Faktoren sollten Sie für das berufliche Trading im Idealfall Kenntnis von mehreren verschiedenen profitablen Handelsansätzen haben und die damit verbundenen Strategien sicher anwenden und umsetzen können. Sie haben hierfür persönlich von verschiedenen seriösen Händlern gelernt und deren Hinweise und Ratschläge verinnerlicht. Sie sind nach wie vor lernwillig und lesen in Ihrer Freizeit gern neue Lektüre die Themen Börse und Trading betreffend. Nicht zuletzt verfügen Sie selbst über mindestens fünf Jahre aktive Tradingerfahrung mit Echtgeldkonten. Ich lege hierbei großen Wert auf das Wort „Echtgeldkonten". Im Kapitel über Psychologie werden wir noch näher darauf eingehen, dass es niemals auch nur ansatzweise vergleichbar ist, ein Konto mit Demogeld bei Ihrem Broker zu handeln oder eines mit Ihrem hart verdienten, realen Geld. Schlussendlich sollten Sie es geschafft haben, drei Jahre in Folge eine konstant positive Rendite erwirtschaftet zu haben. Nur so können Sie die nötige Routine sowie das Selbstbewusstsein erzeugen, welche das Berufstrading voraussetzt.

4.4.7. VOR- UND NACHTEILE

Ich habe in den letzten Absätzen eher die negativen Aspekte beleuchtet und bin auf die Gesichtspunkte eingegangen, die es zu bedenken oder gar zu überdenken gilt, wenn Sie sich für Trading als Hauptberuf interessieren. Natürlich stehen dem gegenüber auch viele positive Faktoren. In der Tat sind Sie bei Ihrer Arbeit nicht örtlich gebunden. Da Trading jedoch Konzentration voraussetzt und ein geordneter Schreibtisch mit mehreren Monitoren die Arbeit deutlich erleichtert und effektiver gestaltet, werden Sie den größten Teil Ihrer Handelszeit im Büro verbringen. Was mir persönlich am besten an der Selbstständigkeit als Trader gefällt, ist die vollständige

Eigenverantwortung. Auf viele Menschen mag es abschreckend wirken, permanent folgenschwere Entscheidungen treffen zu müssen und die Konsequenzen für diese komplett auf den eigenen Schultern zu tragen, doch mir hat dies stets ein Gefühl von Freiheit und Unabhängigkeit vermittelt. Als Trader sind Sie für niemanden außer sich selbst verantwortlich. Neben meinem Edelmetallhandelsgeschäft habe ich zusammen mit meiner Lebensgefährtin zehn Jahre lang eine Agentur im Bereich Musik und Entertainment geführt. Wir haben ein Team von 64 Musikern über Hamburg, München und Wien betreut und gemanagt. Ich empfinde dies im Nachhinein als eine deutlich größere Last als die Eigenverantwortung. Ein letzter Aspekt ist natürlich der finanzielle. Wie bereits ausführlich beschrieben, handelt es sich hierbei um ein zweischneidiges Schwert. Wenn Sie jedoch alle von mir aufgezählten Kriterien erfüllen und sich für die Selbstständigkeit als Berufstrader qualifiziert fühlen, so bietet Ihnen diese durchaus die Möglichkeit, **sehr** viel Geld zu verdienen!

4.4.8. ERWARTUNGSHALTUNG UND RENDITE

Wie bereits zuvor angemerkt, bedeutet im Trading ein höherer zeitlicher Arbeitsaufwand nicht zwangsläufig mehr Gewinn. Im Gegenteil, sogenanntes „Overtrading“ führt in aller Regel zu einer erhöhten Fehlerquote und erzeugt auf Dauer schlechtere Ergebnisse. Der Vorteil gegenüber dem nebenberuflichen Trading ist nun, dass Sie über ein breiteres Wissen verfügen und auf verschiedene, bestenfalls unkorrelierte Handelssysteme zurückgreifen können. Diese subventionieren sich im Idealfall gegenseitig, wenn also ein System gerade keine guten Resultate erzeugt, so werden diese von einem anderen Handelsansatz ausgeglichen. Dies führt dazu, dass Sie in der Lage sein werden, konstantere Ergebnisse zu produzieren, als dies beim Teilzeittrading der Fall sein wird. Die grundsätzlich zu erwartende Rendite sollten Sie allerdings nicht bedeutend höher als bei diesem ansetzen. Kalkulieren Sie mit 30 bis 80 % und freuen Sie sich, wenn Sie in einigen Jahren Ergebnisse erzielen, die darüber hinaus gehen werden. Seien Sie jedoch auch darauf gefasst, dass es Zeiten geben kann, in welchen Sie auch über mehrere Wochen oder gar Monate Negativrenditen erwirtschaften werden. Es ist essenziell wichtig, dass Sie für diese Phasen vorgesorgt haben und Ihre Existenz hierdurch nicht bedroht wird.

KAPITEL 4.5

FAZIT DER 4 INVESTOREN TYPEN

Wir haben in diesem Kapitel vier verschiedene Investorentypen kennengelernt. Jeder von diesen verfolgt unterschiedliche Ziele, grundsätzliche Herangehensweisen an die Börse und Handelsansätze. Hierbei wurde für jeden Charakter und beruflichen Hintergrund ein Modell erstellt, welches der jeweiligen Person ermöglicht, von der Börse als Investitionsmarkt zu profitieren. An dieser Stelle sind Sie gefragt – denken Sie gern ausgiebig darüber nach, welcher Typ von Investor Sie sind respektive sein möchten. Beantworten Sie sich nochmals die folgenden Fragen:

1. WIE VIEL ZEIT STEHT MIR FÜR DEN HANDEL ZUR VERFÜGUNG?

2. ÜBER WIE VIEL KAPITAL VERFÜGE ICH UND WELCHEN SPIELRAUM HABE ICH DAMIT?

3. WIE VIEL RISIKO BIN ICH BEREIT, EINZUGEHEN?

4. WELCHEN PROZENTUALEN ANTEIL MEINES VERMÖGENS MÖCHTE ICH LANGFRISTIG UND KONSERVATIV ANLEGEN?

5. WELCHEN TEIL KANN ICH EVENTUELL FÜR RISIKOREICHERE INVESTMENTS ODER GAR SPEKULATION ZUR VERFÜGUNG STELLEN?

6. WELCHE ANLAGEKLASSEN, AUCH SOLCHE AUSSERHALB DER BÖRSE, INTERESSIEREN MICH?

7. WELCHEN BERUFLICHEN ODER FACHLICHEN HINTERGRUND HABE ICH UND WIE KANN ICH EVENTUELL VON DIESEM WISSEN PROFITIEREN? Kommen Sie beispielsweise aus der Baubranche, so liegt ein Engagement im Immobilienbereich nahe. Als Mediziner haben Sie einen Vorteil darin, einzuschätzen, welche Pharmakonzerne zukunftsträchtig arbeiten und eine Investition rechtfertigen.

8. ÜBER WELCHES WISSEN VERFÜGE ICH BEREITS? Fühle ich mich sicher, mit diesem Hintergrund als Börsenhändler aktiv zu werden oder habe ich das Gefühl, noch weiter lernen zu müssen?

9. WELCHE VOR- UND NACHTEILE HAT DER HANDELSANSATZ MEINER WAHL UND BIN ICH BEREIT, DIE NACHTEILE IN KAUF ZU NEHMEN?

10. WAS ERWARTE ICH VON MEINEN INVESTITIONEN IM KURZ-, MITTEL- UND LANGFRISTIGEN BEREICH? Entspricht meine Handelsweise dieser Erwartungshaltung oder muss ich gegebenenfalls die eine oder die andere Seite anpassen?

Sobald Sie diese Fragen sicher beantworten können, steht Ihrem Handel an der Börse nichts mehr im Weg. Einen letzten, äußerst entscheidenden Hinweis habe ich jedoch noch: Trauen Sie sich! Ich habe im Laufe der Zeit viele Menschen kennengelernt, deren Interesse für die Börse geweckt wurde und die über einen gewissen Zeitraum sehr aktiv waren, Kurse analysiert haben, sich Wissen angeeignet haben und erfolgreich ein Demokonto führten. In den aktiven Handel sind viele von Ihnen allerdings nie eingestiegen.Dies kann unterschiedliche Hintergründe haben – Unsicherheit, Angst vor Fehlern, beruflicher Stress oder schlussendlich doch ein Mangel

an Zeit. Das Beste, was Sie tatsächlich tun können, ist so früh wie möglich mit dem aktiven Handel zu beginnen. Auch, wenn Sie vorerst nur ein kleines Brokerkonto mit Echtgeld traden und die Positionsgrößen nicht den von mir empfohlenen Mindestgrößen entsprechen, so werden Sie doch Ihre ersten Erfahrungen sammeln und früher oder später die nötige Selbstsicherheit entwickeln, um auch größere Summen zu investieren. Wenn Sie sich allerdings stets neue Ausreden zurechtlegen, warum Sie ausgerechnet jetzt nicht mit dem Handeln beginnen können, so werden Sie auf Kurz oder Lang komplett aufhören und sich dem Thema Börse wahrscheinlich nicht wieder zuwenden.

5

KAPITEL 5

BÖRSEN INSTRUMENTE

Nachdem ich Ihnen die wichtigsten allgemeinen Anlageklassen vorgestellt habe, sollten Sie einen guten Überblick erhalten haben, über welche Möglichkeiten zur Geldanlage Sie generell verfügen. Natürlich möchte ich hier keinesfalls Anspruch auf Vollständigkeit erheben, es gibt darüber hinaus noch zahlreiche weitere Anlageformen, doch stellen die in Kapitel 3 Genannten aus meiner Sicht zum aktuellen Zeitpunkt die praktikabelsten und vor allem für jedermann zugänglichsten Investitionsmöglichkeiten dar.

Ich möchte mich nun im folgenden Kapitel meinem persönlich favorisierten Anlagemedium widmen – der Börse. Kein anderer Marktplatz dieser Welt bietet Ihnen ein derart reichhaltiges Angebot an Investmentmöglichkeiten verschiedenster Bereiche.
Vom kleinen Hobbyanleger bis hin zum großkapitalisierten Hedgefonds findet sich an den Börsen dieser Welt für jeden

Anlegertyp das passende Handelsinstrument. Die für Privatinvestoren wichtigsten Börsenmärkte möchte ich Ihnen nun erläutern. Damit Sie eine möglichst anschauliche Übersicht erhalten, werden wir für jede Anlageklasse einheitlich die folgenden Fragen klären:

1. WORUM HANDELT ES SICH BEI DEM HANDELSINSTRUMENT?

2. WARUM SOLLTEN SIE DIESES IN IHREN HANDEL INTEGRIEREN?

3. IN WELCHE KATEGORIEN LÄSST SICH DAS INSTRUMENT EINTEILEN?

4. WELCHE MÖGLICHKEITEN GIBT ES, DIE ANLAGEKLASSE ZU ANALYSIEREN?

Sicher werden Sie dabei feststellen, dass sich einige Instrumente besser für Ihre Ziele eignen werden als andere. Eventuell werden Sie auf diese Weise aber auch neue Investitionsmöglichkeiten entdecken und in Ihr Anlageportfolio aufnehmen, um so dessen Horizont zu erweitern.

SYMBOLE DER JEWEILIGEN INVESTORENTYPEN

Damit Sie direkt erkennen können, für welchen Investorentyp das jeweilige Börseninstrument von Relevanz ist, habe ich direkt unter die Kapitelüberschrift die Symbole der jeweiligen Investorentypen in schwarz hinzugefügt. Ist es für den Investorentyp irrelevant, ist es grau ausgeblasst. Beginnen möchte ich mit der wohl bekanntesten Börsenanlageklasse der Welt - der Aktie. Da diese für ausnahmslos alle Investorentypen von Bedeutung ist, sehen Sie hier auch entsprechend alle 4 Symbole in schwarz.

KAPITEL 5.1

AKTIEN

5.1.1 WAS SIND AKTIEN?

Aktien sind Wertpapiere. Klassischerweise wurden diese auch als eben solche an den Käufer ausgegeben. In der Vergangenheit erhielten Sie als Besitzer einer Aktie die entsprechenden Papiere in physischer Form. Hierbei handelte es sich zumeist um kunstvoll und aufwändig gestaltete Dokumente, die ihrem Besitzer ein Gefühl von Privilegien vermittelten.

Durch den Kauf einer Aktie werden Sie Anteilseigner an einem Unternehmen. Dies ist durchaus wörtlich zu verstehen. Durch den Erwerb einer einzigen Aktie gehört Ihnen ein Teil der zugrunde liegenden Firma. Sie sind damit berechtigt, an der Jahreshauptversammlung teilzunehmen, sich nach Belieben am Catering Buffet zu bedienen und durchaus auch einigen grundlegenden Abstimmungen Ihre Stimme zu verleihen. Je mehr Anteile Sie an dem Unternehmen besitzen, desto mehr Gewicht fällt dieser Stimme natürlich auch zu. Sie dürfen nicht damit rechnen, als Besitzer einer Apple Aktie ein Vetorecht gegen das Design des neuen iPhones zu besitzen. Überhaupt sind Aktionäre nicht in das operative Geschäft des Unternehmens involviert. Dies ist sicherlich auch gut so, da sonst das chaotische Durcheinander tausender verschiedener

und zumeist unqualifizierter Meinungen eine fundierte Entwicklung der Firma unmöglich umsetzbar machen würde. Ferner werden Sie als Aktionär von McDonalds nicht in die Situation kommen, zum Burgerbraten einzuspringen, wenn sich ein Mitarbeiter krank meldet. Vielmehr fungieren Sie als Investor und damit Geldgeber für die Aktiengesellschaft. Das von Ihnen in die Aktie investierte Kapital fließt dabei in das Eigenkapital des Unternehmens. Lassen Sie mich dies zum Verständnis erläutern.

Nehmen wir an, Sie sind Jungunternehmer und hatten eine grandiose Idee für ein neuartiges Produkt. Die Erstproduktion haben Sie mittels eines Bankenkredits finanziert, welchen Sie aufgrund der hohen Nachfrage binnen kürzester Zeit abzahlen konnten. Sie stellen also fest, dass das Potenzial Ihrer Erfindung enorm ist und durch die Produktion in größeren Mengen die große Nachfrage auch auf internationaler Ebene bedient werden könnte. Für dieses Vorhaben benötigen Sie und Ihr Team jedoch Geld.

1 Zum einen können Sie das benötigte Kapital durch eine Schuldverschreibung erhalten. Diese kann erneut durch einen Kredit bei einer Bank realisiert werden oder durch die Herausgabe einer Anleihe. Sie leihen sich also von einer Institution oder Privatanlegern das Geld und müssen es zu einem späteren Zeitpunkt zuzüglich eines festen Zinssatzes zurückzahlen.

2 Die zweite Möglichkeit besteht in der Herausgabe von Aktien und der damit verbundenen Abgabe von Firmenbesitzrechten. Durch die Aufnahme von Schulden erhöht die Firma ihr **Fremdkapital**, durch die Herausgabe von Aktien wird ihr **Eigenkapital** erhöht. Dies geschieht durch den Gang zur Börse. Eine Firma wird gegründet und zu Beginn wird durch die Eigentümer eine gewisse Summe an Kapital in diese Firma eingezahlt. Der Betrag, der nach Abzug von Schulden und Verbindlichkeiten übrig bleibt, wird als das Eigenkapital der Firma bezeichnet. In das Eigenkapital der Firma fließen auch Investitionen in beispielsweise Maschinen und Arbeitsgeräte mit ein. Wenn die Firma nun Gewinne erwirtschaftet, wächst das Eigenkapital des Unternehmens. Ab einem Kapital von 50.000 Euro darf die Firma theoretisch an die Börse gehen. Hierzu muss sie in eine Aktiengesellschaft umgewandelt werden. Das Unternehmen wird nun auf die Summe an vorhandenem Eigenkapital geprüft und dieses wird in eine festgelegte Anzahl an Aktien aufgeteilt.

Nehmen wir an, der Betrieb verfügt über ein Eigenkapital von 1 Milliarde Euro. Er gibt nun 50 Millionen Stück an Aktien heraus. Demzufolge hätte eine Aktie den Wert von 20 Euro, denn 20 x 50 Millionen ergibt 1 Milliarde. Diese 20 Euro sind nun der Nennwert der Aktie, klassischerweise wurde dieser auch auf das Dokument gedruckt. Eine Emissionsbank ist nun dafür verantwortlich, die ersten Aktien an Investoren zu verkaufen. Wenn die Nachfrage nach der Aktie groß ist, so wird sie diese bereits zu einem höheren Preis als dem Nennwert verkaufen können. Die Einnahmen, die dabei erzielt werden, fließen dem Unternehmen zu. Das Unternehmen muss dieses Geld nicht zurückzahlen, denn es handelt sich ja um sein Eigenkapital. Es muss jedoch nun in Zukunft seine Gewinne unter den neuen Anteilseignern, den Aktionären, aufteilen und gibt einen Teil seiner Entscheidungsgewalt an die Fremdinvestoren ab. Sobald die Aktien verkauft sind, wobei die ursprünglichen Besitzer beziehungsweise Gründer der Firma natürlich einen genügend großen Anteil selbst einbehalten, um weiterhin im Zweifelsfall über eine Mehrheit bei Entscheidungen zu verfügen, werden die Aktien von Person zu Person an der Börse gehandelt. Über ihren Preis entscheidet nun ausschließlich Angebot und Nachfrage.

Das eingenommene Kapital geht dem Unternehmen aber nie verloren, denn wenn Sie eine Ihrer Aktien verkaufen, dann steht dem gegenüber natürlich immer ein Käufer, der Ihren Firmenanteil übernimmt und entsprechend nun **sein** Kapital dem Unternehmen zur Verfügung stellt. Da die Firma nun Zugang zum Kapitalmarkt hat, kann sie in Zukunft neue Aktien herausgeben, wenn sie weiteres Kapital für Investitionen benötigt. Die Firmenführung muss dabei jedoch immer bedenken, dass bei der Neuausgabe von Aktien, also einer Erhöhung des Eigenkapitals, sich auch ihr prozentualer Anteil am Gewinn mindert, welcher in Zukunft erwirtschaftet wird. Sobald die Aktien also über die Börse verfügbar sind, können sie von Investor zu Investor weiterverkauft werden. Wenn nun eine erhöhte Nachfrage seitens der Käufer nach einer Aktie vorherrscht, dann wird dadurch der Preis der Aktie steigen. Bei steigenden Aktienkursen erhöht sich somit der Wert des Unternehmens. Wenn Sie eine Aktie zu einem bestimmten Preis gekauft haben und zwischenzeitlich ihr Kurs steigt, so werden Sie sie später zu einem teureren Preis verkaufen können und somit einen Gewinn erzielen. Durch den Verkauf erhalten Sie nun Ihr Kapital zurück, welches sich hoffentlich erhöht hat, haben nun aber kein Recht mehr auf die Dividendenzahlung, da Sie kein Firmenanteilseigner mehr sind. Sie können sich Ihr Kapital inklusive dem erzielten Gewinn nun auszahlen lassen oder das Geld wieder neu investieren.

Einen Teil der Aktien halten dabei in der Regel die Unternehmensgründer selbst, um im Zweifelsfalle bei wichtigen Entscheidungen die Mehrheit halten zu können. Generell streben Firmen danach, Investitionen eher durch Fremdkapital als durch Eigenkapital zu finanzieren, da dieses günstiger ist. Die Zinssätze können steuerlich geltend gemacht werden und die Gläubiger werden nicht an den Gewinnen des Unternehmens beteiligt. Bei der Herausgabe von mehr Aktien erhöht sich entsprechend das Eigenkapital, wodurch jedoch der Gewinn durch umso mehr Anteilseigner geteilt werden muss. In für die Firma kritischen Situationen kommt es daher häufig zu sogenannten Aktienrückkäufen, in denen das Unternehmen eigene Aktien von den Aktionären zurückkauft. Hierdurch schränkt es sein Investitionspotenzial ein und die Firma kann entsprechend nicht mehr so effektiv wachsen wie zuvor, der Gewinn wird allerdings zentrierter und weniger Aktionäre müssen über Dividenden bedient werden. Die zurückgekauften Aktien werden quasi vernichtet. Für den Käufer einer Aktie ergeben sich zwei Renditeströme: Zum einen ist dies die besagte Dividende, zum anderen sind es Kursgewinne. Bei der Dividende handelt es sich um die Gewinnüberschüsse, welche in bestimmten Zeitabständen an die Investoren ausgezahlt werden. Bei US-Unternehmen wird die Dividende üblicherweise vierteljährlich ausgezahlt, deutsche Firmen zahlen diese zumeist nur halb- oder ganzjährig aus. Die genauen Daten für die Auszahlung der Dividende werden dabei vom Unternehmen festgelegt. Darüber hinaus wird auf der Hauptversammlung festgelegt, ob überhaupt eine Dividende ausgeschüttet werden soll. Einige Unternehmen verzichten vollständig auf die Ausschüttung von Dividenden, um die Gewinne explizit in Wachstum und Expansion zu investieren. Um berechtigt für den Erhalt der Dividende zu sein, müssen Sie sich lediglich im Besitz der Aktie befinden. Achtung, dies gilt explizit für deutsche Aktien. In den USA ist individuell geregelt, wann sich die Aktie spätestens in Ihrem Besitz befinden muss, damit Sie zum Erhalt der Dividende berechtigt sind.

Die andere Möglichkeit, vom Aktienbesitz zu profitieren, sind Kursgewinne. Steigt der Wert Ihrer Aktien am Börsenmarkt, so erwirtschaften Sie eine positive Rendite. Fällt der Preis Ihrer Aktie, so verlieren Sie Geld. Im Gegensatz zur Anleihe tragen Sie als Besitzer von Aktien also das Risiko des Unternehmens mit, da Sie ja auch Mitbesitzer der Firma sind. Entsprechend höher gestaltet sich das theoretische Risiko von Aktien im Verhältnis zu festverzinsten Anleihen, die Gewinnchancen sind aber demzufolge auch größer. Es gibt Firmen, welche Ihre Aktien außerhalb der Börse über sogenannten OTC Handel herausgeben. OTC steht dabei für „Over the counter“, also

quasi „über die Theke“. Die meisten Unternehmen entscheiden sich jedoch für den Weg der Börse. Dabei gibt es durchaus nicht nur -die eine- Börse. In nahezu jedem Land der Welt werden Sie diverse Börsenmarktplätze finden. In Deutschland findet sich in so gut wie jeder größeren Stadt eine eigene Börse. Die meisten von diesen sind allerdings für den internationalen Handel eher irrelevant. In einigen Ländern, wie zum Beispiel den USA, werden hingegen diverse bedeutsame Börsen betrieben. An einigen werden ausschließlich Aktien gehandelt, an anderen Rohstoffe.

DIE FÜR PRIVATE DEUTSCHE AKTIENKÄUFER RELEVANTESTEN BÖRSEN SIND DIE DREI US BÖRSEN NEW YORK STOCK EXCHANGE (NYSE), NASDAQ STOCK EXCHANGE (NASDAQ) UND AMERICAN STOCK EXCHANGE (AMEX) SOWIE DER ELEKTRONISCHE HANDELSPLATZ DER FRANKFURTER BÖRSE, DIE XETRA.

Sobald sich alle Aktien eines Unternehmens im Umlauf befinden, werden diese an den Börsen von Person zu Person gehandelt. Dies bedeutet, wenn Sie Ihre Aktienanteile gern wieder veräußern würden, so muss es zunächst eine Gegenpartei geben, welche bereit ist, Ihnen diese auch abzukaufen. In der Vergangenheit waren die Börsenmakler auf dem Parkett dafür zuständig, Käufer und Verkäufer zusammenzubringen. Heute geschieht dies vollautomatisch und weitestgehend nur über die Handelssoftware Ihres Brokers. In Sekundenschnelle wird der passende Gegenpart zu dem von Ihnen gewünschten Geschäft gefunden und nur in extremen Phasen oder bei sehr exotischen Produkten, welche nur wenig gehandelt werden, werden Sie in der Praxis Probleme haben, sofort einen Handel zustande zu bringen.

Der Preis einer Aktie wird nun durch Angebot und Nachfrage bestimmt, wobei der Begriff “Angebot” hier relativ zu verstehen ist, denn die vorhandene Anzahl an Aktien eines Unternehmens bleibt ja stets gleich. Steigt also die Nachfrage nach einer Aktie, so steigt der Kurs der Aktie. Existiert jedoch nur eine geringe Nachfrage, so wird der Preis der Aktie sinken. Dementsprechend wird sich der Preis in fast allen Fällen vom eigentlichen Buchwert der Aktie unterscheiden. Nochmals zur Erinnerung:

Der Buchwert pro Aktie ergibt sich durch Teilen des Eigenkapitals der Firma durch die Anzahl der herausgegebenen Aktien. Somit ergibt sich ein erster Anhaltspunkt zur fundamentalen Preisanalyse. Liegt der Buchwert einer Aktie wie in unserem vorherigen Beispiel bei 4 Euro, die Aktie wird jedoch zu 3 Euro gehandelt, so liegt der aktuelle Kurs unter dem eigentlichen Wert des Unternehmens, was ein Hinweis darauf sein könnte, dass dieses eventuell unterbewertet ist und eine Kaufgelegenheit darstellen könnte. Doch Achtung, ein Unternehmen, welches unter seinem eigentlichen Firmenwert gehandelt wird, hat üblicherweise mit größeren Problemen zu kämpfen! Bitte betrachten Sie dieses sogenannte Kurs-Buchwert-Verhältnis, kurz KBV, daher niemals als alleinigen Kaufgrund für eine Aktie. Die Fundamentalanalyse ist ein hochkomplexes Thema und sollte stets diverse Kriterien mit einbeziehen. Sie können Unternehmenskennzahlen wie das KBV über Finanzportale im Internet, welche auf den Vergleich und die Analyse von Aktien spezialisiert sind, ermitteln. Alternativ erfahren Sie dies auch über entsprechende Berichte, welche Ihnen die Aktiengesellschaft zur Verfügung stellt und die üblicherweise über deren Firmenwebsite erhältlich sind.

Erreicht eine Aktie einen derart hohen Preis, dass Sie für viele Privatanleger nicht mehr attraktiv ist, so ist es in der Vergangenheit häufig zu sogenannten Aktiensplits gekommen. Liegt der Preis der Aktie beispielsweise bei 1.000 $ und Sie halten 100 Stück davon, so könnte der Preis der Aktie bei einem Split durch 4 auf 250 $ gesenkt werden, während die Anzahl der Aktien vervierfacht wird. Sie halten dann entsprechend 400 Aktien zu 250 $. Sie haben dadurch keinen Verlust gemacht und halten denselben prozentualen Anteil an der Firma, die Aktie ist jedoch nun auch wieder für Kleininvestoren einfacher handelbar. Heutzutage sind die Aktiensplits seltener geworden, da der Preis einer Aktie oftmals auch zum Prestige des Unternehmens beiträgt. Bestes aktuelles Beispiel ist die Amazon Aktie, welche momentan zu rund 2.000 $ gehandelt wird und sich damit für viele kleine Privatanleger als schwierig handelbar darstellt.

5.1.2
WARUM SOLLTEN SIE IN
AKTIEN INVESTIEREN?

Aktien gelten allgemeinhin als Investment der Reichen. Dieser **grundverkehrte** Glaubenssatz wird weder dem Sinn von Aktien noch deren Beschaffenheit als Investment gerecht. In der Tat werden Sie kaum einen Millionär oder gar Milliardär auf dieser Welt finden, welcher keine Aktien zu seinem Investmentportfolio zählt. Dies liegt allerdings nicht an dem finanziellen Reichtum dieser Leute, sondern daran, dass sie die Vorteile einer Vermögensanlage in Aktien zumeist schon früh erkannt haben. Aktien sorgen auf lange Sicht für Reichtum, nicht andersherum. Nicht zuletzt ist unser wirtschaftliches System sehr auf Aktionäre ausgerichtet. Der beste Beweis für diese These ist die aktuelle Krise, welche durch das Aufkommen des Corona Virus Covid-19 ausgelöst wurde. Selbst in derart schweren Zeiten werden die Großunternehmen alles daran setzen, ihre Aktionäre durch Dividendenzahlungen zu bedienen, sodass diese ihnen treu bleiben. Andernfalls würde der Verkaufsdruck auf die Unternehmensaktien wachsen und zu fallenden Kursen führen. Dem Betrieb würde somit weniger Kapital zum Investieren und Aufrechterhalten des laufenden Geschäftes zur Verfügung stehen, was schwere wirtschaftliche Folgen für die Aktiengesellschaft haben könnte.

Wenn Sie in einer deutschen Fußgängerzone willkürlich die Menschen danach befragen würden, ob sie Aktien für ein sicheres oder riskantes Investment halten, so würde Ihnen die überwiegende Mehrheit mit vehementer Überzeugung nahelegen, dass Aktien für Durchschnittsverdiener und konservative

Anleger aufgrund ihres immensen Risikos vollkommen ungeeignet wären. In der Tat ist das Gegenteil der Fall - bei Aktien handelt es sich um das auf lange Sicht **sicherste** und oftmals auch **rentabelste** Investment, welches Sie tätigen können. Sie müssen lediglich für eine breite Diversifikation Ihres Portfolios Sorge tragen, um das Risiko von Einzelwerten zu eliminieren. Den Rest erledigt dann dankenswerterweise die Zeit für Sie. Bei einer 20-jährigen Haltedauer liegt die Wahrscheinlichkeit, eine positive und zudem bemerkens-werte Rendite mit Ihren Aktieninvestments erzielt zu haben, bei über 99 %. Aus der historisch durchschnittlichen Wachstumsrate der größten Aktienindizes lässt sich ableiten, dass sich Ihr angelegtes Kapital etwa alle 7 Jahre verdoppelt. Wenn Sie zudem einen monatlichen Zuschuss auf Ihr Brokerkonto tätigen, wird sich dieser Zeitraum umso mehr verkürzen. Kein anderes Investment bietet Ihnen eine derart lukrative Rendite bei vergleichsweise geringem Risiko.

Auch das Argument, man müsse über ein großes Vermögen verfügen, um überhaupt in der Lage dazu zu sein, in Aktien zu investieren, ist schlichtweg falsch. Die meisten Aktien liegen preislich unter 100 Euro beziehungsweise Dollar. Zudem ermöglichen Ihnen zahlreiche Broker monatliche Sparpläne schon ab einer Sparsumme von 25 Euro, um breit gefächert in die Märkte zu investieren. Der Handel mit Aktien über einen Onlinebroker ist sehr einfach und für jedermann ohne Weiteres erlernbar. Sie kommen in den Genuss, als Teilhaber einer Firma von deren Wachstum zu profitieren, ohne sich dabei mit den Schwierigkeiten der unternehmerischen Tätigkeit konfrontiert sehen zu müssen. Es ist kein Geheimnis, dass es auf lange Sicht der Besitz von Firmen ist, welcher Menschen reich macht. Näher werden Sie der allseits begehrten, passiven Einkommensquelle wohl nicht kommen können. Darüber hinaus ergeben sich auch steuerliche Vorteile, vor allem, wenn Sie Ihre Aktien über einen langen Zeitraum halten. Bedenken Sie, dass Sie offene Positionen auf Ihrem Konto nicht versteuern müssen, da es sich nicht um realisierte Gewinne oder Verluste handelt.

Wie bereits erwähnt bieten Ihnen Aktien gleich zwei Einkommensströme, welche in Kombination eine überdurchschnittliche Rendite ermöglichen können – Kursgewinne sowie die Dividenden. Beim Wachstum des Unternehmens profitieren Sie von den steigenden Kursen, welche Sorge dafür tragen, dass Ihre gehaltenen Aktien mehr wert sind. Von vielen unterschätzt ist zudem die Dividende. Sie sorgt für einen steten Zufluss an Kapital, auch in Zeiten wirtschaftlicher Rezession und damit verbundenen fallenden Preisen. Stellen Sie sich das Prinzip ähnlich einer Immobilie vor, welche Sie vermieten. Nur weil der Preis des Gebäudes fällt, bedeutet dies nicht, dass es sinnvoll wäre, es direkt mit Verlust zu verkaufen. Schließlich haben Sie nach wie vor Ihre Mieter, welche für Sie bereitwillig Monat für Monat Einkommen erzeugen. Ähnlich verhält es sich mit der Dividende, welche Ihnen Ihre Aktiengesellschaft auszahlt. Fundierte und wirtschaftlich stabile Unternehmen erhöhen meist von Jahr zu Jahr die effektiv ausgezahlte Dividende etwas. Welcher aktive Beruf bietet Ihnen schon eine jährlich stabile Gehaltserhöhung? Und sollte es einmal einen finanziellen Engpass bei Ihnen geben, so ist kaum eine andere Anlageklasse derart schnell wieder liquidierbar und in Geld umzuwandeln, wie die Aktie.

Ich habe Ihnen im Vorkapitel bereits die Auswirkungen der Inflationsrate und Inflation an sich erläutert. Auch zum Schutze Ihres Kapitals vor besagter Inflation eignet sich kaum ein anderes Investmentinstrument so gut wie Aktien. Durch die Investition in kapitalstarke und wirtschaftlich namhafte sowie stabile Firmen streuen Sie Ihr Vermögen und sorgen dafür, dass auch bei einer überdurchschnittlichen Inflation im Schutze der Unternehmen Ihr Kapital gesichert ist. Das letzte Argument für den Besitz von Aktien ist ideeller Natur. Sie selbst entscheiden, in welche Firmen oder Fonds Sie investieren. So können Sie in jeder Phase von Innovation und Fortschritt profitieren und am Wachstum der Gesellschaft teilhaben. Darüber hinaus können Sie Unternehmen, deren Konzept Sie schätzen oder auch Ideen, welche das Potenzial haben, die Welt zu verändern, durch Ihr Kapital unterstützen und von deren Wachstum profitieren, was schlussendlich für beide Seiten von Nutzen ist.

5.1.3
DIE AKTIENKATEGORIEN

Aktien lassen sich auf Basis diverser Faktoren und Eigenschaften in verschiedene Kategorien einordnen. Dabei kann es selbstverständlich vorkommen, dass dieselbe Aktie aufgrund ihrer Werte in verschiedene Kategorien gleichzeitig einzuordnen ist. Es kann zur zusätzlichen Diversifikation Ihres Portfolios beitragen, in mehrere Aktienrubriken zu investieren, wobei die risikoreicheren Sparten einen prozentual kleineren Anteil an Ihrem Konto einnehmen sollten als die tendenziell als sicherer geltenden Kategorien.

VALUE AKTIEN

Die Investition in sogenannte Value Aktien stellt die wohl älteste und klassischste Variante der Aktieninvestition dar. „Value“ ist der englische Begriff für „Wert“. Hintergrund ist also, in tendenziell wertvolle Unternehmen anzulegen, anstatt aktuellen Tendenzen an der Börse zu folgen. Diese Firmen sind zumeist etabliert und finanziell sehr stabil aufgestellt, sind jedoch durch ihren aktuellen Preis am Markt als unterbewertet zu bezeichnen. Als prominentester Vertreter dieser Investitionsvariante gilt der amerikanische Investor Warren Buffet, welcher die fundamentale Bewertung von Aktien und das daraus resultierende Erkennen von Kaufgelegenheiten perfektioniert hat. Sein Handelsansatz hat ihn zum mehrfachen Milliardär und einem der reichsten Investoren aller Zeiten gemacht. Dennoch ist das Anlegen in

Value Aktien in den letzten Jahren etwas aus der Mode gekommen. Dies hat aus meiner Sicht zwei Gründe: Zum einen ist der Prozess der Aktienanalyse aufwändig und verlangt viel Vorrecherche und Kenntnisse über Bilanzierung und Unternehmenskennzahlen sowie ein Verständnis der jeweiligen Branche, zum anderen sind die meisten Börsenspekulanten heutzutage eher auf schnelles Geld fokussiert. Der Value Ansatz ist hingegen sehr langfristig ausgelegt und setzt Haltedauern von mindestens 5 Jahren voraus. Die Grundidee besteht darin, zu kaufen, wenn andere Investoren verkaufen und sich damit gegen den vorherrschenden Trend zu stellen. Gesucht werden Aktien, deren Börsenwert aktuell unter dem vermeintlich fairen Wert des Unternehmens gehandelt wird . Dabei ist streng darauf zu achten, dass der Grund für die gefallenen Preise der Aktie nicht im Betrieb selbst zu finden ist, dieser also stabil und solide gewirtschaftet hat. Vielmehr wurden die Kurse durch eine Ineffizienz im Gesamtmarkt nach unten getrieben. Wenn also zum Beispiel der S&P 500 fällt und dabei die betreffende Aktie mit nach unten zieht, obwohl die Firma über ein kompetentes Management verfügt, eine starke Marktposition innehält, sich solide finanziert und überdurchschnittlich profitabel ist, so ergeben sich gute Kaufchancen. Vorsicht ist jedoch bei drastisch gesunkenen Preisen geboten, da diese immer auch von tieferliegenden Problemen zeugen können.

DIVIDENDENAKTIEN

Unter Dividendenaktien versteht man jene Werte, welche eine stabile und überdurchschnittliche Dividende auszahlen. Ferner ist die zugrundeliegende Firma stets daran interessiert, die Dividende jährlich zu erhöhen, um den Investoren so zusätzlichen Anreiz zur langfristigen Anlage ihres Kapitals zu vermitteln. Die Unternehmen dieser Kategorie sind zumeist wahre Schwergewichte am Aktienmarkt, über Jahrzehnte haben sie ihre Marktposition etabliert und

sind aus ihrer jeweiligen Branche nicht wegzudenken. Das wohl klassischste Beispiel der Dividendenaktie ist das amerikanische Unternehmen Coca Cola. Die Getränkemarke zahlt ihren Aktionären seit dem Jahr 1920 regelmäßig eine Dividende aus und hat diese im Jahr 2020 zum 58. Jahr in Folge gesteigert. Dividendenaktien eignen sich vor allem für konservative und langfristig orientierte Anleger, da die Unternehmen sich zumeist nicht mehr in der Wachstumsphase befinden, damit keine allzu großen Kursgewinne mehr zu erwarten sind und infolge dessen die Dividende an Relevanz gewinnt. Seien Sie bei Aktien mit zu hohen Dividendenquoten vorsichtig. Sollte ein Unternehmen jenseits der 6 % Dividende auszahlen, so handelt es sich hierbei oftmals um fundamental schwächelnde oder gar sehr risikoreiche Unternehmen, welche Investoren über die Zahlung einer überdurchschnittlichen Dividende anlocken möchten. Sie sollten sich daher auf jene Werte konzentrieren, die eine Auszahlung von 2 bis 5 % Jahresdividende ausschütten. Eine bekannte Strategie ist dabei der „Dogs of the Dow" Ansatz. Der Dow Jones ist ein US-Index, welcher die 30 größten Unternehmen der Vereinigten Staaten inkludiert. Es handelt sich dabei also allesamt um massiv kapitalisierte Firmen mit einer vorherrschenden Marktposition. Von diesen 30 Unternehmen kaufen Sie nun die 5 mit der höchsten Dividendenrendite, da es sich hierbei zumeist auch um die tendenziell am meisten unterbewerteten Aktien des bekannten amerikanischen Index handelt. So verbinden Sie mit dieser Strategie eine Investition in Value- und Dividendenaktien.

GROWTH AKTIEN

"Growth" bedeutet zu Deutsch „Wachstum". Unter Growth Aktien versteht man demzufolge Werte, welche ein überdurchschnittlich positives Erwartungspotenzial hinsichtlich des eigenen Wachstums sowie insbesondere auch der Entwicklung der jeweiligen Branche vorzuweisen haben. Die fundamentale Werthaltigkeit sowie das Alter des Unternehmens spielen dabei im Vergleich zu Value

Aktien nur eine untergeordnete Rolle. Gesucht werden oftmals Firmen, welche sich bereits in einem wachsenden Markt als führende Kraft etablieren konnten. Nicht selten schreiben diese Unternehmen zum jeweiligen Zeitpunkt noch Verluste, bergen jedoch ein hohes Potenzial aufgrund ihres Geschäftsmodells und der Entwicklungsmöglichkeit der Branche. eBay, Facebook und Amazon sind nur einige der prominenten Beispiele, welche zum Zeitpunkt ihres Börsengangs noch keine positive Bilanz vorzuweisen hatten. Es handelt sich bei Growth Aktien also zumeist um expandierende Firmen. Da die Auswahl dieser Aktien ein hohes Maß an Fingerspitzengefühl und umfangreiche Kenntnisse der jeweiligen Branche voraussetzen, sollten Sie die Strategien des Investierens in Wachstumsaktien nur verfolgen, wenn Sie über die entsprechende Zeit und das nötige Wissen verfügen.

Demgegenüber ist die Anlage in Value Aktien einfacher zu erlernen und ist im langfristigen Durchschnitt oftmals auch erfolgreicher. Bei einem entsprechend großen Konto sollten Sie jedoch unbedingt einen Anteil von Growth Aktien in Ihrem Portfolio halten. Nicht zuletzt kann eine solche im Laufe der Zeit und gerade bei der heutigen Marktdynamik sich schnell zu einer Value Aktie entwickeln. Während für Value Investoren das zuvor erläuterte Kurs-Buchwert-Verhältnis die wichtigste Kennzahl ist, achten Spekulanten, welche den Growth Ansatz verfolgen, vornehmlich auf das sogenannte Kurs-Gewinn-Verhältnis, kurz KGV. Wie der Name bereits verrät, stellt es den aktuellen Aktienkurs ins Verhältnis mit dem erwarteten Jahresgewinn des Unternehmens pro Aktie. Es beantwortet also die Frage, in wie viel Jahren die Firma den Wert ihrer Aktien und somit ihren eigenen Firmenwert erwirtschaftet hätte. Je niedriger dieser Quotient ausfällt, desto besser, jedoch ist der Wert immer branchenspezifisch zu betrachten.

BLUE CHIPS

Eventuell sind Sie beim Lesen eines Artikels über finanzstarke Unternehmen schon einmal dem Begriff „Blue Chips" begegnet. Es handelt sich dabei um die größten und finanziell fundiertesten Firmen am Aktienmarkt. Diese Giganten ihrer jeweiligen Branche halten sich in der Regel bereits über Dekaden am Markt, verfügen über ein stabiles und gefestigtes Unternehmenskonzept und stehen bei Investoren für Qualität und sichere Gewinne. Oftmals bieten diese Unternehmen hinsichtlich ihres zukünftigen Wachstumspotenzials und dementsprechend möglichen Kursgewinnen nicht die ganz großen Chancen, wie es junge Start-Ups oder Growth Aktienwerte bieten, jedoch stehen die Aktien der Blue Chips für Stabilität und Sicherheit.

Gerade als junger oder unerfahrener Investor sollten Sie sich bei Ihren ersten Schritten an diesen Aktien orientieren. Zumeist wird hier eine lukrative und jährlich steigende Dividende ausgezahlt und auch in Krisenzeiten weiß sich das Unternehmen durchzusetzen und kann seine Marktposition langfristig behaupten. Bei der Suche nach Blue Chip Aktien sollten Sie sich auf den amerikanischen Markt fokussieren. Der Grund hierfür ist folgender: Prinzipiell werden Firmen je nach ihrer Marktkapitalisierung in drei Sparten unterteilt – Small Caps, also kleinere Unternehmen, Mid Caps, mittelgroße Firmen sowie Large Caps, die Schwergewichte. Am US-Börsenmarkt stellen die Large Caps einen Marktanteil von 91 %. Fast der gesamte Börsenhandel wird also von diesen hochkapitalisierten Gesellschaften bestimmt. Um in den USA die Bezeichnung Large Cap zu rechtfertigen, bedarf es einer Marktkapitalisierung von 10 Milliarden Dollar. In Deutschland hingegen genügen bereits 2 Milliarden Euro, um als Large Cap zu gelten. Noch nicht einmal alle 30 im DAX enthaltenen Unternehmen würden den US-Standards für Large Caps gerecht werden. Genau genommen sind es zum jetzigen Zeitpunkt gerade einmal 28 deutsche Unternehmen, welche dieses Prädikat in den USA tragen dürften. Hiermit wird die

Vormachtstellung amerikanischer Unternehmen bezüglich ihrer Größe und entsprechend auch ihres Marktanteils sehr deutlich.

PENNY STOCKS

Als Penny Stocks bezeichnet man Aktien, deren Kurs zum aktuellen Zeitpunkt unter 1 Euro beziehungsweise bei amerikanischen Werten unter 5 Dollar notiert. Viele dieser Unternehmen werden nicht an den großen Börsen gelistet. Hierbei handelt es sich um hochspekulative Unternehmen, von denen gerade für Anfänger händeringend abzuraten ist. In aller Regel handelt es sich hierbei um Betriebe, die mit einer schwerwiegenden Krise zu kämpfen haben oder gar kurz vor der Insolvenz stehen. Nicht selten unterliegen diese Aktien Kursschwankungen von mehreren 100 % innerhalb kürzester Zeit und bieten demzufolge große Gewinnchancen, jedoch zumeist noch größere Verlustmöglichkeiten. Nicht selten verbergen sich hinter einem Penny Stock Angebot Betrüger, als Privatanleger sollten Sie hier also tunlichst von einem Kauf absehen und auch Profis werden nur in den allerseltensten Fällen den Kauf einer solchen Aktie in Betracht ziehen.

5.1.4
DIE AKTIENANALYSE

Wenn Sie sich für den Kauf von Aktien interessieren, so sind Sie zwangsläufig mit der Frage konfrontiert, wie Sie die für sich passenden Werte finden können. Grundsätzlich existieren für die Analyse von Aktien zwei Herangehensweisen, welche sich etabliert haben und durchaus auch miteinander kombiniert werden können. Diese sind zum einen die Fundamentalanalyse und auf der anderen Seite die Preisanalyse mittels Aktienkurs und Handelsvolumen.

Ironischerweise sind nicht wenige Vertreter des einen Lagers dem jeweils anderen gegenüber feindselig gesinnt. Wenn man sich durch diverse themenbezogene Internetforen liest, so nehmen die Auseinandersetzungen zwischen fundamentalen und preisbezogenen Analyseanhängern oftmals schon religiöse Züge an, dabei könnten beide Parteien so sehr voneinander profitieren. Aus meiner Sicht ist die logischste und profitabelste Herangehensweise, mittels der fundamentalen Betrachtungsweise eine Auswahl an Aktienwerten zu ermitteln, welche für ein Investment in Betracht kommen, um dann mittels der Preisanalyse genaue Einstiegspunkte und bei spekulativen Ansätzen gegebenenfalls auch Ausstiegspunkte zu ermitteln. Ich möchte an dieser Stelle natürlich noch klären, worum es sich bei diesen Analysemethoden überhaupt handelt. Bei der Fundamentalanalyse betrachten Sie die Aktie respektive das zugrundeliegende Unternehmen mittels dessen Bilanz, dem Geschäftsmodell und der Branche. Sie müssen hierzu nicht

zwangsläufig Betriebswirtschaftslehre studiert haben. Vielmehr sollten Sie Kenntnis über bestimmte Unternehmens-kennzahlen besitzen und diese interpretieren können. Kennzahlen allein reichen jedoch **niemals** aus, um eine Aktie als kaufenswert oder nicht kaufenswert einzustufen. Sie müssen diese auch stets in Zusammenhang miteinander und der jeweiligen Branche setzen können. Auch den Sektor selbst sollten Sie selbstverständlich prüfen, da dessen Entwicklung und Zukunftspotenzial natürlich maßgeblichen Einfluss auf die Chancen Ihrer Aktie hat. Die Investition in ein stabiles und solide wirtschaftendes Unternehmen wird Ihnen nur wenig Erfolg bringen, wenn es in einer schwindenden Branche aktiv ist. Abschließend ist es empfehlenswert, sich mit der aktuellen Lage des Betriebes zu beschäftigen. Lesen Sie hierfür verfügbare Berichte, nach Möglichkeit von unabhängigen und vertrauenswürdigen Journalisten, doch natürlich kann auch ein Blick auf die Firmenwebsite sinnvoll sein, um zu erfahren, an welchen Innovationen das Unternehmen gerade arbeitet. Mittels bestimmter Quellen können Sie ermitteln, ob eventuell Mitglieder des Firmenmanagements größere Mengen an Aktien gekauft oder verkauft haben, um so einen zusätzlichen Betrachtungsfaktor zu erhalten.

Die Fundamentalanalyse ist zeitaufwändig, wenn man sie gewissenhaft betreibt und sie gibt Ihnen keinesfalls eine Garantie, dass Ihre ausgewählte Aktie in Zukunft besser abschneiden wird als der Gesamtmarkt. Nicht umsonst liegen Branchenexperten bei ihren Zukunftsprognosen so oft falsch und Manager von Investmentfonds schaffen es nur in seltenen Fällen, die großen Indizes in ihrer Performance zu schlagen. Sollten Sie jedoch die für sich passende, systematische Herangehensweise gefunden haben, welche Ihnen einen langfristigen Vorteil ermöglicht, so werden Sie definitiv von ihr profitieren können. Die Preis- und Kursanalyse geht hingegen davon aus, dass sämtliche fundamentalen Faktoren bereits im aktuellen Aktienkurs eingepreist sind. Das bedeutet, sobald es eine Meldung oder ein Vorkommnis gibt, welches die Firma in irgendeiner Art betrifft und Einfluss auf ihren Gewinn haben könnte, so wird dieses Ereignis unmittelbar Einfluss auf den Preis der Aktie nehmen und sich in diesem widerspiegeln. Als Privatanleger hätten Sie so gut wie keine Zeit und Möglichkeit, auf solcherlei Nachrichten zu reagieren. Stattdessen gilt es, den Chartverlauf an sich zu analysieren und mittels verschiedener Techniken den weiteren Verlauf des Kurses vorherzusagen. Eine sichere Aussage lässt sich hier natürlich niemals treffen. Mein erster Börsenmentor war ein großer Verfechter der technischen Analyse. Dennoch hatte er ein Credo, welches er nach

jeder Lektion mantraartig wiederholte: „Alles kann passieren!". Letzten Endes spielt die Stochastik beim Spekulieren an der Börse eine entscheidende Rolle. Sie müssen in der Lage sein, den wahrscheinlichsten, zukünftigen Kursverlauf zu ermitteln und auf dieser Basis einen statistischen Vorteil für sich erarbeiten. Die Preisanalyse folgt der Überlegung, dass Kursverläufe der Vergangenheit auf bestimmte Weise zur Wiederholung neigen. Sie betrachten also den historischen Verlauf des Preises und ermitteln mittels diesem anhand verschiedener Werkzeuge mögliche Szenarien für die Zukunft. Hierdurch lassen sich systematisch Preislevels festlegen, an welchen ein Kauf oder Verkauf der Aktie als sinnvoll einzustufen wäre.

KAPITEL 5.2

FONDS

5.2.1 WAS SIND FONDS?

Laut offizieller Definition handelt es sich bei einem Fonds um einen Geldmittelbestand, welcher für einen bestimmten Zweck vorgesehen ist. Die Eigner dieser Geldmittel können dabei ganz verschiedene Institutionen oder Personen sein, von Staaten bis hin zu Privatinvestoren.

An der Börse werden Fonds üblicherweise dazu genutzt, um mit gemeinschaftlichem Kapital in Aktien und Anleihen zu investieren. Dies setzt entsprechend das Vorhandensein zweier Dinge voraus: den Investoren, welche das entsprechende Kapital zur Verfügung stellen sowie einem Fondsmanagement, welches bestimmt, was mit dem Geld geschehen soll. Dieses Geschäft bringt beiden Parteien einen Vorteil ein. Die Geldgeber können auch mit einem verhältnismäßig geringen Kapitaleinsatz von Investitionen großen Umfangs profitieren und übergeben bei mangelndem Fachwissen die Handelsentscheidungen einem Experten, während eben jene Experten für ihre Managementtätigkeit entlohnt werden. So zumindest sieht es die klassische Rollenverteilung eines Fonds vor. Man unterscheidet dabei zwischen offenen und geschlossenen Fonds. Bei einem offenen Fonds handelt es sich

um einen klassischen Investmentfonds, welcher beliebig viele Anteile an Investoren herausgeben kann. Diese sind in der Lage, auch niedrige Anlagebeträge in den Fonds zu investieren und haben das Recht, ihre Anteile jederzeit wieder zu liquidieren und damit den jeweiligen Gewinn oder Verlust zu realisieren. Ein geschlossener Fonds wird hingegen meist mit dem Ziel aufgelegt, ein bestimmtes Großprojekt zu finanzieren. Im Verhältnis zum offenen Fonds müssen Sie als Anleger eine deutlich größere Investitionssumme zur Verfügung stellen, um Anteile an diesem Fonds zu erwerben. Die konkreten Investitionsziele sowie angestrebten Kapitalgewinne werden dabei bereits zu Beginn des Projekts bestimmt. Die Investitionsanteile der Anleger sind nun für eine feste Laufzeit angelegt und können üblicherweise gar nicht oder nur mit erheblichen Verlusten vor deren Ablauf liquidiert werden. Diese Art der Investition ist nur erfahrenen Anlegern zu empfehlen. Das Risiko ist vergleichsweise hoch, entsprechend gestalten sich jedoch auch die Gewinnchancen. Zumeist wird hier börsenunabhängig in Sachwerte oder Immobilien investiert.

Durch das Zusammenkommen des Anlagevermögens einer Vielzahl von Investoren ist es dem Fondsmanager nun möglich, Geschäfte zu tätigen, die einem privaten Anleger mangels genügend Kapital verwehrt geblieben wären. Entsprechend wird der Manager versuchen, in Werte zu investieren, welche seines Erachtens nach die besten Aussichten auf eine überdurchschnittliche Rendite haben. Dabei hat er auch für die entsprechende Diversifikation zu sorgen, denn diese stellt schlussendlich den größten Vorteil eines Fondsinvestments dar - durch eine einfache Geldanlage in einen Fonds kaufen Sie eine Vielzahl von Werten gleichzeitig, profitieren von deren durchschnittlicher Wertentwicklung und mindern so das Gesamtrisiko. Während Sie als aktiver Aktieninvestor in einem gut diversifizieren Portfolio wohl zwischen 10 und 20 verschiedener Aktien halten werden, so investiert ein Fonds in dutzende, hunderte oder gar tausende verschiedener Werte. Fonds lassen sich in bestimmte Kategorien und Unterkategorien einordnen, welche wir in Kürze genauer betrachten werden. So können Sie beispielsweise in einen Aktienfonds investieren, welcher sich vornehmlich auf den Kauf von Dividendentiteln spezialisiert hat. Der Fondsmanager hat hierbei nach wie vor die freie Hand bei der Auswahl expliziter Werte, er muss sich jedoch an die Richtlinien halten, dass es sich bei jeder Position des Fonds um eine Aktie handelt, diese bestimmte Kriterien erfüllt und nicht zuletzt eine hohe Dividende an ihre Anteilseigner ausschüttet. Die durch den Fonds eingenommenen Gesamtdividenden aller im Fonds enthaltenen Aktien werden schließlich an dessen Investoren

ausgeschüttet, genau wie es auch bei einer Einzelaktie geschieht. Der Fondsmanager wird nun Sorge dafür tragen, dass sich im Fonds stets eine Mindestanzahl von Werten befindet. Er wird diese von Zeit zu Zeit austauschen, sobald er der Auffassung ist, dass ein Wertpapier womöglich nicht mehr den Anforderungen des Fonds entspricht oder schlicht keine guten Zukunftsaussichten mehr vorzuweisen hat und wird diesen entsprechend durch einen neuen Wert ersetzen. Ferner ist er für die Absicherung des Fondskapitals mittels Optionen oder Hedgingpositionen zuständig, um das Vermögen der Investoren vor möglichen Kursfällen zu schützen. Entsprechend managt er gemäß des Fondsprofils auch dessen Risiko. Beim Hedging werden für gewisse Positionen des Portfolios Gegenpositionen aufgebaut, welche deren Wertentwicklung für einen bestimmten Zeitraum neutralisieren.

ZWISCHEN 50 UND 90 % ALLER AKTIV GEMANAGTEN FONDS SCHNEIDEN SCHLECHTER AB ALS DER GESAMTMARKT

Angenommen, Sie sind Besitzer von 100 Facebook Aktien. Sie gehen nun davon aus, dass in Kürze fallende Preise zu erwarten sind. Sie bauen also in einem zweiten Konto oder mittels eines anderen Handelsinstrumentes wie CFDs eine Gegenposition von -100 Facebook Aktien auf. Sobald die Preise tatsächlich fallen, macht Ihre Hauptposition Verlust, während die Gegenposition dieselbe Summe an Gewinn erzielt. Nach Abschluss der Korrektur könnten Sie dieses gewonnene Kapital nutzen, um weitere Facebook Aktien nachzukaufen. Hierbei handelt es sich nur um ein mögliches Beispiel, die Thematik Hedging ist komplex. Ich hoffe jedoch, dass Sie den Grundgedanken dieses Vorgehens nachvollziehen konnten. Die Referenz für die Performance eines Fonds stellt immer der Gesamtmarkt in Form der großen Leitindizes dar. In Deutschland wäre es also für einen Fondsmanager das erstrebenswerte Ziel, eine prozentual bessere Jahresrendite zu erwirtschaften, als es der DAX selbst tut. Dies sollte doch für einen Profi auf seinem Gebiet ein erreichbares Ziel sein, werden Sie sicher denken. Umso mehr wird es die meisten Leser wohl erstaunen, dass je nach Region und Fondstyp zwischen **50 und 90 %** aller aktiv gemanagten Fonds

schlechter abschneiden als der Gesamtmarkt. So gut wie kein aktiver Manager eines Aktienfonds ist in der Lage dazu, **auf Dauer** ein besseres Ergebnis als der Leitindex zu erzielen. Diese Tatsache ist für die meisten Fondsmanager wenig schwer zu verschmerzen, denn das erzielte Renditeresultat ihrer Arbeit hat fast niemals eine Auswirkung auf deren eingenommene Prämie. Dies ist der Grund, warum die meisten durch Hausbanken emittierten Fonds schlicht kein gutes Investment darstellen. Ihr Bankberater, welcher in aller Regel nicht über die Qualifikation verfügt, Sie tatsächlich fachlich über Ihre Geldanlage zu beraten, sondern schlicht ein Verkäufer ist, ist dazu angehalten, Ihnen die Fondsprodukte seiner Bank zu verkaufen, welche dieser die höchsten Prämien einbringen. Dass es sich dabei nicht um die Produkte handelt, welche für Sie die bestmögliche Rendite erwirtschaften, lässt sich leider denken.

BETRACHTEN WIR, UM DIESE THESE ZU STÜTZEN, ZUNÄCHST EINMAL DIE PROVISIONEN, WELCHE BANKEN FÜR DAS FONDSMANAGEMENT ERHEBEN:

PRODUKTE	Abschlussprovision	Jährliche Bestandsprovision
WERTPAPIERANLAGEN		
Aktienfonds	**4 - 6.5%**	**0.25 - 0.5 %**
Rentenfonds	**3 - 5%**	**0.1 - 0.25 %**
Mischfonds	**4 - 5%**	**0.1 - 0.95 %**
Offene Immobilienfonds	**4 - 5%**	**0.25 - 0.5 %**

Quelle: https://fairvalue-magazin.de/finanzberater/finanzberater-provisionen/

Wie Sie sehen, zahlen Sie bis zu einem halben Prozent Ihres angelegten Kapitals an jährlicher Provisionssumme an den Fondsemittenten. Hinzu kommen bis zu 6,5 % Abschlussprämie, sobald Sie Ihr Investment liquidieren. Im Durchschnitt erhält die Bank folglich eine jährliche Provision von 2,5 % Ihres Investitionskapitals, auch dann, wenn der Fonds überdurchschnittliche Verluste einfährt. Wie Sie im Vorkapitel erfahren haben, erzeugt der größte Index der USA, der S&P 500, eine langfristig durchschnittliche Jahresperformance von gut 8 %. Subtrahieren Sie hiervon Provisions- und Inflationsrate und bedenken Sie, dass **nahezu alle** aktiv gemanagten

Fonds schlechter abschneiden als der Gesamtmarkt und Sie können sich die Effektivität eines solchen Finanzproduktes ausrechnen. Glücklicherweise existiert seit dem Jahr 1971 eine effektive Alternative: der passiv gemanagte Fonds. Dieser trägt die Fachbezeichnung ETF, was die Abkürzung für „Exchange Traded Fund" ist. Zu Deutsch bedeutet dies „börsengehandelter Fonds". Für langfristig orientierte Investoren handelt es sich hierbei um eines der interessantesten Anlageprodukte am Börsenmarkt und auch als aktiver Trader oder Investor kann ich Ihnen nur empfehlen, sich mit dieser Anlageklasse eingehend auseinanderzusetzen.

5.2.2 WARUM SOLLTEN SIE IN (PASSIV GEMANAGTE) FONDS INVESTIEREN?

Da ich Ihnen aus den ausführlich beschriebenen Gründen **nicht** zu einer Investition in einen aktiv gemanagten Fonds rate, beziehe ich mich in diesem Kapitel explizit auf die Frage, warum Sie zumindest einen Teil Ihres Anlagekapitals in ETFs investieren sollten.

Bei einem ETF handelt es sich um einen börsengehandelten Indexfonds, welcher die Wertentwicklung des zugrundeliegenden Indexes nahezu identisch abbildet. Auf jeden erdenklichen Index dieser Welt existieren mittlerweile eine Vielzahl an verfügbaren ETFs diverser Anbieter. Genau wie beim aktiv gemanagten Fonds, werden mittels des Fondskapitals Aktien oder Anleihen in exakt dem Verhältnis erworben, wie Sie der jeweilige Index enthält. Wenn der Index nun um 5 % im Kurs steigt, so steigt kongruent auch der Preis des ETFs um 5 %. Für Sie als Anleger hat dies deutliche Vorteile, welche ich Ihnen gern vorstellen möchte:

1. Der erste Faktor sind die Kosten. Da der ETF immer exakt den jeweiligen Index abbildet, bedarf es keines aktiven Managements, welches Entscheidungen über Fondsinhalte sowie dessen Sicherung zu treffen hat. Dementsprechend belaufen sich die jährlichen Gebühren für ETFs auf ein Minimum und liegen in aller Regel deutlich unter 1 %. Eine Abschlussprovision existiert bei dieser Anlageform nicht.

2. ETFs sind, genau wie Aktien, auf einfache Weise über Ihr Brokerkonto zu handeln. Sie verfügen über ein Börsensymbol, eine ISIN sowie eine WKN Nummer, mit denen die Wertpapiere eindeutig zuzuordnen sind. Sie können Ihren Fonds also flexibel und jederzeit über die Handelssoftware Ihres Brokers kaufen und wieder verkaufen.

3. Es handelt sich um transparente und breit diversifizierte Produkte. Wenn Sie beispielsweise einen ETF auf den DAX handeln, so sind Sie stets Anteilseigner an exakt den Aktien, welche zum aktuellen Zeitpunkt durch den DAX repräsentiert werden. Jeder ETF verfügt über ein sogenanntes Factsheet, welches Sie einsehen können. Über dieses können Sie sich detaillierte Informationen über den jeweiligen Fonds einholen.

4. ETFs gehören zu den liquidesten Produkten am Markt. Ihr Handelsvolumen und die teils milliardenschweren Fondsvolumina ermöglichen Ihnen einen Handel zu fairen Preisen. Da der Handel direkt über die Börse stattfindet, profitieren Sie von den den standardisierten und streng überwachten Regularien der internationalen Börsen.

5. Bei den in ETFs angelegten Geldern handelt es sich um Sondervermögen. Dieses wird treuhändisch von einer Depotbank verwahrt und ist vom Vermögen der Fondsgesellschaft getrennt. Dies hat den Vorteil, dass Ihr Kapital auch bei einer Insolvenz der Gesellschaft, welche den Fonds herausgegeben hat, geschützt ist.

6. Zahlreiche Broker bieten Ihnen die Möglichkeit zum kostenlosen Fondssparen an. Sie können hierdurch transaktionskostenfrei eine monatliche Sparrate auf Ihr ETF Portfolio einzahlen. An Kosten entstehen Ihnen somit nur die am Jahresende fällig werdenden Fondsgebühren, welche, wie bereits beschrieben, als marginal zu bezeichnen sind.

7. Die schiere Auswahl an ETFs ermöglicht Ihnen ein zielgenaues Investieren in die von Ihnen präferierten Märkte. Wenn Sie beispielsweise daran interessiert sind, möglichst breit diversifiziert in die größten Unternehmen der Industrieländer zu investieren, so genügt beispielsweise eine Anlage in einen ETF auf den MSCI World Index, welcher etwa 1.600 verschiedene Aktien aus 23 Industrieländern widerspiegelt. Doch auch speziellere Produkte wie branchenbezogene ETFs, welche ausschließlich in beispielsweise erneuerbare Energien, künstliche Intelligenz oder Cloud Computing investieren, stehen Ihnen zur Auswahl.

8. Neben ETFs auf Aktienindizes existieren ebenso zahllose passive Fonds, welche in Unternehmens- und Staatsanleihen investieren. Gerade letztere stellen eine interessante Abrundung Ihres Portfolios dar, wenn es darum geht, Ihre Renditechancen ein wenig zugunsten von äußerst sicheren Staatsanleihen zu mindern.

9. Ferner bieten Ihnen ETFs auf Basis von REITs die Möglichkeit, direkt in Immobilien zu investieren. Dies kann gerade für dividendenorientiere Anleger äußerst interessant sein. Darüber hinaus existieren sogenannte ETCs, „Exchange Traded Commodities“. Dies sind passive Fonds, welche einen zugrunde liegenden Rohstoff kaufen beziehungsweise direkt in diesen investieren. Wenn Sie also möglichst kostengünstig vom Goldkurs profitieren möchten, so stellen ETCs eine absolut akzeptable Alternative zu den sehr finanzintensiven Futures dar. Beachten Sie jedoch unbedingt, dass es sich bei Vermögen, welches in ETCs investiert ist, nicht um das zuvor angesprochene Sondervermögen handelt und Sie mit Ihrem Investment in ETCs daher dem Emittentenrisiko ausgeliefert sind. Bei einer Insolvenz der herausgebenden Fondsgesellschaft verlieren Sie entsprechend Ihr eingesetztes Kapital.

5.2.3
DAS SOLLTEN SIE BEI DER AUSWAHL VON ETFS BEACHTEN

Ich möchte Ihnen an dieser Stelle selbstverständlich auch die Nachteile von ETFs nicht vorenthalten, welche von den namhaften Experten, welche Ihnen zu Investments ausschließlich in ETFs raten, gern verschwiegen oder nicht genügend transparent dargestellt werden. Auch möchte ich hier potenzielle Fehler beim Anlegen in passiv gemanagte Fonds ansprechen, um zu vermeiden, dass sich bei Ihnen falsche Erwartungen in Bezug auf Investitionen in ETFs etablieren.

1. Wenn Sie in einen neuen ETF investieren, so seien Sie achtsam, dass dieser auch wirklich exakt das abbildet, was von Ihnen erwartet wird. Gerade Rohstoff ETCs enthalten, entgegen der Annahme, dass diese nur in den reinen Rohstoff investieren würden, gern auch Unternehmen, welche den jeweiligen Rohstoff produzieren.

2. Bezugnehmend auf Punkt 1 rate ich Ihnen, gerade bei Nachhaltigkeits-ETFs kritisch deren Aktienzusammensetzung zu prüfen. Nicht selten enthalten diese Fonds auch Unterneh-

men, welche zumindest passiv an der Rüstungsindustrie oder ähnlichem partizipieren. Wenn Sie gern in einen zukunftsorientierten und ethisch wertvollen Markt investieren möchten, so sind ETFs ein hervorragendes Mittel, um dies breit diversifiziert zu tun. Seien Sie jedoch achtsam und stellen sicher, dass Ihr Geld in Unternehmen landet, welche es Ihres Erachtens nach auch wirklich wert sind.

3. Auch durch diese Art der Recherchearbeit werden Sie nie die volle Kontrolle darüber haben, in welche Aktienunternehmen im Genauen Sie investiert sind. Auch die in einem Index enthaltenen Werte verändern sich von Zeit zu Zeit und es ist nicht Sinn des passiven Investierens, dies permanent zu kontrollieren. Viele Indizes, allen voran der MSCI World, sind schlicht zu groß und enthalten zu viele Werte, um hier eine genaue Übersicht zu behalten, welche Firmen zum jeweiligen Zeitpunkt durch den Index abgebildet werden. Wenn Sie die komplette Kontrolle über die genaue Steuerung Ihres Finanzflusses haben möchten, so werden Sie nicht darum herum kommen, in Einzelaktien zu investieren.

4. Achten Sie dringend auf die Gewichtung innerhalb eines Indexes. Wenn Sie beispielsweise der Auffassung sind, durch ein Investment in den MSCI World eine gleichmäßige Investmentverteilung über den kompletten Globus erreicht zu haben, so liegen Sie falsch. 63 % des Weltindex werden durch US-Aktien repräsentiert. Dies macht auch durchaus Sinn, da die US-Märkte, wie zuvor beschrieben, die stärksten Aktienmärkte der Welt darstellen. Doch aus der Sicht vieler Anleger wird dieses Investment bereits ein Klumpenrisiko darstellen, da die amerikanischen Märkte zu einem größeren Anteil berücksichtigt werden als ursprünglich von ihnen gewünscht war. Auch bei einer Geldanlage in einen Staatsindex wie dem S&P 500 ist auf die Gewichtung der Einzelaktien zu achten. Der S&P 500 ist der bedeutendste Index der Vereinigten Staaten und repräsentiert die 500 größten Unternehmen des Landes. Doch allein die drei Firmen Apple, Microsoft und Amazon bilden zusammen über 10 % der Gewichtung des Indexes, obwohl Sie quantitativ nur 0,6 % von dessen Unternehmen ausmachen. Sie sind damit entsprechend maßgeblich verantwortlich für die Gesamtbewegung des S&P 500.

5. Gerade in Zeiten massiver Aktiencrashs sind ETFs oftmals nicht schnell genug, um den Index mit größtmöglicher Genauigkeit abzubilden und performen daher üblicherweise in solchen Phasen etwas schlechter als der zugrundeliegende Index.

6. Ferner ist davon auszugehen, dass solche panikartigen Abwärtsbewegungen in Zukunft noch massiver ausfallen werden, was zum Teil auch den ETFs geschuldet ist. Wenn das enorme Kapital, welches mittlerweile in ETFs gebündelt ist, zeitgleich von der Mehrzahl der Anleger abgezogen wird, so finden sich in solchen Momenten keine Käufer mehr und es werden nicht nur die betreffenden Krisenunternehmen abgestraft, sondern der gesamte Markt und somit auch die gesunden Unternehmen, was ernstzunehmende wirtschaftliche Folgen mit sich bringen kann.

7. ETFs verstehen sich als passives Handelsinstrument und sollten auch als solches gehandelt werden. Zum Spekulieren eignen sich Futures bedeutend besser. Betrachten Sie Ihre ETFs stets als Langfristinvestment. Wenn Sie sich nach Ihrer Recherche für einen ETF entschieden haben, so halten Sie möglichst an diesem fest und betreiben kein sogenanntes "ETF Hopping". Nur, weil Sie möglicherweise ein halbes Jahr später einen Fonds gefunden haben, welcher noch 0,3 % weniger Provisionskosten verursacht, so sollten Sie dies nicht als Grund nutzen, um Ihren Plan zu verändern. Beachten Sie unbedingt auch die Transaktionskosten. Diese fallen zwar bei einem Sparplan in aller Regel weg, bei Einzelinvestitionen in passive Fonds betragen sie allerdings zumeist um die 4 Dollar beim Eröffnen und Schließen des Trades. Diese Kosten summieren sich schneller, als Sie denken und mindern entsprechend Ihre Rendite erheblich, was gerade bei kleineren Konten sehr stark ins Gewicht fällt. Vertrauen Sie Ihrem ETF daher und halten diesen so lange es Ihnen möglich ist.

5.2.4
DIE FONDSKATEGORIEN

Wie lassen sich Fonds kategorisieren? Auch Fonds, sowohl passive als auch aktive gemanagte, lassen sich nach bestimmten Kriterien in Kategorien einordnen. Ähnlich wie bei Aktien, kann ein Fonds dabei selbstverständlich in mehrere Rubriken gleichzeitig eingeordnet werden. Das wohl wichtigste Kriterium bei der Klassifizierung eines Fonds ist natürlich die zugrundeliegende Anlageklasse. Die beiden wohl bekanntesten und wichtigsten Fondstypen sind Aktienfonds und Anleihenfonds. Darüber hinaus existieren Immobilienfonds, Edelmetallfonds, Rohstofffonds, Geldmarktfonds sowie, insbesondere bei der geschlossenen Form, Fonds, welche in Gegenstände von Wert, wie zum Beispiel Kunst, investieren. Während ETFs sich in aller Regel auf eine bestimmte Anlageklasse beziehen, so kommt es bei aktiv gemanagten Fonds häufig vor, dass der Fondsmanager, je nach Risikoprofil, eine Vielzahl verschiedener Anlageklassen in das Fondsportfolio aufnimmt.

So können beispielsweise Fonds, welche ein hohes Maß an Sicherheit zum Ziel haben, vornehmlich in Staatsanleihen investieren, jedoch durchaus auch einen Teil an Aktien im Depot halten. Als Investor in ETFs müssen Sie diese Asset Allocation selbst zusammenstellen. Unter diesem Fachbegriff, welcher auf Deutsch „Anlageallokation“ bedeutet, versteht man die Zusammensetzung Ihres Gesamtportfolios. Eine weit verbreitete und sehr einfache Asset Allocation wäre zum Beispiel die Investition in einen ETF auf europäische und US Staatsanleihen, einen ETF auf den MSCI World Index sowie

einen ETF auf den MSCI Emerging Markets Index, welcher Werte aus schnell wachsenden Schwellenländern abbildet. Während die Anleihen den sicheren Anlageanteil bilden, sind die Aktien ETFs, vor allem der Emerging Markets Fonds, eher auf größere Gewinnchancen ausgerichtet. Ihr Portfolio könnte nun zu 25 % die Staatsanleihen ETFs halten, weitere 50 % macht der MSCI World ETF aus und die restlichen 25 % investieren Sie in den MSCI Emerging Markets. Auch die regionale Komponente spielt bei der Auswahl eines Fonds eine bedeutende Rolle. So können Sie beispielsweise in einen Aktienfonds investieren, welcher sich ausschließlich an Unternehmen im asiatischen Raum beteiligt.

Alternativ wäre es möglich, einen Anleihenfonds zu erwerben, der Staatsanleihen der solventen europäischen Länder erwirbt. Ein drittes Beispiel wäre ein Immobilienfonds, welcher Objekte ausschließlich in Nordamerika verwaltet. Natürlich existiert ebenso eine Vielzahl an Fonds, welche global ausgerichtet sind und Investitionen auf der gesamten Welt tätigen. Die einzelnen Anlageklassen der Fonds lassen sich nunmehr wiederum unterteilen. Ich möchte Ihnen hier einen groben Überblick geben, jedoch darauf hinweisen, dass es natürlich weitaus mehr als die hier aufgeführten Möglichkeiten gibt, in ETFs und aktiv gemanagte Fonds zu investieren. Da letztere wie bereits angesprochen oftmals auch verschiedene Anlageklassen gleichzeitig halten, treffen die folgenden Beispiele vornehmlich auf ETFs zu:

AKTIENFONDS

Die aktienbezogenen ETFs bilden stets einen Index nach. Dies hat dazu geführt, dass die herausgebenden Fondsgesellschaften in den letzten Jahren sehr kreativ bei der Erfindung neuer Indizes geworden sind. Dies hat für uns

Investoren durchaus Vorteile, da so sehr gezielte Investments in Branchen und Regionen getätigt werden können. Die ursprüngliche Idee des ETFs war, dem privaten Anleger eine Möglichkeit zu schaffen, in die großen und etablierten Leitindizes zu investieren. Heutzutage existieren jedoch auch kategorisch spezialisierte Indizes mit jeweils einer Vielzahl an ETFs, welche diese abbilden.

SO KÖNNEN SIE NUN PASSIVE AKTIENFONDS ERWERBEN, WELCHE:

1. regional begrenzt sind, also beispielsweise nur in Aktien aus Deutschland, Ostasien, Nordamerika oder der ganzen Welt investieren.

2. in bestimmte Branchen investieren, zum Beispiel erneuerbare Energien, künstliche Intelligenz, Haushaltswaren oder Edelmetallminen.

3. in Aktien investieren, die eine beständige und lukrative Dividende ausschütten.

4. ausschließlich in Wachstumsmärkte, also vornehmlich Growth Aktien, investieren.

5. mit den Werten einer bestimmten Religion konform gehen.

6. ausschließlich in Large Cap, Mid Cap oder Small Cap Unternehmen investieren.

7. eine spezielle Anlagestrategie verfolgen.

Sie sehen, dass Sie durch das breite Spektrum an vorhandenen Indizes die Möglichkeit haben, sehr gezielt in die Art von Aktienfonds zu investieren, welche Ihren gewünschten Kriterien und Vorlieben am ehesten entspricht.

ANLEIHENFONDS

Die wohl am weitesten verbreiteten Anleihefondstypen sind Unternehmensanleihen sowie Staatsanleihen. Gerade die Staatsanleihe gilt seit jeher als äußerst sicheres Investment, vorausgesetzt, Sie leihen Ihr Geld einem solventen und zahlungsfähigen Land. Große Ratingagenturen wie Standard and Poor's oder Moody's nehmen regelmäßig Bewertungen der Kreditwürdigkeit einzelner Staaten vor, welche auch entsprechend großen Einfluss auf die Risikoprofile und damit Zinssätze der Anleihen für die jeweiligen Länder haben. Ähnlich wie bei Aktienfonds können auch ETFs auf Anleihen regional kategorisiert werden. Dies gilt sowohl für Unternehmens- als auch für Staatsanleihen. Überdies haben Sie die Möglichkeit, in sogenannte Aggregat Anleihen zu investieren. Diese konzentrieren sich zumeist auf eine bestimmte Region wie die Eurozone und investieren in dieser sowohl in Unternehmens- als auch in Staatsanleihen. Dem zugrunde liegen eigens für diesen Zweck entwickelte Indizes, wie zum Beispiel der Bloomberg Barclays Euro Aggregate Enhanced Yield Bond Index, ein wahrer Zungenbrecher.

Darüber hinaus haben Sie die Möglichkeit, Anleihen in Fremdwährungen zu erwerben. Dies kann zu einer zusätzlichen Diversifikation Ihres Portfolios beitragen, da Sie nun einen Teil Ihres Kapitals zur Investition in die Anleihe in die jeweilige Fremdwährung umwandeln müssen und die Zinsen entsprechend auch in dieser Fremdwährung ausgezahlt werden. Es sollte stets wohlüberlegt sein, kann sich jedoch als absolut sinnvoll gestalten, diverse Währungen auf dem Anlagekonto zu halten.

EDELMETALLFONDS

Die Investition in ETCs (Exchange Traded Commodities) auf Edelmetalle kann eine sehr sinnvolle Alternative zum physischen Kauf darstellen. Zumeist sind diese physisch besichert, dies bedeutet, die herausgebende Fondsgesellschaft kauft mit dem kompletten verfügbaren Anlagekapital das jeweilige Edelmetall und sorgt für dessen Verwahrung. Viele ETC Anbieter, wie zum Beispiel die Schweizer UBS Bank, bieten dem Investor sogar die Möglichkeit, auf Anfrage und gegen eine Gebühr die physische Auslieferung seines Edelmetallanteils zu veranlassen.

DIESER HANDEL BRINGT DEM ANLEGER DREI WESENTLICHE VORTEILE:

1. Bevor Sie als Endkunde einen Goldbarren kaufen können, steht diesem ein umfangreicher Produktions- und Lieferprozess bevor. Das Gold muss in einer Mine abgebaut werden und darauffolgend zu einer Raffinerie oder Scheideanstalt geliefert werden. Hier wird es mittels eines Elektrolyseverfahrens zu Feingoldgranulat umgewandelt. Anschließend muss es geschmolzen werden, um dann in seine jeweilige Form geprägt werden zu können. Schließlich wird das Edelmetall in großen Stückzahlen an Banken und Großhändler verkauft und zumeist über den Seeweg verschifft. Diese wiederum verkaufen es an Einzelhändler und Onlineshops weiter und liefern dieses an die entsprechenden Stellen aus. Erst dann kann der Endkunde seine Goldmünze oder den Goldbarren erwerben. Sie sehen also, auf dem Weg von der Mine bis in Ihre Hände entsteht eine Menge Arbeitsaufwand und viele Menschen müssen bezahlt werden. Dieser Aufwand schlägt sich selbstverständlich im Preis und im Spread nieder. Dies

bedeutet, dass Sie den Goldbarren zu einem verhältnismäßig hohen Preis kaufen und Ihr potenzieller Verkaufspreis zum gleichen Zeitpunkt deutlich unter Ihrem Kaufpreis liegt. Für die aktuell günstigste 1oz Krügerrand Goldmünze zahlen Sie zur aktuellen Stunde 1.683 Euro. Möchten Sie eben jene Münze verkaufen, so liegt der beste Preis, welcher Ihnen momentan geboten wird, bei 1.628 Euro. Der Spread liegt also bei 55 Euro. Der Goldpreis in Euro muss also in etwa um diesen Wert steigen, damit Sie Ihren Krügerrand zum Einkaufspreis wieder veräußern könnten. Das entspricht einem Kursanstieg von gut 3 %, um den Breakeven-Punkt zu erreichen. Hier beweist sich nochmals, dass sich physisches Edelmetall ausschließlich als sehr langfristige Anlage und zur Wertesicherung, weniger aber zur Spekulation eignet. Im Goldkurs ist dieser lange Produktions- und Lieferprozess allerdings nicht eingepreist. Daher beträgt der Spread bei ETCs zumeist nur wenige Cent, Sie bezahlen also stets einen deutlich besseren Preis für das Edelmetall an der Börse im Vergleich zum physischen Kauf.

2. Der zweite Vorteil ist die einfache Handelbarkeit. Während Sie beim physischen Kauf den Weg zum Edelmetallhändler auf sich nehmen müssen oder im Falle eines Onlinekaufes die Lieferkosten zu tragen haben, können Sie einen ETC direkt über Ihr Brokerkonto ankaufen und auch wieder verkaufen. Gerade auch der Verkaufsprozess kann sich bei physischem Edelmetall als schwierig darstellen. Sie müssen Ihre Ware zunächst einschicken und diese wird einer genauen Prüfung unterzogen. Bereits kleinere Makel oder Kratzer an einer Münze oder einem Barren können zu erheblich schlechteren Ankaufspreisen der Edelmetallhändler führen. Ihren ETC hingegen verkaufen Sie mit wenigen Klicks und zum bestmöglich verfügbaren Börsenkurs bei sehr geringen Gebühren.

3. Als dritter Vorteil stellt sich die Steuer dar. Dies trifft nicht auf das in Deutschland steuerfrei gehandelte Gold zu, jedoch auf Silberbarren und im Allgemeinen auf Platin und Palladium. Gerade bei den Industriemetallen ist ein physischer Kauf aufgrund der veranschlagten Mehrwertsteuer von 19 % kaum sinnvoll. Diese fällt natürlich bei dem Erwerb von Edelmetallfonds gänzlich weg.

DOCH NATÜRLICH BIETET AUCH DER BESITZ VON PHYSISCHEM EDELMETALL BEDEUTENDE VORTEILE GEGENÜBER DEM BÖRSENGOLD:

In Deutschland ist es Ihnen nach wie vor gestattet, Edelmetalle bis zu einem Wert von 9.999 Euro vollständig anonym und ohne Rechnung zu erwerben. Bei einem Börsenkauf ist diese Transaktion natürlich gänzlich dokumentiert und nachvollziehbar. Der große Vorteil von Edelmetallen, eine ständige Notreserve zu besitzen, mit welcher man auch in der größten Krisenzeit liquide ist und Zahlungen vornehmen kann, ist beim Besitz eines ETCs natürlich nur sehr stark eingeschränkt vorhanden. Zwar bieten Ihnen die meisten herausgebenden Fondsgesellschaften, wie bereits angedeutet, die Möglichkeit zur physischen Auslieferung, jedoch sind Sie hier immer auf deren Kulanz angewiesen und können nicht einfach Ihren eigenen häuslichen Safe aufschließen, um an Ihre Reserven zu gelangen. Abschließend sei als Nachteil das Emittentenrisiko zu nennen. Im Gegensatz zu ETFs, welche wie bereits angesprochen als Sondervermögen gelten und auch bei einer Insolvenz der Fondsgesellschaft in Ihrem Besitz bleiben, ist Ihre Investition in ETCs zu 100 % verloren, sollte der Emittent des Fonds bankrottgehen. Für die langfristige Investition in Edelmetalle zum Zwecke der Notreserve eignen sich also nach wie vor physische Metalle besser. Zur Portfoliodiversifikation oder der kurz- bis mittelfristigen Preisspekulation sind hingegen ETCs die aktuell beste Option am Markt.

ROHSTOFFFONDS

Mit dem Aufkommen von Rohstoff ETCs haben Sie nun die Möglichkeit, auch mit geringem Kapitalaufwand von den Preisbewegungen der Rohstoffe zu profitieren. Auch hier unterliegt Ihr Kapital dem Emittentenrisiko, die investierte Summe ist also im Falle einer Insolvenz der Fondsgesellschaft komplett verloren. Auch müssen Sie beachten, dass Rohstoffe nachvollziehbarerweise aufgrund von Lagerschwierigkeiten und Haltbarkeit nicht physisch gekauft werden können, sondern die ETCs auf Swap-Basis gehandelt werden. Was dies bedeutet, erläutere ich ausführlich im kommenden Kapital über die Analyse und Auswahl von Fonds. Im Verhältnis zu Futures, welche wir in einem späteren Kapitel noch ausführlich behandeln werden, sind ETCs auch für kleinere Konten gut handelbar. Beachten sollten Sie jedoch die weitaus höheren Gebühren und Transaktionskosten sowie je nach Rohstoff und Fonds eine bedeutend geringere Liquidität. Sollten Sie über ein Vermögen von mehr als 20.000 Euro verfügen, welches Ihnen für den Rohstoffhandel zur Verfügung steht, so sind Futures in jedem Fall das geeignetere Handelsinstrument.

Auch ist die Auswahl an Rohstoffen am Futuremarkt im Verhältnis zu vorhandenen ETCs ungleich größer.Von einem längerfristigen Investment in Rohstoff ETCs möchte ich Ihnen an dieser Stelle dringend abraten. Da sich diese, wie oben beschrieben, auf die entsprechenden Futures des Rohstoffes beziehen, entstehen von Zeit zu Zeit sogenannte Rollgewinne oder Rollverluste, welche die Rendite auf lange Sicht maßgeblich verzerren können. Da es sich bei Futures um Terminkontrakte handelt, haben diese ein bestimmtes Ablaufdatum. Wenn ein Investor den Future über dieses Datum hinaus halten möchte, so wird er in den jeweils nächsten Kontrakt rollen müssen. Das bedeutet, er verkauft den aktuellen Future, um dafür einen Kontrakt mit einer längeren Laufzeit zu kaufen. In aller Regel hat

dieser jedoch einen höheren Preis, da dem Verkäufer aufgrund der längeren Zeitspanne Lager- und Verwaltungskosten für den Rohstoff entstehen. Diese Differenz zwischen aktuellem Kontrakt und jeweils nächstem Kontrakt wirkt sich unmittelbar auf die Rendite eines ETCs auf den Rohstoff aus.

FOLGENDE ROHSTOFFE KÖNNEN SIE ÜBER ETCS HANDELN:

Das US-amerikanische WTI-Rohöl, das aus der Nordsee stammende Brent-Öl, Erdgas, die vier Edelmetalle Gold, Silber, Platin und Palladium sowie darüber hinaus die Industriemetalle Kupfer, Aluminium, Nickel, Blei und Zink, die Getreide Weizen, Mais, Sojabohnen sowie Sojaöl, die sogenannten Soft Commodities Kakao, Kaffee, Zucker und Baumwolle sowie schlussendlich die Fleischsorten Schwein und Lebendrind. Die Edelmetall ETCs mit physischer Deckung können Sie dabei problemlos als Langfristinvestment halten, während alle anderen Rohstoffe nur spekulativ auf kurzfristiger Basis aufgrund der beschriebenen Rollverluste gehandelt werden sollten. Achten Sie bei dem jeweils von Ihnen ausgewählten Fonds auf dessen Liquidität, um sicherzustellen, dass Sie aufgrund zu geringen Handels auch den von Ihnen gewünschten Preis erhalten. Angenommen, Sie platzieren eine Market Kauforder für einen Zucker ETC, dessen aktueller Preis bei 5 Dollar liegt.

Der Broker wird nun zum nächstbesten verfügbaren Preis den Fonds für Sie kaufen. Wenn dieser allerdings nur wenig gehandelt wird, so kann es vorkommen, dass erst bei 5,50 Dollar der nächste Händler bereit ist, den Zucker ETC zu verkaufen und Sie damit einen um 50 Cent pro ETC teureren Kaufkurs erhalten. Auch sollten Sie sich darüber im Klaren seien, dass sich Rohstoffe, abgesehen von Edelmetallen, aus einem weiteren Grund nicht als Langfristinvestment eignen. Es handelt sich im Gegensatz zu Aktien, deren Kurse auf lange

Sicht fast immer steigen, um sogenannte Range Märkte. Dies bedeutet, dass ihr Preis auf lange Sicht dazu neigt, zwischen zwei Extremwerten zu schwanken.

BETRACHTEN SIE ZUR VERDEUTLICHUNG DEN MONATSCHART VON ZUCKER SEIT MITTE DER 70ER JAHRE:

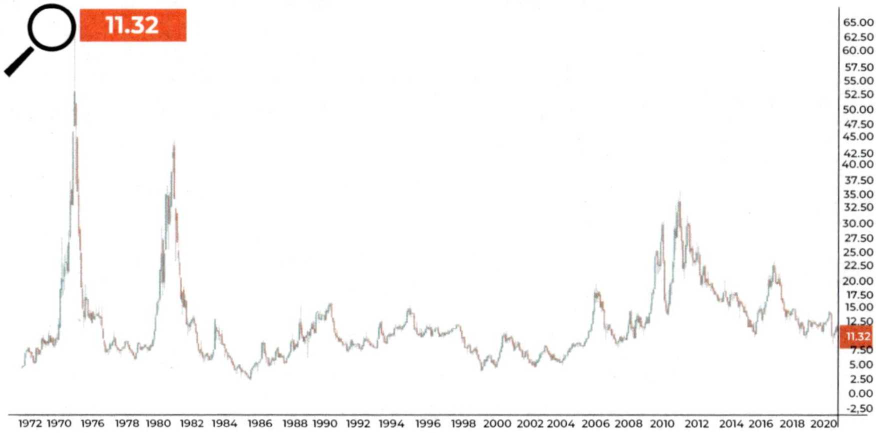

Quelle: Tradenavigator Charts SB Continuous Futurekontrakt

Sollten Sie jedoch über ein geeignetes System zum Handel von Rohstoffen verfügen, so bieten sich ETCs als alternatives Handelsinstrument zu Futures auf kurzfristiger Basis durchaus an.

IMMOBILIENFONDS

Im Falle des Immobilienfonds gilt es, sehr darauf zu achten, welche Art von Anlageklasse der Fonds überhaupt hält. Es sind daher drei verschiedene Kategorien zu unterscheiden: der Aktienimmobilienfonds, welcher Aktien von Unternehmen hält, die direkt in der Verwaltung und Vermietung von Immobilien tätig sind, den REIT, ein Immobilien-ETF, dessen Anteilseigner direkt Besitzer bestimmter Immobilien sind sowie die Mischform beider Welten, also Fonds, welche sowohl selber

Immobilien als auch Aktien von Immobiliengesellschaften halten. Auch bei Immobilienfonds, insbesondere den passiv gemanagten, können Sie sehr genau steuern, in welche Regionen oder Länder Sie investieren möchten. Ob Sie dabei Unternehmensanteilseigner sein möchten oder einen Anteil der Immobilien selbst besitzen wollen, ist dabei eine Frage Ihrer persönlichen Präferenz. Ähnlich einem Aktionär sind Sie auch als Besitzer eines REITs nicht an der laufenden Verwaltung Ihrer Immobilien beteiligt, für diese Aufgaben beschäftigt der Fonds einen Stab aus Angestellten, welche sich um diese Geschäfte kümmern.

Der Vorteil von REITs ist, dass Sie sehr gezielt in bestimmte Immobilientypen investieren können und diese, wie bereits erwähnt, regional filterbar sind. So ist es beispielsweise möglich, in industriell genutzte Gewerbehallen in den Vereinigten Staaten zu investieren. Oder Sie entscheiden sich für ein Investment in Urlaubs- und Ferienanlagen im Mittelmeerraum. Auch Bürogebäude in Deutschland würden zur Auswahl stehen. Die weit überdurchschnittlich hohen Dividenden, welche REITs allein von Gesetzes wegen auszuzahlen haben, sind ein sehr attraktives Argument für diese Art von Geldanlage. Die so erzielte Rendite ist vergleichbar mit den entsprechenden Mietrenditen, welche Sie auch als direkter Eigentümer einer Immobilie erzielen würden. Sie müssen sich jedoch nicht um unliebsame Mieter kümmern und profitieren von den einfachen Kauf- und Verkaufsmöglichkeiten eines börsengehandelten Fonds. Achten Sie jedoch darauf, dass Sie Immobilienfonds keinen allzu großen prozentualen Anteil an Ihrem Portfolio zukommen lassen, denn es handelt sich um risikoreiche Investments. Auch hier möchte ich die derzeitige, durch das Corona Virus ausgelöste Krise als Beispiel heranziehen. Diese hat durch den ausfallenden Tourismus dafür gesorgt, dass zahlreiche REITs, welche sich auf Hotel- und Ferienobjekte spezialisiert haben, kurz vor der Insolvenz stehen oder diese

bereits anmelden mussten. Bei den starken Mitbewerbern, welche die Krise überstehen werden, bieten sich nun aber entsprechend großartige Kaufgelegenheiten.

GELDMARKTFONDS

Die letzte Fondskategorie, welche ich Ihnen gern vorstellen möchte, sind die sogenannten Geldmarktfonds. Diese werden im Falle der passiv gemanagten Börsenfonds in Form sogenannter ETNs gehandelt, was die Abkürzung für „Exchange Traded Notes“ darstellt. Dies gibt dem Investor die Möglichkeit, diese Börsenprodukte nach demselben, einfachen Konzept über das Brokerkonto an der Börse zu handeln, wie auch den ETF, es handelt sich jedoch um etwas anders strukturierte Finanzprodukte. Sie werden als leitende Schuldverschreibungen von der Fondsgesellschaft emittiert. Im Gegensatz zu dem ETF, welchem ein tatsächliches Wertpapier in Form einer Aktie oder Anleihe zugrunde liegt, kauft der Investor mit einem ETN ein Schuldprodukt, welches einer Anleihe ähnelt. Diese werden von einer Bank mit hoher Bonität gesichert. Über diese ETNs haben Sie nun die Möglichkeit, auf einfache Weise in Geldmarktprodukte zu investieren.

FOLGENDES SIND DIE FÜR PRIVATANLEGER WICHTIGSTEN KATEGORIEN IM FALLE DER GELDMARKTFONDS:

1. **ETNs auf Devisenkurse.** Wenn Ihnen die Investition in die hochkapitalisierten Forex Märkte zu komplex erscheint oder Sie von deren Hebelwirkungen abgeschreckt sind, so sind ETNs eine attraktive Alternative, um auf das Kursverhältnis zweier Währungen zu setzen. So könnten Sie beispielsweise in einen ETN investieren, dessen Wert steigt, wenn der Preis

des Euros im Verhältnis zum US-Dollar steigt. Im Verhältnis zu den Forexmärkten, in denen solche Geschäfte normalerweise getätigt werden, ist die Auswahl an verfügbaren Währungs-ETNs jedoch stark eingeschränkt und diese sind deutlich weniger liquide.

2. ETNs auf Kryptowährungen. Zum aktuellen Zeitpunkt haben Sie drei Möglichkeiten, wenn Sie von den Kursen der Kryptowährungen profitieren möchten: Entweder, Sie investieren direkt in diese und kaufen sich von Ihrem Vermögen beispielsweise Bitcoins. Dieser Prozess ist allerdings nicht unaufwändig, da Sie zunächst ein Wallet an einer Kryptobörse eröffnen müssen, was in etwa einem Bankkonto entspricht. Zudem ist gerade die bekannteste Kryptowährung, der Bitcoin, sehr preisintensiv.

Die zweite Möglichkeit sind sogenannte CFDs. Hierbei schließen Sie eine Preiswette gegen Ihren Broker ab, was generell für die Spekulation auf lange Sicht nicht zu empfehlen ist. Mehr zu der Thematik CFDs und Kryptowährungen erfahren Sie in dem Kapitel über Sondermärkte und -instrumente.

Die dritte Variante sind nun die ETNs. Zum aktuellen Zeitpunkt stellen Sie die attraktivste und komfortabelste Lösung für Privatanleger dar, um in Kryptowährungen zu investieren. Es sei jedoch erwähnt, dass es sich um eine noch sehr junge Anlageklasse handelt und die Liquidität mitunter im nicht akzeptablen Bereich liegt. Achten Sie daher vor dem Kauf eines ETNs stets auf dessen Handelsvolumen, um sicherzustellen, dass Sie in jedem Fall einen Käufer finden, wenn Sie Ihren Fonds wieder veräußern möchten.

3. ETNs auf Volatilitätsprodukte. Unter Volatilität versteht man im Allgemeinen die Schwankung von Preisen. Eventuell haben Sie schon einmal von dem VIX Index gehört. Dieser ist der wohl bekannteste einer Vielzahl von sogenannten Volatilitätsindizes. Er misst die kurzfristig erwartete Schwankungsintensität des S&P 500 Index. Sollte es an den Aktienmärkten zu unruhigen Zeiten oder unvorhersehbaren Ereignissen kommen, welche eine gewisse Panik an den Märkten verursachen, so steigt der Kurs des VIX. Dies bedeutet für die Anleger, dass mit einer erhöhten Schwankungsbreite der Märkte zu rechnen ist und sich eventuell eine Absicherung oder gar Liquidierung offener Positionen lohnen könnte. Über ETNs sind Sie nun in der Lage, direkt auf Basis des Kurses eines Indexes wie dem VIX spekulative Trades einzugehen. Dieses Vorgehen ist jedoch nur professionellen Händlern mit viel Markterfahrung zu empfehlen. ETNs bieten sich demzufolge als sehr sichere und einfach zu handhabende Alternativen an, um in die Bewegungen der Geldmärkte zu investieren. ETFs performen aufgrund der Transaktionskosten, welche entstehen, wenn der Fonds die zugrundeliegenden Werte kauft und verkauft, stets etwas schlechter als der zugehörige Index. Diese Performancedifferenz zwischen ETF und Index bezeichnet man als Tracking-Error. Dieses Phänomen tritt bei ETNs nicht auf, da sie synthetisch gebildet werden und den zugrundeliegenden Index daher sehr genau abbilden können.

SIE SOLLTEN JEDOCH ZWEI DINGE BEDENKEN:

1 Im Gegensatz zu den meisten ETFs sind ETNs nicht physisch besichert. Wie bereits erwähnt, erwerben Sie eine Schuldverschreibung bei dem Anbieter des Fonds und sind entsprechend von dessen Solvenz abhängig. Im Falle eines Bankrotts der Fondsgesellschaft verlieren Sie, genau wie bei

den zuvor besprochenen ETCs, Ihr eingesetztes Kapital. Da es sich hierbei zumeist um sehr stark kapitalisierte Unternehmen und Großbanken handelt, ist dieses Risiko als äußerst gering einzustufen, die Vergangenheit hat jedoch bewiesen, dass auch vermeintlich solide Banken nicht unfehlbar sind.

2 Der zweite Sachverhalt, den es zu beachten gilt, ist, wie bereits angedeutet, die Liquidität der meisten ETNs. Da diese Finanzprodukte noch relativ neu am Markt sind, existieren zum jetzigen Zeitpunkt weitaus mehr ETFs als ETNs. Aufgrund des geringen Handelsvolumens sind daher viele aus meiner Sicht sehr innovative ETNs derzeitig noch nicht sicher handelbar. Prüfen Sie stets die Liquidität eines Fonds, bevor Sie ein Investment in diesen in Betracht ziehen. Es muss sichergestellt sein, dass Sie zu einem fairen Preis einen Abnehmer finden, sobald Sie Ihre Position wieder liquidieren möchten.

5.2.5 PASSENDE ETFS FINDEN UND ANALYSIEREN

Wie finde ich den für mich passenden ETF und analysiere diesen? Für die Suche nach dem für Sie passenden ETF hat sich die Website justetf.com als feste Größe im deutschsprachigen Raum etabliert. Eine Alternative bietet das Portal extraetf.com. Diese Anbieter offerieren Ihnen eine gut gegliederte Suchmaske mit diversen Parametern und Filtern. Sie haben außerdem die Möglichkeit, ein individuelles Demoportfolio anzulegen, für dieses die prozentualen Anteile jedes enthaltenen ETFs festzulegen und dessen Renditeentwicklung zu analysieren und zu beobachten. Sofern Sie nicht über tiefergehende Analysetools verfügen möchten, ist dieser Service für Sie kostenlos. Ich möchte Ihnen nun die Parameter vorstellen, auf welche Sie bei der Auswahl des richtigen ETFs achten sollten.

TER IN %

TER steht für „Total Expense Ratio“. Es handelt sich dabei um die Gesamtkostenquote des ETFs, also dessen jährliche Gebühren, welche Sie an die Fondsgesellschaft zu zahlen haben. Hierbei handelt es sich um die laufenden Kosten für die Haltung des ETFs. Zwar ist darauf zu achten, dass die TER einen möglichst niedrigen Wert aufweist, jedoch bedeutet dies nicht, dass ein Fonds mit einer geringen TER auch zwangsläufig eine bessere

Rendite erzeugt. Ferner sind in der TER nicht alle tatsächlichen Kosten des Fonds enthalten. Nur die TCO, die Total Cost of Ownership, spiegelt grundsätzliche alle anfallenden Kosten des ETFs wider. Hierzu zählen die Börsentransaktions- und Spreadgebühren, welche anfallen, wenn ein physisch replizierender Fonds Wertpapiere umschichtet oder neu erwirbt. Bei synthetisch replizierenden ETFs fällt hingegen eine sogenannte Swap-Gebühr an. Auch anfallende Steuern werden in der TCO berücksichtigt. Dennoch findet dieser Wert kaum Beachtung und ist üblicherweise auch nicht im Factsheet des Fonds enthalten. Zur Beurteilung der Fondskosten hat sich die TER als gebräuchliche Messgröße durchgesetzt.

FONDSGRÖSSE

Die Größe des Fonds wird in der Regel in X Millionen Euro wiedergegeben. Eine pauschale Mindestgröße, die ein ETF haben sollte, lässt sich dabei nicht bestimmen. Jedoch sollten Sie sich beim Vergleich zweier vermeintlich gleichwertiger Fonds im Zweifelsfalle für den liquideren der beiden entscheiden. Je höher das Handelsvolumen eines Fonds, desto geringer fallen die Spreadgebühren an der Börse aus und desto einfacher kommen die Handelspartner, also Käufer und Verkäufer, bei einem Geschäft zusammen.

FONDSWÄHRUNG

Hierbei handelt es sich um die Währung, in welcher ein Fonds aufgelegt ist. Messen Sie diesem Faktor nicht zu viel Beachtung bei. Durch Fremdwährungen in Ihrem Portfolio sorgen Sie für eine zusätzliche Diversifikation und Sie müssen daher nicht davor zurückschrecken, in einen solchen zu investieren. Sicher wird Ihnen auffallen, dass einige ETFs den Beinamen „Hedged“

tragen. Wenn Sie beispielsweise in einen Fonds investieren, welcher in US-Dollar geführt wird, so sind Sie entsprechend einem Währungsrisiko ausgesetzt. Dieser Fonds hält daher eine zusätzliche Forex Hedgingposition, welche dieses Währungsrisiko neutralisiert. Diese Position mindert aber nicht selten die Rendite und erzeugt zusätzliche Gebühren, weshalb ich Ihnen tendenziell von Hedged ETFs abrate. Nur, wenn Sie einen starken Grund zur Annahme haben, dass der Wert der Fremdwährung des ETFs Ihrer Wahl in der Zukunft stark fallen wird, sollten Sie einen ETF mit dem Prädikat „Hedged" in Betracht ziehen.

FONDSRENDITE

Wenn Sie beispielsweise nach einem ETF auf den MSCI World Index suchen, so werden Sie mittlerweile viele Dutzend Ergebnisse verschiedenster Fondsanbieter finden. Auffällig dabei ist, dass sämtliche Fonds, obgleich sie denselben Index abbilden, leicht unterschiedliche Jahresrenditeergebnisse aufzuweisen haben. Dies liegt an dem zuvor beschriebenen Tracking-Error. Der ETF strebt danach, den Index möglichst genau abzubilden, verursacht jedoch beim Kauf und Verkauf der zugrundeliegenden Werte Kosten, welche die Rendite mindern. Der Tracking-Error beschreibt dabei die Differenz zwischen eigentlicher Indexperformance und dem Ergebnis des ETFs. Natürlich sollte sich diese Differenz auf ein Minimum belaufen. Wenn ein ETF im Gegensatz zu vergleichbaren Pendants, welche denselben Index nachbilden, eine deutlich schlechtere Rendite vorzuweisen hat, sollten Sie daher skeptisch werden.

SPARPLANFÄHIGKEIT

Gerade für Kleinanleger ist die Sparplanfähigkeit eines ETFs ein entscheidender Faktor. Fonds, welche Ihnen die Möglichkeit zur monatlich transaktionskostenfreihen Besparung bieten, sind gerade in der Anfangsphase Ihrer Investmentkarriere ein wesentlicher Vorteil zum schrittweisen Aufbau Ihres Vermögens. Für erfahrene Investoren ist dieser Parameter von geringerer Bedeutung.

FONDSALTER

Hierbei handelt es sich um die Anzahl der vergangenen Jahre seit der erstmaligen Herausgabe des Fonds. Gerade bei verhältnismäßig jungen ETFs sollten Sie Vorsicht walten lassen, da es sich noch um wenig etablierte und illiquide Produkte handeln kann. Je älter ein Fonds, desto mehr Krisen hat dieser entsprechend bereits überstehen können, was ein wichtiger Faktor für dessen Stabilität und Sicherheit ist. Schauen Sie daher, dass der von Ihnen ausgewählte Fonds ein gewisses Mindestalter vorzuweisen hat. Idealerweise sollte dieses mindestens 5 Jahre betragen.

AUSSCHÜTTUNGSMETHODE

Im Falle von ETFs unterscheidet man zwischen einer thesaurierenden und ausschüttenden Methode. Diese bezieht sich auf die auszuzahlenden Dividenden beziehungsweise Gewinnerträge des Fonds. Thesaurierende ETFs reinvestieren anfallende Erträge entsprechend der Zusammensetzung des Indexes automatisch in neue Wertpapiere. Ausschüttende

Fonds zahlen Ihnen die fälligen Gewinne als absolute Summe auf Ihr Konto aus, so wie es auch bei einer Aktie der Fall ist. Welche Methodik Sie dabei bevorzugen, ist eine Frage Ihrer persönlichen Präferenz. Für Langfristanleger sowie Investoren in einen ETF Sparplan bietet sich die thesaurierende Variante an, da Sie so permanent vom Zinseszinseffekt profitieren, ohne selbst einen Eingriff vornehmen zu müssen. Gerade für passive Investoren ist diese Vorgehensweise ideal. Wenn Sie Ihr Portfolio hingegen selbst managen und die komplette Kontrolle über Ihren Finanzfluss halten möchten, so ist die ausschüttende Methode vermutlich die optimale Wahl für Sie.

REPLIKATIONSMETHODE

Zu unterscheiden sind zwei Methoden, mit welcher der ETF den zugrundeliegenden Index nachzubilden versucht:

1. DIE PHYSISCHE REPLIKATION

Die ursprüngliche und nach wie vor als am sichersten geltende Methode ist die physische Replikation. Hierbei kauft der Fonds tatsächlich die in dem jeweiligen Index enthaltenen Werte, seien es Aktien, Anleihen oder Rohstoffe. Demnach ist der Halter des Fonds im passiven Sinne auch Besitzer der dem Fonds angehörenden Wertpapiere. Hierbei ergeben sich jedoch in der Praxis zwei Probleme:

PROBLEM A

Zum einen entstehen dem Fonds beim Kauf und Verkauf der jeweiligen Werte Transaktionskosten an der Börse, welche zu dem zuvor besprochenen Tracking-Error führen, also einer negativen Abweichung der ETF-Performance von der tatsächlichen Index-Performance. Zum anderen lassen

sich gewisse Indizes so schlicht nicht darstellen. Dies kann den Grund haben, dass der Aufbau des Indexes zu komplex ist, wie es beispielsweise beim MSCI Emerging Markets der Fall ist. In ihm enthalten sind über 800 Unternehmen aus 21 verschiedenen Ländern. Selbst ein passives Management dieses Portfolios würde nicht nur enormen Aufwand bedeuten, sondern auch äußerst hohe Kosten mit sich ziehen.

PROBLEM B

Ein anderer Grund wäre im Falle gewisser Rohstoff ETCs der Fakt, dass ein zugrundeliegender Wert, wie zum Beispiel Getreide, nicht dauerhaft lagerbar ist. Es verdirbt schlichtweg. Daher macht ein physischer Kauf dieses Underlyings keinen Sinn für den Fonds. Ähnlich ist es bei Geldmarktfonds.

2. DIE SYNTHETISCHE REPLIKATION

Als Alternative zur physischen Replikation wurde daher die synthetische Replikation auf Swap-Basis eingeführt. Hierbei wird neben dem Herausgeber des Fonds und dem Investor eine dritte Partei hinzugezogen, der sogenannte Swap-Partner, mit welchem ein Tauschgeschäft eingegangen wird. Das Prinzip ist dabei folgendes:

Ihr Swap-Partner garantiert Ihnen die Auszahlung der Rendite des von Ihnen gewünschten Indexes. Dafür erhält er die sogenannte Swap-Gebühr und der Fondsherausgeber muss im Gegenzug ein Portfolio aus Werten erstellen, welches in Absprache mit dem Swap-Partner aufgebaut wird - das sogenannte Trägerportfolio. Beide Tauschparteien zahlen sich schließlich am Jahresende die Differenz der Rendite aus Trägerportfolio und Index aus. Wenn beispielsweise Ihr Trägerportfolio eine Performance von 2 % gemacht hat und der Index ein Plus von 5 % erreicht hat, so zahlt Ihnen der Swap-Partner am Jahresende die Differenz aus 3 % aus. Die größte Kritik an diesen Swap-ETFs ist das dabei

entstehende Kontrahentenrisiko, welches Sie als Investor zu tragen haben. Sie sind entsprechend von der Zahlungsfähigkeit des Swap-Partners abhängig. Sollte dieser während des Geschäfts insolvent gehen, so verlieren Sie als Anleger Ihr Geld. Dieses Risiko ist zwar als verhältnismäßig gering einzustufen, da zumeist große und fundierte Kreditinstitute als Swap-Partner fungieren, Sie müssen sich aber über dessen Existenz im Klaren sein.

Sollten Sie sich für einen synthetisch gebildeten Swap-ETF interessieren, so empfehle ich Ihnen, darauf zu achten, dass es sich möglichst um einen sogenannten Funded-Swap-ETF handelt. Dies bedeutet, dass die Swap-Partei je nach Fonds zwischen 70 und 100 % des Fondsvermögens als unabhängige Sicherheitssumme verwahrt hat. Dabei sollte darauf zu achten sein, dass diese Summe nach Möglichkeit von einem unabhängigen Treuhänder verwahrt wird und vertraglich auch tatsächlich der Absicherung des ETFs zugesichert ist.

Seitdem es im Jahr 2011 zu zahlreicher Kritik und gerichtlichen Prozessen seitens großer Institutionen wie dem Internationalen Währungsfonds gekommen ist, sind die Fondsanbieter sehr bemüht um einen transparenten Aufbau und eine nachvollziehbare Preisstruktur der Swap-ETFs, sodass diese heutzutage in den meisten Fällen als valide Alternativen zu physisch replizierenden Fonds infrage kommen.

ABSCHLIEßEND MÖCHTE ICH IHNEN DIE VOR- UND NACHTEILE DER JEWEILIGEN REPLIKATIONSMETHODEN NOCH EINMAL ÜBERSICHTLICH DARSTELLEN:

PHYSISCHE REPLIKATION

VORTEILE

1) Sichere Methode, da der Fonds die dem Index zugrundeliegenden Werte tatsächlich hält bzw. besitzt

NACHTEILE

1) Höherer Tracking-Error durch Transaktions- und Handelskosten und damit schlechtere Performance

2) Wegen Komplexität oder Struktur nicht alle Anlageklassen und Indizes replizierbar

SYNTHETISCHE REPLIKATION

VORTEILE

1) Sehr genaue Abbildung des zugrundeliegenden Indexes

2) Auch komplexe Aktien- und Anleihenindizes sowie Rohstoffe und Geldmarktindizes replizierbar

NACHTEILE

1) Kontrahentenrisiko

2) Anfallende Swap-Gebühr, welche nicht im TER aufgeführt wird

KAPITEL 5.3

UNTERNEHMENS- UND STAATSANLEIHEN

5.3.1 WAS SIND ANLEIHEN?

Unter einer Anleihe versteht man eine vereinbarte Schuldverschreibung zwischen zwei Parteien. Der Schuldner erhält dabei Kapital vom Gläubiger auf Basis eines Kredits. Der Schuldner, also diejenige Seite des Geschäfts, die das Geld erhält, garantiert dabei dem Gläubiger die vollständige Rückzahlung der geliehenen Summe zu einem festgelegten Datum und zahlt diesem als Gegenleistung einen Zins. Dieser Zins wird prozentual festgelegt und bezieht sich stets auf den Kreditbetrag. Neben den Forexmärkten handelt es sich bei Anleihen um die liquidesten Märkte der Welt. Im Verhältnis zu Aktien findet hier deutlich mehr Handel an den Börsen statt, allem voran durch die Geschäfte mit Staatsanleihen.

Man unterscheidet dabei zwischen einer festverzinslichen Anleihe, einer „floating" Anleihe sowie einer strukturierten Anleihe.

1 Bei der festverzinslichen Anleihe ist der Zinssatz, wie der Name bereits verrät, für den kompletten Zeitraum des Geschäfts festgesetzt. Leiht sich Person A von Person B eine Summe von 100 Euro über einen festgelegten Zeitraum von 5 Jahren und zu einem Festzins von 3 %, so hat Person A seinem Gläubiger jedes Jahr den Betrag von 3 Euro zu zahlen, insgesamt also 3 Euro x 5 Jahre = 15 Euro. Nach Ablauf der 5 Jahre erhält Person B zusätzlich die Leihsumme von 100 Euro zurück und verfügt nun über 115 Euro, sofern er die eingenommenen Zinsen nicht zwischenzeitlich ausgegeben hat.

2 Bei der „floating" Anleihe ist der Zinssatz variabel und wird nach jeder Zinsperiode, üblicherweise also nach jedem Jahr, neu festgesetzt. Die Höhe des jeweils neuen Zinssatzes orientiert sich dabei zumeist an den Referenzzinssätzen EURIBOR (European Interbank Offered Rate) oder LIBOR (London Interbank Offered Rate). Diese bestimmen die Zinssätze, zu denen Banken der Europäischen Währungsunion beziehungsweise in London bereit sind, Gelder bei anderen Banken auf kurzfristiger Basis anzulegen.

3 Bei der letzten Variante, der sogenannten strukturierten Anleihe, ist der Zinssatz ebenfalls variabel, in diesem Fall jedoch von dem Eintreten bestimmter Ereignisse abhängig. Dies können unter anderem Konjunkturwachstumsraten oder Kursstände der Aktienindizes sein. Börsliche Anleihen werden, im Gegensatz zu Bankenkrediten, öffentlich vergeben. Dies hat den Vorteil, dass sich jede Person als Anleger an der Schuldverschreibung beteiligen und in diese investieren kann. Unterscheiden lassen sich Anleihen durch die Länge ihrer Laufzeit, der Währung, in welcher die Anleihe aufgesetzt ist, die Art der Verzinsung, wie oben beschrieben, sowie die Art des Schuldners. Schuldner können dabei Unternehmen, Kommunen, also Städte und Gemeinden, oder auch ganze Staaten sein. Diese einzelnen Kategorien werde ich in Kürze genau besprechen.

Der Nominalzins, welcher der Schuldner dem Gläubiger auf regelmäßiger Basis zu zahlen hat, wird in der Finanzsprache als „Kupon" bezeichnet. Dieser Ausdruck stammt noch aus der Zeit als Anleihen als gedruckte Urkunden herausgegeben

wurden. Angeheftet an eine solche Urkunde befanden sich tatsächliche Kupons, welche beim Schuldner abzugeben waren, um die Zinszahlung auch tatsächlich zu erhalten. Die Verzinsung fällt umso höher aus, je länger die Laufzeit der Anleihe ausgeschrieben ist. Dies ist gemeinhin damit zu erklären, dass der Gläubiger länger auf sein festgelegtes Geld zu verzichten hat und dementsprechend auch das Ausfallrisiko als höher einzustufen ist. In seltenen Fällen kann diese normalerweise nach oben steigende Zinskurve kippen, wenn die langfristigen wirtschaftlichen Erwartungen äußerst negativ ausfallen, was also zur Folge hätte, dass langfristige Anleihen niedrigere Zinsen hätten als kurzfristige.

Die üblichen Laufzeiten reichen dabei von wenigen Wochen bis hin zu 30-jährigen Staatsanleihen. Der Großteil aller öffentlich verfügbaren Anleihen wird an der Börse gehandelt. Sie können Anteile an der jeweiligen Anleihe stets in bestimmten Währungsstückelungen erwerben. Diese Stückelung, der Nennwert der Anleihe, ist für gewöhnlich in runden Summen von 1.000, 10.000 oder 100.000 Geldeinheiten der jeweiligen Anleihenwährung ausgegeben. Nehmen wir also in einem theoretischen Beispiel an, ein Unternehmen emittiert eine Anleihe über 20.000.000 Euro. Der Nennwert der Anleihe beträgt 1.000 Euro. Es sind entsprechend 20.000 dieser Anleihenanteile verfügbar, welche von den Investoren erworben werden können.Der Preis dieser Anleihenanteile unterliegt nun, anders als der festgelegte Zinssatz, permanenten Kursschwankungen. Im Gegensatz zu Aktienkursen, welche in absoluten Preisen bemessen werden, wird der Kurs einer Anleihe im prozentualen Verhältnis zu deren Nennwert ausgegeben. Wenn also der Nennwert, wie in unserem vorherigen Beispiel, 1.000 Euro beträgt und der Kurs der Anleihe bei 95 % steht, so müssen Sie für eine Einheit dieser Anleihe lediglich 950 Euro zahlen. Nach Ablauf der Laufzeit erhalten Sie jedoch stets den vollständigen Nominalwert der Anleihe, in diesem Falle also 1.000 Euro, zurückerstattet. Steht der Kurs einer Anleihe also zum jeweiligen Kaufzeitpunkt unter 100 %, so verbuchen Sie einen zusätzlichen Gewinn mit dem Wertpapier, sofern Sie es bis zum Laufzeitende halten. Steht der Kurs über 100 %, so werden Sie einen Verlust verbuchen, da Sie für die Anleihe eine höhere Summe als deren Nominalwert gezahlt haben. Demzufolge müssen Sie beachten, dass es sich bei dem Kupon und der tatsächlichen Rendite des Wertpapiers um zwei verschiedene Werte handelt. Für Sie als Investor ist die Rendite der relevante Betrag, da Sie über Ihren jährlichen Ertrag entscheidet.

PRAKTISCHES BEISPIEL

DIE THEORETISCHE BERECHNUNG EINER ANLEIHE:

Wir bleiben zunächst bei unserem Nominalwert der Anleihe von 1.000 Euro. Die Restlaufzeit beträgt 10 Jahre, der Kurs der Anleihe steht aktuell bei 105 % und der Zins, also der Kupon, beträgt 3 %. Sie erhalten nun in jedem Jahr 30 Euro Zinsgebühr von Ihrem Schuldner. Nach Ablauf der 10 Jahre erhalten Sie zudem die Summe von 1.000 Euro ausgezahlt. Da Sie das Investment in dieses Wertpapier allerdings zu einem Zeitpunkt getätigt haben, als der Kurs bei 105 % stand, haben Sie entsprechend 1.050 Euro dafür bezahlt. Sie realisieren also einen Kursverlust der Anleihe von 50 Euro. Teilt man diese 50 Euro nun durch die 10-jährige Laufzeit, so haben Sie in jedem Jahr einen Verlust von 5 Euro, verschuldet durch den Anleihenkurs, realisiert.

Während sich der Zinssatz der Anleihe, der Kupon, auf den Nennwert der Anleihe, also 1.000 Euro, bezieht, muss Ihre Realrendite natürlich auf Basis der von Ihnen investierten Summe berechnet werden, also 1.050. Euro. Aus dem Gewinn von 30 Euro pro Jahr durch den Zins der Anleihe abzüglich des Kursverlustes von 5 Euro pro Jahr ergibt sich eine jährliche Rendite von 25 Euro. Dies entspricht einer effektiven Rendite von 2,38 % in Bezug auf Ihr Investment von 1.050 Euro. Die reale Rendite liegt entsprechend unter dem ausgewiesenen Zins der Anleihe.

Emittenten haben die Möglichkeit, den Kurs der Anleihe bereits bei deren Herausgabe abweichend von ihrem Nominalwert zu senken oder zu erhöhen. So könnte beispielsweise ein Unternehmen seine Anleihe für Investoren interessanter gestalten, indem es diese direkt mit einem Kurs unter 100 % herausgibt. Alternativ könnte es dies tun, um den laufenden Zins etwas zu senken, dem Anleger jedoch trotzdem einen Anreiz zum Kauf des Wertpapiers zu geben. Demgegenüber können Emittenten, welche sich darüber sicher sind, dass ihre Anleihe trotz vermeintlich schlechterer Ausgabebedingungen schnell Abnehmer finden wird, den Kurs der

Anleihe direkt über 100 % platzieren, um so bei Ablauf der Laufzeit Kosten zu sparen. Ein Investor, welcher die Anleihe direkt zu deren Herausgabe und bei 100 % erwirbt, muss sich um deren Kursentwicklung keinerlei Gedanken machen, sofern er vorhat, diese definitiv bis zum Ende ihrer jeweiligen Laufzeit zu halten. Auf die Kurse von Anleihen und damit deren Renditeentwicklung haben die Faktoren Konjunkturerwartung, Zinsniveau, Aktienmarktvolatilität sowie die Bonität des Anleiheemittenten Einfluss. Ich möchte daher genauer beleuchten, wie sich jeder einzelne dieser Punkte auf den Anleihekurs auswirkt.

KONJUNKTURERWARTUNGEN

In Zeiten positiver Marktstimmung und wirtschaftlichen Aufschwungs steigt das Vertrauen in Finanzprodukte, welche dem Anleger eine höhere Rendite in Aussicht stellen, wie beispielsweise den Aktienmärkten. Dies hat zur Folge, dass Investoren ihr Kapital aus den Anleihemärkten abziehen, um in jene renditestarken Märkte zu investieren, wodurch die Kurse der Anleihen unter Druck geraten und sinken. Durch diese niedrigen Kurse steigt nun wiederum die Realrendite für Neuinvestoren der Anleihen, wie in dem obigen Rechenbeispiel beschrieben. Bei einer Abschwächung der Wirtschaft werden die Anleger vornehmlich in als sicher geltende Anleihen, allen voran Staatsanleihen, investieren, wodurch deren Preise steigen und folglich die Rendite sinkt.

ZINSNIVEAU

Die Zentralbanken sind dafür verantwortlich, den jeweiligen Leitzins einer Währung zu bestimmen. Dieser ist der Zinssatz, mit welchem sie mit den ihr angeschlossenen Kreditinstituten

Geschäfte abschließt. Durch diesen Vorgang bestimmt sie das allgemeine Zinsniveau und kann die Wirtschaft somit ankurbeln oder ausbremsen. Bei einer Senkung der Zinsen können sich Unternehmen günstig Geld bei den Banken leihen und somit Investitionen tätigen und Wachstum schaffen. Auf der anderen Seite lohnt sich das Besparen eines Tagesgeldkontos oder Sparbuchs in solchen Zeit nicht und auch die Zinssätze der Anleihen sinken folglich und werden für den Anleger unattraktiver. Hier entsteht nun ein häufiger Denkfehler in Bezug auf die Kursentwicklung von Anleihen bei Änderungen des Zinsniveaus. Man möchte zunächst davon ausgehen, dass bei sinkenden Zinsen aufgrund der geringeren Attraktivität von Anleihen auch deren Kurse sinken. Das Gegenteil ist jedoch der Fall. Bei sinkenden Zinsen steigen die Anleihenkurse, bei steigenden Zinsen fallen die Anleihenkurse. Der Grund hierfür ist ein einfacher: Nehmen wir an, Sie sind Besitzer einer Anleihe, welche einen Zinssatz von 2 % aufzuweisen hat. Nun steigt das allgemeine Zinsniveau und plötzlich sind Anleihen derselben Laufzeit wie der Ihrigen mit 4 % anstatt mit 2 % verzinst. Sie verkaufen also Ihre aktuelle Anleihe, um von dem neuen, höheren Zins zu profitieren, was zu einem Sinken des Kurses Ihrer ursprünglichen Anleihe führt.

BEI SINKENDEN ZINSEN STEIGEN DIE ANLEIHENKURSE, BEI STEIGENDEN ZINSEN FALLEN DIE ANLEIHENKURSE.

Andersherum verhält es sich so, dass bei einem Sinken des Zinsniveaus der Wert der von Ihnen gehaltenen Anleihe steigt, da diese für Neuinvestoren attraktiver ist, als die aktuell herausgegebenen Wertpapiere mit einem niedrigeren Zins.

Entsprechend steigt der Kurs Ihrer Anleihe. Je länger sich die Laufzeit einer Anleihe gestaltet, desto stärker reagieren deren Kurse auf die Zinsentwicklung, da die Anleihe eventuelle Zinsänderungen für mehrere Laufjahre kompensieren muss. Wenn Sie also planen, Ihre erworbene Anleihe vor Ablauf von deren Laufzeit weiterzuverkaufen und Sie rechnen damit, dass die Zinsen steigen könnten, so empfiehlt es sich, eher in kurzfristige Anleihen zu investieren, um Kursverluste möglichst klein zu halten. Erwarten Sie hingegen fallende Zinsen, so sollten Sie längere Laufzeiten bevorzugen, da diese tendenziell stärker von zinsbedingten Kursanstiegen profitieren würden.

AKTIENMARKTVOLATILITÄT

Die Aktien- und Anleihenmärkte unterliegen einem starken, gegenseitigen Einfluss. Während die Kurse von Unternehmensanleihen üblicherweise positiv mit dem Aktienkurs der jeweiligen Firma korreliert sind und diese zumeist in dieselbe Richtung verlaufen, so verlaufen der Aktiengesamtmarkt und Staatsanleihen für gewöhnlich in entgegengesetzte Richtungen. In Zeiten einer gesunden Konjunktur und wirtschaftlichen Aufschwungs stellen Aktienmärkte für die Anleger die interessantere Alternative dar, da sie aus Sicht der Rendite den Staatsanleihemärkten weit überlegen sind. Sollte es jedoch zu pessimistischen Zeiten kommen oder gar eine Rezession anstehen, so fliehen Investoren zumeist in die als sicherer geltenden Anleihenmärkte.

BONITÄT

Der Begriff der „Bonität" beschreibt die Zahlungsfähigkeit beziehungsweise Kreditwürdigkeit einer Institution. Unabhängige Ratingagenturen, die bekanntesten unter ihnen sind Moody's, Standard and Poor's sowie Fitch, nehmen dabei umfassende Bewertungen sowohl von Unternehmen als auch von ganzen Ländern vor und bewerten diese gemäß dieser beiden Faktoren nach einem komplexen System. Je höher dabei das Risiko eines Zahlungsausfalles der jeweiligen Institution eingeschätzt wird, desto höher wird für diese der Zins für eventuelle Schuldverschreibungen ausfallen. Die Bewertungsnoten der drei Ratingagenturen sehen zwar leicht unterschiedlich aus, sind jedoch aufgrund des Buchstabensystems leicht nachvollziehbar. Seien Sie gewarnt, denn bereits ab einer Benotung von BB+ handelt es sich oftmals schon um hochriskante Anleihen, die für Privatanleger in aller Regel nicht mehr geeignet sind. Hingegen sind die Anleihen mit der Top Bewertung von AAA, wie zum Beispiel die deutsche Staatsanleihe, dermaßen niedrig verzinst, dass sich eine Investition in diese nicht mehr lohnt.

5.3.2 DIE ANLEIHENKATEGORIEN

Welche Kategorien von Anleihen gilt es zu unterscheiden? Anleihen existieren in einer Vielzahl verschiedener Variationen. Die für Privatanleger interessantesten Kategorien sind die Staatsanleihen, Kommunalanleihen sowie Unternehmensanleihen. Bevor ich näher auf diese drei Anleihetypen eingehen werde, möchte ich Ihnen einen kurzen Überblick über weitergehende Anleihenklassen geben:

1.

CDs (Certificate of Deposit), eine Bankanleihe, bei der Sie einem Kreditinstitut für einen Festzins eine bestimmte Summe Geld zur Verfügung stellen, welche Ihnen über die Laufzeit der Anleihe nicht mehr zur Verfügung steht. Der CD ist in Deutschland wenig verbreitet und gilt als sehr konservatives Investment.

2.

Pfandbriefe, ein deutsches Produkt unter strenger gesetzlicher Regulierung. Auch hier ist stets ein Kreditinstitut Emittent, die Anleihe muss dabei mit hochwertigen Sicherheiten gedeckt sein. Aufgrund des geringen Handelsvolumens bieten sich Pfandbriefe heutzutage nicht mehr als Investition an.

3.

Ungedeckte Inhaberschuldverschreibungen, welche von Banken zur Refinanzierung ihres laufenden Geschäfts verwendet

werden. Diese gelten als tendenziell riskanteres Geschäft.

4.

Credit Default Swap Anleihe, kurz CDS. Dies ist eigentlich keine klassische Anleihe. Vielmehr tritt der Gläubiger hier als Versicherer für den Ausfall der Zahlungsfähigkeit eines Schuldners für einen Kredit oder eine Anleihe auf. Hierfür erhält er eine festgesetzte Prämie, welche ihm in jedem Falle zusteht. Ein äußerst riskantes Geschäft, da Sie nie mehr als eben jene Prämie verdienen können und gegebenenfalls beim tatsächlichen Eintreten des Kreditausfalls enorme Kosten entstehen können. Daher eignet sich diese Anlageklasse ausschließlich für professionelle und erfahrene Händler.

STAATSANLEIHEN

Die wohl gemeinhin bekannteste Form der Anleihe ist die sogenannte Staatsanleihe. Emittent der Schuldverschreibung ist in diesem Fall also grundsätzlich ein bestimmtes Land. Als Investor stellen Sie diesem Staat einen Kredit zur Verfügung. Im Gegensatz zu Unternehmen, welche mit diesem Fremdkapital vornehmlich Investitionen zum Zwecke des Wachstums tätigen, nutzen Staaten das so zur Verfügung gestellte Geld üblicherweise, um deren Haushaltsdefizite zu finanzieren. Diese entstehen, wenn im Haushaltsplan einer öffentlichen Verwaltung, in diesem Falle also des jeweiligen Landes, die Ausgaben höher als die Einnahmen sind und sie entsprechend ein negatives Saldo aufweisen. Die Nettokreditaufnahme darf dabei die Investitionsausgaben nicht übersteigen, der Staat muss also nachweisen können, dass mit den aufgenommenen Geldern bestimmte Investitionen getätigt werden. Das Land kann die so erhaltenen finanziellen Mittel also zum Wirtschaften nutzen, um Steuererhöhungen für seine Bürger zu vermeiden. Zur Beurteilung der Bonität werden

der Staatshaushalt und das Länderrisiko herangezogen, im Gegensatz zu Unternehmen, wo für diesen Faktor vornehmlich der Jahresabschluss Verantwortung trägt. Auch Staaten werden von den großen Ratingagenturen bezüglich ihrer Bonität bewertet, was entsprechend Auswirkung auf den Zins der Anleihe hat. Ein solide wirtschaftender und solventer Staat wie die Bundesrepublik Deutschland muss demzufolge für seine Anleihen einen bedeutend niedrigeren Kupon zahlen als hochriskante und wirtschaftlich gefährdete Länder wie Griechenland oder Argentinien. In letzterem Falle kam es bereits häufiger zu Zahlungsausfällen bei den herausgegebenen Staatsanleihen. Stellen Sie also vor einer Investition so gut wie eben möglich sicher, dass Sie Ihr Kapital einem zahlungsfähigen und wirtschaftlich stabilen Land leihen.

Der wohl wichtigste Faktor bei der Bemessung der Zinssätze für Staatsanleihen ist jedoch der durch die jeweilige Zentralbank festgelegte Leitzins. Im europäischen Raum wird dieser durch die EZB, die Europäische Zentralbank, und im amerikanischen Raum durch die FED, das Federal Reserve System, bestimmt. Sie erinnern sich, dieser finanzpolitisch bedeutende Wert bestimmt, zu welchem Zinssatz sich Geschäftsbanken bei der Zentralbank Geld leihen dürfen und hat somit auch maßgeblichen Einfluss darauf, welche Zinssätze die Banken für Kreditgeschäfte untereinander aufrufen werden. Die Zentralbank hat zudem Einfluss auf die sich im Umlauf befindende Geldmenge und kann folglich Inflation und Deflation steuern. So erhöht sich üblicherweise durch eine Senkung des Leitzinses oder den Ankauf von Staatsanleihen durch die Zentralbank die Geldmenge in einer Volkswirtschaft, wodurch die Zahlungsfähigkeit von Unternehmen und Privatpersonen wächst. Die Löhne steigen und dementsprechend erhöht sich auf lange Sicht das allgemeine Preisniveau, wodurch inflationäre Tendenzen gestärkt werden. Dies hat wiederum zur Folge, dass durch den daraus resultierenden sinkenden

Wert des Geldes auch die Schulden der einzelnen Länder weniger wert sind, weshalb Staaten stets danach trachten, die Inflationsrate eher hoch zu halten. Steigert sich diese jedoch allzu sehr, so riskiert man einen zu starken Geldwertverlust und es können sich Blasen an den Aktienmärkten bilden, was schwere Rezessionen zur Folge haben kann. Droht also eine zu starke Inflation, so wird die Zentralbank den Leitzins erhöhen, um so das wirtschaftliche Wachstum etwas auszubremsen und den Wert der Währung wieder zu steigern. Dieser Prozess ist unter Wirtschaftsexperten äußerst umstritten und verleiht den Zentralbanken immense Macht. Dies ist vor allem in den USA als kritisch zu betrachten, da es sich bei der FED um eine private Institution handelt.

Da sich das Niveau des Leitzinses zum jetzigen Zeitpunkt, April 2020, auf einem historisch niedrigen Level befindet, sind dementsprechend auch die Zinssätze für Staatsanleihen auf einem absolut unrentablen Stand. Dennoch sind Staatsanleihen gerade als Portfoliobeimischung nach wie vor nicht komplett uninteressant. Wie bereits beschrieben ist nicht allein der Kupon verantwortlich für die Rendite einer Anleihe, sondern auch deren Kursverlauf. Hätten Sie beispielsweise im Jahr 2019 in staatliche Anleihen investiert, so hätten Sie mit diesen in den ersten Monaten des Jahres 2020 erhebliche Kursgewinne realisiert. Durch die Corona Krise haben sich die Zentralbanken zu billionenschweren Rettungspaketen entschieden und die Zinsen zur Unterstützung der Wirtschaft soweit gesenkt, dass dies bei einigen Krediten sogar zu Negativzinssätzen geführt hat. Dies hat folglich die Kurse der Anleihen in schwindelerregende Höhen getrieben, weshalb Sie sich als deren Anleger über lohnenswerte Renditen hätten freuen dürfen. Nichtsdestotrotz handelt es sich bei Staatsanleihen um äußerst konservative und, zumindest zum jetzigen Stand, auch vergleichsweise renditeschwache Investitionen. Als langfristig orientierter Anleger sollten Sie Ihren Fokus definitiv

auf die deutlich rentableren Aktienmärkte richten, da diese auf lange Sicht eine ähnliche Sicherheit bei bedeutend höheren Performances vorzuweisen haben. Als Portfoliobeimischung und zu dessen Absicherung gestalten sich Staatsanleihen aber dennoch als sinnvolle Alternative. Abschließend möchte ich Ihnen noch kurz die verschiedenen Bezeichnungen erläutern, welche für Staatsanleihen Anwendung finden und häufig für Unklarheiten oder Verwechslungen sorgen.

BEI DEN DEUTSCHEN STAATSANLEIHEN, ALLGEMEIN ALS BUNDESWERTPAPIERE BEZEICHNET, UNTERSCHEIDET MAN

1. Bundesschatzanweisungen, Anleihen mit einer Laufzeit von bis zu 2 Jahren.

2. Bundesobligationen, Anleihen mit 2- bis 5-jähriger Laufzeit.

3. Bundesanleihen, die klassischen Anleihen mit 10- bis 30-jähriger Laufzeit.

IM FALLE DER AMERIKANISCHEN STAATSANLEIHEN GILT ES, FOLGENDE VARIANTEN ZU UNTERSCHEIDEN:

1. T-Notes / Treasury-Notes, Anleihen mit einer Laufzeit von 1 bis 10 Jahren.

2. T-Bonds, Anleihen mit einer Laufzeit von mehr als 10 Jahren, die Bedeutendste davon ist der 30-jährige Ultra T-Bond.

In Großbritannien werden die Staatsanleihen als „Gilts" bezeichnet.

KOMMUNALANLEIHEN

Während bei einer Staatsanleihe ein Land als Schuldner des Wertpapieres auftritt, werden Kommunalanleihen von Städten oder Gemeinden herausgegeben. Der Kredit wird hier also direkt auf kommunaler Ebene aufgenommen und in lokale Projekte investiert. Dies können verschiedene Gebäude wie Krankenhäuser oder Stadien sein, aber auch beispielsweise der Ausbau des Straßennetzwerks kann mit diesen Geldern finanziert werden. Zu unterscheiden ist dabei zwischen der klassischen Kommunalanleihe, bei welcher direkt die Gemeinde Schuldner ist, sowie der Kommunalobligation. Bei dieser Variante tritt eine Pfandbriefbank als Schuldner ein und verwaltet diverse Kommunalkredite parallel, was für den Anleger eine Streuung des Risikos auf mehrere Projekte und den damit verbundenen Investitionen bedeutet.

In den USA sind Kommunalanleihen sehr weit verbreitet, da viele Bürger es als eine patriotische Pflicht betrachten, die Projekte ihrer Gemeinde durch Investitionen zu stützen. Hierbei handelt es sich jedoch zumeist um hochriskante Geschäfte, da nicht selten schlecht oder unüberlegt von den lokalen Stadt- oder Kommunalverwaltungen gewirtschaftet wird. Es kommt daher verhältnismäßig häufig zu Zahlungsausfällen seitens der Schuldner. Obgleich die Kommunen in Deutschland im Vergleich zu den Vereinigten Staaten bedeutend solventer sind und sich Investitionen hier weitaus lukrativer gestalten ließen, ist die Kommunalanleihe in Deutschland kaum verbreitet. Aufgrund der geringen Nachfrage ist von derartigen Geldanlagen abzuraten, da Sie im Zweifelsfalle, bedingt durch das niedrige Handelsvolumen, kaum einen Abnehmer Ihres Wertpapieres finden würden, sollten Sie dieses wieder liquidieren wollen.

UNTERNEHMENSANLEIHEN

Unternehmensanleihen sind neben Staatsanleihen die am weitesten verbreitete Variante der börslich notierten Anleihen. Den Investitionscharakter betrachtend handelt es sich jedoch um ein gänzlich anderes Anlageprodukt. Natürlich unterscheidet sich der grundsätzliche Aufbau sowie die Handelsweise einer Unternehmensanleihe nicht von jener der Staatsanleihen oder anderer Anleihetypen. Während diese jedoch als sicheres und konservatives Investment gelten, so handelt es sich bei der Unternehmensanleihe für gewöhnlich um ein verhältnismäßig riskanteres Geschäft, weshalb Unternehmen auch bei grundsätzlich guter Bonität höhere Zinsen zu zahlen haben als Staaten.

Während ein Unternehmen durch die Herausgabe von Aktien sein **Eigenkapital** erhöht, wird durch die Emission von Anleihen **Fremdkapital** in Form eines Kredites aufgenommen. Beide Varianten haben für die Firma Vor- und Nachteile, welche ich Ihnen kurz erläutern möchte. Der wohl größte Vorteil des Fremdkapitals ist, dass die Gewinne sowie im Allgemeinen die Führung des Unternehmens nicht mit den Investoren geteilt werden muss, wie es dagegen bei Aktionären der Fall ist. Ferner kann der zu zahlende Zins von den Steuern abgezogen werden. Jedoch steht dem Unternehmen das Fremdkapital ausschließlich für den begrenzten Zeitraum der Anleihelaufzeit zur Verfügung und muss nach deren Ablauf an die Investoren zurückgezahlt werden. Zudem müssen die Zinsen auch in wirtschaftlich schwierigen Zeiten ausgezahlt werden. Dem entgegen steht die Aufnahme von Eigenkapital durch die Ausgabe von neuen Aktien. Während Banken und Gläubiger von Anleihen hohe Zinsen und gegebenenfalls Sicherheiten von der Firma verlangen, so ist dies bei Eigenkapital nicht der Fall und es können dementsprechend höhere Gewinne mit dem Geld erzielt werden. Darüber hinaus steht es dem Unternehmen

dauerhaft zur Verfügung, sofern kein Sonderkündigungsrecht mit den Investoren vereinbart wurde. Ein weiterer Vorteil ist die Erhöhung der Kreditwürdigkeit des Betriebes und schlussendlich erhöht ein hohes Eigenkapital auch die Sicherheit des Unternehmens. Es hat jedoch den erheblichen Nachteil, dass sämtliche Gewinne mit den Aktionären geteilt werden müssen und Aktiengesellschaften von Rechtswegen Jahreshauptversammlungen abzuhalten haben. Diese geben den Firmenanteilseignern ein Mitbestimmungsrecht, was die Flexibilität der ursprünglichen Gesellschafter teils stark einschränkt. Das Verhältnis von Eigen- zu Fremdkapital wird als Eigenkapitalquote bezeichnet. Diese sollte idealerweise zwischen 30 und 60 % liegen. Das Unternehmen sollte sicherheitsbedingt über genügend Eigenkapital verfügen, zum Zwecke der Rentabilität einen Großteil seiner Investitionen jedoch über das günstigere Fremdkapital tätigen.

Aufgrund der aufgeführten Fakten wird die Herausgabe von Anleihen seitens der Unternehmen häufig bevorzugt, während für den Investoren der Kauf von Aktien in den meisten Fällen das lohnenswertere Investment darstellt. Sollten Sie sich also für eine Investition in Unternehmensanleihen interessieren, so ist es ratsam, dass Sie auch hier eine Fundamentanalyse der Firma vornehmen und sich vor der tatsächlichen Investition Ihres Kapitals ein umfangreiches Bild von der Situation machen. Weist das Unternehmen genügend Stabilität auf, sodass Sie sicher sein können, dass Sie Ihr angelegtes Kapital in vollem Umfang zurückerhalten werden? Und schlussendlich – sind Sie sich sicher, dass Sie während der Laufzeit der Anleihe nicht über Ihr angelegtes Geld verfügen müssen? Natürlich können Sie Ihre Anleihe jederzeit wieder über die Börse veräußern, doch bieten Ihnen die Kursgewinne von Aktien hier in der Regel deutlich bessere Chancen. Abschließend sei gesagt: Wenn Sie von der langfristigen Entwicklung des Unternehmens profitieren wollen, von dessen Geschäftsmodell und Management überzeugt sind

und die Branche als zukunftsträchtig einordnen, so ist eine Investition in die Aktie der Firma für Sie als Investor fast immer die bessere und finanziell lohnenswertere Wahl.Dies führt uns also zu der Frage: Warum sollten Sie in Anleihen investieren?

5.3.3 WARUM SOLLTEN SIE IN ANLEIHEN INVESTIEREN?

Als Aktionär sind Sie Teilhaber und damit Mitbesitzer der Firma. Entsprechend haben Sie das Risiko des Betriebes mitzutragen und werden die Kursschwankungen Ihrer Aktien emotional akzeptieren müssen. Dies ist im Falle einer Anleihe anders. Wenn Sie sich sicher sind, dass Sie das angelegte Kapital während der gesamten Laufzeit nicht benötigen, so muss Sie auch der Kursverlauf der Anleihe in keinster Weise interessieren. Sie erhalten den festgelegten Kupon und werden am Ende der Laufzeit den Nennwert der Anleihe zurückgezahlt bekommen.

Haben Sie die Anleihe zu einem Kurs unter 100 % erworben, so erhalten Sie eine zusätzliche Rendite, lag Ihr Kaufkurs über 100 %, so werden Sie einen Verlust realisieren, welcher Ihre Gesamtrendite zwar mindert, jedoch von Beginn an kalkulierbar war. Sie können zwar nicht mehr als diesen festgelegten Betrag verdienen, haben aber dagegen als einziges Risiko die Insolvenz oder zumindest Zahlungsunfähigkeit des Unternehmens zu tragen. Gerade für Personen, die emotional unter den teils starken Schwankungen der Aktienmärkte leiden oder gar dazu neigen, schon bei geringen Kurskorrekturen Panikverkäufe zu tätigen, sind Unternehmensanleihen eine denkbare Alternative. Dennoch – auf lange Sicht sind die Aktieninvestoren stets die Gewinner dieses Vergleiches, da es sich langfristig mehr lohnt, Teilhaber des Unternehmens zu sein und von dessen Wachstum und Gewinnen zu profitieren.

Anders verhält es sich mit Staatsanleihen. Als konservatives Sicherheitsinvestment sind sie nach wie vor Bestandteil eines jeden gut diversifizierten Portfolios. In Zeiten volatiler Aktienmärkte werden sie eine gewisse Stabilität auf Ihrem Konto sichern und in Phasen der Rezession durch ihre Kursgewinne die schwächelnden Aktien abfedern. Nicht wenige Wirtschaftsexperten, wie der deutsche Investmentbanker und Autor Gerd Kommer, empfehlen, ein ausgeglichenes Verhältnis zwischen Staatsanleihen und Aktienindexfonds zu halten, was für den konservativen und äußerst sicherheitsbetonten Anleger sicherlich durchaus sinnvoll ist.

Doch bieten die Aktienmärkte bei einer entsprechend langen Haltedauer statistisch nicht weniger Sicherheit als Staatsanleihen, haben jedoch ein Vielfaches an durchschnittlicher Rendite vorzuweisen. Ich plädiere aus meiner persönlichen Erfahrung daher für einen geringeren Anteil an Anleihen im Verhältnis zu Aktien, welcher nicht höher als 20 % liegen sollte.

5.3.4 DIE ANLEIHENANALYSE

Wie lassen sich Anleihen analysieren? Zur Analyse einer Anleihe sollten Sie mehrere Quellen heranziehen. Zunächst sollten Sie einen sogenannten Market Scanner zu Hilfe ziehen. Es bietet sich an, diesen direkt über die Website Ihres Brokers zu nutzen, sofern dieser eine solche Funktion anbietet. So stellen Sie von Beginn an sicher, dass Sie auch nur nach Anleihen suchen, welche auch tatsächlich von Ihrem Broker unterstützt und angeboten werden. Alternativ finden Sie auf den großen Finanzportalen wie finanzen.net oder boerse-online.de Suchmasken für Anleihen Finder, welche Ihnen eine Vielzahl an Ergebnissen gemäß der von Ihnen eingestellten Parameter zur Verfügung stellen.

Das Grundprinzip ist sowohl bei Staats- als auch bei Unternehmensanleihen identisch. Sie müssen sich zunächst für einen Markt entscheiden, können also gezielt nach Anleihen bestimmter Länder oder Unternehmen suchen, oder allgemein nur Unternehmens- oder nur Staatsanleihen in Ihre Suche einbeziehen. Danach erfolgt die Eingabe des gewünschten Kupons sowie der Rendite. Bedenken Sie, je höher Sie die Werte dieser Parameter einstellen, desto riskanter werden die Geschäfte, welche Ihnen der Scanner als Ergebnis ausliefert. Gerade bei dem aktuell historisch niedrigen Leitzins sollten Sie Ihre Renditeerwartungen niedrig halten. Lassen Sie sich auch keinesfalls durch einen hoch erscheinenden Kupon in die Irre führen und bedenken Sie, dass sich die tatsächliche Rendite

immer aus dem Kupon sowie dem Verhältnis von Kaufkurs zu Nennwert errechnet. Sofern Ihnen die Realrendite nicht direkt in der Ergebnisliste angezeigt wird, sollten Sie hier dringend einen Zinsrechner für Anleihen zu Rate ziehen. Einen solchen finden Sie beispielsweise unter https://www.zinsen-berechnen.de/bondrechner.php

PRAKTISCHES BEISPIEL

ÖSTERREICHISCHE STAATSANLEIHE:

Die 30-jährige österreichische Staatsanleihe, welche am 11.07.1997 herausgegebenen wurde, hat derzeit eine Restlaufzeit von gut 7 Jahren. Der Kupon ist mit 6,25 % ausgegeben. Dies ist der Zinssatz, welchen Sie jährlich erhalten und der natürlich nach einem guten Geschäft klingt. Der Kurs der Anleihe steht allerdings derzeit bei 146,11 %. Dies bedeutet, bei Ablauf der Anleihe erhalten Sie für alle 146,11 Euro, welche Sie investiert haben, lediglich 100 Euro, also den Nennwert der Anleihe, zurück.

Nehmen wir nun an, Sie möchten einen Anteil dieser Anleihe mit dem Nennwert "100 Euro" kaufen und haben dafür den Preis von 146,11 Euro zu zahlen. Sie werden nun 7 Jahre lang den Zins von 6,25 Euro pro Jahr ausgezahlt bekommen, also 7 x 6,25 = 43,75 Euro. Am Ende erhalten Sie jedoch für Ihre investierten 146,11 Euro lediglich den Nennwert der Anleihe von 100 Euro zurück. Sie haben also einen Verlust von 2,36 Euro gemacht, was auf 7 Jahre einer Negativrendite von etwa -0,3 % entspricht.

Hätten Sie diese Anleihe hingegen zum Emissionsdatum bei einem Kurs von 100 % erworben, so hätten Sie sich zum jetzigen Zeitpunkt nicht nur über eine lohnenswerte Zinsrendite von jährlich 6,25 % freuen dürfen, sondern zusätzlich 46,11 % Kursgewinn mit der Anleihe zu verzeichnen gehabt, was einer Gesamtrendite von knapp 190 % entspricht. In dieser Rechnung sind natürlich noch keine Gebühren und eventuelle Steuern berücksichtigt.

Neben Anleihetyp, Rendite und Kupon können Sie in den Suchmasken der Anleihe Scanner selbstverständlich noch zahlreiche weitere Parameter zum Filtern der Ergebnisse wählen. Diese sind unter anderem die Emissionswährung, die Restlaufzeit respektive das Fälligkeitsdatum, der Emittent oder dessen Land, das Rating durch die genannten Ratingagenturen, den aktuellen Kurs, die Börsen und zahlreiche weitere. Obgleich Unternehmensanleihen ihren Investoren nachvollziehbarerweise bedeutend höhere Rendite zusichern als Staatsanleihen, sollte es auch hier immer Ihr zweiter Schritt sein, den Renditerechner für Anleihen zu nutzen, um die Realrendite zu ermitteln und mit dem angegebenen Wert abzugleichen. Professionelle Broker beziehen in die Angabe der Renditerechnung weitere fundamentale Faktoren wie den Kurs der Aktienindizes sowie die allgemeine Marktstimmung mit ein, dennoch lohnt es sich in jedem Fall, die theoretische Berechnung der Rendite zusätzlich selbst vorzunehmen, zumal die angegebenen Werte oftmals nicht mit dem tagesaktuellen Kurs berechnet wurden.

Im letzten Schritt sollten Sie sich mit den gefilterten und damit potenziell infrage kommenden Investments auseinandersetzen. Im Falle der Staatsanleihen ist dies in der Regel schwer möglich, da die Analyse eines Staatshaushaltes für Privatanleger nur schwer nachzuvollziehen ist. Abhilfe verschafft hier lediglich das Verfolgen der Nachrichten, um sich ein Bild von der aktuellen wirtschaftlichen und politischen Lage des jeweiligen Staates zu machen. Sie sollten sich allerdings keinesfalls auf zu risikoreiche, wenn auch renditestarke Investments bei Staatsanleihen einlassen. Orientieren Sie sich an wirtschaftlich stabilen Ländern. Im Falle der Unternehmensanleihen kann eine Analyse auf ähnlicher Basis wie bei einem Aktieninvestment vorgenommen werden. Betrachten Sie zunächst die wichtigen Bilanzkennzahlen, überlegen Sie sich, ob sich die Branche des Unternehmens als stabil und zukunftsträchtig einordnen lässt und besuchen Sie gegebenenfalls die Website des Betriebes, um sich ein Bild von dessen geplanten Projekten machen zu können. Suchen Sie nach objektiven und neutralen Quellen, um unabhängige Berichte über die wirtschaftliche Situation der Firma zu erhalten. Auf kostenloser Basis bieten sich hier große Finanzportale an, für den amerikanischen Markt ist der kostenpflichtige Service von Value Line konkurrenzlos. Weitere Informationen zum fundamentalen Analysieren von Unternehmen finden Sie auch auf unserer Website **www.sparing-academy.de** sowie unserem YouTube Kanal.

Sollten Sie diese drei Schritte gewissenhaft abgearbeitet haben und auf lohnenswerte Investments gestoßen sein, so steht Ihrer Investition in Anleihen nun nichts mehr im Wege. Vergleichen Sie allerdings im Falle von Unternehmensanleihen stets das Potenzial der Anleihe im Verhältnis zu der Aktienentwicklung der Firma und versuchen Sie, objektiv zu beurteilen, welches der beiden Investments die bessere Wahl für Sie ist.

Sowohl bei Staats- als auch Unternehmensanleihen bietet sich zudem die Möglichkeit, auch diese in Form von ETFs als Fonds zu erwerben. Ein Argument für diese Variante ist, ähnlich wie bei Aktienfonds, die Diversifikation. Sie können beispielsweise in einen ETF auf europäische Staatsanleihen der wirtschaftlich stärksten und stabilsten Länder investieren und kaufen somit direkt einen Korb verschiedener Anleihen. Weitere Argumente für dieses Vorgehen sind die günstigen Gebühren und die Flexibilität bei Kauf und Veräußerung des Fonds. Wie auch bei den Aktienindexfonds ist die Liquidität der Anleihen ETFs äußerst hoch und ermöglicht in jedem Fall einen reibungslosen und kostengünstigen Handel. Zur Analyse der Fonds empfehle ich abermals die deutschsprachigen Portale justetf.com und extraetf.com, mit welchen Sie durch die Suchmaske die Fonds nach zahlreichen Parametern ordnen und filtern können.

KAPITEL 5.4

FOREX

5.4.1 WAS SIND DIE FOREX MÄRKTE?

Was genau versteht man unter den Forex Märkten? Forex ist die offizielle Abkürzung für „Foreign Exchange". Häufig werden Sie sehen, dass man als alternative Bezeichnung auch „FX Märkte" verwendet. Forex bezeichnet den Handel mit Devisen, also Währungen.

Sicherlich haben Sie bei einem Urlaub im Ausland schon einmal Ihre Heimatwährung gegen die lokale Währung des jeweiligen Landes eintauschen müssen. Wenn Sie zum Beispiel aus Deutschland stammen und eine Reise nach England geplant haben, so werden Sie einen gewissen Bestand an Euro in britische Pfund umgetauscht haben. In diesem Fall haben Sie bereits einen Forex Trade getätigt, da Sie beide Währungen gegeneinander gehandelt haben. Der Kurs der beiden Devisen unterliegt permanenter Bewegung, sodass Sie, wenn Sie die britischen Pfund nur wenige Minuten später wieder in Euro zurücktauschen würden, einen Gewinn oder Verlust realisiert hätten. Aufgrund der horrenden Gebühren und oftmals schlechten Kurse von Wechselstuben wird es sich in diesem Fall wohl höchstwahrscheinlich um einen satten

Verlust handeln. Im Gegensatz zu fast allen anderen Handelsklassen, welche Sie über Ihr Brokerkonto traden können, werden Devisen nicht an einem physischen Handelsplatz, also an einer klassischen Börse, gehandelt. Vielmehr handelt es sich bei dem Forex Handel um einen dezentralen Interbankenhandel, welcher OTC, „over the counter", also quasi direkt über die Ladentheke, stattfindet. Dementsprechend sind die Forex Märkte nicht an die zentrale Regulierung eines Staates gebunden, der Handel findet direkt über Banken und Broker statt. Diese Institutionen sind wiederum durch die Gesetzgebung des jeweiligen Landes ihrer Ansässigkeit gebunden. Bei den Forex Märkten handelt es sich um die finanzstärksten Handelsmärkte der Welt. Während die New York Stock Exchange, die größte Aktienbörse der Vereinigten Staaten von Amerika, ein durchschnittliches Handelsvolumen von 28 Milliarden Dollar pro Tag vorzuweisen hat, so sind es beim weltweiten Devisenhandel 5,3 Billionen Dollar pro Tag. Dies sind 5.300 Milliarden Dollar! Zum Vergleich – an einem Tag wird an den Forex Märkten mehr Geld umgesetzt, als Japan, die drittgrößte Volkswirtschaft der Welt, in einem ganzen Jahr als Bruttoinlandsprodukt erwirtschaftet. Da die Nachfrage nach Währungen aufgrund der verschobenen Tageszeiten rund um die Uhr vorhanden ist, können Devisen 24 Stunden am Tag von montags bis freitags gehandelt werden. Forex Trader haben daher den großen Vorteil, den Handel an ihren Terminkalender anpassen zu können.

Egal, in welcher Zeitzone Sie sich befinden, Sie werden zu jeder Zeit ein liquides Währungspaar finden, welches Sie handeln können. Entsprechend flexibel können Sie Ihren Tag planen. Das Grundprinzip besteht darin, dass jeweils zwei Währungen gegeneinander gehandelt werden. Diese werden nach der Form „EUR/USD" angegeben. Die jeweils erstgenannte Währung wird als Basiswährung bezeichnet, die zweite als Kurswährung. In diesem Fall handelt es sich also um das Devisenpaar Euro und US-Dollar. Die Symbolik für die Währungen ist immer einheitlich und besteht aus jeweils drei Buchstaben. In der Regel beschreiben dabei die ersten beiden den Namen des Ursprungslandes und der dritte Buchstabe die Währung, zum Beispiel CAD für Canada Dollar, JPY für Japan Yen oder GBP für Great Britain Pound. Steht der aktuelle Kurs unseres Beispiels EUR/USD bei 1,15, so bedeutet dies, dass 1 Euro den Wert von 1,15 US-Dollar hat. Bei einem steigenden Kurs steigt also der Wert der ersten Währung gegenüber der zweiten. Wenn Sie nun bei einem Devisenpaar Long gehen möchten, also auf steigende Kurse setzen wollen, so bedeutet dies, dass Sie die Kurswährung bezahlen müssen, um die Basiswährung zu kaufen. Bei dem obigen

Beispiel verkaufen Sie entsprechend 1,15 USD, um im Gegenzug 1 EUR zu erhalten. Durch den Kauf dieses Euros profitieren Sie nun davon, wenn dieser im Verhältnis zum US-Dollar an Wert gewinnt. Kurzum - bei einem Long Trade **kaufen** Sie die Basiswährung, bei einem Short Trade **verkaufen** Sie die Basiswährung.

Der Grund für die schiere Größe der Forexmärkte liegt in dem regen Interesse von Regierungen, Unternehmen, Kreditinstituten und Versicherungsagenturen an Fremdwährungen. Diese nutzen die Devisenmärkte zur eigenen Absicherung vor dem sogenannten Währungsrisiko, also Kursverlusten bei internationalen Geschäften. Dies bezeichnet man als Forex Hedging. Angenommen, ein multinationaler Konzern aus dem europäischen Raum ist auf den Rohstoff Öl angewiesen. Da Öl in US-Dollar gehandelt wird, entsteht dem Unternehmen ein Währungsrisiko, da es das Öl zu dessen Auslieferungszeitpunkt in USD bezahlen muss. Steigt nun zwischenzeitlich der Wert des Dollars gegenüber der Landeswährung der Firma, also Euro, so macht diese theoretisch einen Verlust, da sich der Preis des Öls durch den gestiegenen Dollarpreis verteuert hat. Daher wird bei Abschluss des Geschäfts eine Forex Position aufgebaut, bei welcher der Konzern seine Heimatwährung Euro verkauft, um US-Dollar zu kaufen. Bei einem Anstieg des Dollar Wertes wird nun der Preis des Öls teurer für das Unternehmen, die Forex Position hat dies allerdings durch einen Gewinn neutralisiert. Verliert der Dollar hingegen zwischenzeitlich an Wert, so macht die Forex Position einen Verlust, parallel ist nun aber auch der Preis für das Öl günstiger. Darüber hinaus nutzen Länder häufig die Möglichkeit zur Abwertung Ihrer eigenen Währung, indem sie in hohem Maße Fremdwährungen kaufen. Dies könnte beispielsweise geschehen, um den eigenen Export anzukurbeln. Gehen wir beispielsweise davon aus, China möchte dies tun und wertet aus diesem Grund den Yuan ab, indem es hohe Beträge an Euro und US-Dollar kauft. Dadurch werden die Märkte mit großen Mengen an Yuan überschwemmt, was auf Dauer die Nachfrage nach diesem verringert und folglich dessen Kurs sinkt. Das chinesische Geld und dementsprechend auch chinesische Produkte werden somit für ausländische Käufer und Investoren günstiger, wodurch deren Kaufinteresse an Chinas Produkten maßgeblich steigen wird. Die Staaten müssen jedoch darauf achten, diesen Vorgang nur vorsichtig und mäßig zu betreiben, da sonst die Gefahr einer Inflation zu steigen beginnt, weil natürlich auf der anderen Seite nun für Importe höhere Preise bezahlt werden müssen. Zudem birgt dieses Vorgehen ein hohes Potenzial für politische Spannungen durch Wettbewerbsverzerrung.

Die Veränderung der Devisenkurse wird durch das Prinzip von Angebot und Nachfrage vorangetrieben. Maßgebliche Einflussfaktoren sind dabei die Konjunktur der jeweiligen Länder des Forex-Paares, die Inflations- und Deflationsraten, der Einfluss der Notenbanken sowie bedeutende wirtschaftliche Ereignisse. Zudem existieren sogenannte Rohstoffwährungen. Prominentestes Beispiel hierfür ist die Währung Südafrikas, der Rand, welche stark durch den Kurs von Gold beeinflusst wird. Sie sehen also, dass es ursprünglich Regierungen und finanzstarke Institutionen waren, die im Forex Handel aktiv waren. Heutzutage bewegen sich jedoch auch der allergrößte Teil der privaten Spekulanten an diesen Märkten. Dies hat verschiedene Gründe, auf welche ich in Kürze noch genauer eingehen werde. Für diese Privattrader ist die gute Verfügbarkeit und Liquidität der Devisenmärkte Fluch und Segen zugleich, verlieren doch statistisch über 80 % von Ihnen auf lange Sicht Geld beim Forex Trading. Ich habe die Zahl „80 %" hier als Mittelwert genommen, die genaue prozentuale Statistik schwankt hier je nach Quelle zwischen 60 und 95 %. Einig ist man sich jedoch darüber, dass die Retail Händler, also nicht kommerzielle Trader mit verhältnismäßig geringem Kapital, überwiegend zu den Verlierern an den Währungsmärkten zählen. 80 % des gesamten Forex Handels findet in den sogenannten Major Paaren statt. Dabei handelt es sich um die 10 Paare EUR/USD (Euro/US-Dollar), USD/JPY (US-Dollar/Japan-Yen), GBP/USD (Great-Britain-Pound/US-Dollar), USD/CHF (US-Dollar/Schweizer-Franken), AUD/USD (Australian-Dollar/US-Dollar), USD/CAD (US-Dollar/Canadian-Dollar), NZD/USD (New-Zealand-Dollar/US-Dollar), GBP/EUR (Great-Britain-Pound/Euro), EUR/CHF (Euro/Schweizer-Franken) und schließlich EUR/JPY (Euro/Japan-Yen). Es ist deutlich erkennbar, dass der US-Dollar hier die am häufigsten vertretene Währung darstellt. Dies liegt an seiner derzeitigen Funktion als internationale Leitwährung. Er nimmt im internationalen Handel eine hervorgehobene Rolle ein, an welcher sich Länder bei währungs- und geldpolitischen Maßnahmen orientieren. In der Praxis wird dies ersichtlich, da sämtliche global relevanten Rohstoffe in US-Dollar gehandelt werden, internationale Rechnungen üblicherweise in der Leitwährung gestellt werden und Großkonzerne ihre Währungsreserven ebenfalls zumeist in US-Dollar halten. Die zweite Position nimmt zum aktuellen Zeitpunkt der Euro ein, jedoch ist es alles andere als sicher, dass dieses Ranking in naher oder mittlerer Zukunft auch so erhalten bleiben wird. Die Kursveränderung eines Forex Marktes um einen spezifischen Wert wird als Pip bezeichnet. Bei der Mehrzahl der Paare entspricht ein Pip der vierten Nachkommastelle des Kurses. Eine Ausnahme bilden hier die Währungspaare, bei welchen der japanische

Yen die Kurswährung darstellt. Hier entspricht der Pip der Bewegung der zweiten Nachkommastelle. Lassen Sie sich bitte nicht davon beirren, dass die meisten Broker den Kurs eines Devisenpaares mit 5 Nachkommastellen angeben. Der Pip ist also nicht zwangsläufig die kleinste Bewegung, welche ein Kurs vollziehen kann. Forex Märkte werden in sogenannten Lot gehandelt. Wenn Sie einen Trade mit der Positionsgröße 1 Lot handeln, so kaufen oder verkaufen Sie damit 100.000 Einheiten der Basiswährung. Geben Sie also eine Kauforder bei dem Währungspaar EUR/USD auf, so würden Sie 100.000 Euro kaufen und diese mit US-Dollar zum jeweils aktuellen Kurs bezahlen. Ein Pip bei diesem Währungspaar bezieht sich auf die 4. Nachkommastelle. Damit ergibt sich Folgendes: Wenn sich der Kurs von EUR/USD um 0,0001 verändert, also 1 Pip, dann gewinnen oder verlieren Sie bei der Positionsgröße von 1 Lot 10 US-Dollar. Wenn Sie hier also über eine Long Position verfügen und dementsprechend auf einen steigenden Kurs des Euro gegenüber dem US-Dollar gesetzt haben, so gewinnen Sie 1.000 Dollar, wenn sich der Kurs um 1 Dollar Cent nach oben bewegt. Genauso schnell können Sie jedoch 1.000 Dollar verlieren, wenn sich der Kurs einen einzigen Dollar Cent gegen Sie bewegt. Sie sehen also, dass diese Standardpositionsgröße von 1 Lot für die meisten Privathändler ein zu großes Risiko darstellt. Daher bieten Ihnen die meisten Broker die Möglichkeit, eine Mindestpositionsgröße von 1 Mini-Lot oder gar 1 Micro-Lot zu handeln. Im Falle des Mini-Lot handeln Sie mit 10.000 Einheiten der Basiswährung, beim Micro-Lot mit nur 1.000 Einheiten. Daher lässt sich der Forex Markt effektiv auch mit kleineren Kontogrößen handeln und das Risiko pro Trade entsprechend klein halten und sinnvoll begrenzen.

Zudem bieten Ihnen nahezu alle Forex Broker die Möglichkeit, Ihre Positionen zu hebeln. Im Englischen bezeichnet man dies als Leverage. Sie müssen auf Ihrem Konto lediglich einen gewissen Sicherheitsbetrag hinterlegen, die sogenannte Margin, um eine bedeutend größere Summe bewegen zu können. Beträgt der Hebel beispielsweise 200:1, so benötigen Sie auf Ihrem Konto eine Marginsumme von 10 Euro, um 2.000 Euro bewegen zu können. Die übermäßige Nutzung dieser Hebelfunktion ist einer der zentralen Gründe, warum ein Großteil der privaten Trader an den Forex Märkten Geld verliert. Die Chancen auf schnelle und große Gewinne lösen bei vielen Händlern Gier aus. Daraus resultieren unverhältnismäßig große Positionen. Die damit verbundenen Risiken können innerhalb kürzester Zeit ganze Tradingkonten auslöschen. Wie Sie diesem Verhalten vorbeugen, erfahren Sie ausführlich in den Kapiteln über Börsenpsychologie und Moneymanagement.

5.4.2 DIE FOREXKATEGORIEN

Welche Kategorien unterscheidet man bei den Forex Märkten? Grundsätzlich lässt sich der Forex Markt nicht klassisch wie Fonds oder Aktien in eindeutige Kategorien einordnen. Unterscheiden sollten Sie die Währungspaare daher vornehmlich nach ihrer Liquidität und den damit verbundenen Vor- und Nachteilen.

Die großen Major Forex Paare stellen, wie bereits erwähnt, die mit Abstand am häufigsten gehandelten Devisen dar. Dies hat zur Folge, dass die Kurs Spreads, also die Differenz zwischen Kauf- und Verkaufspreisen, maximal gering sind. Dies hat für Sie als Trader den Vorteil, dass Sie sicher sein können, immer den fairsten und günstigsten Kurs für Ihren Handel zu erhalten. Durch das hohe Handelsvolumen ist die Volatilität in diesen Märkten zumeist etwas geringer, es kommt also seltener zu übermäßig großen Kursbewegungen und Gaps. Bei Gaps handelt es sich um Kurslücken. Angenommen, der Tageseröffnungskurs eines Handelsinstrumentes liegt bei 100 und dessen Schlusskurs bei 110. Üblicherweise sollte der Handel am darauffolgenden Tag im Bereich von 110 beginnen und nicht deutlich von diesem Wert abweichen. Verursacht durch diverse Ereignisse kann es jedoch vorkommen, dass der Kurs am Folgetag bei 115 eröffnet, hierdurch ergibt sich eine „Lücke" im Kurs, das sogenannte Gap. Je liquider ein Markt ist, desto seltener wird es zu solchen Gaps kommen. Gerade bei kleineren Zeiteinheiten im Intraday Trading kann es jedoch

auch bei volumenstarken Märkten verstärkt zu derlei Kurslücken kommen. Die geringe Volatilität und das hohe Handelsvolumen in den Major Devisenpaaren ist der Grund, warum diese sich vor allem für Anfänger gut eignen. Dem gegenüber stehen seltenere Paare wie USD/PLN, der US-Dollar gegenüber dem polnischen Zloty. Hier haben Sie es mit einem deutlich illiquideren Paar zu tun. Dies hat zur Folge, dass Sie sehr achtsam bei dem Spread sein müssen, sofern Sie hier einen Handel in Erwägung ziehen. Ist die Kursspanne zwischen Brief- und Geldkurs zu groß, so ist es durchaus möglich, dass der Trade keinen Sinn mehr ergibt. Auch müssen Sie hier mit sehr großen Kursbewegungen rechnen. Diese können gerade automatisierten Systemen durchaus zugutekommen, sind jedoch gerade zu Beginn Ihrer Forex Handelskarriere und bei Nutzung manueller Systeme als äußerst riskant einzustufen.

Abschließend seien an dieser Stelle noch die sogenannten synthetischen Paare zu nennen. Hierbei handelt es sich um spezielle Währungspaare, welche Ihnen der Broker aufgrund zu geringen allgemeinen Interesses nicht als direktes Devisenpaar zum Handel anbietet. Sollten Sie beispielsweise den südafrikanischen Rand gegen den mexikanischen Peso handeln wollen, so werden Sie hier zwei Trades eröffnen müssen. Sie werden dabei die Währung, auf deren Kursanstieg Sie spekulieren wollen, gegen den US-Dollar kaufen müssen und die jeweils andere Währung gegen den US-Dollar verkaufen. Für gewöhnlich machen solche Trades aber gerade für Privathändler nur wenig Sinn und verursachen hohe Kosten und schwer kalkulierbare Risiken.

5.4.3 WARUM SOLLTEN SIE AN DEN FOREXMÄRKTEN HANDELN?

Warum sollten Sie an den Forex Märkten handeln und welche Analysemöglichkeiten haben Sie dabei? Als privaten Trader oder Investor kann ein Engagement an den Forex Märkten für Sie aus zweierlei Hinsicht Sinn ergeben: Der langfristig orientierte Investor kann die Währungsmärkte zur zusätzlichen Diversifikation seines Portfolios nutzen. Sollten Sie planen, einen gewissen Anteil Ihres Vermögens als Barbestand zu halten, so ist es durchaus eine Überlegung wert, diesen in mehrere Währungen aufzuteilen. Sie diversifizieren damit Ihr Barvermögen und wirken der Gefahr entgegen, dass Ihre Heimatwährung einer überdurchschnittlich hohen Inflation zum Opfer fällt. Natürlich befindet sich dieses Kapital folglich auf dem Konto Ihres Brokers, jedoch profitieren Sie somit von den deutlich geringeren Wechselkursen als wenn Sie das Geld tatsächlich in bar bei Ihrer Bank oder einer Wechselstube umtauschen würden. Für die meisten Leser werden die Forex Märkte jedoch eher aus einer spekulativen Sicht von Interesse sein. Ich möchte daher an dieser Stelle zunächst einige Argumente aufführen, welche für den Handel an den Devisenmärkten sprechen.

Anschließend möchte ich Sie jedoch auch auf einige Nachteile und Risiken aufmerksam machen, welche Sie unbedingt beachten sollten.

1. Bei den Forexmärkten handelt es sich um die liquidesten Märkte der Welt. Entsprechend werden Sie, sofern Sie sich am Handel mit den Major Devisenpaaren orientieren, in jedem Fall sowohl bei der Eröffnung Ihres Trades als auch bei dessen Abschluss sofort eine Gegenpartei finden, welche den Handel mit Ihnen eingeht.

2. Wenn Sie sich für einen professionellen Broker entscheiden, welcher die Spreads nicht künstlich vergrößert, um zusätzliche Gebühren einzunehmen, so werden diese maximal gering sein, sodass stets gewährleistet ist, dass Sie den idealen Preis für Ihren Trade erhalten. Mehr zu der Thematik der Brokerwahl erfahren Sie in dem späteren Kapitel über Broker.

3. Der Handel im Forex Markt findet an Wochentagen rund um die Uhr statt. Sie können Ihre Tradingtätigkeit daher flexibel an Ihren Tagesplan anpassen.

4. Die Transaktionsgebühren bei Tradeeröffnung und -schließung sind bei keinen anderen Börsenhandelsinstrumenten so niedrig wie im Forex. Beachten Sie jedoch, dass sogenannte Swap-Gebühren anfallen können, wenn Sie Ihre Positionen über Nacht halten. Diese unterscheiden sich von Broker zu Broker.

5. An den Forexmärkten ist der Shorthandel von Devisen ebenso problemlos umsetzbar wie das Eröffnen von Long Positionen. Sie können also ohne zusätzlich anfallende Gebühren auf fallende Kurse setzen.

6. Durch den Hebel können Sie Ihre Positionsgrößen problemlos nach oben skalieren. Dieser Vorteil ist allerdings mit äußerster Vorsicht zu genießen, da ein unerfahrener Trader schnell dazu geneigt ist, unverhältnismäßig große Positionen zu eröffnen und durch das somit erhöhte Risiko sein Kapital schnell zu minimieren. Dies führt nicht selten zur Aufforderung seitens des Brokers zur sogenannten Nachschusspflicht. Die auf dem Konto hinterlegte Margin, also Sicherheitssumme,

ist dabei nicht mehr voll gedeckt und der Kontoinhaber wird dazu aufgefordert, zusätzliches Geld auf das Brokerkonto einzuzahlen, um diese wieder zu decken.

Gerade letzterer Punkt macht im Forex Handel ein fundiertes und gut durchdachtes Money- und Risikomanagement absolut unerlässlich. Ein weiterer, sehr häufig auftretender Faktor, welcher zum Scheitern an den Forex Märkten führt, ist sogenanntes “Overtrading”. Schon viele private Händler haben den Suchtfaktor des Tradings unterschätzt und sind diesem zum Opfer gefallen. Dies hat zur Folge, dass versucht wird, angefallene Verluste durch künstliches Erhöhen der Tradingfrequenz zu kompensieren. Dies führt gemeinhin zu häufigem Missachten des Handelssystems und entsprechend zu noch mehr Verlusten. Ein festes Tradingsystem mit eindeutigem Regelwerk, welches keinen Spielraum für subjektive Interpretation lässt, ist daher im Forex absolut unerlässlich. Bedenken Sie, dass Währungen im Gegensatz zu Aktien oder Aktienfonds auf Dauer nicht zwangsläufig zu steigenden Kursen neigen. Es ist daher nicht möglich, einen Trade, der nicht nach Ihren Erwartungen läuft, schlicht auszusitzen.

5.4.4 DIE NACHTEILE DER FOREXMÄRKTE

Hier ergibt sich nun die große Schwierigkeit beim Forex Handel. Im Gegensatz zu Aktien und Rohstoff Futures ist an den Währungsmärkten nur sehr schwerlich eine langfristige, fundamentale Analyse der Devisen möglich. Zwar können Sie sich mit den Nachrichten über wirtschaftliche Gegebenheiten der jeweiligen Länder beschäftigen, doch sind diese mit großer Sicherheit bereits im Kurs eingepreist, sobald die Nachricht Sie erreicht hat.

Daher ist ein Handel der Währungen hauptsächlich über alternative Methoden möglich. Diese können unter anderem die technische Chartanalyse, ein automatisiertes Handelssystem oder eine Kombination dieser Ansätze sein. Die meisten Hobbytrader beginnen in diesem Fall, ihre Trades auf Basis der technischen Analyse zu planen und umzusetzen, da gerade im Internet eine Vielzahl an Ansätzen und Tradingideen für diese Disziplin zu finden ist. Leider führt dies in aller Regel zu sehr viel Halbwissen, während 99 % dieser Ansätze schlicht und ergreifend nicht funktionieren. Verstehen Sie mich **nicht** falsch, die technische Chartanalyse hat durchaus ihre Berechtigung und nicht wenige legendäre Trader haben in der Vergangenheit unglaubliche Renditen nur durch die Nutzung technischer Handelsansätze erreicht. Diese haben jedoch das Problem, dass gerade ungeübte Trader in jeder noch so kleinen Preisbewegung eine zuvor erlernte Preisformation wie der Schulter-

Kopf-Schulter Formation sehen wollen. Mittlerweile ist jeder auf Forex spezialisierte Broker gesetzlich dazu verpflichtet, seinen Kunden mitzuteilen, wie viel Prozent seiner aktiven Kunden durch den Handel an den Währungsmärkten auf Dauer Geld verloren hat. Dieser Wert schwankt wie bereits angesprochen je nach Broker zwischen 60 und 95 %. Es mag meine persönliche Meinung sein, doch bin ich mir sicher, dass **von** diesen durchschnittlich 80 % Verlusttradern wiederum mindestens die Hälfte einen Handelsansatz verfolgt, welcher auf der technischen Analyse beruht. Die andere Hälfte handelt vermutlich komplett system- und planlos. Wenn Sie also zu den Gewinnern am Forex Markt zählen wollen – und dieses Ziel ist absolut erreichbar – so ist es absolut unerlässlich, dass Sie einen wohldurchdachten Handelsansatz mit genauem Regelwerk und nachvollziehbaren, fundamental sinnvollen Ideen verfolgen. Ferner spielt Erfahrung eine bedeutende Rolle. Erwarten Sie anfangs nicht zu viel von sich und beginnen daher mit kleinen Handelssummen, um Schritt für Schritt den Währungshandel zu erlernen und sich mit den Fallen und potenziellen Fehlern beim praktischen Traden auseinanderzusetzen zu können.

KAPITEL 5.5

FUTURES

5.5.1 WAS SIND FUTURES?

Futures sind sogenannte Terminkontrakte. Dabei wird ein bindender Börsenvertrag zwischen zwei Parteien abgeschlossen. Die verkaufende Seite verpflichtet sich gegenüber dem Käufer, eine exakt definierte Ware zu einem bestimmten Datum in der Zukunft auszuliefern. Die Kaufpartei ist hingegen verbindlich dazu angewiesen, diese Ware auch anzunehmen. Wie bei allen Börseninstrumenten ist dabei ein zwischenzeitlicher Weiterverkauf des Vertrages möglich. Wenn Sie den Kauf eines Futures getätigt haben, so können Sie Ihre Pflicht des Erwerbs der Ware jederzeit an einen anderen Börsenhändler weiterveräußern, vorausgesetzt, Sie finden einen Abnehmer Ihres Vertrages. Dies ist jedoch üblicherweise durch die hervorragende Liquidität von Futures nahezu jederzeit gewährleistet. Der Gedanke von Futureverträgen ist, kommerziell handelnden Marktteilnehmern die Möglichkeit zur Absicherung Ihrer Geschäfte vor Preisschwankungen zu geben. Anfänglich hielt sich demnach die Spekulation an den Futuremärkten in Grenzen.

STELLEN SIE SICH DAS PRINZIP WIE FOLGT VOR:

Auf der einen Seite steht als Produzent des Rohstoffes Kaffee ein Großbauer. Die Gegenpartei, also der Abnehmer beziehungsweise Verarbeiter der Ware, ist in diesem Falle ein Unternehmen, welches diesen Rohstoff zur Produktion oder für sein laufendes Geschäft benötigt. Dies könnte beispielsweise die Firma Starbucks sein. Beide Parteien sind nicht daran interessiert, ihre Einkünfte durch die Spekulation mit dem Kaffeepreis zu erzielen. Der Bauer möchte seine Einnahmen über den Verkauf von Kaffeebohnen erlangen, während das Geschäftskonzept von Starbucks auf dem Verkauf von Kaffeegetränken an Endkunden beruht.

SOWOHL PRODUZENT ALS AUCH VERARBEITER DES ROHSTOFFES SIND DARAN INTERESSIERT, SICH LANGFRISTIG GEGEN KURSSCHWANKUNGEN ABZUSICHERN!

Sowohl Produzent als auch Verarbeiter des Rohstoffes sind also daran interessiert, sich langfristig gegen die Kursschwankungen von Kaffee abzusichern. Sie schließen daher einen Futurevertrag miteinander ab. Dieser definiert, dass der Bauer der Firma Starbucks zu einem bestimmten Datum in der Zukunft eine bestimmte Menge an Kaffee einer bestimmten Sorte und einer bestimmten Qualität zu liefern hat. All diese Faktoren sind in dem zugrundeliegenden Kontrakt genaustens definiert. Diese Futureposition neutralisiert nun auf beiden Seiten alle ab dem Zeitpunkt seines Abschlusses auftretenden Kursschwankungen, sodass sowohl der Bauer als auch Starbucks eine gewisse Planungssicherheit genießen.Der am häufigsten gehandelte Kaffeefuture der Welt hat das Börsenkürzel „KC". Diesem Kontrakt zugrunde liegt die Kaffeesorte „Arabica". Der Umfang des Futures beträgt 37.500 Pfund. Durch den Verkauf von 2 KC Futures verpflichtet sich der Bauer also dazu, 75.000 Pfund

Kaffee an Starbucks auszuliefern. Dabei haben die Vertragspartner die Wahl zwischen diversen Kontraktmonaten. Soll die Ware also im Monat Mai ausgeliefert werden oder soll dies erst im Monat September geschehen? Jeder Future verfügt daher über diverse Kontraktmonate, welche diesem zugrunde liegen. Diese Kontraktmonate sind durch spezifische Buchstaben gekennzeichnet. Im Falle des Monats Mai ist dies der Buchstabe „K", während das „U" für September steht. Schließen der Bauer und Starbucks also miteinander einen Kontrakt „KCU2020" ab, so verpflichtet sich der Bauer, dem Unternehmen Starbucks im September des Jahres 2020 37.500 Pfund der Kaffeesorte „Arabica" auszuliefern. Das genaue Datum des letzten Handelstages sowie der letztmöglichen Auslieferung sind dabei je nach Rohstoff und Futurekontrakt genau festgelegt.

Der Bauer kann diese Pflicht, also seinen Futurekontrakt, jederzeit über die Börse an einen anderen Börsenhändler weiterverkaufen. Ebenso kann Starbucks die Verpflichtung der Abnahme dieser Ware zu jeder gegebenen Zeit weiterveräußern. In beiden Fällen muss dies jedoch selbstverständlich **vor** Ablauf des Futurekontraktes geschehen. Welche Kontraktmonate zur Verfügung stehen, ist von Future zu Future und Rohstoff zu Rohstoff unterschiedlich. Im Kaffee sind es beispielsweise die Monate März, Mai, Juli, September und Dezember. Die Gold Futures hingegen laufen in den Monaten Februar, April, Juni, August, Oktober und Dezember aus. Gerade bei den Getreiden sind diese Monate üblicherweise sehr abhängig von der jeweiligen Erntesaison. Die einzelnen zugrundeliegenden Futures der verschiedenen Kontraktmonate werden in der Regel mit zunehmender Zeit immer teurer. Handelt man also im Monat Januar einen Weizen Future auf den Monat März, so wird dieser üblicherweise einen günstigeren Preis haben als der Weizen Future des Kontraktmonats Juli. Der Grund hierfür liegt schlicht in den entstehenden Lagerkosten sowie bei einigen Futures entstehenden Zinskosten. Ware, welche erst später ausgeliefert werden muss, erzeugt nachvollziehbarerweise höhere Lagerkosten bei den Produzenten und muss entsprechend teurer bezahlt werden. Hieraus entsteht die sogenannte "Terminkurve". Diese sieht zumeist folgendermaßen aus:

TERMINKURVE GOLD FUTURE:

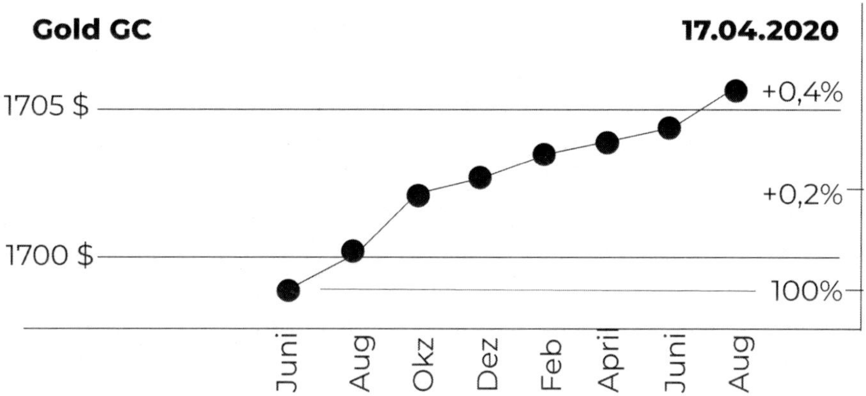

Der aktuelle Frontkontrakt von Gold ist der Juni 2020. Als Frontkontrakt bezeichnet man den aktuell liquidesten Futurekontrakt, also denjenigen, in welchem der meiste Handel stattfindet. In den meisten Fällen liegt dieser dem aktuellen Datum am nächsten. Wie Sie sehen, werden die Gold Futures mit zunehmender Zeit teurer. Dies beschreibt den Normalzustand und wird in der Fachsprache als „Contango“ bezeichnet. In sehr speziellen Fällen kann die Terminkurve eines Rohstoffes kippen, sodass die zeitlich weiter hinten liegenden Kontrakte plötzlich günstiger werden. Dies passiert beispielsweise bei einer Angebotsverknappung, wenn sich die Konsumenten, also die Verarbeiter, sehr schnell und in großen Mengen mit dem jeweiligen Rohstoff eindecken müssen und daher bereit sind, für aktuelle Futurekontrakte verhältnismäßig mehr Geld zu bezahlen. Professionelle Händler nutzen diesen als „Backwardation“ bezeichneten Zustand sehr gern für spekulative Käufe.

Futures werden immer an einer lokalen Börse gehandelt. Die größte Futurebörse im deutschsprachigen Raum ist die EUREX. Die bedeutendsten Futurebörsen befinden sich jedoch in den USA. Hier sei vor allem die CME Gruppe mit sämtlichen ihrer Tochterbörsen sowie die ICE zu nennen. Da sämtliche Futures standardisierte und streng regulierte Börseninstrumente sind, handelt es sich bei ihnen um äußerst transparente Produkte. Sie zählen zur Gruppe der sogenannten “Derivate”. Hierbei handelt es sich um Handelsinstrumente, denen ein bestimmter Wert, also beispielsweise ein Rohstoff oder ein Aktienindex, zugrunde liegt. Da Futures den jeweiligen Basiswert sehr genau abbilden und zudem äußerst liquide Produkte

sind, haben sie sich zu dem bedeutendsten Börseninstrument der professionellen Händler entwickelt. Ihr Ursprung reicht bis in das antike Griechenland zurück, wo schon in Schriften von Aristoteles von ähnlichen Termingeschäften die Rede ist. In Europa begann der dokumentierte Futurehandel im 17. Jahrhundert, wo sich Händler gegen die Preisschwankungen von Tulpenzwiebeln abzusichern versuchten. Der Preis eines Futures orientiert sich an dem Basispreis des zugrundeliegenden Wertes, welches in englischer Fachsprache als „Underlying" bezeichnet wird. Der Preis eines Gold Futures wird also sehr nah am eigentlichen Kassapreis des Rohstoffes Gold in US-Dollar sein. Die kleinstmögliche Preisbewegung, welche ein Futurekontrakt vornehmen kann, wird als Tick bezeichnet. Die Tickgröße sowie der Wert eines Ticks in US-Dollar sind dabei standardisiert und von Future zu Future unterschiedlich.

PRAKTISCHES BEISPIEL

TICKGRÖßE VON GOLD UND BAUMWOLLE:

Im Falle des Edelmetalls Gold liegen dem Futurekontrakt 100 Feinunzen zugrunde. Der Verkäufer des Kontraktes verpflichtet sich demnach dazu, dem Käufer bei Ablauf des Kontraktes 100 qualitativ hochwertige Feinunzen an Gold pro verkauftem Futurekontrakt auszuliefern. Die Tickgröße von Gold beträgt 0,1 US-Dollar. Dies bedeutet, der Kurs des Gold Futures bewegt sich in Schritten von jeweils 10 US-Dollar Cent. Der Preis von Gold wird in Dollar pro Unze gemessen. Steht dieser also beispielsweise bei 1.300, so hat 1 Unze Gold den Wert von 1.300 US-Dollar. Sie bewegen nun, wie bereits erwähnt, mit einem Futurekontrakt die Menge von 100 Unzen Gold.

Folglich gewinnt oder verliert Ihr Konto den Betrag von 100 Dollar, wenn sich der Kurs um einen Dollar nach oben oder nach unten bewegt. Bei einer Tickgröße von 0,1 Dollar ergibt sich somit ein Tickwert von 10 Dollar. Wenn der Kurs entsprechend um einen Tick steigt oder fällt, entspricht dies einem Gewinn beziehungsweise Verlust von 10 Dollar. Als zweites Beispiel möchte ich Baumwolle heranziehen. Diese hat das Börsensymbol „CT". Durch den Verkauf von einem Kontrakt CT verpflichtet man sich zur Auslieferung von 50.000 Pfund Baumwolle. Die

Tickgröße des Futures beträgt 0,01 US-Cent. Der Preis von Baumwolle wird in Cent pro Pfund bemessen. Steht der Kurs des Rohstoffes also bei 55, so bedeutet dies, dass 1 Pfund Baumwolle den Wert von 55 US-Cent besitzt. Da Sie nun mit einem Futurekontrakt 50.000 Pfund Baumwolle bewegen, folgt daraus, dass bei der Kursbewegung um 1 Cent nach oben Ihr Kontowert um 50.000 Cent steigt, also 500 Dollar. Die Tickgröße, also die kleinste Bewegung, welche der Kurs vollziehen kann, beträgt 0,01 Cent. Demnach entspricht 1 Tick einem Betrag von 5 US-Dollar.

Die tägliche Schwankungsbreite der einzelnen Futures unterscheidet sich enorm. Im Rahmen einer Systemanalyse haben wir 2019 die durchschnittlichen Schwankungen auf Tagesbasis in diversen Futurekontrakten berechnet und daraus folgendes Diagramm erstellt:

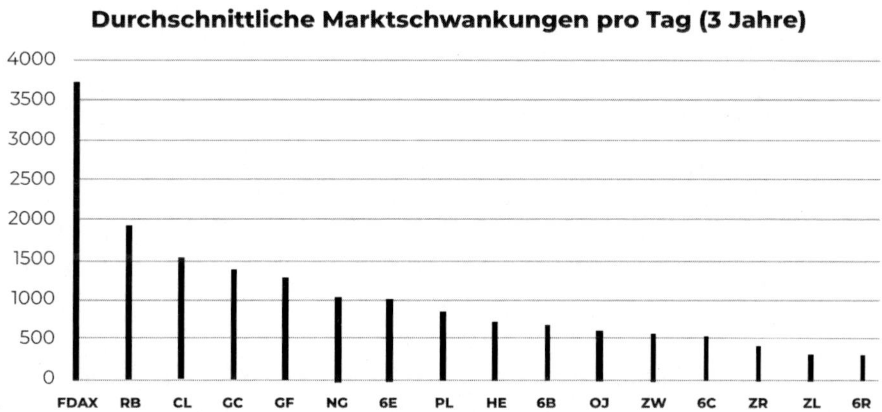

Dieses stellt lediglich einen kleinen Ausschnitt unserer Ergebnisse dar, soll Ihnen allerdings einen Überblick über die verschiedenen Risikoklassen der Futurekontrakte vermitteln. Während beispielsweise der 6R, der Future auf den Russischen Rubel, durchschnittlich um 300 US-Dollar pro Tag schwankt, hat der FDAX, der Futurekontrakt auf den Deutschen Aktienindex DAX, eine tägliche Schwankungsbreite von 3.700 US-Dollar. Hieraus wird einer der Gründe ersichtlich, warum sich Futures als Handelsinstrument der Profis etabliert haben. Das Risiko pro Kontrakt setzt schlicht das Vorhandensein eines sehr hohen Handelskapitals voraus, da die Risiken pro eröffnetem

Trade zumeist mehrere Tausend Dollar betragen. Abhilfe verschaffen hier die sogenannten “Mini-” und “Micro Futures”. Diese haben zumeist eine Größe, welche nur der Hälfte oder gar einem Zehntel des zugrundeliegenden Hauptfutures entspricht. Der Nachteil an diesen Kontrakten ist jedoch ein bedeutend niedrigeres Handelsvolumen, was mitunter zu schlechteren Kursausführungen beim Kauf oder Verkauf der Futures führen kann. Der Preis von Futures wird vornehmlich durch Angebot und Nachfrage bestimmt. Bei zu großen und plötzlichen Preisbewegungen behalten sich die jeweiligen Börsen jedoch vor, den Handel an den Märkten für eine gewisse Zeit auszusetzen. Die maximale Bewegung, welche ein Future Markt pro Handelstag vollziehen darf, bevor die Börse den Handel notwendigerweise unterbindet, bezeichnet man als “Limit Up” und “Limit Down”. Während einige Rohstofffutures, wie zum Beispiel die Fleischmärkte, relativ häufig derartige Bewegungen vollziehen, passiert dies bei anderen Märkten, wie den Edelmetallen, nur äußerst selten. Je nach Markt respektive Rohstoff können wirtschaftliche, politische sowie wetterbedingte Einflüsse große Auswirkungen auf die Futurepreise haben. So kann beispielsweise eine Dürreperiode in einer bestimmten Region die Kurse des dort angebauten Getreides sehr stark beeinflussen.

Ähnlich wie bei den Forex Märkten, so müssen Sie auch beim Handel mit Futures nicht über das gesamte Vermögen zum Kauf eines Kontraktes verfügen. Es muss lediglich eine sogenannte „Initial Margin“ hinterlegt werden, also ein Sicherheitskapital bei Eröffnung des Trades. Je nach Risikostufe des Futures variieren diese Beträge zum Teil sehr stark und werden zeitweise durch die Broker je nach Marktlage angepasst. Die aktuell gültigen Marginraten können Sie auf der Website Ihres Brokers in Erfahrung bringen. Um einen Gold Future handeln zu können, benötigen Sie bei Interactive Brokers, dem derzeit größten Broker der Welt, zum jetzigen Zeitpunkt eine Initial Margin von 4.250 US-Dollar. Bedenken Sie, dass Sie zum praktischen Handel einen deutlich höheren Betrag zur Verfügung haben sollten. Wie Sie dem obigen Diagramm entnehmen können, unterliegt der GC Gold Future pro Tag einer durchschnittlichen Preisschwankung von knapp 1.500 Dollar. Wenn Sie also den Trade tatsächlich nur mit besagten 4.250 Dollar Kapital eröffnen, so kann es passieren, dass Ihr Konto binnen weniger Minuten komplett ausgelöscht ist. Sollte Ihr Guthaben während eines offenen Trades die notwendige Marginrate unterschreiten, weil Sie zum Beispiel eine zu große Positionsgröße bei einem zu riskanten Trade gewählt haben, so werden Sie von Ihrem Broker einen sogenannten

“Margin Call” erhalten. Hiermit verbunden ist die Aufforderung, Ihr Konto mit zusätzlichem Kapital auszustatten, da dieses nicht mehr genügend gedeckt ist. Mit einem professionellen Money- und Risikomanagement ist es aber absolut vermeidbar, dass Sie jemals in diese unangenehme Situation kommen. Bedenken Sie jedoch stets, dass die Initial Margin Raten durchaus nicht festgesetzt sind und jederzeit seitens des Brokers erhöht oder verringert werden können. So ist es üblich, dass diese Sicherheitsraten in Zeiten rapide fallender Aktienmärkte für sämtliche Futures stark erhöht werden. Sie sollten daher über das **mindestens** Fünffache, idealerweise das Zehnfache der aktuellen Initial Margin Rate verfügen, um ruhigen Gewissens einen Trade im entsprechenden Markt eröffnen zu können.

Heutzutage sind an den Futuremärkten keinesfalls nur noch kommerzielle Händler aktiv. Die Märkte messen mittlerweile eine große Anzahl an Spekulanten, welche danach streben, von den Kursverläufen der Futures zu profitieren. Die Broker, zu deren Kunden hauptsächlich spekulativ orientierte Trader zählen, haben daher Sicherheitsvorkehrungen getroffen, um zu verhindern, dass es bei dem Future Trade eines privaten Händlers tatsächlich zu einer Ausführung des Kontraktes kommt. Sicherlich liegt es keinesfalls in Ihrem Interesse, dass Sie einem US-amerikanischen Farmer plötzlich die Lieferung von 50.000 Pfund Mastrind schuldig sind. Ebenso wenig möchten Sie natürlich mit 5.000 Buschel Hafer beliefert werden, nur weil Sie versehentlich vergessen haben, Ihren Futuretrade rechtzeitig zu schließen. Der Broker wird Ihnen daher rechtzeitig spätestens einen Monat vor Ablauf des entsprechenden Kontraktes diverse Warnungen mit der Aufforderung, Ihre laufende Position schnellstmöglich glattzustellen, zukommen lassen. Sollten Sie dies dennoch ignorieren, so wird der Broker den fraglichen Trade schließlich auf eigene Initiative liquidieren, sodass es für Sie als privaten Retail Trader niemals zu einer Ausführungspflicht des Futurevertrages kommen wird. An dieser Stelle möchte ich noch auf die viel diskutierte Debatte eingehen, Spekulation könne auf Dauer Lebensmittelpreise künstlich in die Höhe treiben und somit Hungersnöte in armen Ländern auslösen. Diese Annahme ist **schlicht falsch** und ergibt aus wirtschaftlicher und empirischer Sicht absolut keinen Sinn. Es handelt sich hierbei um eine sehr emotionale Diskussion, welche zusätzlich durch Papst Franziskus und dessen Thesen in seiner Enzyklika Laudato si‘ angefeuert wurde. Rein faktisch besteht jedoch keinerlei Evidenz, dass Spekulation einen negativen Effekt auf die Lebensmittelversorgung armer Länder haben könnte. In der Tat ist dieser Gedanke sogar absolut abwegig.

BETRACHTEN WIR HIERFÜR DIE FAKTEN:

Seitdem die weltweiten Handelsbeschränkungen in den 1980er Jahren gefallen sind, erfolgte eine nie dagewesene, rasante wirtschaftliche Entwicklung in den Ländern, welche wir zu diesem Zeitpunkt als 3. Welt bezeichnet hatten. Immer mehr kommt es vor allem in intellektuellen Kreisen in Mode, umfangreich Kritik am vermeintlich ungerechten, kapitalistischen Wirtschaftssystem zu üben. Ich nehme mich hiervon nicht aus und bin mir absolut darüber im Klaren, dass wir momentan noch weit von einem global allumfassend gerechten Kapitalismus entfernt sind. Dennoch sollten wir nicht vergessen, was in den vergangenen 30 Jahren bereits erreicht wurde, was unumstößlich auch auf die Entwicklung der freien Marktwirtschaft zurückzuführen ist. Der Anteil der Bevölkerung, welcher statistisch betrachtet in absoluter Armut lebt, hat sich seit 1966 von 50 % bis zum Jahr 2017 auf 9 % verringert. Die durchschnittliche Lebenserwartung stieg seit dem Jahr 1900 von 32 auf heutzutage 73,2 Jahre. Über 80 % aller einjährigen Kinder sind weltweit geimpft. Im globalen Durchschnitt hat ein 30-jähriger Mensch 10 Jahre in der Schule verbracht. Ich möchte Ihnen zu dieser Thematik das Buch „Factfulness" empfehlen. Der Autor Hans Rosling legt hier auf unterhaltsame Weise statistische Fakten dar, welche dem Leser aufzeigen, wie weit unsere teilweise desaströsen Vorstellungen von den Zuständen in der Welt zum großen Teil von der Realität abweichen. In der Tat **reduziert** der stetig zunehmende Freihandel die Volatilität der Nahrungsmittelpreise weltweit. Die Anbindung der Preise an die Weltmärkte macht diese unabhängiger von Vorkommnissen in einzelnen Ländern, wie zum Beispiel Dürreperioden. Höhere Preise für die Grundnahrungsmittel, also beispielsweise das direkte Getreide Weizen oder Mais, kommen im Durchschnitt den armen Ländern deutlich eher **zugute**, da diese in der Regel die Produzenten dieser Waren sind. Eine Studie des International Food Policy Research Institute hat dabei festgestellt, dass die markanten Preisanstiegsphasen in den 2000er Jahren zu einer signifikanten Beschleunigung des Abbaus der weltweiten Armut geführt haben. Informationen zu dieser Studie finden Sie hier: https://www.ifpri.org/publication/food-prices-and-poverty-reduction-long-run

Betrachten wir nun die Spekulation. Ein weit verbreiteter Irrtum ist der Glaube, Spekulanten würden stets von steigenden Preisen profitieren und wären daher daran interessiert, die Rohstoffpreise möglichst nach oben zu treiben. Dies mag für den breiten **Aktienmarkt** gelten, **nicht** jedoch für den Futurehandel. Futurespekulation ist

stets ein Geschäft mit zwei Seiten – die eine Partei profitiert von steigenden Preisen, die andere von fallenden. Es liegt im Interesse der Spekulanten, dem aktuellen Trend zu folgen und von diesem zu profitieren, unabhängig davon, ob dieser steigend oder fallend ist. Dabei bilden sie das ergänzende Gegenstück zu den kommerziellen Händlern. Während diese in Zeiten steigender Preise mehr und mehr **verkaufen**, um von jeweils höheren Preisen für ihre Waren zu profitieren, unterstützen die Spekulanten in dieser Phase den Handel durch Kaufkraft, da sie wiederum den Preisanstieg nutzen wollen, um Gewinne zu erzielen. Genau umgekehrt geschieht es, dass die sogenannten "Commercials", die kommerziellen Händler, in Zeiten fallender Preise **kaufen**, um von günstigeren Preisen für benötigte Waren zu profitieren, während die Spekulanten hier verkaufen, um aus dem Abwärtstrend Nutzen zu ziehen. Ohne das Kapital der Spekulanten würden die Märkte nicht so effizient funktionieren, wie sie es tun.

Gerade ärmere und kleine Landwirte profitieren von den transparenten und standardisierten Regularien der internationalen Börsen, da sie so eine geregelte Abwicklung ihrer Preisabsicherungsgeschäfte vornehmen können. Müssten diese direkt und ohne börsliche Aufsicht Lieferkontrakte mit den Großkonzernen abschließen, so würde sich dies mit großer Sicherheit zu deren Nachteil auswirken. Auch die Aussage, Preisniveaus von Lebensmitteln würden sich auf immer höheren Niveaus einpendeln, ist so nicht korrekt.

BETRACHTEN SIE HIERFÜR DEN CHART DES MAIS FUTURES SEIT 1974

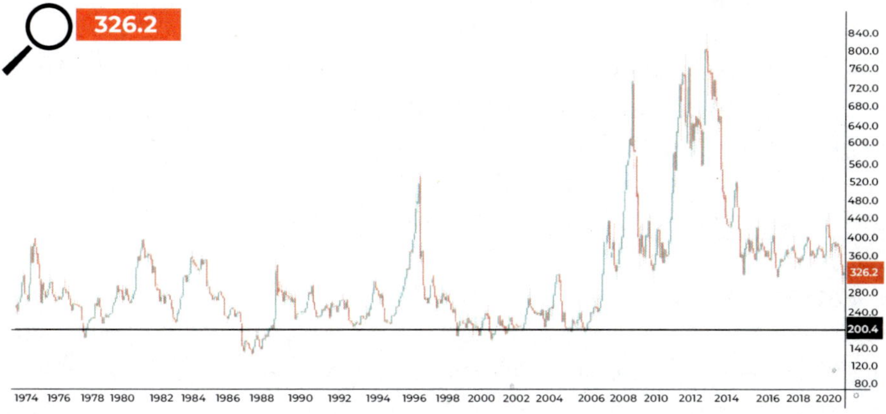

Quelle: TradingView Charts ZC Future

Wie Sie sehen, befindet sich der Preis auf einem Level, welchen er durchaus in absoluter Summe bereits in jeder der vergangenen 5 Dekaden markiert hat. Kalkulieren wir nun die durchschnittliche Inflationsrate des US-Dollar von 1,38 % pro Jahr mit ein, so würde der Kurs von Mais zum aktuellen Zeitpunkt bei dem im Chart durch die schwarze Linie markierten Preislevel liegen. Auch die großen Volatilitätsausbrüche zu Beginn der 2000er Jahren waren teureren Investitionsgütern wie Düngemittel oder Öl, weitverbreiteten Missernten sowie der erhöhten Nachfrage nach Mais aufgrund seiner Verwendung als Treibstoff geschuldet. Letzteres ist vor allem einer undurchdachten US-Politik anzulasten. Auffällig ist zudem, dass die Volatilität bei Rohstoffen, für welche keine börslichen Terminmärkte zur Verfügung stehen, bedeutend höher ist als bei jenen mit Terminmärkten. Ein Beispiel hierfür ist das Metall Wolfram. Die Gründe für Hungersnöte bei Terminspekulanten zu suchen wäre zu einfach und ist der falsche Weg. Vielmehr tragen die Verantwortung hierfür Politik und Regierungen.

DER BRITISCHE FINANZ- UND ETHIKPROFESSOR DER ST. MARY'S UNIVERSITY PHILIP BOOTH **BESCHREIBT DIES IN EINEM ARTIKEL WIE FOLGT:**

> „
>
> [...] UND DIE BELASTUNGEN DURCH DIE ZÖLLE FÜR REIS UND DAS HORTEN IM GROSSEN STILE DURCH VIELE REGIERUNGEN VERSCHIEDENER LÄNDER, INSBESONDERE INDIEN UND DEN PHILIPPINEN: SIE WAREN (GEMÄSS WILL MARTIN UND KYM ANDERSON VON DER WELTBANK) VERANTWORTLICH FÜR DEN UNGLAUBLICHEN PREISANSTIEG VON REIS UM 45 % ZWISCHEN 2007 UND 2009.
>
> IN EINZELNEN STAATEN IST DIE POLITIK BEZÜGLICH DER NAHRUNGSMITTELMÄRKTE HÄUFIG KATASTROPHAL. IN INDONESIEN FÜHRTEN STAATLICHE INTERVENTIONEN IN DEN HANDEL UND IN DIE HEIMISCHEN MÄRKTE DAZU, DASS DER HEIMISCHE PREIS FÜR REIS 60 % ÜBER DEM WELTMARKTPREIS LAG, WÄHREND EINEM SIEBTEL DER BEVÖLKERUNG WENIGER ALS 1,90 US-DOLLAR AM TAG ZUR VERFÜGUNG STEHT.
>
> IN INDIEN VERFAULEN ETWA 50 % DER NAHRUNGSMITTELERZEUGNISSE, BEVOR SIE AUF DEN MARKT KOMMEN, WEGEN INLÄNDISCHEN TRANSPORT- UND VERTEILUNGSPROBLEMEN, DIE FOLGE VON TARIFEN, ZÖLLEN UND REGULIERUNGEN IM EINZELHANDEL SIND.
>
> “

Der vollständige Artikel ist auf Englisch erschienen, Sie finden ihn unter https://austrian-institute.org/en/blog/commodity-speculation/

Abschließend lässt sich also zusammenfassen, dass gerade arme Landwirte von den liquiden Terminbörsen profitieren. Da die Spekulation nur verhältnismäßig wenig Einfluss auf die Gestaltung von Rohstoffpreisen hat, weil die größte Handelskraft immer noch vom kommerziellen Handel innerhalb und außerhalb der Finanzmärkte ausgeht, sollte unser Fokus zur Lösung von Armuts- und Hungerproblemen vielmehr auf regierungspolitische Gegebenheiten gerichtet sein. Wenn in einem Land wie Indien mehr als 50 % der Nahrungsmittel verfaulen, während es verhältnismäßig mehr arme Menschen beheimatet als die meisten anderen Länder der Welt, so sollten die wahren Ursachen von derlei Problemen deutlich sichtbar werden – Korruption, Misswirtschaft, undurchsichtige Zölle und hinderliche Regularien seitens der Politik.

ICH MÖCHTE DIESE AUSFÜHRUNG ABERMALS MIT EINEM ZITAT VON PHILIP BOOTH **BEENDEN:**

“

DIE VERANTWORTUNG DAFÜR, DASS DIE ARMEN SICH GRUNDLEGENDE GÜTER NICHT LEISTEN KÖNNEN, BEI DER ROHSTOFFSPEKULATION ZU SUCHEN, GLEICHT DER HANDLUNGSWEISE EINER ÖRTLICHEN POLIZEI, DIE EINEN MORD DURCH ERDROSSELUNG DADURCH AUFZUKLÄREN SUCHT, INDEM SIE ALLE MESSERBESITZER DER STADT VERHÖRT.

”

5.5.2 DIE FUTUREKATEGORIEN

Welche Kategorien von Futures gilt es zu unterscheiden? Futures sind zunächst in zwei Hauptkategorien einzuteilen, welche wiederum in diverse Unterkategorien zu gliedern sind. Jene Hauptkategorien sind die Commodity Futures, also die auf Rohstoffen basierenden Futures, sowie die Financial Futures. An den Futuremärkten sind mittlerweile unzählige Rohstoffe handelbar. Dennoch hat sich eine überschaubare Anzahl an diesen durch das rege internationale Interesse als besonders wichtig etabliert. Entsprechend handelt es sich hierbei um die liquidesten, also am häufigsten gehandelten Futures. Damit Sie eine Übersicht erhalten, möchte ich Ihnen diese Märkte im Folgenden unter Angabe des jeweiligen Börsensymbols nennen. Es gilt zu beachten, dass diese Symbole mitunter von Broker zu Broker und auf verschiedenen Chartingplattformen anders bezeichnet werden.

EDEL- UND INDUSTRIEMETALLE

Gold (GC), Silber (SI), Platin (PL), Palladium (PA), Kupfer (HG)

ENERGIEN

WTI Rohöl (CL), Brent Rohöl (B), Heizöl (HO), RBOB Benzin (RB), Erdgas (NG)

GETREIDE

Mais (ZC), Weizen (ZW), Reis (ZR), Hafer (ZO), Sojabohnen (ZS), Sojabohnenmehl (ZM), Sojabohnenöl (ZL)

SOFT COMMODITIES

Kakao (CC), Baumwolle (CT), Orangensaftkonzentrat (OJ), Kaffee (KC), Zucker Nr. 11 (SB), Bauholz (LB)

FLEISCH

Lebendrind (LE), Mastrind (GF), Magerschwein (HE)

Ich betone nochmals, dass die hier aufgeführten Märkte selbstverständlich nicht alle verfügbaren und weltweit gehandelten Rohstofffutures darstellen. Es handelt sich jedoch um die gebräuchlichsten und entsprechend fungibelsten Märkte. Im Laufe des 20. Jahrhunderts hat sich der Futurehandel auf die internationalen Finanzmärkte ausgeweitet. Der Mini-Future auf den amerikanischen Aktienindex S&P 500 mit dem Kürzel ES hat täglich ein durchschnittliches Volumen von über 1 Million gehandelten Kontrakten vorzuweisen und zählt somit zu den am häufigsten gehandelten Börseninstrumenten überhaupt. Neben den Rohstoffmärkten hat sich also in Form der Finanzfutures eine weitere Kategorie gebildet. Auch hier möchte ich Ihnen gern die Wichtigsten in der folgenden Übersicht vorstellen. Es gilt ebenso, dass die Symbole mitunter je nach Broker und Chartsoftware variieren können.

INDEXFUTURES

S&P 500 Index (SP), E-Mini S&P 500 Index (ES), E-Mini Nasdaq Index (NQ), E-Mini Russell 2000 Index (RTY), E-Mini Dow Jones Index (YM), DAX Future (FDAX), Nikkei Index (NK), FTSE Index (ZX), MSCI World Index (MWO), MSCI Emerging Markets Index (MME), Euro Stoxx 50 (FESX)

Eine Anmerkung hierzu: Wie Sie sehen, haben die meisten US-Indizes den Begriff „E-Mini“ vor ihrer Bezeichnung stehen. Nebst dem Standard Future stehen bei den hochliquiden Kontrakten zumeist noch eine Mini sowie eine Micro Version des Futures zur Verfügung. Da die Standardversionen der großen US-Index Futures immens große Tickwerte vorzuweisen haben, ist es hier üblich, den dazugehörigen Mini Future zu handeln. Die Standardvariante eignet sich nur für hochkapitalisierte Hedgefonds, Banken und Großkonzerne. Diese Kontrakte sind oftmals nicht sonderlich liquide und es hat sich daher der Handel des zugehörigen Mini Futures als praktikabler etabliert.

ANLEIHEFUTURES

2 Year T-Note (ZT), 5 Year T-Note (ZF), 10 Year T-Note (ZN), 30 Year T-Bond (ZB), Ultra Bond (UB), Euro Bund (FGBL), Euro BOBL (FGBM), Euro Schatz (FGBS)

VOLATILITÄTSFUTURES

VIX Volatilitätsindex (VX)

WÄHRUNGSFUTURES

AUD/USD (6A), GBP/USD (6B), CAD/USD (6C), EUR/USD (6E), JPY/USD (6J), MXN/USD (6M), NZD/USD (6N), RUB/USD (6R), CHF/USD (6S), ZAR/USD (6Z)

AKTIENFUTURES

Zu spekulativen Zwecken stehen den Börsenteilnehmern auch Future Varianten der weltweit größten und am stärksten kapitalisierten Unternehmen zur Verfügung. Das Prinzip des Futurekontraktes bleibt hier erhalten. Je nach Vertragsart hat der Verkäufer des Aktienfutures dem Käufer bei Ablauf des Kontraktes die zugrundeliegenden Aktien auszuliefern oder eine je nach Vertrag vorbestimmte Summe an Bargeld wechselt den Besitzer.Häufig finden Sie hier die Bezeichnung SSF-Future für Single Stock Future. Die Größe eines Kontrakts entspricht dabei üblicherweise dem hundertfachen des zugrundeliegenden Aktienwertpapiers.

Sie sehen also, dass Sie zum Handel der US-Dollar Währungspaare nicht zwangsläufig auf die Forex Märkte zurückgreifen müssen, sondern diese auch über die jeweiligen Future Kontrakte handeln können, was Ihnen den immensen Vorteil eines regulierten und standardisierten Börsengeschäfts einbringt. Auch für Währungen existieren Micro Varianten der Futures, sodass der Handel hier auch mit kleineren Kontogrößen umsetzbar ist. Sie haben nun einen umfassenden Überblick über die gebräuchlichsten und entsprechend am häufigsten gehandelten Futuremärkte erhalten. Diese stellen sowohl dem semiprofessionellen als auch professionellen Trader effiziente und transparente Mittel zur Verfügung, um Spekulation an der Börse betreiben zu können. Sollte Ihnen die Kontraktgröße eines Futures in Bezug auf dessen monetäre Schwankung pro Tag als zu groß erscheinen, so lege ich Ihnen ans Herz, sich mit den zugrundeliegenden Mini- beziehungsweise Micro Versionen der Futures zu beschäftigen. Dennoch sollte die Spekulation an den Futuremärkten vernünftigerweise ein Kapital von mindestens 20.000 Euro voraussetzen. Dieses Geld

sollte zudem keinesfalls Ihre gesamten Ersparnisse darstellen. Der Handel an den Futuremärkten ist riskant und setzt Erfahrung sowie ein umfangreiches Wissen über Handelsansätze und -strategien voraus. Dies bringt uns also zu der Frage: Warum sollten Sie an den Futuremärkten aktiv werden?

5.5.3 WARUM SOLLTEN SIE AN DEN FUTUREMÄRKTEN AKTIV WERDEN?

Die Futuremärkte sind den kommerziellen Händlern und Spekulanten vorbehalten und eignen sich keinesfalls zum Investieren. Dementsprechend sind sie nicht für jeden Investorentyp geeignet. Selbst mit einem hohen Vermögen sollten Sie davon absehen, langfristige Investments in den Futuremärkten in Betracht zu ziehen. Dies hat folgende Gründe:

Zum einen haben Futures eine bestimmte Laufzeit. Sobald sich diese ihrem Ablaufdatum nähert, müssen Sie Ihre Position "rollen". Das bedeutet, Sie schließen den aktuellen Kontrakt und eröffnen im Folgekontrakt eine neue Position. Eine passive Anlage im "Buy and Hold Stil" ist hier also nicht möglich, da Sie Ihre Trades permanent managen müssen. Hinzu kommt, dass sich die Futuremärkte im Regelfall in einem Contango befinden. Die einzelnen Kontraktmonate werden also von Kontrakt zu Kontrakt immer teurer. Wenn Sie nun beispielsweise Ihre aktuelle Position bei einem theoretischen Preis von 100 $ schließen, dann auf den nächsten Folgekontrakt rollen und dieser einen Preis von 110 $ hat, so entstehen Ihnen 10 $ Rollverlust. Hierbei handelt es sich nicht um einen realisierten Verlust, welcher Ihren Kontowert mindert. Es bedeutet schlicht, dass Sie an der Strecke von 100 $ bis 110 $ nichts verdient haben, den Trade also in diesem Bereich quasi „ausgelassen" haben, und dieser schlussendlich weniger Potenzial für einen weiteren Kursanstieg hat. Der wichtigste Punkt, den Sie jedoch beachten müssen, ist, dass es sich bei den meisten

Underlyings von Futures um Rangemärkte handelt. Dies bedeutet, dass der Wert des jeweiligen Underlyings im Gegensatz zu den Aktienmärkten nicht dauerhaft steigt, sondern sich innerhalb einer bestimmten Preisspanne basierend auf Angebot und Nachfrage auf und ab bewegt. Eine Ausnahme bilden hier die Aktien- und Anleihen Indexfutures sowie die Edelmetalle, wobei auch Letztere zu sehr langen Phasen mit fallenden Preisen tendieren. Ein Engagement in den Futuremärkten ist also nur für rein spekulativ orientierte Trader erwägenswert. Hier gibt es jedoch einen Grund, warum Futures das Werkzeug der Börsenprofis darstellen. Wenn Sie es auf Renditen abgesehen haben, welche jenseits der durchschnittlichen Aktienmarktperformances liegen, so werden Sie um den Futurehandel kaum herumkommen. Mit dem nötigen Wissen, der Erfahrung und einem hohen zur Verfügung stehenden Handelskapital sind Renditen zwischen 20 und 100 % und sogar jenseits dessen realisierbar.

BETRACHTEN WIR HIERFÜR DIE ERGEBNISSE DER GEWINNER DER FUTURES TRADING CHAMPIONSHIP AUS DEN VERGANGENEN JAHREN:

2019	Sadanand Kalasabail	266,0%
2018	Petra Ilona Zacek	257,9 %
2017	Stefano Serafini	217,2 %
2016	Artur Teregulov	914,8 %
2015	Chuck Hughes	209,1 %

Ich möchte hier keinesfalls falsche Vorstellungen bei Ihnen etablieren. Hierbei handelt es sich um Profis ihres Fachs. Solche Ergebnisse sind keinesfalls selbstverständlich und mit hohen Risiken verbunden. Es handelt sich jedoch um dokumentierte und streng regulierte Zahlen und ich möchte, dass Sie einen Eindruck erhalten, was möglich ist. Um derlei Werte zu erreichen bedarf es jedoch in der Regel jahrelanger Übung, eines hohen Zeitaufwandes für Studium und Umsetzung von Handelsstrategien sowie die Kenntnis und Vermeidung sämtlicher psychologischer Fallstricke, welche der Börsenhandel mit sich bringt. Bei Futures handelt es sich um streng regulierte, transparente und fair gehandelte, in Bezug auf Gebühren kostengünstige sowie äußerst liquide Handelsinstrumente. Sollten Sie sich als ambitionierten Trader betrachten und über das notwendige Kapital verfügen, so empfehle ich Ihnen, sich mit dem Handel von Futures auseinanderzusetzen.

5.5.4 DIE FUTUREANALYSE

Welche Möglichkeiten zur Analyse von Futures gibt es? Ein weiterer Vorteil beim Handel von Futures ist die breite Palette an Möglichkeiten, diese zu analysieren und entsprechende Tradingstrategien zu entwickeln. Es gibt kaum einen Handelsansatz, welcher nicht anhand von Futures umsetzbar wäre. Der wohl bedeutendste Vorteil dieser Handelsklasse ist die wöchentliche Veröffentlichung des sogenannten CoT Berichtes. „CoT" steht dabei für „Commitment of Traders". Ab einem bestimmten Handelsvolumen sind Institutionen und Unternehmen verpflichtet, der amerikanischen Behörde CFTC, der Commodity Future Trading Commission, Auskunft über ihre genauen Handelsaktivitäten und -positionen zu erteilen. Diese Zahlen werden jeden Freitag durch die Behörde veröffentlicht und sind folglich für jedermann zugänglich. Sie können somit die exakten Handelsvorgänge der Produzenten sowie Verarbeiter eines Rohstoffes verfolgen. Dies ist fast schon als legaler Insiderhandel zu bezeichnen, denn es stellt einen ausgesprochenen Vorteil dar, sich mit seinem Handel an den Aktivitäten der Marktteilnehmer orientieren zu können, welche direkt in die Produktion und den Handel mit dem jeweiligen Rohstoff involviert sind.

Ähnlich wie bei Aktien ist auch an den Futuremärkten eine Kombination aus technischer und fundamentaler Analyse ein sinnvoller und oft gewählter Ansatz. Im Gegensatz zur Unternehmensanalyse werden hier natürlich keine Bilanzkennzahlen und Geschäftsmodelle untersucht, vielmehr spielen je nach Rohstoff eine Vielzahl an äußeren Faktoren eine Rolle bei

der Analyse. So gibt es beispielsweise nicht wenige Trader, welche die brasilianischen Wetterkarten studieren und Naturphänomene wie das dort etwa alle 7 Jahre auftretende „El Niño" in ihre Handelsentscheidungen einbeziehen. Eine weitere äußerst effektive Methode der Analyse von börsengehandelten Werten ist das Studium des Handelsvolumens. Über das Volumenprofil sowie den sogenannten Footprint Chart und das Orderbuch wird dabei ermittelt, an welchen Preislevels große und finanzstarke Händler Käufe und Verkäufe getätigt haben. Über diese Herangehensweise lassen sich sehr genaue Tradeeinstiegspunkte bei einem hervorragenden Chance-Risiko-Verhältnis ermitteln. Eine genaue Erläuterung des Chance-Risiko-Verhältnisses erhalten Sie im später folgenden Kapitel über Money- und Risikomanagement.

Ein letzter hochinteressanter Ansatz zur Analyse von Futures ist die Betrachtung der oben beschriebenen Terminkurve. Professionelle Trader werden keinen Tag vergehen lassen, an welchem Sie nicht die Bewegung und Veränderung in der Struktur der Terminkurven beobachten und zur Kenntnis nehmen werden. Gerade in den Rohstoffmärkten können bereits kleine Veränderungen in der Kurve Auskunft über die zukünftige Bewegung der Kurse geben. Die Terminkurve verrät dem Betrachter, wann sich eine mögliche Verknappung des Angebots einer Ware anbahnt und es dementsprechend zu einer rasanten Erhöhung des Preises kommen könnte. Auch im umgekehrten Sinne kann die Struktur der Kurve Hinweise geben, wann sich diese Angebotsverknappung wieder aufzulösen droht und die Kurse somit wieder zum Fallen neigen werden.

DER HANDEL VON FUTURES IST AUF DREIERLEI ART UND WEISE MÖGLICH:

1 Sie können die Kontrakte, wie bei einer Aktie, direktional handeln. Dies bedeutet schlicht, dass Sie den Kontrakt kaufen und zu einem hoffentlich teureren Preis wieder verkaufen. Auch der Short Handel ist mit sämtlichen Futures problemlos möglich. Sie verkaufen also einen Kontrakt leer, also ohne ihn zu besitzen, um ihn dann zu einem späteren Zeitpunkt und idealerweise niedrigeren Preis zurückzukaufen. So können Sie sowohl auf steigende als auch auf fallende Kurse setzen.

2 Die zweite Möglichkeit ist der vollautomatisierte Handel. Hierfür benötigen Sie eine spezielle Software wie beispielsweise die Tradestation oder den Tradenavigator und müssen sich deren Programmiersprache aneignen. Diese ist glücklicherweise äußerst simpel gehalten und auch für Laien schnell erlernbar. Alternativ bietet sich auch die Beauftragung eines Programmierers an, welcher Ihnen eine spezielle Software für Ihren Handelsansatz entwickelt. Dies ist allerdings sehr kostspielig und Sie sollten sich über das Funktionieren Ihres Systems sehr sicher sein, bevor Sie diese Investition tätigen.

3 Die dritte und letzte Handelsart sind sogenannte Optionen. Bei Optionen handelt es sich um ein äußerst interessantes Börseninstrument, welches einen völlig anderen Ansatz verfolgt als das konventionelle Modell von Kaufen und Verkaufen. Worum es sich bei Optionen im Genauen handelt und wie Sie diese für sich nutzen können, erfahren Sie im folgenden Kapitel.

KAPITEL 5.6

OPTIONEN

5.6.1 WAS SIND OPTIONEN?

Der ursprüngliche Zweck von Optionen sind Versicherungsgeschäfte. Diese werden stets zwischen zwei an der Börse handelnden Parteien geschlossen. Dies ist der wesentliche Unterschied zu dem Optionsschein, welcher stets von einer Bank oder einem anderen Emittenten herausgegeben wird. Die eine Seite des Optionsgeschäftes ist der Versicherungsnehmer, der Käufer der Option, die andere Partei bildet der Versicherungsgeber, der Verkäufer, welcher auch als Stillhalter bezeichnet wird.

Die Option stellt die komplexeste und vermutlich am schwierigsten zu verstehende Börsenanlageklasse dar. Ich werde daher versuchen, Sie Ihnen anhand einiger praktischer Beispiele näherzubringen. Optionen haben als Börseninstrument diverse Gemeinsamkeiten mit Futures, weisen allerdings auch einige wesentliche Unterschiede auf. Ebenso wie bei den Futures handelt es sich bei Optionen um Derivate, also börslich gehandelte Kontrakte, welche einen Basiswert, auch als Underlying bezeichnet, abbilden. Im Falle von Optionen kann dieser Wert eine Aktie oder ein Future sein. Je nachdem, um welches

Underlying es sich handelt, spricht man von Aktienoptionen oder Futureoptionen. Eine weitere Gemeinsamkeit mit Futureverträgen ist, dass Optionen eine festgelegte Laufzeit und dementsprechend ein Verfallsdatum haben. Es handelt sich also ebenfalls um Termingeschäfte.

HIER ENTSTEHT NUN JEDOCH DER GROßE UNTERSCHIED ZU DEN FUTURES:

Während ein Futurekontrakt für beide Seiten bindend ist, der Verkäufer dem Käufer also eine bestimmte Ware bei Ablauf des Vertrages zu liefern hat und jener Käufer diese auch abnehmen muss, hat der Käufer einer Option das **Recht** erworben, das verhandelte Geschäft einzugehen. Dies bedeutet, er **kann** dieses Recht in Anspruch nehmen, **muss** es jedoch nicht. Man unterscheidet dabei zwischen der amerikanischen und europäischen Optionsvariante. Bei der amerikanischen Option hat der Käufer während der gesamten Laufzeit der Option jederzeit die Möglichkeit, sein Recht zum Kauf oder Verkauf des Underlyings auszuüben. Bei der europäischen Version steht ihm dieses Recht ausschließlich zum Ablaufdatum des Kontraktes zu. Weiter verbreitet und handelsüblicher ist die amerikanische Variante. Bei der Option wird mit sogenannten “Calls” und “Puts” gehandelt. Dabei können sowohl Calls als auch Puts gekauft und verkauft werden.

EIN BÖRSENHÄNDLER HAT BEIM OPTIONSTRADING ALSO 4 MÖGLICHKEITEN ZUR VERFÜGUNG:

Den Kauf von Calls	Den Kauf von Puts	Den Verkauf von Calls	Den Verkauf von Puts

Jede dieser 4 Varianten wird er mit einer gänzlich anderen Intention durchführen, welche ich Ihnen nun im Genauen erläutern möchte.

ZUNÄCHST ABER DIE GRUNDLAGEN DES OPTIONSHANDELS:

Der Optionskäufer erwirbt vom Optionsverkäufer, dem Stillhalter, das Recht, ihm den zugrundeliegenden Wert zu einem festgelegten Preis innerhalb eines festgelegten Zeitraums **abzukaufen oder zu verkaufen**. Er **kann** dieses Recht in Anspruch nehmen, muss dies allerdings nicht tun. Der Käufer zahlt dem Stillhalter dafür eine feste Prämie. Diese steht dem Verkäufer **in jedem Fall** zu. Für den Käufer stellt die gezahlte Prämie den maximalen Verlust dar, welchen er mit dem Geschäft realisieren kann. Dem Verkäufer steht der Gewinn der Prämie sicher zu und er kann mit dem Geschäft nie mehr als die ihm ausgezahlte Prämie gewinnen. Er kann jedoch einen weitaus höheren Betrag verlieren.

Zum Handel stehen den beiden Parteien dabei für jedes Underlying eine Vielzahl von verschiedenen Laufzeiten und zu vereinbarenden Preisen zur Verfügung. Der im Optionskontrakt verhandelte Preis zum Kauf oder Verkauf des Wertes wird als „Strikepreis" bezeichnet. Wenn der Strikepreis in etwa dem aktuellen Börsenkurs des Underlyings entspricht, so wird dies als Option „am Geld" bezeichnet. Die Strikepreise können jedoch frei durch die Vertragspartner gewählt werden und sich somit auch deutlich vom aktuellen Kurswert unterscheiden. Die Entfernung des Strikepreises zum Kurs hat maßgeblichen Einfluss auf die Höhe der durch den Optionskäufer zu zahlenden Prämie. Sie werden sich nun sicher Folgendes fragen: Wenn der Verlust des Optionskäufers auf die Prämie reduziert ist und er weitaus größere Gewinne erzielen kann, während sich der Gewinn des Stillhalters in jedem Fall auf die Prämie reduziert und dieser jedoch theoretisch unendlich viel Kapital verlieren kann, warum sollte man es dann überhaupt in Erwägung ziehen, als Optionsverkäufer zu agieren? Die Antwort ist einfach: Optionsverkäufer haben den statistischen Vorteil auf ihrer Seite. Sie haben bereits erfahren, dass es sich bei Optionen um Versicherungsgeschäfte handelt. Der Käufer ist der Versicherungsnehmer, der Verkäufer die Versicherungsgesellschaft. Welche von beiden Seiten macht im realen Leben mehr Gewinn? Es ist auf Dauer natürlich immer der Versicherer! Statistisch betrachtet verfallen etwa 80 % aller Optionen wertlos, der Käufer nimmt sein erworbenes Recht also nur selten in Anspruch. Um dies besser nachvollziehen zu können, möchte ich Ihnen nun im Einzelnen erklären, welche Rechte und Pflichten bei dem Kauf und Verkauf von Calls und Puts eingegangen und veräußert werden. Schauen wir uns hierfür alle 4 oben genannten Varianten genauer an:

1 DER KAUF EINES CALLS

Als Käufer eines Calls erwerben Sie das Recht, das Underlying während der Laufzeit der Option zu einem vereinbarten Preis zu kaufen. Sie gehen dieses Geschäft aus zweierlei Gründen ein: Entweder, Sie spekulieren auf steigende Preise oder Sie möchten eine bestehende Shortposition gegen steigende Preise absichern.

LASSEN SIE MICH BEIDE FÄLLE ERLÄUTERN:

1. GRUND: SPEKULIEREN AUF STEIGENDE PREISE

Angenommen, der Preis einer Aktie liegt bei 100 $. Sie gehen davon aus, dass dieser in den kommenden 3 Monaten steigen wird. Sie kaufen also eine Call-Option nach amerikanischem Modell zum Strikepreis 100 $ bei einer Laufzeit von 3 Monaten. Der Strikepreis befindet sich entsprechend „am Geld", da er dem Kurs des Underlyings entspricht. Eine Aktienoption bezieht sich immer auf 100 Exemplare der zugrundeliegenden Aktie.

Sie haben nun innerhalb dieser 3 Monate jederzeit das Recht dazu, von dem Verkäufer der Option die 100 Aktien zum Preis von 100 $ je Stück zu kaufen, also für insgesamt 10.000 $. Gehen wir davon aus, dass Sie dem Stillhalter für dieses Recht eine Prämie von 200 $ gezahlt haben.

ES KÖNNEN NUN FOLGENDE FÄLLE EINTRETEN:

1. Der Preis der Aktie steht am Ende über 102 $. Wir gehen für unser Beispiel von 105 $ aus. Sie werden also von Ihrem Recht, die Aktien für 100 $ zu kaufen, Gebrauch machen. Nun haben Sie die Möglichkeit, diese augenblicklich am Aktienmarkt zum aktuellen Kurs von 105 $ zu verkaufen oder sie dauerhaft zu behalten. Davon ausgehend, dass Sie die Aktien direkt verkaufen, haben Sie also pro Aktie 5 $ Gewinn realisiert, was bei der Anzahl von 100 gekauften Aktien einem Gesamtgewinn von 500 $ entspricht. Sie haben jedoch 200 $ Prämie an den Verkäufer gezahlt. Diese ist entsprechend zu subtrahieren, was Ihren Gewinn schlussendlich auf 300 $ mindert. Würde der Kurs zum Zeitpunkt der Optionsausübung bei 110 $ stehen, so hätten Sie entsprechend 1.000 $ - 200 $ Prämie, also 800 $ Gewinn erzielt.

2. Der Preis der Aktie liegt am Ende bei 102 $. Auch hier werden Sie Ihr Optionsrecht ausüben und die 100 Aktien zum Preis von 100 $ vom Stillhalter erwerben. Sie haben nun 2 $ pro Aktie Gewinn erzielt, insgesamt entsprechend 200 $. Dem gegenüber steht jedoch die gezahlte Prämie von ebenfalls 200 $, sodass Sie schlussendlich mit dem Trade weder Gewinn noch Verlust gemacht haben, von den Börsengebühren abgesehen.

3. Der Preis der Aktie liegt am Ende zwischen 100 $ und 102 $. Wir gehen für das Beispiel von 101 $ aus. Sie werden Ihr Recht ausüben und die Aktien zum Preis von 100 $ pro Exemplar kaufen. Ihr Gewinn beträgt 1 $ pro Aktie, also 100 $. Sie haben jedoch eine Prämie von 200 $ an den Optionsverkäufer gezahlt, sodass Ihnen in diesem Fall ein Verlust von 100 $ Gewinn minus 200 $ Prämie, also – 100 $ verbleibt.

4. Der Preis der Aktie liegt schlussendlich unter 100 $, Sie haben sich also mit Ihrer Einschätzung geirrt. Davon ausgehend, dass der Aktienkurs am Ende bei beispielsweise 95 $ liegt, werden Sie Ihr erworbenes Optionsrecht nicht ausüben und die Aktien nicht für 100 $ vom Stillhalter erwerben, da Sie diese ja nun günstiger zum aktuellen Kurs von 95 $ direkt am Markt kaufen könnten. Ihr Verlust beträgt jedoch ausschließlich die gezahlte Prämie von 200 $, Ihre Option verfällt wertlos.

Sie sehen also, die Option ist eine hervorragende Alternative, um gerade in riskanteren Märkten das Risiko von Beginn an zu begrenzen. Ihnen wird sicher dennoch nicht entgangen sein, dass Sie als Optionskäufer in den 4 aufgeführten Fällen lediglich einmal einen Gewinn realisieren, nämlich, wenn der Preis tatsächlich in der festgelegten Zeitperiode einen beträchtlichen Anstieg zu verzeichnen hat. Andernfalls gewinnt der Stillhalter. Die zweite Situation, bei welcher der Kauf eines Calls sinnvoll erscheint, ist die Absicherung einer bestehenden Short Position. Dies ist in der Tat eher als Sonderfall zu betrachten, ich möchte es dennoch kurz erläutern:

2. GRUND: ABSICHERUNG EINER BESTEHENDEN SHORT POSITION

Sie sind Halter einer Short Position in einem Futuremarkt. Im Gegensatz zu der Aktienoption bezieht sich die Futureoption immer nur auf genau 1 Kontrakt des zugrundeliegenden Futures. Ihre generelle Meinung vom Markt ist entsprechend, dass der Preis auf längere Sicht fallen wird. Gehen wir abermals von der fiktiven Summe von 100 $ aus, bei welcher Sie den Kontrakt verkauft haben. Ihre Positionsgröße beträgt also -1. Beim Erreichen von 90 $ möchten Sie Ihren Trade „glattstellen“, also schließen, indem Sie 1 Kontrakt kaufen und somit 10 $ Gewinn realisieren. Sie haben bei 100 $ leer verkauft und haben schließlich bei 90 $ zurückgekauft. Nun ist Ihnen jedoch bewusst, dass in der kommenden Woche der Präsident der Vereinigten Staaten eine Pressekonferenz geben wird und sein Statement durchaus dazu beitragen könnte, dass der Preis Ihres Futures für kurze Zeit stark ansteigen könnte. Sie möchten sich daher für diesen Zeitraum absichern, ohne jedoch Ihre Position zu schließen. Sie kaufen daher einen Call mit der Laufzeit von 2 Wochen bei einem Strikepreis von 100 $. Durch diesen haben Sie das Recht, von dem Verkäufer der Option 1 Future zum Preis von 100 $ zu kaufen. Hierfür zahlen Sie dem Stillhalter 2 $ Prämie. Beachten Sie, dass diese Zahlen rein fiktiv sind und nichts mit tatsächlichen Futurepreisen gemein haben. Ich möchte aber, dass die Rechnung möglichst einfach und gut nachvollziehbar ist.

NUN KÖNNEN FOLGENDE FÄLLE AUFTRETEN:

1. Der Preis steigt in der Tat in Folge der Pressekonferenz stark an und erreicht schließlich 115 $. Ihre Hauptposition, der Shorttrade, befindet sich damit 15 $ im Minus, ist jedoch durch die Call Option abgesichert. Sie üben also Ihr Recht aus und kaufen vom Stillhalter 1 Futurekontrakt zum Preis von 100 $. Damit stellen Sie Ihre Hauptposition von -1 glatt. Sie haben also für 100 $ verkauft und schließlich für 100 $ zurückgekauft. Dennoch realisieren Sie den Verlust von 2 $, welche Sie als Prämie an den Optionsverkäufer gezahlt haben. Mehr als diese 2 $ hätten Sie jedoch während der Laufzeit der Option nicht verlieren können.

2. Der Kurs des Futures steht nach Ablauf der Option zwischen 90 und 100 $. Sie werden Ihr Recht nicht ausüben und die Option entsprechend verfallen lassen. Ihre ursprüngliche Short Position bleibt bestehen, da Ihr Ziel von 90 $ ja noch nicht erreicht ist. Sie haben zudem 2 $ verloren, welche Sie als Prämie bezahlt haben. Sie haben jedoch in der kritischen Zeit ruhig schlafen können, da Ihr Trade gegen jegliche fundamental begründete Kursschwankungen abgesichert war.

3. Der Preis des Futures erreicht 90 $. Sie haben Ihr Ziel also erreicht. Sie werden entsprechend Ihren Haupttrade schließen, indem Sie den Future zu 90 $ am Markt kaufen und 10 $ Gewinn realisieren. Ihr Optionsrecht zum Kauf des Futures bei 100 $ lassen Sie verfallen. Dies hat Sie 2 $ Prämie gekostet, welche Ihren Gewinn auf insgesamt 8 $ reduziert. Sie waren jedoch in der unsicheren Phase komplett abgesichert.

Nochmal zur Verdeutlichung - natürlich entsprechen diese hier genannten Beispielzahlen nicht den tatsächlichen großen Preisbewegungen von Futures, sie sollen lediglich als leicht nachvollziehbares Beispiel zu verstehen sein. Sie sehen also, durch die Absicherung Ihrer Position mittels Optionen mindern Sie in jedem Fall Ihren potenziellen Gewinn, Sie sind jedoch ein hervorragendes Mittel, um in Krisenzeiten Ihre bestehenden Positionen abzusichern, ohne dabei zu riskieren, dass Sie eine größere Preisbewegung zu Ihren Gunsten verpassen.

2 DER KAUF EINES PUTS

Der Kauf eines Puts hat prinzipiell exakt dieselben Beweggründe wie der Kauf eines Calls zu verzeichnen, lediglich aus umgekehrter Sicht. Sie können somit also entweder auf **fallende** Preise spekulieren oder eine bestehende Longposition absichern. Anders als beim Call erwerben Sie vom Optionsverkäufer nun das Recht, diesem das Underlying zu dem vereinbarten Preis zu **verkaufen**. Der Stillhalter verpflichtet sich also dazu, die entsprechende Ware von Ihnen kaufen zu müssen, sofern Sie von Ihrem Recht Gebrauch machen.

1. GRUND: SPEKULIEREN AUF FALLENDE PREISE

Ihr erster Beweggrund zum Kauf eines Puts ist also die Spekulation auf fallende Preise. Wir bleiben hierfür bei unserem Beispiel. Sie kaufen sich den Put einer Aktienoption zum Strikepreis von 100 $ und einer Laufzeit von 3 Monaten. Sie erinnern sich, Aktienoptionen beziehen sich immer auf 100 Exemplare der zugrundeliegenden Aktie. Sie haben somit das Recht, dem Optionsverkäufer 100 Aktien zum Preis von je 100 $ zu **verkaufen**. Hierfür zahlen Sie ihm die Prämie von 200 $.

ZUR ÜBERSICHT MÖCHTE ICH IHNEN AUCH HIER NOCHMALS DIE 4 MÖGLICHEN SZENARIEN DARSTELLEN:

1. Der Preis der Aktie steht am Ende unter 98 $. Wir gehen diesmal fiktiv von einem Preis von 94 $ aus. Sie machen also von Ihrem Recht Gebrauch und verkaufen dem Stillhalter auf Basis eines Leerverkaufs 100 Aktien zum Preis von 100 $. Sie halten nun eine Shortposition von -100 Aktien. Diese haben Sie zu 100 $ verkauft, der aktuelle Kurs des Wertpapieres liegt bei 94 $. Sie sind also mit 6 $ pro Aktie im Gewinn, insgesamt entsprechend 600 $. Sie können nun diese Shortposition offen halten und weitertraden oder diese am Markt zu 94 $ zurückkaufen, die Position somit schließen und 600 $ Gewinn realisieren. Von diesem müssen Sie jedoch noch die 200 $ Prämie subtrahieren, welche Sie dem Optionsverkäufer gezahlt haben. Ihr Gesamtgewinn minimiert sich daher auf 400 $. Beachten Sie, dass Sie im speziellen Falle des Haltens einer Aktien-Shortposition zur Zahlung der Dividende verpflichtet sind, sofern diese in dem Zeitraum fällig wird, während Ihre Position aktiv ist. Zudem zahlen Sie hier eine Leihgebühr, da Sie sich die leer verkauften Aktien bei einem Dritthändler leihen. Im Gegensatz zur Dividende, welche eine schmerzhafte Summe für Sie darstellen kann, ist diese Leihgebühr eher unbeträchtlich. Bei Forex- und Futurepositionen fallen diese Gebühren beim Shorthandel nicht an und der Vorgang ist daher in jedem Falle unproblematisch umsetzbar.

2. Der Aktienkurs schließt bei Ablauf der Option bei 98 $. Sie üben Ihre Option aus und realisieren durch den Verkauf der Aktie an den Stillhalter 200 $ Gewinn, sofern Sie die nun entstandene Short Position sofort schließen. Dieser wird jedoch durch die gezahlten 200 $ Prämie neutralisiert.

3. Der Kurs der Aktie liegt nach der Optionslaufzeit zwischen 100 und 98 $. Gehen wir für dieses Beispiel von einem Kurs von 99,50 $ aus. Auch hier werden Sie dem Optionsverkäufer die Aktien zum Preis von 100 $ verkaufen. Sie liegen jedoch nur mit 50 Cent pro Stück im Gewinn. Sollten Sie sich zu einem sofortigen Schließen der Position entscheiden, so realisieren Sie 50 $ Gewinn durch den Rückkauf der Aktien am Markt. Durch die Prämie von 200 $ ergibt sich jedoch ein Gesamtverlust von -150 $.

4. Die Aktie liegt schlussendlich über 100 $. Ihre Spekulation ist also fehlgeschlagen. Bei einem hypothetischen Schlusskurs von 105 $ werden Sie nicht von Ihrem Optionsrecht Gebrauch machen, da Sie die Aktien nun am Markt zu einem teureren Preis leer verkaufen könnten. Ihre Prämie von 200 $ haben Sie nun zwar verloren, wenn Sie die Shortposition jedoch direkt und ohne Option bei 100 $ eröffnet hätten, so würden Sie nun aber bereits mit 500 $, also 5 $ pro Aktie, im Verlust liegen. Sie haben Ihren möglichen Gesamtverlust durch den Kauf des Puts also auf 200 $ begrenzt.

2. GRUND: ABSICHERUNG EINER BESTEHENDEN LONG POSITION

Der zweite und häufiger auftretende Grund zum Kauf eines Puts ist die Absicherung einer bestehenden Kauf-, also Longposition. Gehen wir davon aus, Sie haben einen größeren Kauf der Aktie XY getätigt. Sie haben 1.000 Exemplare des Wertpapieres zum Preis von je 200 $ erworben und verfügen nun über eine Longposition im Wert von 200.000 $. Aus den Nachrichten haben Sie gerade erfahren, dass Gespräche zwischen den USA und der EU über neuartige Handelsverträge zum Erliegen gekommen sind, was negative Einflüsse auf die Entwicklung der Aktienmärkte ausüben könnte. Es ist daher mit kurzfristigen, jedoch ernstzunehmenden Korrekturen zu rechnen. Sie entschließen sich daher, eine Versicherung auf Ihren Aktienbestand abzuschließen, welche sich auf einen Zeitraum von 3 Monaten bezieht. Sie realisieren dies über den Kauf einer Put Option. Daher erwerben Sie 10 3-monatige Verkaufsoptionen zum Strikepreis von 200 $ und zahlen dem Optionsverkäufer eine Prämie von 300 $ pro Option, insgesamt also 3.000 $. Jede einzelne der 10 Optionen bezieht sich auf 100 Ihrer Aktien, womit der gesamte Bestand von 1.000 Stück abgedeckt ist.

FOLGENDES KANN NUN PASSIEREN:

1. Der Preis der Aktie bricht tatsächlich massiv ein und hat einen Gesamtverlust von 25 % zu verzeichnen. Der Kurs des Wertpapieres steht somit bei 150 $. Ihre Hauptposition wäre somit bereits 50 $ je Aktie im Minus, was bei 1.000 Exemplaren 50.000 $ entsprechen würde. Glücklicherweise haben Sie Ihren Bestand versichert und machen nun von Ihrem Recht Gebrauch, dem Stillhalter Ihre Aktien zum vereinbarten Preis von 200 $ zu verkaufen. Sie haben somit die Prämie von 3.000 $ verloren, was jedoch bei dem potenziellen Verlust, welchen Sie ohne das Optionsgeschäft verzeichnet hätten, eine verschmerzbare Summe darstellt.

2. Der Aktienkurs notiert nach Ablauf der 3 Monate zwischen 200 und 203 $. Der Kurs hat sich also tendenziell seitwärts bewegt und wir gehen nun davon aus, dass er bei 201 $ schließt. Ihre Hauptposition befindet sich also mit 1 $ pro Aktie, was insgesamt 1.000 $ entspricht, im Gewinn. Demzufolge lassen Sie Ihr Optionsrecht verfallen und behalten Ihre ursprüngliche Position. Die 3.000 $ Versicherungsprämie haben Sie jedoch verloren, weshalb Sie sich zum aktuellen Zeitpunkt theoretisch mit 2.000 $ im Verlust befinden (1.000 $ Kursgewinn - 3.000 $ Prämie).

3. Der Kurs der Aktie hat zwar wie erwartet kurz korrigiert, dann jedoch seinen Anstieg begonnen und schließt schließlich über 203 $. Wir gehen davon aus, dass Sie sich 220 $ als Zielmarke des Trades gesetzt haben und dieser Wert nun erreicht wurde. Entsprechend schließen Sie Ihre Hauptposition nun, indem Sie die 1.000 Aktien zum Preis von 220 $ verkaufen. Somit ergibt sich ein Gewinn von 20.000 $. Abzüglich der gezahlten Versicherungsprämie können Sie sich über 17.000 $ Gesamtgewinn freuen und hatten auch während der kritischen Phase eine ruhige Zeit, da Ihr Trade durch die Option vollständig abgesichert war.

3 DER VERKAUF EINES CALLS

Im Gegensatz zu dem Handel mit Optionsscheinen, welche stets von einem Emittenten herausgegeben werden, können Sie beim Trading mit Optionen selbst als Stillhalter aktiv werden. Sie treten nun als Versicherer auf und gehen dabei ein gewisses Risiko ein. Auf lange Sicht betrachtet verdienen die Verkäufer von Optionen jedoch deutlich mehr Geld, da ihnen, wie bereits erwähnt, der statistische Vorteil zugutekommt. Etwa 80 % aller Optionen werden nicht durch deren Käufer ausgeübt und verfallen somit wertlos. Die gezahlten Prämien verbleiben in diesem Fall jedoch bei dem Optionsstillhalter, also Verkäufer. Bedenken Sie jedoch, dass dieser ein entsprechend hohes Risiko für den Handel eingeht, welches auf Seiten des **Käufers** lediglich auf die Prämie reduziert ist.

Als Optionsverkäufer sind Sie stets Spekulant. Sie haben entsprechend eine feste Meinung vom Markt und dessen zukünftigem Kursverlauf. Dies setzt eine umfangreiche Analyse und gute Kenntnis des zugrundeliegenden Wertes voraus. Der Verkauf von Optionen kann sich auf lange Sicht sehr lohnen, wenn Sie in der Lage sind, gute Tradeeinstiege auszumachen. Bedenken Sie jedoch, dass Ihr maximaler Gewinn sich auf die eingenommene Prämienzahlung begrenzt. Selbst, wenn der Kurs sehr weit in die von Ihnen gewünschte Richtung läuft, werden Sie mit dem Handel nie mehr als die Optionsprämie einnehmen. Sie werden also mit vielen kleinen Gewinnen und einigen Verlusten rechnen müssen. Mit fortgeschrittenen Optionsstrategien ist es möglich, sich auch als Optionsverkäufer abzusichern und den maximalen Verlust von Beginn des Trades an zu begrenzen. Im praktischen Handel ist dies sehr wichtig.

Als Verkäufer einer Call-Option spekulieren Sie auf fallende Preise. Sie veräußern dem Käufer das Recht, dass Underlying zum vereinbarten Preis innerhalb der Laufzeit des Kontraktes **von Ihnen** zu **kaufen**. Sie hoffen also, dass der Kurs des Underlyings fällt, damit der Käufer dieses Recht nicht in Anspruch nehmen wird und die Option somit wertlos verfällt. In den vorangegangenen Beispielen haben sich die Vertragspartner

stets für Strikepreise entschieden, welche „am Geld" liegen, also in etwa dem aktuellen Kurs des zugrundeliegenden Wertpapieres entsprechen. Im nun folgenden Szenario entscheiden Sie sich als Verkäufer dafür, eine Option „aus dem Geld" zu verkaufen. Dies kann folgendermaßen aussehen:

Der aktuelle Kurs eines Futures liegt abermals bei 100 $. Sie verkaufen nun eine Option mit der Laufzeit von einem Monat bei einem Strikepreis von 110 $. Der Preis des Futures müsste demnach innerhalb der Optionslaufzeit um mindestens 10 $ steigen, damit der Käufer sein Recht in Anspruch nehmen wird, Ihnen den Future für 110 $ abzukaufen. Er bezahlt dafür eine deutlich geringere Prämie an Sie, als wenn der Strikepreis direkt „am Geld" liegen würde, also bei 100 $. Dies ist nachvollziehbar, denn die Chance, dass der Kurs letzten Endes tatsächlich über 110 $ steht ist weitaus geringer, als dass er über 100 $ notieren wird, wo er sich bereits befindet.

Für Sie als Verkäufer bedeutet dies, je weiter der Strikepreis „aus dem Geld" liegt, desto geringer ist die Prämie, welche Sie erhalten, desto höher ist jedoch auch die Chance, dass der Käufer die Option nicht ausüben wird und Sie entsprechend einen Gewinn mit dem Trade verzeichnen.Wir gehen nun davon aus, dass Sie für diesen Beispieloptionstrade eine Prämie von 50 Cent erhalten. Ich betone nochmals, dass diese Zahlen keinesfalls reelle Finanzgrößen im Futurehandel widerspiegeln. Sie dienen lediglich als leicht verständliches Beispiel.

GRUND: SPEKULIEREN AUF FALLENDE PREISE

EINMAL MEHR MÖCHTE ICH IHNEN DIE 4 MÖGLICHEN AUSGÄNGE DIESES TRADES BESCHREIBEN:

1. Der Kurs sinkt wie von Ihnen erwartet auf unter 100 $. Der Käufer der Option wird sein Recht zum Kauf bei 110 $ nicht ausüben und die Option verfällt wertlos. Sie behalten Ihre 50 Cent Prämieneinnahme.

2. Der Kurs verläuft seitwärts und steigt schließlich etwas bis auf 105 $, wo er nach Ablauf der Optionslaufzeit schließt. Obwohl der Kurs nicht in die von Ihnen erwartete Richtung verlaufen ist, behalten Sie dennoch Ihren kompletten Gewinn, da der Käufer der Option den Future am Markt nach wie vor günstiger kaufen kann als zu dem von Ihnen vereinbarten Strikepreis von 110 $.

3. Der Kurs schließt zwischen 110 und 110,50 $. Hier beginnt nun Ihre Verlustspanne. Gehen wir davon aus, der Wert des Futures liegt bei Ablauf der Option bei 110,30 $. Sie sind dazu verpflichtet, dem Optionskäufer die Ware wie vereinbart zu 110 $ zu verkaufen. Sollten Sie diese nicht im Depot haben, so wird Ihnen nun eine Shortposition bei 110 $ eingebucht, mit welcher Sie 30 Cent im Verlust sind, da der Kurs ja bereits bei 110,30 $ steht. Wenn Sie diese Position nun sofort glattstellen und den Future bei 110,30 $ zurückkaufen, so realisieren Sie einen Verlust von 30 Cent. Dem gegenüber steht jedoch noch Ihre Prämieneinnahme von 50 Cent, sodass Sie schlussendlich noch immer einen Gewinn von 20 Cent zu verzeichnen haben.

4. Der Kurs schließt über 110,50 $. Ab diesem Wert wird es kritisch für Sie. Jeden Dollar, den der Kurs nun weiter steigt, werden Sie nach Ablauf der Optionslaufzeit oder zu dem Zeitpunkt, an welchem der Käufer sein Recht zum Kauf bei 110 $ ausübt, als Verlust verbuchen müssen. Schließt der Kurs beispielsweise bei 115 $, so beträgt Ihr Verlust 4,50 $, also -5 $ zuzüglich der Optionsprämie von 50 Cent. Dies entspricht bereits dem **Neunfachen** Ihres maximal erreichbaren Gewinnes von 50 Cent. Theoretisch kann dieser Verlust sich natürlich noch immens erhöhen, da der Kurs beliebig weiter steigen kann. Sie sehen also, als Optionsverkäufer ist es unabdingbar, dass Sie Ihre Position durch eine automatische Stop Order absichern. Dies ist dem

direktionalen Handel sehr ähnlich. Bei der Option handelt es sich um einen börslich gehandelten Kontrakt, welchen Sie beliebig weiterverkaufen können. Entsprechend sollten Sie eine Stop Order im Markt platzieren, welche Ihre Position automatisch glattstellt, sollte der potenzielle Verlust einen zu hohen Wert erreichen. Wo dieser genau liegt, ist abhängig von Ihrem Handelssystem, in dessen Regelwerk die zu tätigende Handlung für solcherlei Fälle festgelegt werden sollte.

So könnten Sie sich beispielsweise dazu entscheiden, eine verkaufte Option immer dann zurückzukaufen, wenn ihr Verlustwert das Doppelte der eingenommen Prämie erreicht hat. In diesem Falle würden Sie Ihren Trade also schließen, wenn Sie mit 1 $ im Verlust liegen (eigentlich 1,50 $, aber die Prämie von 50 Cent steht Ihnen ja fest zu). Wenn Sie nun stetig Prämien von 50 Cent einnehmen würden, so müssten Sie dauerhaft eine Trefferquote von über 66,6 % erreichen, um profitabel zu handeln, da Sie mit einem Verlusttrade das Doppelte verlieren, was Sie mit einem Gewinntrade gewinnen. Das ist mit Optionsverkäufen durchaus ein erreichbares Ziel.

Professionelle Stillhalter werden sich jedoch niemals allein auf die Stop Order zur Absicherung ihres Trades verlassen. Gerade in illiquiden Märkten kann es geschehen, dass sich keine Gegenpartei zum Schließen Ihres Trades findet und sie mit diesem gnadenlos tief in den Verlust rutschen. Dieser Verkaufen „nackter“ Optionen hat bereits Existenzen zerstört. Im praktischen Handel platzieren Verkäufer von Optionen daher idealerweise sogenannte Spread Optionen. Hierbei handelt es sich um eine fortgeschrittene Strategie, bei der zusätzlich zu der **verkauften** Option eine zweite Option **gekauft** wird, um erstere zu sichern. Die genaue Funktionsweise der Spread Option würde den Rahmen dieses Grundwissen Buches sprengen. Ich möchte Sie nur eindringlich davor warnen, sofort als Stillhalter aktiv zu werden und Optionen ohne Sicherung zu verkaufen. Wie bereits angemerkt, sind Optionen ein komplexes Finanzinstrument und können ein hohes Risiko bergen, wenn sie in der Praxis falsch angewendet werden.

4 DER VERKAUF EINES PUTS

Der Verkauf eines Puts ist vom Grundprinzip mit dem Call Verkauf gleichzusetzen. Es bietet sich hier jedoch noch eine zweite Möglichkeit zur potenziellen Nutzung an. Betrachten wir jedoch zunächst den offensichtlichen Sinn eines Put Verkaufes: die Spekulation auf steigende Preise. Durch den Verkauf eines Puts veräußern Sie dem Käufer das Recht, **Ihnen** das Underlying während der Optionslaufzeit zum vereinbarten Strikepreis zu **verkaufen**.

Auch in dem nun folgenden Beispiel verkaufen Sie die Option „aus dem Geld“, um Ihre Chance zu vergrößern, dass die Option für den Käufer wertlos verfällt. Unser imaginärer Future steht abermals bei dem Preis von 100 $. „Aus dem Geld“ bedeutet nun, dass der Strikepreis **günstiger** als der aktuelle Kurs des Underlyings ist. Wäre er teurer, so würde sich die Option „im Geld“ befinden. Würde der Strikepreis sich beispielsweise bei 105 $, also „im Geld“, befinden, so könnte der Optionskäufer sein Recht sofort ausüben und Ihnen den Future für 105 $ verkaufen, um diesen direkt am Markt für 100 $ zurückzukaufen und 5 $ Gewinn zu erzielen. In diesem Fall wäre jedoch die Optionsprämie, welcher er Ihnen zu zahlen hat, deutlich höher als jene 5 $, sodass sich dieses Geschäft nicht direkt für ihn lohnen würde.

Für Sie als Optionsverkäufer würde dies eine potenziell sehr hohe Prämie bedeuten, die Chance, dass der Kurs des zugrundeliegenden Futures jedoch am Ende der Laufzeit tatsächlich über 105 $ notiert, ist jedoch deutlich geringer, als wenn Sie die Option „am Geld“ bei 100 $ oder gar „aus dem Geld“, also unter 100 $ verkauft hätten. Der Kurs müsste schließlich zunächst um 5 $ steigen, also in Ihre Richtung laufen, damit Sie mit Ihrem Trade Erfolg haben. Sie sollten daher in aller Regel von Optionsverkäufen mit Strikepreisen „im Geld“ absehen, auch wenn Ihnen die hohen Prämien zunächst verführerisch erscheinen. Doch zurück zu unserem Beispiel. Wir gehen davon aus, dass Sie eine Put-Option mit der Laufzeit von 1 Monat zum Strikepreis bei 95 $ **aus dem Geld** verkaufen und dafür 80 Cent Prämie erhalten. Der Trade kann sich also wie folgt entwickeln:

1. GRUND: SPEKULIEREN AUF STEIGENDE PREISE

1. Der Kurs steigt wie von Ihnen erwartet und schließt letzten Endes über 100 $. Der Käufer wird sein Optionsrecht verfallen lassen und Ihnen seinen Futurekontrakt nicht für 95 $ verkaufen, da er diesen am Markt zum aktuellen Kurs teurer veräußern kann.

2. Der Preis verläuft innerhalb der Optionslaufzeit seitwärts und schließt zwischen 95 und 100 $. Der Trade ist folglich nicht wie von Ihnen erwartet gelaufen, da der Preis des Underlyings nicht gestiegen ist. Dennoch schließt der Kurs über dem vereinbarten Strikepreis von 95 $, was dem Käufer entsprechend keinen Anlass dazu gibt, seine Option auszuüben. Sie behalten also Ihre Prämie von 80 Cent auch in diesem Fall.

3. Der Kurs des Futures entwickelt sich gegen Sie und schließt nach Ablauf des Optionskontraktes zwischen 94,20 $ und 95 $. In dieser Spanne beginnt ihr Gewinn sich nun zu mindern. Nehmen wir an, der Kurs notiert am Ende bei 94,50 $. Der Verkäufer wird Ihnen den Future zum Strikepreis von 95 $ verkaufen. Sie besitzen somit 1 Exemplar des Futures und damit eine Longposition auf diesen. Diese Position ist mit 50 Cent im Minus, der Kontrakt wurde Ihnen optionsbedingt bei 95 $ eingebucht, während der Kurs aktuell bei 94,50 $ notiert. Sie können diese Position nun behalten oder direkt am Markt verkaufen und die 50 Cent Verlust realisieren. Sollten Sie dies tun, so beenden Sie den Optionstrade mit einem Gewinn von 30 Cent, da den 50 Cent realisiertem Verlust ja die gewonnene Optionsprämie von 80 Cent gegenübersteht.

4. Der Kurs schließt unterhalb von 94,20 $. Ähnlich wie bei dem verkauften Call beginnt ab diesem Preislevel Ihr Verlust zu steigen, mit dem Unterschied, dass sich dieser in diesem Falle bei **sinkenden** Kursen vergrößert. Davon ausgehend, dass der Preis des Underlyings nach Ablauf der Optionsfrist bei 92 $ notiert, so erhalten Sie eine Longposition mit dem aktuellen Negativwert von 3 $ eingebucht. Der Optionskäufer hat Ihnen den Future für 95 $ verkauft, der aktuelle Preis liegt bei 92 $. Wenn Sie diese Longposition nun sofort schließen, indem Sie den Future am Markt für 92 $ verkaufen, so ergibt sich ein Gesamtverlust von 2,20 $, da die 3 $ Verlust durch die Prämieneinnahme von 80 Cent gemindert werden. Dennoch laufen Sie als Optionsverkäufer Gefahr, immense Verluste zu erleiden, wenn Sie, genau wie bei dem Verkauf der Call-Option, Ihre Position nicht absichern und ab einem bestimmten Verlustwert schließen, indem Sie sie zurückkaufen.

2. GRUND: ERÖFFNUNG EINES LANGFRISTINVESTMENTS

Der Verkauf von Puts wird von vielen professionellen Investoren zu einem weiteren Zweck verwendet – dem vergünstigten Kauf eines Langfristinvestments. Nehmen wir an, Sie interessieren sich für den Kauf von Facebook Aktien.

PRAKTISCHES BEISPIEL

VERGÜNSTIGTER KAUF EINES LANGFRISTINVESTMENTS:

Quelle: TradingView Charts Facebook Aktie

Der aktuelle Preis von 190 $ erscheint Ihnen nach einer ausführlichen Analyse des Unternehmens aus diversen Gründen als überteuert. Sie machen nun eine kleine Seitwärtsrange beim Preisbereich um etwa 150 $ aus, im Chart markiert durch das Rechteck sowie den grünen Pfeil. Sie nehmen sich daher vor, die Aktie bei diesem Preisniveau zu kaufen, sofern der Preis nochmals bis hierhin korrigiert. Für diesen Vorgang haben Sie zwei Möglichkeiten:

1.

Der unerfahrene Investor wird eine sogenannte “Limit Buy Order” bei seinem Broker platzieren. Er gibt diesem somit den Auftrag, die Aktie zum Preis von 150 $ zu kaufen, sobald der Kurs diesen Preis erreicht. Fällt die Aktie tatsächlich bis auf 150 $, so bekommt der Investor das Wertpapier automatisch eingebucht und verfügt somit entsprechend über eine Longposition. Dies ergibt jedoch zwei

Probleme: Zum einen kann es mitunter sehr lang dauern, bis die Aktie dieses Preislevel erreicht, zum anderen ist es natürlich alles andere als gewiss, ob dies überhaupt geschieht. Der Investor verdient also in der Zwischenzeit weder durch Kursanstiege noch Dividendenzahlungen an dem Wert und es ist nicht gewährleistet, dass er die Aktie überhaupt zu dem von ihm gewünschten Preis erhält.

2.

Professionelle Börseninvestoren kaufen sich daher üblicherweise durch den Verkauf von sogenannten “Cash Secured Puts” in langfristige Aktienpositionen ein. Dies bedeutet nichts anderes, als das der Anleger eine Put-Option zum Strikepreis von 150 $ verkauft. Er tut dies solange, bis er das Wertpapier schließlich eingebucht bekommt und das Investment ab diesem Zeitpunkt langfristig hält. Bis dahin erhält er regelmäßige Einnahmen in Form von Optionsprämien.

Was genau passiert also bei diesem Geschäft? Der Kurs steht aktuell bei 190 $, der Investor möchte die Aktie gern bei 150 $ kaufen. Er verkauft also eine Put-Option mit der Laufzeit von beispielsweise einem Monat. Hierfür erhält er eine Prämienzahlung. Somit erhält seine Gegenpartei, der Käufer, das Recht, ihm die Aktien für den Preis von 150 $ zu verkaufen. Solange der Kurs oberhalb von 150 $ notiert, wird er dieses Recht nicht in Anspruch nehmen und die Option verfallen lassen. Sollte der Preis also nach Ablauf der Option immer noch oberhalb von 150 $ liegen, so wird der Investor einfach die nächste Put-Option verkaufen und abermals die Prämie einnehmen. Er tut dies so lang, bis schließlich der Kurs unterhalb seines gewünschten Kaufpreises schließt. Er bekommt dann die Aktien zu seinem Kaufpreis, also dem Strikepreis der Option, eingebucht. Da der Kurs des Wertpapieres zu diesem Zeitpunkt unterhalb des Strikepreises liegen muss, wird die Aktien Position zu Beginn im Minus notieren.

Nochmals zum Verständnis: Der Optionskäufer wird von seinem Recht, dem Stillhalter die Aktien für 150 $ zu verkaufen, nur Gebrauch machen, wenn der Kurs unter 150 $ notiert, da er sonst seine Wertpapiere zu einem höheren Preis am Markt verkaufen könnte. Fällt der Preis nun auf beispielsweise 145 $, so wird er dem

Optionsverkäufer, also unserem Investor, die Aktien zum Preis von 150 $ verkaufen, indem er sein Optionsrecht ausübt. Die Aktienposition des Investors befindet sich nun mit 5 $ pro Aktie im Minus. Bedenken Sie jedoch, dass es sich hierbei um ein **langfristig** orientiertes Investment handelt und der Anleger die Aktien in jedem Falle bei 150 $ gekauft hätte. Der momentan niedrigere Preis stellt also kein Problem für ihn dar, zumal er bereits an dem Wert verdient hat, da er ja eine oder gar mehrere Optionsprämien eingenommen hat.

Bedenken Sie, dass diese Strategie nur für größere Konten lohnenswert ist, da sich eine Aktienoption stets auf 100 Stück der zugrundeliegenden Aktie bezieht. Sie können also über Optionen nur Aktienstückelungen in 100er Schritten handeln. Hat eine Aktie einen Wert von 150 $, so bedeutet dies, dass Sie bei Ausübung der Option Aktien im Wert von 150 $ x 100 Aktien = 15.000 $ eingebucht bekämen. Wenn Sie nun ein gut diversifiziertes Portfolio mit mindestens 10 verschiedenen Werten anstreben, so werden Sie entweder über ein entsprechendes Investitionsvermögen verfügen müssen oder versuchen, sich vornehmlich an günstigeren Aktienwerten zu orientieren. Die Auswahl an Qualitätsaktien gestaltet sich hierbei allerdings als äußerst eingeschränkt. Eine Alternative, von der die wenigsten Investoren Kenntnis haben, ist jedoch, der Fakt, dass Sie auch eine Vielzahl an ETFs über Optionen handeln können. Sie können sich also auch über gewisse ETFs mithilfe von Cash-Secured-Puts einkaufen. In diesem Falle ist die notwendige Diversifikation bereits von vornherein gewährleistet, da der ETF stets automatisch in eine Vielzahl verschiedener Wertpapiere investiert.

5.6.2 DIE OPTIONSKATEGORIEN

Welche Kategorien von Optionen unterscheidet man? Wie Sie dem Vorkapitel sicher bereits entnommen haben, gilt es grundsätzlich zwischen Aktien- und Futureoptionen zu unterscheiden. Im Falle der Aktienoption liegt dieser entweder eine Einzelaktie oder ein ETF als Underlying zugrunde. Im Falle der ETFs werden jedoch nur die bekanntesten und liquidesten Fonds zum Handel mit Optionen angeboten. Im Kapitel über die Anlageklasse der Aktie habe ich bereits darüber gesprochen, dass die US-amerikanischen Aktien bedeutende Vorteile in Form von Liquidität und Sicherheit gegenüber den deutschen Pendants darbieten. Die Auswahl an deutschen oder europäischen Aktien für den Optionshandel ist leider bedeutend eingeschränkter. Dies stellt einen klaren Nachteil für Investoren in deutsche beziehungsweise europäische Aktien dar.

Die Aktienoption bezieht sich grundsätzlich auf 100 Stück des zugrundeliegenden Wertpapieres. Wie bereits angedeutet, sollten Sie daher sicherstellen, dass Sie über ein entsprechendes Kapital verfügen, um am Optionsmarkt tätig zu werden, vor allem dann, wenn Sie es darauf absehen, sich die Aktie bei Optionsausübung einbuchen zu lassen und längerfristig zu halten. Aktienoptionen haben eine festes Ablaufdatum, was das Grundprinzip des Handels mit ihnen einfach macht. Bei Futureoptionen gestaltet sich dies mitunter etwas komplizierter, da sowohl die Option als auch der angebundene Future jeweils eine eigene Laufzeit vorzuweisen haben. Dabei muss die Laufzeit des Futures selbstverständlich immer länger

vorzuweisen haben. Dabei muss die Laufzeit des Futures selbstverständlich immer länger ausfallen als die der Option, da es keinen Sinn ergeben würde, wenn der Future bereits auslaufen würde und die verkaufende Seite zur Auslieferung der Ware verpflichten würde, während ein Optionskäufer über diesen Zeitraum hinaus noch ein Recht zum Kauf oder Verkauf des Futures hätte. Es kann jedoch passieren, dass Optionen mit verschiedenen Laufzeiten sich auf denselben Futurekontrakt beziehen.

DIES KÖNNTE WIE FOLGT AUSSEHEN:

Wir befinden uns im Monat Januar. Verfügbar sind jeweils 2 Optionen auf einen Future. Eine davon hat eine 30-tägige, die andere eine 60-tägige Laufzeit. Sollten die Vertragspartner der 60-tägigen Option diese bis zum Ende der Laufzeit halten und der Käufer der Option dann sein Recht zum Kauf oder Verkauf des Futures in Anspruch nehmen, so würde dies im März geschehen. Der zugrundeliegende Future muss also mindestens ein April Kontrakt sein, da andernfalls der Future sofort bei Ablauf der Option auslaufen würde, was den Vertragsparteien kaum Handlungsspielraum zum Managen der Position nach Optionsablauf zur Verfügung stellen würde.

Es ist nun wahrscheinlich, dass sich die Option mit der 30-tägigen Laufzeit ebenso auf diesen April Kontrakt beziehen würde. Einfacher ist die Handhabung von Futureoptionen gegenüber Aktienoptionen bezüglich der Positionsgröße. Die Futureoption bezieht sich grundsätzlich auf 1 Stück des zugrundeliegenden Futures, was in diesem Fall eine Multiplikation mit 100 wie bei Aktien nicht notwendig macht. Abschließend sei zu erwähnen, dass nicht für alle gängigen Futures und nur die größten und liquidesten Aktiengesellschaften Optionshandel zur Verfügung steht. So sind beispielsweise Märkte wie Hafer und Reis grundsätzlich über Optionen handelbar, diese sind jedoch meist zu illiquide, um einen sicheren und soliden Handel zu gewährleisten.

5.6.3
WARUM SOLLTEN SIE MIT **OPTIONEN HANDELN?**

Optionen sind ein mächtiges Handelsinstrument. Sie bieten Ihnen ein flexibel einsetzbares Werkzeug zur Erweiterung Ihrer Strategien und Ansätze. Darüber hinaus bieten sie Ihnen die Möglichkeit zur Absicherung großer Positionen. Im praktischen Handel ergeben sich häufig Situationen, in welchen ein direktionaler Trade, also ein direkter Kauf oder Verkauf des Wertes, mehr Sinn ergibt, während andere Handelsgelegenheiten überhaupt erst durch das spezielle Prinzip des Optionshandel möglich werden. Die größten Aussichten auf Erfolg hat aus meiner Sicht stets der Händler, welcher aus einem umfangreichen Repertoire an Möglichkeiten stets diejenige Lösung wählen kann, welche der jeweiligen Handelssituation am ehesten gerecht werden kann. Optionen sind nicht in jedem Falle und für jede Handelsstrategie die richtige Wahl. Sie erweitern jedoch Ihren Horizont um eine Vielzahl an Möglichkeiten, welche Sie mit dem einfachen Kaufen und Verkaufen von Börseninstrumenten nicht hätten realisieren können. Gerade der Verkauf von Optionen stellt Ihnen einen vollkommen anderen Ansatz zum Handel an den Börsen zur Verfügung, welcher bei solider und richtiger Nutzung am ehesten das bieten kann, was man als „regelmäßiges Einkommen an der Börse“ bezeichnen kann. Wichtig ist hierfür jedoch, dass Sie sich umfangreich über den Optionshandel informieren und die richtigen Herangehensweisen, idealerweise von erfahrenen Profihändlern, in diesem Bereich erlernen. Warum dies so ist, möchte ich im folgenden Kapitel erläutern.

5.6.4 DIE OPTIONSANALYSE

Wie lassen sich Optionen analysieren? Die grundsätzliche Funktionsweise von Optionen haben Sie in diesem Kapitel kennengelernt. Es handelt sich bei Optionen jedoch um ein äußerst komplexes Börseninstrument, welches gerade im praktischen Handel einige Eigenheiten aufzuweisen hat, welche Sie als Optionshändler dringend kennen sollten. Es würde den Rahmen dieses Buches sprengen, all jene Besonderheiten des Optionshandels zu erläutern, daher werde ich mich auf einige grundsätzliche Punkte beschränken. Bevor Sie den Trade mit einer Option in Erwägung ziehen, gilt es zunächst, dass Underlying zu analysieren. Dies geschieht nach exakt demselben Prinzip, welches Sie auch ohne Option verfolgt hätten. Je nachdem, ob Sie eine Aktien- oder Futureoption handeln möchten, sollten Sie den jeweiligen Wert mit den Ihnen zur Verfügung stehenden Mitteln und der von Ihnen gewählten Strategie gründlich untersuchen. Sollten Sie sich für einen Markt entschieden haben und nach Ihrer Betrachtung zu einem Schluss gekommen sein, ob dieser in Zukunft steigen oder fallen wird, so müssen Sie schließlich wählen, ob Sie als Käufer oder Verkäufer der Option agieren möchten. Bedenken Sie, Sie können sowohl mit Calls als auch mit Puts auf steigende sowie fallende Preise spekulieren. Ich fasse nochmals kurz zusammen:

Z Mit dem Kauf von Calls oder durch den Verkauf von Puts spekulieren Sie auf einen Preisanstieg.

Z Mit dem Kauf von Puts oder durch den Verkauf von Calls spekulieren Sie auf einen fallenden Kurs.

An dieser Stelle ist es wichtig, dass Sie Kenntnis darüber besitzen, welche Faktoren Einfluss auf den Preis einer Option haben. Dieser Preis stellt die Prämie dar, welche der Optionsverkäufer vom Käufer erhält. Die grundsätzliche Faustregel hierbei lautet: Je höher die Wahrscheinlichkeit, dass der Käufer der Option Erfolg hat und am Ende sein Recht zum Kauf oder Verkauf des Underlyings in Anspruch nehmen wird, desto höher fällt die Prämie aus, die er dem Stillhalter für die Option zu zahlen hat. Andersherum kann man es aus Sicht des Verkäufers natürlich ebenfalls betrachten: Je höher die Wahrscheinlichkeit, dass die Option am Ende wertlos verfällt und der Optionsstillhalter neben der Einnahme seiner festen Prämie keine Verluste erleidet, desto geringer wird seine Prämie ausfallen. Sie sollten daher Kenntnis von den 3 wichtigsten Faktoren besitzen, welche Einfluss auf die Höhe der Prämie und somit der Gewinn- respektive Verlustwahrscheinlichkeit der Option ausüben. Diese sind im Einzelnen der Strikepreis, die Laufzeit der Option sowie die Volatilität des jeweiligen Marktes. Schauen wir uns diese Parameter also genauer an:

DER STRIKEPREIS

Der wohl offensichtlichste Faktor, welcher Einfluss auf die Prämienhöhe ausübt, ist die Höhe des vereinbarten Strikepreises. Sie erinnern sich, bei dem Strikepreis handelt es sich um den Kurs, zu welchem der Optionskäufer das Underlying vom Verkäufer erwerben darf (Call) oder zu welchem der Käufer das Underlying dem Optionsstillhalter verkaufen darf (Put). Betrachten wir zum Verständnis hierfür die Optionskette der Apple Aktie. Die sogenannte Optionskette zeigt eine Auflistung aller Strikepreise einer Option sowie deren aktuelle Preise.

MAY 15.20 MAY 22.20 MAY 29.20 JUN 15.20 MEHR
21 TAGE 28 TAGE 35 TAGE 42 TAGE

REGISTERANSICHT BASISPREIS - AAPL - 100

CALLS Geldkurs x Briefkurs	Basispreis	PUTS Geldkurs x Briefkurs
47.60 x 48.00	230	3.10 x 3.30
42.75 x 43.60	235	3.70 x 3.90
38.40 x 39.30	240	4.45 x 4.75
36.25 x 38.05	242.5	4.90 x 5.20
32.30 x 34.00	245	5.40 x 5.70
30.60 x 32.00	247.5	5.85 x 6.25
28.60 x 30.05	250	6.35 x 6.75
26.70 x 28.20	252.5	7.00 x 7.35
25.25 x 26.10	255	7.70 x 8.00
23.50 x 24.00	257.5	8.30 x 8.70
21.80 x 22.60	260	9.10 x 9.50
20.25 x 20.95	262.5	9.90 x 10.50
18.50 x 19.30	265	10.85 x 11.20
17.15 x 17.75	267.5	11.70 x 12.15
15.50 x 16.15	272.5	12.70 x 13.15
13.65 x 14.70	275	13.70 x 14.15
12.35 x 13.40	277.5	14.80 x 15.25
11.60 x 12.15	280	15.95 x 16.55
10.40 x 10.80	282.5	17.17 x 17.60
9.20 x 9.70	285	18.45x 18.90
8.15 x 8.50	287.5	19.80 x 20.50
7.10 x 7.50	290	21.20 x 21.95
6.10 x 6.90	292.5	22.05 x 23.35
5.30 x 6.05	295	23.95 x 25.00
4.60 x 5.05	297.5	25.35 x 26.80
4.00 x 4.25	300	26.85 x 28.30
2.63 x 3.10	305	28.75 x 30.05
1.54 x 2.33	310	32.45 x 33.80
1.33 x 1.65	315	36.45 x 38.20
0.95 x 1.05	320	40.75 x 42.70
0.62 x 0.78	325	45.30 x 47.30
0.41 x 0.58	330	50.00 x 52.00
0.30 x 0.42	335	54.70 x 57.45
0.22 x 0.32	340	59.60 x 62.20
0.16 x 0.30	345	64.40 x 67.25

Quelle: Interactive Brokers Trader Workstation Optionskette Apple Aktie
(Tabelle wurde nachgezeichnet)

Sie sehen hier die Optionskette der Apple Aktie aus der TraderWorkstation, der Handelssoftware von Interactive Brokers. Der Kurs des Wertpapieres liegt derzeit bei 272,80 US-Dollar. In der Mitte der Optionskette befindet sich also der Strikepreis, welcher am dichtesten „am Geld" ist. Die linke Spalte zeigt die Preise für Call-Optionen, die rechte Spalte die Put-Optionen. Wie bei einem gewöhnlichen Wertpapierkauf oder -verkauf existieren jeweils 2 Preise: der Geldkurs und der Briefkurs. Der Geldkurs beschreibt den Wert, welchen Sie als Verkäufer der Option aktuell erhalten würden. Der Briefkurs gibt den Betrag an, welchen Sie als Käufer der Option aktuell an den Stillhalter zu zahlen hätten. Die Differenz aus beiden Preisen wird auch hier als „Spread" bezeichnet. Je geringer dieser Spread ist, desto liquider ist die entsprechende Option und desto leichter lässt sich der Kontrakt bei Bedarf wieder weiterverkaufen.

Betrachten wir nun die Strikepreise im Einzelnen. Bei dieser Tabelle handelt es sich um eine Option mit einer Restlaufzeit von 35 Tagen, wobei hier Wochenenden mit einkalkuliert sind. Nehmen wir nun an, Sie möchten eine Call-Option erwerben, weil Sie vom Anstieg der Aktie in den kommenden 30 Tagen überzeugt sind. Wenn der aktuelle Kurs des Wertes bei 272,80 $ notiert, so wäre 272,50 $ der Strikepreis, welcher am dichtesten am Geld liegt. Wir betrachten nun den Briefkurs von diesem Strikepreis und sehen, dass dieser 16,15 $ beträgt. Sie zahlen dem Stillhalter also eine Prämie von 16,15 $ pro Aktie, um von diesem das Recht zu erwerben, ihm innerhalb der nächsten 35 Tage 100 Apple Aktien zum Preis von 272,50 $ abzukaufen. Dies entspricht einer Gesamtprämie von 1.615 $, da die Option sich ja auf 100 Aktien bezieht. Damit Sie einen sicheren Gewinn erzielen, muss die Apple Aktie also innerhalb von 35 Tagen um mehr als 16,15 $ auf mindestens 288,65 $ steigen (272,50 $ Strikepreis + 16,15 $ Prämienzahlung).

Hätten Sie die Option hingegen „aus dem Geld“ gekauft, also in diesem Falle zu einem höheren Strikepreis, so hätte sich die zu zahlende Prämie verringert, gleichzeitig aber auch Ihre Gewinnchance. Ziehen wir als Beispiel den Strikepreis 285 $ heran. Hier hätten Sie lediglich 9,70 $ pro Aktie an Prämie gezahlt, insgesamt also 970 $. Sie haben zwar weniger an Prämienzahlung geleistet, die Aktie muss nun allerdings bereits auf mindestens 294,70 $ ansteigen (285 Strikepreis + 9,70 $ Prämie), damit Sie einen sicheren Gewinn erzielen. Sie sehen also, je höher der zu zahlende Preis für die Optionsprämie, desto höher ist Ihre Chance als Optionskäufer, dass Sie einen Gewinn erzielen, jedoch erhöht sich auch das Risiko in Form des eingesetzten Kapitals durch den höheren Preis für das Geschäft.

DIE OPTIONSLAUFZEIT

Auch dieser Faktor gestaltet sich gut nachvollziehbar. Je länger die Laufzeit einer Option ist, desto höher ist die Chance für den Optionskäufer, dass der Kurs des Underlyings den von ihm gewünschten Wert erreicht. Dementsprechend hat er für längere Laufzeiten eine höhere Prämie an den Stillhalter zu entrichten. Auch dies möchte ich kurz in der Praxis demonstrieren:

AUG 21.20 19 TAGE	AUG 28.20 26 TAGE	**SEP 04.20 33 TAGE**	SEP 11.20 40 TAGE	MEHR

REGISTERANSICHT ALLE BASISPREIS SMART AAPL 100 IV 33.3%

CALLS	GELDKURS X BRIEFKURS	DELTA	BASISPREIS	PUTS	GELDKURS X BRIEFKURS	DELTA
	31.65 x 34.10	0.754	400		7.70 x 8.20	0.246

SEP 11.20 40 TAGE	SEP 18.20 47 TAGE	**OKT 16.20 75 TAGE**	NOV 20.20 110 TAGE	MEHR

REGISTERANSICHT ALLE BASISPREIS SMART AAPL 100 IV 30.6%

CALLS	GELDKURS X BRIEFKURS	DELTA	BASISPREIS	PUTS	GELDKURS X BRIEFKURS	DELTA
	37.55 x 40.00	0.690	400		13.30 x 16.00	0.311

In beiden Grafiken sehen Sie wie zuvor die Apple Optionskette. Ich habe der Übersicht halber sämtliche Strikepreise außer jenen bei 400 $ entfernt. Im oberen Bild sehen Sie nun die Option mit einer Laufzeit von 33 Tagen. Der Briefpreis der Call-Option liegt hier bei 34,10 $. Sie zahlen also 3.410 $ an den Optionsverkäufer, um von diesem das Recht zu erwerben, 100 Apple Aktien innerhalb von 33 Tagen zum Preis von 400 $ zu kaufen. Bei einer Laufzeit von 75 Tagen kostet Sie dieses Recht bereits 40,00 $ pro Aktie, was einem Aufpreis von insgesamt 590 $ entspricht. Bedenken Sie jedoch, dass Sie für diese verhältnismäßig geringe Erhöhung der Prämie Ihr Optionsrecht mehr als doppelt so lang aufrechterhalten können.

Als Stillhalter einer Option sollten Sie daher genauestens prüfen, ob das Verkaufen einer Option mit langer Laufzeit sich wirklich als lohnenswert für Sie gestaltet. Sie erhalten zwar mehr Geld, erhöhen jedoch auch Ihr Risiko entsprechend. Die optimale Laufzeit kann sowohl für Käufer als auch für Verkäufer je nach Situation und Markt sehr stark variieren. Die Chance, dass eine Option für den Käufer im Gewinn endet, verringert sich entsprechend mit jedem Tag, der verstreicht. Der große Vorteil für Optionsverkäufer gestaltet sich nun darin, dass der potenzielle Wert der Option von Tag zu Tag verfällt, auch an Wochenenden, wenn der Kurs sich nicht bewegt.

DIE VOLATILITÄT

Bei der Volatilität handelt es sich um einen Faktor, welcher gerade von Anfängern oftmals übersehen oder nicht richtig verstanden und interpretiert wird. Sie übt jedoch einen immensen Einfluss auf die Preisgestaltung von Optionen aus und sollte daher stets in die Überlegung mit einfließen, ob sich der Kauf oder Verkauf einer Option als lohnenswerter darstellt. Der Begriff „Volatilität" beschreibt die Schwankungsbreite eines Marktes. Man unterscheidet beim Optionshandel zwischen der historischen Volatilität und der impliziten Volatilität. Die historische Volatilität, kurz HV, misst dabei die Preisschwankung des Underlyings in der Vergangenheit. Würde dieses beispielsweise jeden Tag bei demselben Preis schließen, so läge der Wert der HV bei 0. Doch auch wenn der Preis des Wertes jeden Tag gleichmäßig um beispielsweise 1 % steigen würde, würde sich die historische Volatilität nicht verändern.

Die implizite Volatilität hingegen bewertet die in Zukunft erwartete Schwankungsbreite eines Marktes. Dieser Wert ist für Optionen von äußerster Bedeutung. Die Berechnung der impliziten Volatilität, kurz IV, ist höchst komplex und bezieht zahlreiche Faktoren und Parameter mit ein. Sie im Genauen zu kennen hat jedoch keinen praktischen Nutzen für den Trader, da der jeweilige Wert für jede entsprechende Option durch den Broker zur Verfügung gestellt wird. Grundsätzlich gilt, je höher die implizite Volatilität, desto mehr Marktschwankung wird erwartet. Je mehr Marktschwankung erwartet wird, desto unruhiger ist die Handelsphase und desto höher ist die Chance, dass der Markt zu großen Preisbewegungen neigt. Demzufolge erhöht sich durch ein Ansteigen der Volatilität auch der Preis für Optionen.

Es ist folglich sinnvoll, als Optionsverkäufer dann aktiv zu werden, wenn die implizite Volatilität einen besonders hohen Wert annimmt, da in diesem Falle die Prämien verhältnismäßig hoch sind. Als Optionskäufer sollten Sie dem gegenüber eher dann tätig werden, wenn die Volatilität niedrig ist, da die Optionen in diesen Phasen günstiger zu erwerben sind.

Optionspreise unterliegen permanenten Änderungen und werden ununterbrochen von diesen 3 Faktoren sowie natürlich der eigentlichen Preisbewegung des Underlyings beeinflusst. Je panischer die Börsenakteure werden, desto mehr Schwankungsbreite, also Volatilität, entsteht am Markt und umso höher liegen schließlich die Preise für Optionen.Ob sich ein Trade eher zum direktionalen Handel eignet, also dem direkten Kauf oder Verkauf des Handelsinstrumentes, oder eine Option die bessere Wahl ist, lässt sich pauschal nicht beantworten. Sie erweitern jedoch durch die Kenntnis und richtige Anwendung von Optionen Ihren Tradinghorizont enorm und ich lege Ihnen sehr ans Herz, sich tiefergehend mit diesem Börseninstrument zu beschäftigen.

KAPITEL 5.7

WEITERE MÄRKTE UND HANDELSINSTRUMENTE

5.7.1 DIE CFDS

Die Abkürzung CFD steht für „Contract for difference", zu Deutsch „Differenzkontrakt". Wie bei Futures und Optionen handelt es sich auch bei dieser Anlageklasse um ein Derivat. Der CFD bezieht sich also auf einen zugrundeliegenden Wert wie eine Aktie oder einen Rohstoff, das sogenannte Underlying. Im Gegensatz zu Futures wird hier jedoch nicht mit der realen Ware gehandelt. Sie sind also zu keiner Zeit direkter Besitzer des Underlyings. Vielmehr schließen Sie mit einer Gegenpartei eine Kurswette ab. Diese Gegenpartei ist in aller Regel Ihr Broker. Mit diesem handeln Sie einen Kontrakt zur Auszahlung einer Kursdifferenz aus. Das Geschäft findet hierbei nicht über eine Börse statt, sondern geschieht „OTC", also „over the counter", da der Vertrag direkt mit der Gegenpartei geschlossen wird.

Der Ursprung von CFDs ist in den 1980er Jahren zu finden. Die Schweizer Großbank UBS entwickelte dieses Finanzprodukt, um die britische Stempelsteuer in Höhe von 0,5 % zu umgehen, welche an der London Stock Exchange zu dieser Zeit für sämtliche Aktientransaktionen erhoben wurde. Heutzutage können CFDs auf alle erdenkbaren Märkte gehandelt werden. Einige Broker haben sich speziell auf dieses Handelsinstrument spezialisiert und bieten hier besonders günstige Konditionen für den CFD-Handel an. Grund hierfür ist, dass sich das Trading von CFDs in besonderem Maße für den Broker lohnt.

DIE VERSCHIEDENEN BROKER HANDELN DABEI UNTERSCHIEDLICH NACH ZWEI VERSCHIEDENEN PRINZIPIEN:

1 Zum einen können sie den statistischen Vorteil nutzen und gegen den Kunden, also Sie, wetten. Zuzüglich zu den üblichen Gebühren verdient der Broker nunmehr daran, dass der Großteil der privaten Spekulanten auf Dauer Geld verliert. Das Prinzip des Differenzkontraktes ist hierbei so ausgelegt, dass die verlierende Partei der gewinnenden Seite den jeweiligen Betrag auszuzahlen hat. Wenn Sie als Händler also mit Ihrem Trade gewinnen, so zahlt Ihnen der Broker gemäß des Vertrages die Gewinnsumme aus. Verlieren Sie, so schulden Sie wiederum dem Broker den Verlustbetrag. Sie sehen es bereits, hier entsteht ein Interessenkonflikt, weshalb CFDs auch nicht von professionellen Händlern genutzt werden.

Zahlreiche Broker sind allerdings über dieses Vorgehen derart in Verruf geraten, dass sie den CFD Handel nun nach dem zweiten Konzept gestalten:

2 Der Broker eröffnet an der Börse dieselbe Position wie der Trader. Macht diese Verlust, so wird das vom Trader verlorene Kapital vom Broker genutzt, um seine eigenen Verluste auszugleichen. Bei einem Gewinntrade nutzt der Broker das gewonnene Kapital, um seinem Kunden, dem Trader, dessen CFD Gewinn auszuzahlen. Somit ist der Interessenkonflikt nicht mehr vorhanden. Der Broker gewinnt in beiden Fällen anhand der vom Trader gezahlten Gebühr. Zudem vergrößert er üblicherweise künstlich den Kursspread, sodass der Privathändler einen schlechteren Preis erhält,

als der Broker selbst an der Börse zu zahlen hat, was ihm einen zusätzlichen Ertrag einbringt. CFDs sind **nicht** börslich reguliert, der Broker bestimmt den Preis! Wenn Sie sich also für einen CFD Broker interessieren, so geben Sie unbedingt darauf Acht, dass dieser zumindest nach zweiterem Konzept vorgeht.

Einen sinnvollen Nutzen von CFDs bildet deren Verwendung zum Zwecke des Hedgings. Angenommen, Sie verfügen über eine große Aktienposition und gehen von kurzfristig fallenden Kursen aus. Sie können diesen Trade nun schließen, was Ihnen jedoch hohe Transaktionskosten beschert und aus psychologischer Sicht einen Wiedereinstieg in die Position erschwert. Da Sie nachvollziehbarerweise keine Long und Short Position auf ein und dasselbe Handelsinstrument gleichzeitig halten können, so bieten sich hier CFDs als Maßnahme an. Sie eröffnen also mit exakt derselben Positionsgröße eine Shortposition auf Ihre Aktien. Der CFD Trade wird nun bedeutend niedrigere Transaktionskosten erzeugen und während der gesamten Zeit, in welcher er offen gehalten wird, die Kursgewinne und -Verluste der Aktie neutralisieren. Sinkt der Kurs wie von Ihnen erwartet, so verliert Ihre Hauptaktienposition an Wert, der CFD macht jedoch dieselbe Summe an Gewinn. Steigt wider Erwarten der Kurs, so gewinnt Ihr Aktienbestand an Wert, der CFD Trade verliert jedoch. Sie können bei sinkenden Preisen die Gewinne des CFDs dazu nutzen, um nach der Korrektur bei einer Preiserholung weitere Exemplare der Aktie nachzukaufen und so Ihren Bestand zu vergrößern. Ferner sind Sie die komplette Zeit über im Haupttrade verblieben und kommen nun nicht in die missliche Lage, entscheiden zu müssen, ob und wann Sie den Trade wieder eröffnen sollten.

Der Hauptvorteil von CFDs, welcher jedoch auf der anderen Seite so vielen privaten Händlern zum Verhängnis wird, ist die Möglichkeit zur Nutzung des Hebeleffektes. Dieser funktioniert auf dieselbe Weise wie beim Forex Handel. Sie müssen also zum Kauf einer bestimmten Position nicht über das gesamte Kapital verfügen, welches für den Handel eigentlich vonnöten wäre, sondern hinterlegen lediglich eine Margin Summe. Die Höhe des möglichen Hebels ist dabei von Broker zu Broker unterschiedlich.

PRAKTISCHES BEISPIEL

ICH MÖCHTE IHNEN AN DIESER STELLE NOCHMALS EIN BEISPIEL FÜR DAS HANDELN MIT HEBEL AUF EINE AKTIENPOSITION GEBEN:

Nehmen wir also an, eine Aktie kostet 1.000 $ und Sie verfügen über ein ebenso großes Handelskapital, nämlich 1.000 $. Würden Sie die Aktie direkt und ohne Margin käuflich erwerben, so könnten Sie exakt 1 Exemplar davon kaufen. Wenn der Wert der Aktie nun um 1 $ steigt, so wächst auch der Wert Ihres Kontos um eben jenen 1 $ auf 1.001 $. Fällt die Aktie danach um 5 $, so steht der Wert Ihres Kontos bei 996 $.

Stellt Ihr Broker Ihnen nun einen Hebel von 100:1 zum Handel von CFDs zur Verfügung, so können Sie mit dem hundertfachen Ihres zur Verfügung stehenden Kapitals kaufen oder verkaufen. Durch CFDs ist ein Shorthandel auf sämtliche Werte ebenso problemlos möglich wie Longpositionen.

Sie können also mit Ihrem Kontowert von 1.000 $ 100 Stück des Aktien-CFDs zu einem Gesamtwert von 100.000 $ kaufen. Steigt der Wert der Aktie nun abermals um 1 $, so steigt der Wert Ihres Kontos gemäß Ihrer Positionsgröße um 100 $. Sie haben also innerhalb kürzester Zeit einen stolzen Gewinn von 10 % erlangt. Gehen wir nun aber davon aus, der Wert der Aktie würde nach Beginn Ihres Trades um 10 $ sinken. Dies entspricht bei einem Aktienpreis von 1.000 $ einer Bewegung von nur 1 %, was nicht selten innerhalb weniger Minuten geschehen kann. Ihr Kontowert sinkt nun um 100 x 10 $, also 1.000 $. Sie haben damit Ihr komplettes Kontoguthaben verloren.

Bis zum Jahr 2017 kam es in solch einem Fall zur sogenannten Nachschusspflicht. Sie haben vom Broker den berühmten Margin Call erhalten, also die Aufforderung, Ihr Konto mit zusätzlichem Kapital auszustatten, da dieses nicht ausreichend gedeckt ist. Seit 2017 wurde diese Nachschusspflicht im CFD Handel jedoch gesetzlich verboten, sodass Sie nicht mehr als Ihr eingesetztes Kapital verlieren können.

Der Handel auf Margin, also mit Hebel, beruht auf Fremdkapital, welches Ihnen vom Broker zur Verfügung gestellt wird. Bei richtiger und solider Verwendung kann dies durchaus von Nutzen sein, um gerade bei Trades auf Intraday Basis größere Positionen zu ermöglichen. Sie sollten es jedoch **keinesfalls** zum Zocken verwenden, da Sie somit zwangsläufig auf kurz oder lang Ihr Konto ruinieren werden. Ein fundiertes Money- und Risikomanagement, wie Sie es zu einem späteren Zeitpunkt in diesem Buch kennenlernen werden, ist absolut unabdingbar für den spekulativen Handel. Mit professionellen Ambitionen sollten Sie jedoch vom Handel mit CFDs absehen und sich auf transparente und fair gehandelte Produkte wie Futures oder Aktien konzentrieren. Jeder Broker ist dazu verpflichtet, bei der Präsentation von CFDs auf seiner Website sowie bei sämtlichen Werbemaßnahmen in Bezug auf CFDs den Hinweis hinzuzufügen, wie viel Prozent seiner Kunden durch den Handel mit CFDs Geld verlieren. Diese Zahl liegt im Durchschnitt um und bei 90 %.

5.7.2 DIE ZERTIFIKATE

Auch Zertifikate gehören zur Gruppe der Finanzderivate. Ihnen zugrunde liegt also ein Underlying, welches ein beliebiger Vermögenswert sein kann. Es handelt sich um eine Schuldverschreibung gegenüber einem Emittenten, ähnlich der Anleihe. Dementsprechend hat ein Zertifikat eine festgelegte Laufzeit, nach deren Ablauf es zu der Auszahlung der im Zertifikat vereinbarten Abmachung kommt. Der Herausgeber nutzt das durch den Investor zur Verfügung gestellte Kapital zur Eigenfinanzierung. Er zahlt diesem jedoch keinen festen Zinssatz wie bei der Anleihe aus. Die Preisberechnung des Kontraktes erfolgt nicht wie üblich auf Basis von Angebot und Nachfrage, sondern beruht auf der Kursbewegung des Underlyings.

Durch das Zertifikat wird eine vertragliche Wenn-Dann-Vereinbarung zwischen dem Emittenten und dem Investoren getroffen. Diese kann mitunter sehr komplex formuliert sein, der Anleger kann somit jedoch von steigenden, fallenden und sogar seitwärts stagnierenden Kursen profitieren. Eine solche Abmachung könnte lauten, dass der Anleger das zweifache des Kursgewinnes eines Underlyings ausbezahlt bekäme, somit jedoch auch doppeltes Risiko bei eventuellen Kursverlusten zu tragen hätte. Dies würde also sehr dem Handel mit Hebel ähneln. Ein Zertifikat könnte jedoch auch beinhalten, dass der Investor die vereinbarte Auszahlung dann erhält, wenn der Kurs innerhalb der Laufzeit nicht mehr als 5 % steigt oder fällt.

Da es sich bei einem Investment in Zertifikate von Gesetzes wegen nicht um Sondervermögen handelt, trägt der Anleger das Emittentenrisiko mit. Bei einem Konkurs des Herausgebers ist also das investierte Vermögen verloren. Die schiere Anzahl an unterschiedlichen Zertifikat-Typen wirkt mitunter fast schon absurd. Zertifikate werden in aller Regel durch Banken an Privatanleger verkauft. Dabei ist der Kreativität der Kreditinstitute bei der Erfindung neuer Zertifikate mittlerweile keine Grenze mehr gesetzt. Immer wieder neue und noch ausgefallenere Anlagestrategien locken den Anleger mit exotischen Gewinnmöglichkeiten. Es gibt Outperformance- und Sprintzertifikate, welche eine stärkere Teilhabe an Kursgewinnen versprechen, Bonus-, Discount- und Expresszertifikate, welche ein niedriges Risikoprofil und eine Rendite auch bei stagnierenden Märkten anpreisen, Turbo- und Knock-Out Zertifikate mit teils immensen Hebeln, Indexzertifikate, welche als vermeintliche Alternative zum ETF den Kursverlauf eines Aktienindex abbilden und noch viele weitere.

Nun sollten Sie jedoch als mittlerweile geschulter Börsenhändler eine gewisse Skepsis verspüren. Warum wenden die Banken und Zertifikatherausgeber wohl dermaßen große Ressourcen für die Bereitstellung neuer Finanzinstrumente speziell für Privatanleger auf? Nun, wie Sie sich denken können, lautet die Antwort darauf nicht, dass Sie sich ausschließlich um das Wohlergehen ihrer Zertifikate handelnden Kundschaft sorgen. Vielmehr verdienen sie sehr viel Geld mit diesem Geschäft. Zertifikate sind nicht immer schlechte Finanzprodukte. Einige von ihnen offerieren in der Tat sehr sinnvolle und einzigartige Investitionsmöglichkeiten. Dennoch, als gegnerische Vertragspartei verdienen auf lange Sicht die Herausgeber der Zertifikate mit diesen Produkten. Hierfür sorgt zum einen das zumeist sehr undurchsichtige Preismodell. Durch den Urwald an verfügbaren Zertifikaten übersieht der Anleger nicht selten das Kleingedruckte. Dies kann schnell dazu führen, dass für den Fall eines Weiterverkaufs des Zertifikates vor dessen Ablaufdatum zusätzliche Gebühren anfallen, welche mögliche Renditen drastisch mindern können.

Ferner sind die Gebühren, welche Sie für den Handel mit Zertifikaten zu zahlen haben, üblicherweise unverhältnismäßig hoch. Sie zahlen zunächst beim Kauf des Produktes zweierlei Gebühr, die Bankspesen sowie die Transaktionsgebühr für den Herausgeber des Zertifikates. Darüber hinaus fallen laufende Kosten in Form sogenannter Strukturierungsgebühren an. Es handelt sich bei Zertifikaten um ein strukturiertes Finanzprodukt. Sie haben daher auch im Falle eines Verlustes eine gewisse Summe

zu zahlen, welche zumeist quartalsweise abgerechnet wird. Diese ist ähnlich einer Managementgebühr zu betrachten und wird für die Bezahlung der Mitarbeiter, welche für die Erfindung und regelmäßige Überarbeitung der Zertifikatprodukte zuständig sind, aufgewendet. Sie sollten sich generell von Finanzprodukten fernhalten, welche explizit für private Anleger und Trader herausgegeben werden. Die Emittenten wissen um den Fakt, dass diese Investorengruppe mit ihren Anlagestrategien zumeist falsch liegt und verdienen an diesem Geschäft.

Für Sie bedeuten diese Produkte daher in aller Regel unverhältnismäßig hohe Preise und Gebühren sowie intransparente Handelsinstrumente. Für langfristigen Erfolg an der Börse sollten Sie sich grundsätzlich an die Handelsklassen halten, welche von professionellen Händlern verwendet werden, also vornehmlich Aktien, Anleihen, ETFs, Futures und Optionen.

5.7.3
DIE
OPTIONSSCHEINE

Vom grundsätzlichen Prinzip her funktionieren Optionsscheine auf dieselbe Weise wie Optionen. Gehandelt wird mit Calls und Puts und auch die generelle Funktionsweise von Call-Käufen oder Put-Käufen ist identisch. Der Optionsschein ist im europäischen Raum im Verhältnis zu der Option das weitaus verbreitetere Handelsinstrument. Dies ist sehr bedauerlich, denn es existieren einige Unterschiede zur Option, welche den Optionsschein zur inakzeptablen Alternative disqualifizieren.

Optionsscheine werden grundsätzlich von Banken emittiert. Hier liegt vermutlich auch der Grund, warum diese gerade im deutschsprachigen Raum einen höheren Bekanntheitsgrad genießen und ein bedeutend größeres Handelsvolumen vorzuweisen haben. Der Deutsche vertraut wohl seiner Hausbank und ist dem dortigen Konto treu, während ein Broker unberechtigterweise bei vielen Menschen eine gewisse Skepsis erzeugt. Die Optionsscheine werden als Wertpapiere mit eigener WKN Nummer herausgegeben. Dies ist eine in Deutschland verwendete 6-stellige Ziffern- und Buchstabenkombination zur eindeutigen Zuordnung von Wertpapieren. Sie handeln den Optionsschein direkt über den jeweiligen Emittenten OTC. Dementsprechend tragen Sie als Trader das volle Emittentenrisiko und verlieren bei einer Insolvenz des Herausgebers Ihr investiertes Kapital. Optionen werden hingegen an einer Terminbörse gehandelt, wodurch die Börse selbst eine Garantie auf die vertragskonforme

Durchführung des Geschäftes der Optionskontrahenten vergibt. Der zweite Unterschied liegt in der Flexibilität der Handelsstrategie. Bereits im Kapitel über Optionen haben Sie erfahren, dass auf Dauer der Optionsstillhalter in der Funktion des Versicherers das Geld verdient. Er hat den statistischen Vorteil auf seiner Seite und gewinnt auch dann, wenn der Kurs seitwärts tendiert. Daher ist es kaum verwunderlich, dass sich im Falle von Optionsscheinen die Bank das Recht vorbehält, als Stillhalter zu agieren. Sie können also hierbei die Calls und Puts nur kaufen, niemals verkaufen. Dementsprechend bleiben Ihnen die attraktivsten Möglichkeiten und Strategien zum Handel mit Optionen schlicht verwehrt. Ein großer Vorteil für die Bank, ein nicht hinzunehmender Nachteil für Sie!

Der letzte gravierende Unterschied zwischen beiden Handelsinstrumenten ist deren Konstruktion. Im Falle des Optionsscheines haben die Banken die volle Ermächtigung über deren Aufbau. Demzufolge ist es kaum verwunderlich, dass die kreative Gestaltung von Optionsscheinen ähnliche Ausmaße angenommen hat, wie schon zuvor bei den Zertifikaten. Es existiert eine Vielzahl an handelbaren Produkten, welche zwar denselben Basiswert und -preis teilen, sich jedoch erheblich in Funktionalität und Komplexität unterscheiden. Optionsscheine werden durch die Banken beliebig konstruiert und bilden so teils kaum noch nachvollziehbare Handelsstrategien ab.

Optionen werden hingegen an Terminbörsen gehandelt und sind hinsichtlich des Preises, der Laufzeit sowie der jeweiligen Kontraktgröße vollständig standardisiert. Es handelt sich also um ein transparentes und stets fair gehandeltes Börseninstrument.

Die Zielgruppen beider Finanzinstrumente sind daher wieder einmal klar definiert: Während die Banken sich an Privatkunden wenden, ihrer Kreativität bei der Konstruktion von Optionsscheinen freien Lauf lassen und zum Teil horrende Gebühren für den Handel mit diesen verlangen, werden Optionen von den Profis zu geringen Preisen und unter streng regulierten Bedingungen gehandelt. Ich lege Ihnen daher offen ans Herz, auf das Trading mit Optionsscheinen gänzlich zu verzichten und anstelle dessen auf die Werkzeuge der Profis zurückzugreifen.

5.7.4
DIE KRYPTOWÄHRUNGEN

Als mit dem Bitcoin im Jahr 2008 unter dem Chaos der Finanzkrise die erste Kryptowährung das Licht der Welt erblickte, fand sie kaum Beachtung in der Öffentlichkeit. Erfinder dieses neuartigen Bezahlsystems ist Satoshi Nakamoto. Hierbei handelt es sich um das Pseudonym einer bis zum heutigen Tage unbekannten Person oder Personengruppe. Die Idee war es, eine Währung zu erschaffen, welche Unabhängigkeit vom zentral regulierten Bankensystem bietet. Die Anhänger der Kryptowährungen erhoffen sich somit eine Minderung des starken Einflusses von Zentralbanken, welche sie für fortwährende Inflation und Destabilisierung von Ländern, in welchen ein hohes Maß an Korruption in Wirtschaft und Politik vorherrscht, verantwortlich machen. Man erhofft sich also ein Finanzsystem, welches frei von Willkür und Manipulation existieren kann.

Die Idee war daher, die maximale Anzahl von Bitcoins auf 21 Millionen zu begrenzen, um einer Entwertung der Währung von vornherein entgegenzuwirken. Diese Menge soll bis zu dem Jahr 2139 vollständig erreicht sein. Spätestens durch ihren fulminanten Preisanstieg zwischen den Jahren 2011 bis 2017 hat die dezentrale und bankenunabhängige Kryptowährung Bitcoin das öffentliche Interesse erweckt. Darüber hinaus nimmt die Verehrung der Kryptoidee in einigen Bevölkerungsgruppen fast schon

Ausmaße eines religiösen Kults an und wird in heutigen Zeiten mit einer Vielzahl an Verschwörungstheorien in Verbindung gebracht. Dies wird dem eigentlichen Grundgedanken hinter Kryptowährungen jedoch nicht gerecht, denn es handelt sich dabei in der Tat um eine zukunftsweisende und für Investoren durchaus interessante Anlageklasse. Das Fundament von Kryptowährungen bildet die sogenannte Blockchain Technologie, welche auch in anderen Bereich der Wirtschaft und des alltäglichen Lebens Anwendung finden dürfte. Da eine digitale Währung natürlich Gefahr läuft, unter Angriffen und Manipulationsversuchen durch Hacker zu leiden, war es unabdingbar, eine Technologie zu entwickeln, welche einen reibungslosen und absolut fälschungssicheren Handel mit Bitcoins gewährleistet.

Die Blockchain ist dabei durchaus wörtlich als Kette von Blöcken zu verstehen. Es handelt sich um eine dezentrale Datenbank, welche auf den Rechnern verschiedenster Nutzer gleichzeitig gespeichert ist. Ein Block enthält dabei die Informationen über sämtliche Transaktionen, welche innerhalb des Zeitfensters von 10 Minuten getätigt worden sind. Nach Ablauf dieser Zeitspanne wird ein neuer Block kreiert. Diese Blöcke entsprechen also einem anonymen Kontobuch, welches parallel auf den Rechnern der Nutzer synchronisiert wird. Eine unregelmäßige Veränderung an einem dieser Orte würde daher sofort auffallen, was die Blockchain Technologie als quasi fälschungssicher gelten lässt.

Im Falle des Bitcoins sind diese Transaktionen pro 10 Minuten auf 4.200 begrenzt. Somit besteht die Gefahr, dass lange Warteschlangen für einzelne Transaktionen entstehen. Es besteht daher die Vermutung, dass der Bitcoin auf Dauer und bei breiterer Nutzung die Vielzahl an Überweisungen nicht fristgerecht umsetzen kann. Neuere Kryptowährungen können diese Einschränkung jedoch umgehen und versprechen eine schnellere Geschäftsabwicklung.

Um die Sicherheit der einzelnen Blöcke zu gewährleisten, müssen diese verschlüsselt werden, was durch sogenannte Hashs geschieht. An diesem Kodierungsprozess kann sich im Grunde genommen jedermann beteiligen. Man bezeichnet diesen Vorgang als Mining. Die verschiedenen Teilnehmer am Miningverfahren, als Miner bezeichnet, konkurrieren dabei darum, wer den Zuschlag für die nächstfolgende Verschlüsselung erhält. Bis zur eigentlichen Ausführung ist es dabei jedoch ungewiss, wer jenen Zuschlag erhält, wodurch sich das Währungssystem im Grunde genommen selbst

absichert. Die Miner stellen also entsprechend die Rechenleistung mittels ihrer Computer zur Verfügung, um Bitcoin zu erschaffen und werden für diesen Vorgang wiederum durch den Erhalt von Bitcoins entlohnt.

Hier setzt nun auch der bislang größte Kritikpunkt am Kryptosystem an: Der Vorgang des Minings ist äußerst rechenintensiv und kann nur von Computern mit außerordentlich hoher Leistung bewerkstelligt werden. Entsprechend ist der Energieaufwand, welcher für das Kodieren benötigt wird, immens und lässt sich zum jetzigen Zeitpunkt nur schwer mit dem Streben nach der Energiewende und sauberem Strom in Einklang bringen.

ALS PRIVATANLEGER HABEN SIE STAND 2020 VERSCHIEDENE MÖGLICHKEITEN, UM EINE INVESTITION IN KRYPTOWÄHRUNGEN ZU TÄTIGEN:

1 Broker, welche sich selbst als „Kryptobroker“ oder „CFD-Broker“ bewerben, bieten Ihnen die Möglichkeit, mittels des Finanzinstrumentes CFD in Kryptowährungen zu investieren. Dieser Weg wird häufig für spekulative Ansätze verwendet.

2 Über Banken existieren zudem eine Vielzahl verschiedener Zertifikate, welche teils langfristig orientiert sind, aber auch wilde Spekulationen auf alle erdenkbaren Kryptowährungen ermöglichen. In den vorangegangenen Kapiteln haben Sie bereits erfahren, warum beide Handelsinstrumente mit äußerster Vorsicht und Skepsis zu betrachten sind.

3 Eine weitere Möglichkeit zum Handel mit Kryptowährungen bieten ETNs, also „Exchange Traded Notes“. Sie haben diese im Kapitel über passive Fonds kennengelernt. Sie bilden das Pendant zu ETFs, welche Aktien- und Anleihenindizes abbilden, und beziehen sich auf den Geldmarkt. ETNs auf Kryptowährungen gehören zu den jüngsten Anlageklassen am Markt und sind daher mitunter noch sehr illiquide. Sie sollten daher davon absehen, market, also direkt

zum nächstbesten verfügbaren Preis, in solch einen Trade einzusteigen, da dieser mitunter deutlich vom aktuellen Kurs abweichen kann. Prüfen Sie, ob der jeweilige ETN ein ausreichend hohes Handelsvolumen aufzuweisen hat. Die jährlichen Gebühren für ETNs auf Kryptowährungen schwanken zwischen 1 und 3 % pro Jahr und liegen damit deutlich über den üblichen ETF Preisen. Sie tragen zudem das Emittentenrisiko und sollten daher auf Produkte von finanzstarken und etablierten Herausgebern zurückgreifen. Dennoch könnten sich Krypto ETNs in Zukunft wohl als die interessanteste und solideste Alternative für Privatanleger etablieren, um in Kryptowährungen zu investieren, da es sich um standardisierte, regulierte und fair gehandelte Börseninstrumente handelt. Die nahe Zukunft wird daher zeigen, ob sich diese Finanzinstrumente durchsetzen können und vom Anleger akzeptiert werden.

4 Auch die Futuremärkte haben auf das rege Interesse an Kryptowährungen reagiert. Über die amerikanische Terminbörse CME ist daher der Bitcoin Future mit dem Börsensymbol BTC handelbar. Ein Futurekontrakt bezieht sich dabei auf 5 Bitcoins. Da der Kurs des Underlyings zum aktuellen Zeitpunkt um die 50.000 $ notiert, bewegen Sie somit ein Volumen von etwa 250.000 $. Aufgrund der immensen Volatilität des Bitcoins eignet sich der Handel mit diesem Future folglich nur für äußerst kapitalstarke Spekulanten. Umso erfreulicher, dass seit dem Jahr 2021 auch Micro Bitcoin Futures zur Verfügung stehen. Auch die aktuell zweitgrößte Kryptowährung Ethereum verfügt mittlerweile über einen Haupt- und Micro Future, welcher an der CME handelbar ist.

5 Die letzte und vermeintlich offensichtlichste Herangehensweise zum Handel mit Kryptowährungen ist deren direkter Kauf. Dies ist jedoch nicht ganz ohne Aufwand umsetzbar. Sie benötigen zunächst ein sogenanntes „Wallet". Zu Deutsch bedeutet dies „Brieftasche". Es handelt sich also um Ihr persönliches Kryptowährungskonto, welches Sie ähnlich Ihrem Onlinebanking Backend verwalten können. Sie erhalten hierfür zwei Schlüssel. Einer davon ist öffentlich und entspricht im weitesten Sinne einer Kontonummer. Der zweite ist streng geheim und autorisiert Sie zu Geldtransaktionen. Es empfiehlt sich, beide Schlüssel, welche eine Zahlenkombination darstellen, auszudrucken und gut zu verwahren. Geht Ihr privater Schlüssel verloren oder Sie vergessen ihn, so kommen Sie unumgänglich

nicht mehr an Ihr Konto und das dortige Kapital heran. Das Kryptogeld können Sie nun über spezialisierte Internetportale erwerben oder mit anderen Nutzern tauschen. Für diesen Prozess müssen Sie sich mittels Ihres Personalausweises identifizieren können.

Sie fragen sich nun sicher, warum ich die Kryptowährungen nicht bereits im zweiten Kapitel unter den großen Anlageklassen vorgestellt habe und diese stattdessen unter den Sondermärkten aufführe. In der Tat sind Kryptowährungen in aller Munde, sorgen für ausreichend Diskussionsstoff auch außerhalb der Expertentafeln und haben dank spektakulärer Kursgewinne auch bei vielen Menschen, welche sonst kein Interesse am Investieren hegen, die Aufmerksamkeit erweckt. Dennoch existiert auch 14 Jahre nach der Erfindung des Bitcoin so gut wie kein nennenswerter physischer Gegenwert für Kryptowährungen. Sie können schlicht nirgends damit bezahlen. Dementsprechend gibt es, abgesehen von technischen Ansätzen, keine fundierte Möglichkeit, diese zu analysieren und entsprechend Handelssysteme für den Kryptomarkt zu entwickeln. Ich halte Kryptowährungen und allem voran die Blockchain Technologie für zukunftsweisende Erfindungen, welche höchstwahrscheinlich in absehbarer Zeit eine tragende Rolle in unserem Alltag spielen werden. Genau sagen, wann und ob dies passieren wird, kann jedoch zum aktuellen Zeitpunkt niemand auf seriöse Weise.

Ich halte es daher für angebracht, einen kleinen prozentualen Anteil Ihres Portfolios langfristig in Kryptowährungen zu investieren. Für kurz- bis mittelfristige Spekulationen gibt es weitaus interessantere Anlageklassen mit fundamentalen Hintergründen, welche eine solide Analyse des jeweiligen Handelsinstrumentes möglich machen. Persönlich halte ich momentan einen ETN, welcher die Investition in verschiedene namhafte Kryptowährungen vornimmt. Von Zeit zu Zeit kaufe ich eine gewisse Menge des Wertpapieres nach, ich betrachte es jedoch als Zuschuss zu meiner Altersvorsorge. Es bleibt abzuwarten, ob sich Kryptowährungen langfristig am Markt etablieren können, eine ernstzunehmende Alternative am Währungsmarkt werden und falls dies alles geschieht, welche Kryptowährung sich tatsächlich durchsetzen wird. Fragen, die beim jetzigen Stand der Dinge schlicht niemand beantworten kann.

6

KAPITEL 6.1

BANKEN BROKER

Zu den Bankenbrokern zählen die Ihrer Hausbank angehängten Brokerage Unternehmen. Diese haben zumeist eine etwas andere Firmenbezeichnung, welche allerdings auf dem Namen Ihrer Bank beruht. So nennt sich der Broker der Sparkasse beispielsweise S Broker, der Broker der Deutschen Bank trägt den Namen maxblue.

Ihr Depot ist üblicherweise Ihrem Hauptkonto angefügt und damit auch über den Onlinebanking Bereich einzusehen. Hierdurch ist gewährleistet, dass Sie in jedem Fall eine gute Übersicht über Ihr gesamtes Kapital erhalten. Der Zusammenschluss von Broker und Hausbank hat zudem den Vorteil, dass Sie das Unternehmen kennen, dieses in den meisten Fällen in Deutschland sitzt und Sie so dieselbe Sicherheit genießen, die Ihnen Ihre Bank auch im Alltag gewährleistet – sofern Sie dies denn so empfinden. Ob Sie diesen Punkt als Vor- oder Nachteil betrachten, überlasse ich in diesem Falle Ihnen. Auch der Fakt, dass Ihr Ansprechpartner des Brokers und der Ihrer Hausbank im selben Hause sitzen, lässt sich sowohl positiv als auch negativ betrachten. Für Sie als Endkunden mag das eine Vereinfachung des Supports

darstellen, doch hat Ihre Bank auf diese Weise natürlich einen kompletten Einblick in Ihre Finanzen. Die Bedienung der Handelssoftware geschieht in den meisten Fällen direkt im Webbrowser, oftmals sogar unmittelbar in Ihrem Onlinebanking Portal. Diese Nutzeroberflächen sind zumeist gelinde gesagt semiprofessionell und spezialisierte Broker bietet hier bei weitem nutzerfreundlichere Alternativen an.

Das schwerwiegendste Kontraargument für ein Brokerkonto bei Ihrer Hausbank sind jedoch schließlich die Gebühren. Diese entsprechen zumeist dem drei- bis zehnfachen von Online- oder Profi Brokern und haben teilweise jeglichen Bezug zur Realität verloren. Die Banken setzen hier auf Stammkunden und die Bequemlichkeit der Leute, welche sich nicht mit der Eröffnung von Fremdkonten herumplagen möchten. Bei Pauschalsummen von 15 Euro pro Trade oder mehr lohnt sich eine Investition nur ab hohen vierstelligen Summen und ist gerade für kleinere Positionsgrößen vollkommen unrentabel. Darüber hinaus bieten Ihnen die wenigsten Bankenbroker die Möglichkeit eines kostenlosen Monatssparplans und sind auf wenige Börsenplätze sowie Handelsinstrumente beschränkt.

KAPITEL 6.2

DISCOUNT BROKER

Die zweite Kategorie stellen die sogenannten "Discountbroker" dar. Die ersten dieser Unternehmen wurden Mitte der 90er Jahre gegründet und gelangten zu Beginn der 2000er Jahre zu mehr und mehr Bekanntheit, da die klassische Orderaufgabe mittels Telefon zunehmend durch Online Brokerage abgelöst wurde. Die frühen Broker waren hier unter anderem die Comdirect Bank, die Consors Bank oder die DKB.

Diese Broker sind nach wie vor existent und eine absolut akzeptable Alternative, auch wenn die Gebühren verhältnismäßig teuer sind. Dem gegenüber steht jedoch ein solider Support, welcher Ihnen bei den meisten Brokern rund um die Uhr zur Verfügung steht. Weitaus bekannter wurde dieser Brokertyp dann jedoch durch die zweite Generation an Unternehmen, deren Gründung in den meisten Fällen zwar auch in die 90er Jahre zurückdatiert ist, die jedoch vor allem nach der Finanzkrise ihren Durchbruch feierten. Der große Erfolg von Brokern wie Flatex oder Onvista ist vor allem auf ihr Konzept des kostenlosen Sparplans zurückzuführen. Diese Broker machten den ETF nun auch in Europa salonfähig und das Handelsvolumen dieser Instrumente nahm von

diesem Zeitpunkt an rasant von Jahr zu Jahr zu. Der Vorteil liegt in sauberen und einfach zu bedienenden Benutzeroberflächen, welche den Handel auch für Laien erleichtert haben. Darüber hinaus sind die Gebühren bei diesen Brokern sehr niedrig. Ein Einmalinvestment liegt im Durchschnitt bei etwa 4 Euro pro Trade, wobei diese Summe von Broker zu Broker natürlich etwas variiert. Nach wie vor bieten die meisten Discountbroker kostenloses Besparen eines ETF Portfolios an. Das bedeutet, Sie zahlen eine monatlich feste Rate auf Ihr Brokerkonto ein und diese wird dann nach den von Ihnen festgelegten Parametern in die entsprechenden Werte transaktionskostenfrei investiert. Der Broker behält lediglich einen geringen Prozentsatz an Jahresendgebühren ein. Die meisten dieser Unternehmen sitzen in Deutschland und bieten entsprechend guten Support an.

Da es sich bei den großen Mitbewerbern allesamt um stark kapitalisierte Firmen mit einem soliden Geschäftsmodell handelt, würde ich die meisten Broker in diesem Feld als sichere Alternativen bezeichnen. Prüfen Sie dennoch von Zeit zu Zeit, ob sich die Gebühren Ihres Brokers gegebenenfalls geändert haben. Die meisten Discountbroker bieten Ihnen eine kostenlose Depotführung an, jedoch hat beispielsweise Flatex im Jahr 2017 einen Negativzins auf offenes Guthaben erhoben. Es kann sich also lohnen, einmal im Jahr ein Brokervergleichsportal aufzurufen, um zu prüfen, ob Ihr Broker noch die beste Wahl für Sie ist.

Discountbroker eignen sich vor allem für passive Investoren, welche eine einfach und unkompliziert zu bedienende Handelsoberfläche benötigen und allem voran auf den Handel mit ETFs fokussiert sind. Auch für den Aktienhandel bieten diese Broker günstige Gebühren bei solidem, zumeist deutschsprachigem Support, einem hohen Maß an Sicherheit und einem begrenzten, jedoch für die meisten Zwecke ausreichenden Zugang zu verschiedenen Börsen und Handelsinstrumenten.

KAPITEL 6.3

GRATIS- UND MOBILE BROKER

Das jüngste Mitglied in der Familie der Broker sind die sogenannten "Gratis- und Mobile Broker". Diese sind quasi aus der Idee der Discountbroker heraus geboren und verfolgen einen stark auf ETFs fokussierten Geschäftsansatz. Die bekanntesten Vertreter sind das 2015 gegründete Unternehmen Trade Republic sowie der seit Ende 2019 am Markt agierende smartbroker.

Das Angebot dieser Broker richtet sich aus meiner Sicht vornehmlich an junge, engagierte Investoren, die zunächst einen passiven Investitionsansatz verfolgen wollen. Durch die Kooperation mit diversen Drittunternehmen können die Gratis- und Mobile Broker sehr günstige Konditionen für die Produkte ihrer direkten Partner anbieten und diese zum Teil sogar kostenlos zum Handel zur Verfügung stellen. So befindet sich Trade Republic beispielsweise in einer direkten Partnerschaft mit der Firma BlackRock und vertreibt entsprechend deren iShares ETFs zu Gebühren, mit welchen die meisten anderen Broker schlicht nicht mithalten können.

Hier sollten Sie jedoch achtsam bei der Auswahl Ihrer Produkte sein. Wenn Sie entsprechend der Firmenpolitik des Brokers ausschließlich Handelsinstrumente aus dem Repertoire von dessen Partnern in Ihr Portfolio aufnehmen, so lohnt sich die Nutzung dieser Broker in jedem Fall. Sollten Sie jedoch darüber hinaus auch andere Produkte handeln wollen, so steigen die Gebühren für diese schnell in einen absolut inakzeptablen Bereich und sind damit nicht mehr rentabel handelbar. Einen schwerwiegenden Pluspunkt bieten Ihnen die modernen Handelsplattformen der Gratis- und Mobile Broker. Diese steuern Sie in erster Linie über einfach zu bedienende Apps direkt am Smartphone. Dies erleichtert gerade für Einsteiger den Handel erheblich und bietet Ihnen die Möglichkeit, schnell, unkompliziert und ohne nennenswertes Vorstudium Ihren Sparplan einzurichten, Trades zu eröffnen und zu schließen oder schlicht Ihr Konto zu verwalten.

Wenn Sie also über keinerlei bis wenig Erfahrung mit dem Börsenhandel verfügen, einen passiven Handelsansatz anstreben und sich eine möglichst unkomplizierte Abwicklung der Kontoeröffnung und Handelshandhabung wünschen, sind die Gratis- und Mobile Broker eine hervorragende Alternative. Beachten Sie jedoch, dass Sie hier zumeist in der Wahl der verfügbaren Handelsinstrumente auf die Produkte der Partner des Brokers beschränkt sind, da die Gebühren für alle weiteren Werte in einem unrentablen Bereich liegen können. Die „hauseigenen“ ETFs erhalten Sie jedoch zu konkurrenzlos guten Preisen.

KAPITEL 6.4

CFD- UND SOCIAL TRADING BROKER

Wie der Name bereits verrät, handelt es sich hierbei um Broker, welche sich vornehmlich auf den Handel mit CFDs spezialisiert haben. Diese erhalten Sie hier zwar zumeist für sehr günstige Konditionen, jedoch würde ich Ihnen prinzipiell von dieser Art Broker abraten, da der Handel mit CFDs sich in aller Regel zu Ihrem Nachteil gestaltet. Wie bereits im entsprechenden CFD Kapitel beschrieben, treten Sie hierbei in einer Wette gegen Ihren Broker als Kontrahenten an, was sich im Endeffekt immer zu Ihrem Nachteil auswirkt.

Eine neues Geschäftsmodell des Tradens hat das im Jahr 2006 gegründete Unternehmen eToro am Markt etabliert – das sogenannte Social Trading. Sie eröffnen zunächst ein Brokerage Konto und treten dann einer Tradercommunity bei. In dieser können Sie die Renditen und generellen Ergebnisse der anderen Händler einsehen und diesen wie auf einer Social Media Plattform folgen. Sie haben nun die Möglichkeit, deren exakte Trades auf einer automatisierten Basis nachzuhandeln und müssen sich entsprechend in keiner Weise um eine eigene

Handelsstrategie Gedanken machen. **Ich rate Ihnen hiermit in aller Deutlichkeit entschieden von dieser Art des Handelns ab**. Wenn Sie sich nicht befähigt fühlen, eigene Investitionsentscheidungen treffen zu können, so investieren Sie passiv in ETFs oder überlassen Sie Ihre Kapitalanlagen unbedingt einem unabhängigen Finanzfachberater. Einem fremden Hobbyhändler, über welchen Sie keinerlei Hintergrundinformationen besitzen und weder dessen Handelsansatz noch Kompetenz in irgendeiner Form beurteilen können, Ihr Geld anzuvertrauen, ist jedoch in **jedem** Fall sträflich! Hinzu kommt die Gebührenstruktur dieser Broker. Oftmals wird mit kostenlosem Aktien- oder Fondstrading geworben und in der Tat fallen die offensichtlichen Transaktionsgebühren beim Handel weg. Doch Ihnen sei versichert, der Broker verzichtet hier nicht großzügig auf seine Einnahmen und holt sich seine Gebühren an anderen Stellen geschickt und für Laien kaum nachvollziehbar wieder zurück. Dies geschieht in aller Regel über den sogenannten Spread, also die Differenz zwischen Ankaufs- und Verkaufspreis. Sie werden feststellen, dass Ihnen Ihre Handelsplattform, sofern Sie über eine professionelle verfügen, stets 2 Preise für ein Produkt angibt:

1. BRIEFKURS

Der Briefkurs, auch Verkaufskurs genannt, ist der günstigste Preis, zu dem ein Verkäufer gerade bereit ist, das Produkt zu verkaufen.

2. GELDKURS

Der Geldkurs, auch Kaufkurs genannt, ist der teuerste Preis, zu welchem ein Käufer gerade bereit ist, ein Produkt zu kaufen.

Zwischen Brief- und Geldkurs herrscht also stets eine Differenz, welche man als Spread bezeichnet. Seriöse und professionelle Broker stellen Ihnen dabei stets die besten Kurse zur Verfügung, sodass dieser Spread maximal gering ist und Sie für den bestmöglichen Preis kaufen oder verkaufen können. Die vermeintlich kostenlosen Broker erhöhen allerdings die Differenz dieses Spreads von Haus aus und benutzen

diese künstlich erhöhte Preisspanne entsprechend für Ihren Gewinn, welchen Sie nach der Eröffnung des Trades für sich einbehalten. Sie erinnern sich, CFD Handel findet nicht über die Börsen statt, sondern als direktes OTC Geschäft mit dem Broker. Dementsprechend ist der Broker nicht verpflichtet, Ihnen die offiziellen Börsenpreise des Underlyings zur Verfügung zu stellen, sondern kann die CFD Preise selbst frei ausgeben.

Die bekanntesten CFD Broker sind derzeit Plus500, eToro, CMC, FXPro, IG sowie zahlreiche andere. Ich rate Ihnen von diesen Brokern ab, da Sie keinerlei Vorteil zu erwarten haben. Mir ist kein professioneller Händler bekannt, welcher seinen Handel vornehmlich über CFDs betreibt. Lediglich zum Hedgen kann dieses Börseninstrument von Nutzen sein, da Sie hiermit Gegenpositionen zu Ihren Hauptinvestments aufbauen können.

KAPITEL 6.5

PROFI BROKER

Als internationaler Standard unter Profitradern hat sich mittlerweile über Jahrzehnte das Unternehmen Interactive Brokers durchgesetzt. Sie werden kaum einen professionellen Händler auf der Welt finden, der nicht zumindest eines seiner Hauptkonten bei IB führt. Dies hat relativ pragmatische Gründe – die Gebühren sind im Verhältnis deutlich günstiger, vor allem für die Profi Tradingklassen Aktien und Futures. So zahlen Sie für die meisten Aktientrades nicht mehr als einen Dollar bei Tradeeröffnung und erneut einen Dollar bei Tradeschließung. Mit Futures bin ich persönlich noch nie über fünf Dollar pro Kontrakt Gebühren für einen Round-Turn Trade gekommen. Die Preise für ETFs sind zudem vergleichbar mit den Discountbrokern und liegen bei etwa vier Dollar.

Hier kann kaum ein anderer Broker mithalten. Dies liegt daran, dass sich Interactive Brokers eine Vormachtstellung am Markt erkämpfen konnte und schlicht der weltweit finanz- und kundenstärkste Broker ist. Entsprechend genießen Sie eine hohe Sicherheit für Ihr Konto, da es im maximal unwahrscheinlichen Bereich liegt, das IB jemals insolvent gehen

wird. Sollte dies doch geschehen, so werden dem Unternehmen die meisten anderen Broker mit großer Sicherheit voraus gegangen sein und wir werden vermutlich aus weltwirtschaftlicher Sicht mit weitaus ernsteren Problemen konfrontiert sein. Ein weiterer Grund, warum sich die meisten Profitrader für Interactive Brokers entscheiden, ist die Auswahl an Handelsklassen. Es gibt kaum ein börslich gehandeltes Produkt, welches nicht über IB zu traden wäre. Ferner haben Sie Zugriff auf sämtliche internationalen Börsenhandelsplätze. Selbst, wenn Sie sich für den Handel an der Börse von Hong Kong oder Tokyo interessieren, bietet Ihnen IB die Möglichkeit dazu. Zum Produktkatalog zählen Aktien, Optionen, Futures, Spot-Forex, Metalle, Anleihen, ETFs, Investmentfonds, CFDs und sogar ganze Hedgefonds. Einzig der Handel mit Kryptowährungen ist momentan, mit Ausnahme des Bitcoin und Ethererum Futures, über IB nicht möglich.

Doch auch die Nachteile des weltweit führenden Brokers möchte ich Ihnen nicht verschweigen. Diese liegen vornehmlich in der Benutzerfreundlichkeit und dem Support. Interactive Brokers ist ein US-amerikanisches Unternehmen und betreibt europäische Außenstellen in Großbritannien und der Schweiz. Offiziell ist ein deutschsprachiger Support vorhanden, doch diesen werden Sie garantiert nie telefonisch erreichen. Falls doch, sind die Gesprächsgebühren höher als Ihre Jahresrendite. Der englischsprachige Support ist ebenfalls sehr kostspielig und war nicht in jedem Fall eine sonderlich große Hilfe. Schreibt man an den E-Mail Support, so darf man innerhalb von fünf Tagen mit einer Antwort rechnen. Gerade bei dringlichen Angelegenheiten kann dies sehr frustrierend sein. Neuerdings ist jedoch ein hilfsbereiter Chat Support vorhanden.

Abhilfe verschafft hier der Lynx Broker. Lynx ist ein Unternehmen mit Hauptsitz in Amsterdam und Zweigstelle in Berlin, welches zur Gruppe von Interactive Brokers gehört und deren Depots IB angeschlossen sind. Sie genießen hier den großen Vorteil eines deutschsprachigen Supports, die Handelsgebühren sind dafür allerdings höher, als wenn Sie Ihr Konto direkt bei Interactive Brokers führen. Die Handelsplattform ist bei beiden Brokern dieselbe – die sogenannte "Trader Workstation". Diese ist nun Fluch und Segen zugleich. Designtechnisch und von der Nutzeroberfläche ist die TWS irgendwo zwischen Windows 3.1 und Windows 95 hängen geblieben. Entsprechend zäh gestaltet sich daher der Handel, gerade für Anfänger. Es existieren im Internet zahlreiche Videos, welche die Handhabung der Software erklären und

auch bei YouTube werden Sie große Mengen privat gedrehter Tutorials finden, eine intuitiv bedienbare Software sieht jedoch heutzutage definitiv anders aus. Auf der anderen Seite werden Sie nirgends auf der Welt ein mächtigeres Handelstool finden. Sobald Sie Ihre TWS eingerichtet und bedienen gelernt haben, liegt Ihnen die Welt des Tradings sprichwörtlich zu Füßen. Sie sind in der Lage, jeden erdenklichen Markt sowie jedes verfügbare Handelsinstrument in Sekundenschnelle zu traden, Ihre offenen Positionen zu verwalten, Optionsketten zu analysieren und vieles mehr. Sollten Sie also einen Handelsansatz verfolgen wollen, der über das passive Investieren hinaus geht, so sind Interactive Brokers beziehungsweise der Lynx Broker fast unumgängliche Alternativen. Einzig das Investieren auf Basis eines regelmäßigen, kostenlosen Sparplans wird von diesen Brokern nicht unterstützt.

Ein weiterer Broker, welcher gern von Profis genutzt wird, ist TradeStation. Hier erhalten Sie die ungewöhnliche Kombination aus professioneller Chartingsoftware und Broker. Die Handelsgebühren sind absolut konkurrenzfähig. Sie zahlen jedoch eine monatliche Flatrate, welche Sie zur Nutzung der Software autorisiert. Diese liegt im deutschsprachigen Raum derzeit bei rund 100 US-Dollar. Es ist daher vorausgesetzt, dass Sie über ein entsprechend hohes Handelskapital verfügen, damit Ihre Gewinne diese laufenden Kosten rechtfertigen. Die TradeStation ist vor allem im Bereich des automatisierten Tradings eine äußerst mächtige Software. Durch ihre leicht erlernbare Programmiersprache, die EasyLanguage, ermöglicht Sie auch Personen ohne Progammiervorerfahrung die individuelle Entwicklung von Tradingalgorithmen. Vergleichbare Konkurrenz stellen hier der TradeNavigator sowie MultiCharts dar, hierbei handelt es sich jedoch um Chartingsoftware ohne eigenen angeschlossenen Broker. Weitere von professionellen Händlern genutzte Broker sind unter anderem Dorman, Tradovate und AMP.

KAPITEL 6.6

FAZIT WAHL DES BROKERS

Sie sehen also, die Auswahl an modernen Online Brokern ist groß und entsprechend ist es nicht ganz einfach, hier die optimale Lösung für sich zu finden. Finden Sie sich damit ab, dass jeder Broker sowie jede Brokerkategorie mit Vor- sowie mit Nachteilen behaftet ist.

Sollten Sie mehrere parallel laufende Strategien verfolgen, so bietet es sich an, zwei oder mehr Konten bei unterschiedlichen Brokern zu führen. So könnten Sie beispielsweise ein langfristig orientiertes ETF Konto bei Trade Republic eröffnen und Ihre gezielten Aktieninvestitionen über Interactive Brokers zu den günstigsten Konditionen tätigen. Auch würde ich Ihnen empfehlen, die Konten für Investitionen und Spekulationen klar voneinander zu separieren. IB bietet Ihnen die Möglichkeit, diverse Unterkonten anzulegen. Ich persönlich führe so zum Beispiel für jeden meiner Handelsansätze ein eigenes Konto. So behalte ich nicht nur klar den Überblick über meine Tätigkeiten, sondern kann auch die Performance der einzelnen Systeme besser beurteilen. Einen letzten wichtigen Hinweis habe ich an dieser Stelle noch für Sie:

DER BROKER IST IHR PARTNER, NICHT IHR FREUND!

So gut wie jeder Broker bietet Ihnen heutzutage Lernprogramme und -videos, Webinare und Tutorials sowie ganze Videolehrgänge. Sie sollten Ihr Wissen über Trading besser aus externen Quellen beziehen. Ein Broker verdient nicht durch die Bewegungen der Kurse, sondern durch Ihre Handelstätigkeit. Dementsprechend liegt es in seinem Interesse, dass Sie möglichst aktiv sind. Hier entsteht ein Interessenkonflikt. Das Wohl Ihrer Finanzen liegt dem Broker nur soweit am Herzen, dass Sie möglichst keinen Totalverlust erleiden, denn dann wird er nichts mehr an Ihnen verdienen. Was die Wahl der Handelsstrategie angeht, so wird aber vermutlich jeder Broker gern einen Daytrader aus Ihnen machen, um möglichst viel an Gebühren durch Ihre rege Handelsaktivität kassieren zu dürfen. Seien Sie sich dessen bitte stets bewusst.

KAPITEL 9

GLOSSAR

Weitere Begriffe auf www.sparing-academy.de unter Börsenlexikon

A

AKTIEN

Eine Aktie ist ein Wertpapier, das einen Anteil am Grundkapital einer Aktiengesellschaft verbrieft und dem Inhaber Vermögens- und Mitspracherechte sichert. Der Aktienkurs ergibt sich aus Angebot und Nachfrage an der Börse.

ANLAGEKLASSEN

Unter Anlageklassen versteht man die verschiedenen Handelsinstrumente, die Du bei Deinem Broker handeln kannst, welche zur langfristigen Geldanlage dienen. Die wichtigsten von ihnen sind Aktien, Anleihen und Fonds.

ANLEIHE

Mit einer Anleihe nehmen Großschuldner längerfristige Darlehen auf. Großschuldner sind in der Regel die öffentliche Hand (Bund, Länder, Gemeinden), Unternehmen und Banken. Anleihen haben genau festgelegte Bedingungen für die Verzinsung, Laufzeit und Rückzahlungsverpflichtungen und gelten daher als sehr sichere Anlagemöglichkeit. Die bekanntesten Anleihen sind Staats- und Unternehmensanleihen..

B

BILANZ

Die Bilanz zeigt die Vermögenswerte im Verlgeich zu den Schulden eines Unternehmens. Sie verschafft Übersicht und hilft, den Erfolg eines Unternehmens zu ermitteln und dessen finanzielle Situation abzubilden.

BLUE CHIP

„Blue Chips“ ist die Bezeichnung für Aktien großer Unternehmen. Benannt sind sie nach den blauen Chips im Casino Monte Carlo, da sie den höchsten Wert hatten.

BRIEFKURS

Der Briefkurs ist der minimale Preis, den ein potenzieller Verkäufer gerade bereit ist, für seine Ware zu akzeptieren.

BROKER

Broker ist die englische Bezeichnung für einen Wertpapierhändler, der im Auftrag eines Kunden Geschäfte an der Börse ausführt. Für Geschäfte an der Börse brauchen Privatpersonen ein Konto bei einem Broker.

BUCHWERT

Der Buchwert beschreibt die Summe aller Vermögensgegenstände und Schulden eines Unternehmens abzüglich der Abschreibungen. Er entspricht somit in etwa dem Eigenkapital des Unternehmens.

C

CALL

Der Call gehört zu der Handelsklasse der Optionen. Er berechtigt den Käufer innerhalb einer bestimmten Frist oder zu einem bestimmten Zeitpunkt vom Verkäufer ein sogenanntes Underlying (das kann z.B. eine Aktie oder ein Future sein) zu einem vorher bestimmten Preis zu erwerben. Der Gegensatz dazu ist der Put. Wird eine Kaufoption nicht ausgeübt, verfällt sie wertlos.

CFD - CONTRACT FOR DIFFERENCE

CFDs sind wie eine Wette mit dem Broker. Der Wetteinsatz ist quasi die Kursdifferenz ab Beginn des Trades. Wenn Du also mit Deiner Einschätzung Recht hast, schuldet Dir der Broker die Kursdifferenz, sobald Du die Position schließt. Solltest Du daneben gelegen haben, schuldest Du dem Broker das Geld. CDFs werden nicht an der Börse gehandelt, basieren aber auf börsengehandelten Wertpapieren und Kontrakten wie Aktien, Futures oder Indizes. Für CFDs gibt es spezialisierte CFD Broker.

CRV - CHANCE-RISIKO-VERHÄLTNIS

Das Chance-Risiko-Verhältnis wird durch den möglichen Gewinn und möglichen Verlust eines Trades berechnet. Wenn man mit einer Position z.B. 100 $ gewinnen aber nur 50 $ verlieren könnte, ist das CRV 2:1.

D

DEPOT

Als Depot wird Dein Wertpapierkonto bezeichnet. Dieses führst Du bei Deinem Broker (bzw. bei Deiner Hausbank, wenn Du dort auch Wertpapiere handelst).

DERIVATE

Derivate sind handelbare Produkte, die sich auf ein wiederum anderes handelbares Produkt beziehen. Dazu gehören Futures und Optionen. Man handelt also z.B. eine Option AUF eine Aktie. Die Option ist also ein Derivat auf diese Aktie.

DIVIDENDE

Die Dividende ist die Auszahlung von Firmengewinnen an Anteilseigner. Wenn Du Aktien besitzt (auch in Form von Fonds), bekommst Du in regelmäßigen Abständen Geld von den Firmen, die Du anteilig besitzt. Die Höhe der Dividende wird auf der Jahreshauptversammlung des Unternehmens festgelegt. Einige Firmen verzichten auf die Dividendenausschüttung.

E

EIGENKAPITAL

Beim Eigenkapital spricht man auch vom Reinvermögen eines Unternehmens. Es ergibt sich aus der Differenz von Vermögen und Schulden. Durch die Herausgabe von Aktien kann ein Unternehmen Anteile am Eigenkapital an Investoren, die Aktionäre, verkaufen, und somit bei Bedarf neues Kapital zum Wirtschaften einnehmen. Das Eigenkapital steht der Firma dauerhaft zur Verfügung. Dem gegenüber steht die Aufnahme von Fremdkapital durch die Aufnahme von Krediten oder die Ausgabe von Anleihen.

ETC

ETC ist die Abkürzung für „Exchange Traded Commodity". Es handelt sich um eine Anlageklasse, die dem bekannten ETF sehr ähnelt. Du kannst einen ETC genau wie eine Aktie oder einen ETF über Dein Brokerkonto kaufen und verkaufen. Der Preis des ETCs bildet sich ebenfalls durch Angebot und Nachfrage. Es handelt sich jedoch nicht um einen klassischen Fonds, sondern eher um eine Schuldverschreibung, die einer Anleihe gleicht. Ausnahme sind hier Edelmetall ETCs, welche das jeweilige Metall physisch kaufen. ETCs werden dazu genutzt, damit Du als Privatanleger einfach und unkompliziert

in Rohstoffe investieren kannst. Achtung, eine langfristige Investition in alle Rohstoffe außer den Edelmetallen ist aus diversen Gründen nicht sinnvoll! Die Gründe dafür erfährst Du in unserem Blogbeitrag „Sollte ich langfristig in Rohstoffe investieren?". Darüber hinaus unterliegst Du als Käufer eines ETCs dem Emittentenrisiko!

ETFS

ETFs sind börsengehandelte Fonds. Sie sind passiv gemanagt, das bedeutet, dass sie einem festen Regelwerk folgen. Diese Regel bezieht sich üblicherweise auf das möglichst exakte Abbilden eines Indexes. Somit ist kein Manager mehr für die Auswahl der im Fonds enthaltenen Werte verantwortlich.

ETN

ETN ist die Abkürzung für „Exchange Traded Note". Es handelt sich um eine Anlageklasse, die dem bekannten ETF sehr ähnelt. Du kannst einen ETN genau wie eine Aktie oder einen ETF über Dein Brokerdepot kaufen und verkaufen. Der Preis des ETNs bildet sich ebenfalls durch Angebot und Nachfrage. Es handelt sich jedoch nicht um einen klassischen Fonds, sondern eher um eine Schuldverschreibung, die einer Anleihe gleicht. ETNs werden genutzt, damit Du als Privatanleger einfach und unkompliziert in Geldmarktprodukte wie zum Beispiel Währungswechselkurse, Indizes, Kryptowährungen oder Volatilitätsindizes investieren kannst. Achtung, da es sich um eine relativ junge Anlageklasse handelt, sind ETNs üblicherweise noch sehr illiquide. Darüber hinaus unterliegst Du als Käufer eines ETNs dem Emittentenrisiko.

F

FACTSHEET

Herausgeber von ETFs sind dazu verpflichtet, für jeden Fonds ein sogenanntes Factsheet zu veröffentlichen. In diesem Factsheet findest Du übersichtlich sämtliche Informationen, die den Fonds betreffen. Dazu zählen die Länderallokation, die Auflistung der größten im Fonds enthaltenen Aktiengesellschaften, ein allgemeines Risikoprofil sowie eine ausführliche, textliche Beschreibung des Fonds und dessen Zielen.

FONDS

Ein Fonds sammelt das Investitionsvermögen von Anlegern, um mit diesem in Wertpapiere oder andere Güter zu investieren. Durch die erhöhte Kaufkraft können so Anlagestrategien umgesetzt werden, die ein einzelner Anleger so nicht hätte realisieren können. Der Fonds kann aktiv gemanagt oder passiv gemangt sein.

FOOTPRINT CHART

Der Footprint Chart ist eine Darstellungsvariante von Börsendaten, die getätigte Käufe und Verkäufe eines Finanzprodukts in absoluten Zahlen darstellt. Er findet vornehmlich im Daytrading Gebrauch, kann aber auch für mittelfristig ausgelegte Handelsansätze genutzt werden.

FOREX

Forex steht für „Foreign Exchange", es handelt sich um den Interbankenhandel. An den Forex Märkten werden Währungen gehandelt. Ein einfaches Beispiel wäre: Ich nehme Euro und kaufe damit US-Dollar oder andersherum. Der Handel findet nicht über die Börse, sondern direkt zwischen Banken und Brokern statt. Der Kurs des Währungspaares wird entsprechend vom jeweiligen Finanzinstitut gestellt.

FREMDKAPITAL

Ein Unternehmen kann Fremdkapital durch die Aufnahme von Krediten oder alternativ die Ausgabe von Anleihen aufnehmen. Für dieses Kapital muss die Firma einen festgelegten Zinssatz an die Gläubiger zahlen. Im Gegensatz zum Eigenkapital, welches die Firma durch die Herausgabe von Aktien erhöhen kann und welches dem Unternehmen dauerhaft zur Verfügung steht, muss das Fremdkapital nach einer festgelegten Frist an die Kapitalgeber zurückgezahlt werden.

FUNDAMENTALANALYSE

Die Fundamentalanalyse gehört zu den wichtigsten Werkzeugen bei der Suche nach Investitionen in Einzelaktien. Bei einer Fundamentalanalyse berechnet man anhand von bilanziellen Kennzahlen, ob der aktuelle Kurs über- oder unterbewertet ist. Es ist also eine Methode zur Bewertung und Prognose von Aktienpreisen. Dabei berücksichtigt man auch das wirtschaftliche Umfeld, also die ganze Branche, in der

sich das Unternehmen befindet. In unserem zweiten Kurs zeigen wir eine praktisch gut umsetzbare Methode zur Fundamentalanalyse von Aktien.

FUTURE

Ein Future ist ein standardisierter Terminkontrakt, der die Handelspartner zu einem Geschäft in der Zukunft verpflichtet. Dementsprechend haben Futures auch ein Ablaufdatum. Futures gehören zu der Gruppe der Derivate und man kann mit ihnen viele Produkte handeln. Dazu gehören natürlich Aktien, Indizes und auch Rohstoffe. Vereinfachtes Beispiel: Ein Kaffee-Bauer verkauft einen Kaffee-Future an der Börse. Starbucks kauft einen Kaffee Future. Durch diesen Future steht jetzt schon fest, wie viel Starbucks diesem Kaffee Bauern zahlen muss, wenn der Future ausläuft und die Ware schließlich ausgeliefert werden muss, selbst, wenn das erst in einem Jahr ist.

G

GAP

Wenn der Schlusskurs einer Chartkerze sowie der Eröffnungskurs der jeweils nächsten Kerze unterschiedliche Preise aufzuweisen haben, dann entsteht zwischen diesen eine Kurslücke. Diese Kurslücke wird als Gap bezeichnet und findet vor allem auf Tageskerzen viel Beachtung.

GELDKURS

Der Geldkurs ist der maximale Preis, den ein potenzieller Käufer gerade bereit ist, für eine Ware zu bezahlen.

H

HEBEL

Die meisten Broker bieten Dir die Möglichkeiten, beim Handel von Derivaten mit einem Vielfachen Deines eingezahlten Kontoguthabens zu traden. Diese Hebelfunktion ist im Daytrading äußerst nützlich und erlaubt dem Händler, Positionsgrößen exakt an das gewünschte Risikoprofil anzupassen. Leider neigen vor allem Anfänger mit dem Drang nach dem schnellen Geld dazu, übermäßigen Gebrauch vom Hebel zu machen. Dadurch werden unverhältnismäßig große Positionsgrößen eingegangen, was in der Regel mit dem Verlust des vollständigen Kapitals mit nur wenigen Trades verbunden ist. Das Hebeln bzw. auf Enlglisch die Nutzung der „Leverage“ ist daher als äußerst risikoreiches Vorgehen verpöhnt, was ihrem eigentlich Sinn jedoch nicht gerecht wird.

HEDGING

Das Hedging ist der Kauf (oder Verkauf) von Handelsinstrumenten zur Absicherung einer bestehenden Position. Wenn man z.B. Apple Aktien hält und von einer Kurs-Korrektur ausgeht, kann man Optionen oder Futures nutzen, um die Position abzusichern und den etwaigen Verlust auszugleichen.

HUMANKAPITAL

Vereinfacht gesagt, ist Dein Humankapital Dein Wissen, Dein Können und Deine Fähigkeiten. Unsere Kurse erhöhen also Dein Humankapital im Bereich der finanziellen Bildung.

I

INDEX / AKTIENINDEX

Ein Index stellt den durchschnittlichen Kursverlauf mehrerer, vorher festgelgter Wertpapiere dar. Die verschiedenen, im Index enthaltenen Wertpapiere können dabei unterschiedlich stark gewichtet sein und somit unterschiedlich hohen Einfluss auf den Kursverlauf des Indexes ausüben.

INTIAL MARGIN

Unter der Initial Margin versteht man den Geldbetrag, der sich auf Deinem Brokerkonto befinden muss, damit Du einen bestimmten Trade überhaupt eröffnen darfst. Je nach Broker wird diese verlangte Sicherheitsmargin unterschiedlich hoch ausfallen. Achte darauf, stets deutlich mehr Kapital auf Deinem Konto zu halten, als die Initial Margin voraussetzt. Bei vielen Brokern ist sie bei weitem zu niedrig angesetzt.

K

KASSA PREIS

Unter dem Kassa Preis versteht man den Preis eines Rohstoffs, der außerhalb des börslichen Handels allgemein für den Rohstoff als gültig gilt und zu welchem er direkt zwischen zwei Parteien gehandelt wird.

KONTRAHENTENRISIKO

Bestimmte Handelsklassen und Börseninstrumente, die Du über Deinen Broker traden kannst, unterliegen dem Kontrahentenrisiko. Du handelst in diesem Fall üblicherweise keinen realen Wert, der Dir durch den Handel gehört. Das hat zur Folge, dass im schlimmsten Fall, sollte Dein Broker während des Trades pleite gehen, Dein Geld verloren ist. Dies ist zum Beispiel beim Handel von CFDs oder Zertifikaten der Fall. Beim Handel einer Aktie oder eines physisch replizierenden ETFs gehört Dir

hingegen ein reales Wertpapier, welches auch dann in Deinem Besitz bleibt, sollten Brokern oder Fondsherausgeber insolvent sein.

KRYPTOWÄHRUNGEN

Kryptowährungen sind rein digitale Währungen, die man allerdings gegen reguläre FIAT Währungen eintauschen kann. Sie werden durch den Prozess des „Minings" hergestellt, das sind besonders schwere Rechenaufgaben, die nur von sehr leistungsstarken Computern gelöst werden können. Das Ziel von Kryptowährungen war die Kreation eines anonymen, dezentralen, digitalen Zahlungsmittels.

L

LEERVERKAUF

Wenn man von fallenden Kursen einer Aktie oder einer anderen Handelsklasse profitieren möchte, kann man sie an der Börse verkaufen, ohne sie vorher zu besitzen. Hierdurch entsteht im Brokerkonto eine Negativposition. Du besitzt dann beispielsweise -1 Aktie. Im Falle der Aktie muss diese zunächst von einem anderen Besitzer gegen eine Gebühr geliehen werden. Ziel ist es, das Wertpapier später zu einem möglichst günstigeren Preis zurückzukaufen und somit die Negativposition glattzustellen.

LEVERAGE

„Leverage" ist der englische Begriff für das finanzielle Hebeln. Die meisten Broker bieten Dir die Möglichkeiten, beim Handel von Derivaten mit einem Vielfachen Deines eingezahlten Kontoguthabens zu traden. Diese Hebelfunktion ist im Daytrading äußerst nützlich und erlaubt dem Händler, Positionsgrößen exakt an das gewünschte Risikoprofil anzupassen. Leider neigen vor allem Anfänger mit dem Drang nach dem schnellen Geld dazu, übermäßigen Gebrauch vom Hebel zu machen. Dadurch werden unverhältnismäßig große Positionsgrößen eingegangen, was in der Regel mit dem Verlust des vollständigen Kapitals mit nur wenigen Trades verbunden ist. Das Hebeln bzw. die Nutzung der Leverage ist daher als äußerst risikoreiches Vorgehen verpöhnt, was ihrem eigentlich Sinn jedoch nicht gerecht wird.

LIMIT ORDER

Eine Limit Order wird verwendet, um zu einem günstigerem als dem aktuellen Preis zu kaufen oder alternativ zu einem teureren als dem aktuellen Preis zu verkaufen. Wenn Du beispielsweise bereit bist, eine Aktie zum Preis von 90 € zu kaufen, deren aktueller Preis bei 100 € liegt, kannst Du Deinem Broker eine Limit Order bei 90 € übermitteln und dieser wird Dir die Aktie dann automatisch zu 90 € einbuchen, sobald der Kurs diesen Preis erreicht.

LIMIT UP / LIMIT DOWN

In bestimmten Extremsituationen können die Futurebörsen den Handel eines Rohstoffs auf unbestimmte Zeit aussetzen. Wenn beispielsweise wichtige Nachrichten für eine weit überdurchschnittliche Preisbewegung nach oben oder unten sorgen, wird der Handel nach einer bestimmten Kursstrecke pausiert, bis sich die Lage wieder beruhigt hat. Für jeden Markt sind hierfür unterschiedlich große Preisbewegungen vordefiniert, die ein Markt pro Tag vollziehen darf, bevor kein weiterer Handel mehr möglich ist. Solch eine Kursbewegung wird als Limit up oder Limit down bezeichnet.

LONG TRADE

Einen Long Trade geht man ein, wenn man von steigenden Märkten ausgeht, sprich, wenn man kauft. Ziel ist es, später zu einem höheren Preis wieder zu verkaufen. Das Gegenteil ist ein Short Trade.

M

MARGIN CALL

Um einen Trade eröffnen zu können, muss Dein Konto mit genügend Liquidität gedeckt sein. Verschiedene Broker setzen hierbei unterschiedlich viel Kapital voraus. Bei Interactive Brokers ist es beispielsweise gestattet, mit dem Vierfachen seines vorhandenen Handelskapitals zu traden. Solltest Du einen offenen Trade haben und dieser läuft stark gegen Dich, so kann es passieren, dass Dein Kontowert

unter die Liquiditätsschwelle fällt, die nötig ist, um den Trade offen zu halten. In diesem Fall erhältst Du vom Broker den sogenannten Margin Call. Dies ist quasi die Aufforderung, Dein Konto mit neuem Kapital auszustatten, damit Dein Trade nicht seitens des Brokers zwangsliquidiert wird. Du solltest niemals Trades eingehen, bei denen Du Gefahr läufst, solch einen Margin Call zu erhalten. Er sollte unbedingt immer vermieden werden.

MARKTET PROFILE

Das Market Profile ist eine Methode, einen Börsenkurs anzuzeigen. Eine gewählte Zeitspanne, üblicherweise 30 Minuten, wird nicht durch die üblichen Kerzen, sondern durch einen Buchstaben gekennzeichnet, der genau wie die Kerze auf und ab wandert. Mit jeder beginnenden halben Stunde wird in der nächsten Reihe der nächste Buchstabe angezeigt. Das Market Profile kann man „aufklappen" und erhält so eine Ansicht, die den klassischen Candlesticks ähnelt. Man kann es allerdings auch „zuklappen" und sämltiche Buchstaben übereinandergestapelt betrachten. Hierdurch kann ein Trader interessante Handelszonen definieren. Im Gegensatz zum Volume Profile, welches das Volumen pro Preis misst, betrachtet das Market Profile, wie viel Zeit der Kurs auf einem Preislevel verbracht hat.

MARKTKAPITALISIERUNG

Die Marktkapitalisierung stellt den Börsenwert aller frei verfügbaren Aktien eines Unternehmens dar. Bei einem gesunden Unternehmen sollte die Marktkapitalisierung über dem reinen Buchwert der Aktiengesellschaft notieren.

Investoren gehen ja von zukünftigem Wachstum aus und sollten daher bereit sein, mehr für ein Unternehmen als dessen reinen, inneren Wert zu zahlen. Die Marktkapitalisierung wird berechnet, indem man die Anzahl der ausgegebenen Aktien mit deren aktuellem Börsenkurs multipliziert.

N

NENNWERT

Der Nennwert (oder Nominalwert) ist der Wert, welcher auf gesetzlichen Zahlungsmitteln oder Wertpapieren zu sehen ist. Er muss nicht zwangsläufig dem Wert entsprechen, den Käufer auf Basis von Angebot und Nachfrage bereit wären, für das Wertpapier zu zahlen. Der ursprüngliche Nennwert einer Aktie liegt üblicherweise deutlich unter ihrem Kurs, zu welchem sie an der Börse gehandelt wird.

O

OPTIONEN

Optionen kann man als Versicherungsgeschäft auf ein Finanzprodukt betrachten. Der Käufer einer Option bezahlt eine Prämie dafür, eine Aktie oder einen Future zu einem festgelegten Preis und innerhalb einer festgelegten Zeitspanne kaufen oder verkaufen zu dürfen. Er kann dieses Recht in Anspruch nehmen, muss es jedoch nicht. Optionen sind standardisierte Terminkontrakte und werden an speziellen Optionsbörsen gehandelt. Als Verkäufer einer Option ist der maximale Gewinn auf die eingenommene Prämie gedeckelt. Der Verkäufer hat jedoch als Versicherer den statistischen Vorteil auf seiner Seite.

OPTIONSSCHEINE

Optionsscheine sollten auf keinen Fall mit Optionen verwechselt werden. Im Gegensatz zur Option wird der Optionsschein nicht an der Börse gehandelt und ist somit kein standardisiertes und reguliertes Handelsprodukt. Der Optionsschein wird von einem Emittenten, meistens einer Bank, herausgegeben und richtet sich vor allem an private Händler. Im Gegensatz zur Option kann dieser beim Optionsschein nur die Kauf- und nicht die Verkaufsseite einnehmen - ein weiterer entscheidender Nachteil. Optionsscheine werden von professionellen Tradern nicht gehandelt.

ORDERBUCH

Im Orderbuch, zu Deutsch Auftragsbuch, einer Börse werden alle Aufträge gespeichert und dargestellt. Man sieht im Orderbuch entsprechend live sämtliche Market Käufe und Verkäufe sowie die im Markt platzierten Limit Orders. Es eignet sich hervorragend zur punktgenauen Eingabe und Ausführung von Trades. Die meisten Chart Programme können das Orderbuch anzeigen, vorausgesetzt man verfügt über einen entsprechenden Echtzeit Datenfeed.

ORDERFLOW

Unter dem Orderflow versteht man die in Echtzeit ablaufenden Käufe und Verkäufe eines Börsenhandelsinstruments. Diese können in der Praxis im sogenannten Orderbuch, dem Order Tape oder dem Footprint Chart beobachtet werden. Professionelle Daytrader sind in der Lage, Veränderungen im Orderflow festzustellen und diese zu ihren Gunsten für den Handel zu nutzen.

OVERTRADING

Overtrading ist ein Problem, mit dem vor allem viele Tradinganfänger zu kämpfen haben. Es wird ein neues Handelssystem erlernt und plötzlich sieht man überall Einstiegsgelegenheiten, die zu möglichen Trades führen können. Anstatt selektiv nur die besten und aussichtsreichsten Gelegenheiten zu handeln, springt man enthusiastisch in jede noch so kleine Tradinggelegenheit. Dies führt in aller Regel zu äußerst schlechten Ergebnissen, weshalb es so sinnvoll ist, gerade am Anfang ein gut strukturiertes Trading Tagebuch zu führen, in welchem jeder einzelne Trade aufgelistet und kommentiert wird.

P

PIP

Ein Pip ist die kleinstmögliche Preisbewegung, die ein Forexpaar vollziehen kann. Achtung, in den Futuremärkten spricht man nicht von Pips, sondern von Ticks.

PORTFOLIO

Das Portfolio ist der Sammelbegriff für alle Wertanlagen, die ein Kunde, ein Unternehmen oder ein Investmentfonds besitzt.

PUT

Der Put gehört zu der Handelsklasse der Optionen. Er berechtigt den Käufer innerhalb einer bestimmten Frist oder zu einem bestimmten Zeitpunkt dem Verkäufer ein sogenanntes Underlying (das kann eine Aktie oder ein Future sein) zu einem vorher bestimmten Preis zu verkaufen. Der Gegensatz dazu ist der Call. Wird eine Kaufoption nicht ausgeübt, verfällt sie wertlos.

R

RANGEMÄRKTE

Da unsere Wirtschaft permanent wächst, steigen auf Dauer auch die Kurse der Aktienmärkte. Daher spricht man hier von sogenannten Trendmärkten, also Märkten, die sich üblicherweise in einem Trend befinden. Dem gegenüber Rangemärkte. Abgesehen von den Edelmetallen, die ebenfalls auf einen langen Zeitraum betrachtet zu steigenden Kursen neigen, sind sämtliche Rohstoffe Rangemärkte. Ihr Preis fluktuiert zwischen zwei Extremen und steht, bedingt durch Angebot und Nachfrage sowie saisonalen Einflüssen, mal höher und mal niedriger. Viele Privatanleger gehen irrtümlicherweise davon aus, dass auch Rohstoffpreise dauerhaft steigen würden, doch das ist nicht der Fall.

REITS

REIT steht für „Real Estate Investment Trust“. Ein REIT ist ein börsengehandelter Immobilienfonds. Im Gegensatz zu einer Immobilien Aktiengesellschaft ist dieser Fonds direkter Besitzer der Immobilien. Durch einen REIT kannst Du somit direkt in Immobilien investieren und von den Einnahmen des Fonds durch Vermietung, Verpachtung oder Verkauf der Immobilien profitieren. Einfluss auf das operative Geschäft des Unternehmens hat man als Investor nicht.

RENDITE

Die Rendite ist der Gewinn in Prozent, den ein Finanzprodukt in einem bestimmten Zeitraum erwirtschaftet. Aus welchen Faktoren sie sich zusammensetzt kommt auf das Finanzprodukt an. Im Börsenhandel entstehen Renditen üblicherweise durch Dividenden, Verzinsungen und Kursgewinne.

ROLLEN

Ein Future hat immer eine begrenzte Lebensdauer. Er läuft irgendwann ab, klassischerweise zu dem Zeitpunkt, an dem es zur Auslieferung der gehandelten Ware kommt. Für jeden Future stehen unterschiedliche Kontraktmonate mit unterschiedlichen Ablaufdaten zur Verfügung. Diese werden parallel zueinander gehandelt und haben unterschiedliche Preise. Möchte man einen Future nun über sein Ablaufdatum hinaus handeln, so muss dieser gerollt werden. Das bedeutet, der aktuelle Kontrakt wird verkauft und der jeweils nächste Kontrakt gekauft. Da dieser Futurekontrakt nun einen anderen Preis hat, kann hierbei ein Rollgewinn oder Rollverlust entstehen. Auch beim Optionshandel müssen Kontrakte von Zeit zu Zeit und je nach Strategie gerollt werden, da auch diese irgendwann ablaufen.

S

S&P 500

Der S&P 500 ist der Leitindex der USA. Er beinhaltet die 500 nach ihrer Marktkapitalisierung größten Unternehmen der US-amerikanischen Wirtschaft. Der S&P 500 kann ebenso als Fieberthermometer der Weltwirtschaft bezeichnet werden.

SHORT TRADE

Ein Trader wird einen Short Trade eröffnen, wenn er von fallenden Märkten ausgeht. Er wird dabei das Finanzprodukt leer verkaufen, also ohne es zu besitzen, um es später zu einem idealerweise günstigeren Preis „zurück zu kaufen“. So stellt er dann seine Negativposition glatt. Das Gegenteil ist der Long Trade, bei dem von steigenden Preisen ausgegangen wird.

SPREAD

Für jede Handelsklasse bzw. jedes Handelsinstrument, welches Du bei Deinem Broker traden kannst, stehen drei Preise zur Verfügung: der Letztkurs, der Geldkurs und der Briefkurs. Der Letztkurs gibt den Preis des zuletzt gehandelten Geschäfts an, welches in dem jeweiligen Markt stattgefunden hat. Dies ist dann auch der Kurs, welcher Dir durch eine Echtzeit Chartsoftware als Kurs angezeigt wird. Geldkurs und Briefkurs spielen beim direkten Handeln eine Rolle. Der Geldkurs ist der höchste Preis, den ein potenzieller Käufer gerade bereit ist, für das Handelsinstrument zu bezahlen. Der Briefkurs ist hingegen der niedrigste Preis, den ein potenzieller Verkäufer gerade bereit ist, für das Handelsinstrument zu akzeptieren. Die Preisdifferenz zwischen Geldkurs und Briefkurs bezeichnet man als Spread.

STRIKEPREIS

Der Strikepreis ist der Preis, auf den sich ein Optionsgeschäft bezieht. Der Käufer einer Option erwirbt vom Verkäufer das Recht, diesem eine Aktie oder einen Future zu einem vorher festgelegten Preis, dem Strikepreis, zu verkaufen oder ihm die Aktie oder den Future zum Strikepreis abkaufen zu dürfen.

T

TERMINKURVE

Ein Future hat immer eine begrenzte Lebensdauer. Er läuft irgendwann ab, klassischerweise zu dem Zeitpunkt, an dem es zur Auslieferung der gehandelten Ware kommt. Für jeden Future stehen unterschiedliche Kontraktmonate mit unterschiedlichen Ablaufdaten zur Verfügung. Diese werden parallel zueinander gehandelt und haben unterschiedliche Preise. Stellt man diese Preise der verschiedenen Futuremonate grafisch hintereinander dar, beginnend mit dem als nächstes ablaufenden Kontrakt, so ergibt sich daraus die Terminkurve bzw. Terminstrukturkurve. Auf Englisch sprechen wir von „forward curves“ oder „term structure“.

TICK

Ein Tick ist die kleinstmögliche Veränderung, die der Kurs eines Futures vollziehen kann. Es ist nicht zwangsweise auch die kleinste Stelle nach dem Komma. Der E-Mini Future auf den S&P500 Index mit dem Kürzel ES hat beispielsweise eine Tickgröße von 0,25. Das heißt, er bewegt sich immer in 0,25er Schritten. 4 Ticks wären in diesem Fall 1 Punkt.

TRACKING ERROR

Das Ziel eines ETFs, also eines passiv gemanagten Indexfonds, ist es, einen zugrundeliegenden Index möglichst genau abzubilden. Aufgrund diverser Faktoren wird er jedoch nie die exakt selbe Performance wie der Basisindex erzielen. Die Differenz zwischen Indexrendite und ETF-Rendite wird als Tracking Error bezeichnet. Dieser Tracking Error sollte stets möglichst klein sein.

TRÄGERPORTFOLIO

Ein Trägerportfolio wird üblicherweise bei ETFs eingerichtet, die synthetisch replizierend gebildet werden. Hier wird neben dem Investor und dem Fondsherausgeber eine Drittpartei hinzugezogen, der sogenannte Swap Partner. Dieser Swap Partner ist in der Regel eine Großbank. Sie bekommt das im Fonds gesammelte Kapital zugeteilt und kann mit diesem ein Trägerportfolio aufbauen, welches Werte beinhaltet, die der Swap Partner selbst festlegen darf. Im Gegenzug sichert der Swap Partner den Investoren die Auszahlung der Indexrendite zu, auf den sich der ETF beziehen soll. Den Gewinn des Trägerportfolios behält wiederum der Swap Partner selbst ein.

U

UNDERLYING

Das Underlying, auch Basiswert genannt, bezeichnet das bei Derivaten zugrundeliegende Finanzprodukt. Bei einer Option auf eine Siemens Aktie ist die Siemens Aktie das Underlying. Ein Gold Future wiederum bezieht sich auf das Underlying Gold.

V

VOLUME PROFILE

Das Volume Profile ist ein Indikator, der Händlern in ihrer Chartsoftware anzeigt, wie viele Transaktionen auf einem bestimmten Preislevel stattgefunden haben. Mit anderen Worten: Welches Volumen wurde pro Tick gehandelt? Im Chart sieht das Volume Profile wie ein seitlich gekippter Berg aus. Das Volume Profile gehört zu den wichtigsten Hilfsmitteln für professionelle Trader. Im Gegensatz zum Market Profile, welches misst, wie viel Zeit der Kurs auf einem Preislevel verbracht hat,misst das Volume Profile das Volumen, welches auf diesem Preis gehandelt wurde.

Z

ZINSESZINSEFFEKT

Wenn Du Deine Zinsen reinvestierst (thesaurierst), erhältst Du auf die Zinsen wiederum Zinseszinsen. Dieser Effekt ist für die langfristige Geldanlage immens wichtig und bildet das Fundament für den Vermögensaufbau.

HAT IHNEN DAS BUCH GEFALLEN?

Vielen Dank, dass Sie mein Buch gelesen haben. Ich hoffe sehr, dass ich Ihnen etwas mitgeben und Sie unterstützen konnte. Wenn es Ihnen gefallen hat, würde ich mich sehr freuen, wenn Sie ihm bei dem Online-Shop eine Bewertung geben, bei dem Sie es bestellt haben. Oder Sie schreiben bei einem Ihrer Lieblings-Buchportale eine Rezension.

Ihre Meinung zu meinem Buch ist mir sehr wichtig und eine kleine Anerkennung für meine Arbeit. Außerdem hilft es mir, neue Leser für meine Bücher zu finden.

Vielen Dank für Ihre Unterstützung!

KAMPENWAND
VERLAG

DAS
MINDZED
POTENZIAL
In 88 Tagen zur besten Version
deiner Selbst
ZSOLT KUCSKA
KAWA

7

8

KAPITEL 8

NACHWORT

Als ich vor gut 10 Jahren begonnen habe, mich tiefergehend für die Themen Finanzen und Investieren zu interessieren, hätte ich nicht im Entferntesten ahnen können, welche Reise mich erwartet. Bei all den Vorteilen und positiven Aspekten, welche ich zum jetzigen Zeitpunkt daraus ziehen konnte, will ich keinesfalls verschweigen, dass mir mein aktiver Handel nicht auch viel abverlangt hat – sowohl in finanzieller als auch emotionaler Hinsicht. Es ist wie mit den meisten Dingen im Leben, welche sich auf lange Sicht lohnen. Sie fordern Geduld, Zuversicht, Ehrgeiz und Durchhaltevermögen ein.

Ich habe über die Jahre unzählige Seminare besucht, themenbezogene Bücher gelesen, nächtelang Charts analysiert und studiert und, wie so viele andere vor mir, nach dem heiligen Gral des Tradens gesucht. Wie auch meine Vorgänger musste ich zu der Erkenntnis kommen, dass dieser schlicht nicht existiert. Dennoch, wer die Regeln des Börsenspiels zu beherrschen erlernt, wird mit

Profiten belohnt, welche ihm ein Leben lang von Vorteil sein werden. Durch die Auseinandersetzung mit den Finanzmärkten konnte ich nicht nur mein Vermögen vergrößern, sondern auch meinen persönlichen Horizont erweitern. Ich habe viele interessante Personen getroffen und kennengelernt. Gleichgesinnte, von denen ich heute einige zu meinen Freunden zähle. Ich bin davon überzeugt, dass es sehr wichtig ist, Menschen zu finden, die ähnliche Ziele verfolgen, mit denen man sich austauschen und gegenseitig motivieren kann. Und schließlich, bei denen man Rat und Unterstützung in Zeiten finden kann, in welchen die Dinge nicht wie geplant verlaufen. Während der passive Investor relativ entspannt und emotionsbefreit sein Geld anlegen kann und der Verlauf der Zeit ihm eine sichere Rendite gewährt, so werden sich der Teilzeit- und Berufstrader in jedem Fall mit Phasen auseinandersetzen müssen, in welchen Frust und Zweifel aufkommen. Zwar lässt sich dies nicht gänzlich vermeiden, mit der richtigen mentalen und psychischen Einstellung, einem gekonnten Trademanagement in Bezug auf Risiko und Geld sowie natürlich fundierten Handelsansätzen und Strategien ist der professionelle Trader jedoch in der Lage, diese Drawdownphasen auf ein Minimum zu reduzieren und auf Dauer regelmäßige Gewinne durch den Handel an der Börse zu realisieren.

Jedes der von mir besuchten Seminare hat mich diesem Ziel ein Stück näher gebracht. Dennoch betrachte ich die meisten von ihnen im Nachhinein eher kritisch. Viel zu oft propagieren die jeweiligen Redner, ihre Systeme wären über jeden Zweifel erhaben, würden für jeden Tradertypen funktionieren und mit großer Sicherheit Jahresrenditen jenseits der 50 % erwirtschaften. Gezeigt werden dann dutzende von Beispielen, in welchen das System reibungslos exakt das tut, was von ihm erwartet wird. Dem Schüler wird so jedoch eine falsche Erwartungshaltung suggeriert. Wenn er dann im praktischen Handel feststellt, dass der Handelsansatz keineswegs in jedem Falle das erwartete Ergebnis erzeugt, so beginnt er entweder, den Fehler bei sich selbst zu suchen oder verteufelt den Lehrer als Scharlatan. Dieses Denken wird natürlich stark durch die bunten YouTube Videos gefördert, welche mit vollkommen überdimensionierten Tagesgewinnen locken und den Betrachter auf einen vollkommen realitätsfremden Pfad führen können. Wenn diese öffentlich zugänglichen und vermeintlich einfachen Strategien tatsächlich auf so simple Weise funktionieren würden, so bin ich mir sicher, hätten wir plötzlich in Deutschland einen sehr rapiden Milliardärszuwachs zu verzeichnen.

WENN ICH NOCHMALS VON VORN ZU BEGINNEN HÄTTE, WÜRDE ICH MIR WOHL ZWEI DINGE WÜNSCHEN:

1 Zum einen ein Buch wie dieses, welches mir ausführlich die Grundlagen des Börsenhandels erläutert. Im Urwald der Möglichkeiten, Handelsansätze und Finanzinstrumente ist es gerade als Anfänger äußerst schwierig, herauszufinden, welcher Weg denn nun der richtige und passende für die eigenen Erwartungen ist und welche Märkte mit welchen Instrumenten am praktikabelsten handelbar wären. So landen Börsenneulinge zumeist bei den Brokern und Handelsansätzen, welche am häufigsten und schillerndsten auf Social Media Plattformen und Finanzwebsiten beworben werden, nämlich CFD-Brokern. Dies wiederum führt zu den hohen Prozentsätzen, welche jene Broker anzugeben haben, wenn es darum geht, wie viele der Privatanleger Geld mit diesen Handelsarten verlieren. Ich hoffe daher sehr, dass ich einen Beitrag dazu leisten konnte, dass Sie nun in der Lage dazu sind, eine gut durchdachte Entscheidung zu treffen, welche Art von Anleger Sie sein möchten, was Ihre Ziele beim Handel an der Börse sind und mit welchen Märkten und Instrumenten Sie diese umsetzen können.

2 Mein zweiter Wunsch wäre ein wenig mehr Offenheit und Ehrlichkeit in der Branche gewesen. Ich möchte keinesfalls den Zeigefinger erheben und meine Kollegen anklagen. Es gibt in Deutschland hervorragende Börsencoaches, welche über hohe fachliche Kompetenz verfügen und auch menschlich stets das Beste für ihre Kunden wollen. Dennoch wird zu häufig die Fehlbarkeit der jeweiligen Handelsansätze und -systeme kleingeredet oder gar komplett verschwiegen.

SEIEN SIE SICH DAHER ÜBER ZWEI DINGE STETS IM KLAREN:

Kein Handelssystem der Welt erzeugt auf Dauer nur Gewinntrades. Jedes noch so gute System wird Phasen erleiden, in denen es teilweise schmerzhafte Verluste erzeugt. Dies muss nicht bedeuten, dass es zu diesem Zeitpunkt aufgehört hat, zu funktionieren. Es liegt in der Natur der Dinge. Ein jedes System funktioniert unter bestimmten Marktbedingungen besonders gut, während andere Ereignisse Sorge dafür tragen können, dass es in dieser Phase eben nicht die gewünschten Resultate erzeugt. Es macht daher aus meiner Sicht stets Sinn, mehrere erfolgreiche Ansätze parallel zu verfolgen, welche sich im Zweifelsfall gegenseitig subventionieren können.

Börsengroßmeister André Kostolany hat sich dazu wie folgt geäußert: „An der Börse ist 2 mal 2 niemals 4, sondern 5 minus 1. Man muss nur die Nerven haben, das minus 1 auszuhalten". Der andere Sachverhalt ist, dass nicht jedes System für jeden Menschen das Richtige ist. Wir alle sind sehr individuelle Charaktere. Wir haben unsere Stärken und Schwächen. Ähnlich ist es mit Handelssystemen. Ein Ansatz, welcher Trader A eine regelmäßige Jahresrendite von durchschnittlich 80 % einbringt, kann für Trader B desaströs schlecht funktionieren. Dies kann diverse Gründe haben, welche nicht selten auf den Eigenarten unserer Psyche basieren. Um dauerhaften Erfolg an der Börse verzeichnen zu können, sollten Sie sich daher auf die Suche nach einem System begeben, welches nicht nur von den rein statistischen Zahlen her Erfolg verspricht, sondern auch Ihrem Charakter zugutekommt und entspricht.

Ich selbst bin daher sehr bemüht, in meinen Kursen und Seminaren auch auf potenzielle Fehlerquellen meiner Systeme einzugehen und den Teilnehmern zahlreiche Beispiele vor Augen zu führen, in welchen diese eben nicht wie erwartet funktioniert haben. Ferner versuche ich sie dafür zu sensibilisieren, sich selbst beim Trading genaustens zu beobachten und einen ehrlichen Umgang mit sich zu pflegen. Nach einem Verlusttrade sollte stets geprüft werden, ob das System für diesen zu verantworten ist oder ob gegebenenfalls der Trader selbst die Regeln gedehnt beziehungsweise nicht genau beachtet hat. Sollte Zweiteres zu häufig auftreten, muss darüber nachgedacht werden, wie man dieses Fehlerpotenzial abstellen oder zumindest reduzieren kann. Im Zweifelsfall muss auch darüber nachgedacht werden, ob das jeweilige System wirklich zu dem Trader passt oder ob sich dieser besser an einem anderen Ansatz orientieren sollte.

Ich habe mir mit diesem Buch einen langjährigen Traum erfüllt. Ich hoffe sehr, dass ich bei Ihnen sowohl Neugier als auch Motivation wecken konnte, um die Welt der Börse für sich zu entdecken. Ich bin fest davon überzeugt, dass sich jeder Mensch die Finanzmärkte auf die eine oder andere Weise zunutze machen kann und dies auch tun sollte, um dauerhaft von diesen zu profitieren und die eigene Lebensqualität zu erhöhen.

Ich wünsche Ihnen nun viel Erfolg auf diesem Weg und würde mich sehr freuen, von Ihnen zu hören. Eventuell darf ich Sie weiterhin auf Ihrem Weg zur finanziellen Freiheit begleiten.

Herzlichst
Ihr Oliver Sparing

8.1 WIE GEHT ES WEITER?

Sicher stimmen Sie mir zu, dass Eigenwerbung in einem seriösen Fachbuch nichts verloren hat. Daher habe ich es bislang vermieden, im Rahmen des Buches auf unsere eigenen Angebote für die Weiterbildung an der Börse aufmerksam zu machen. Der Kern dieses Buches ist es, Ihnen eine Idee davon zu vermitteln, was Sie an der Börse erreichen können, wie Sie die Börse für sich nutzen können und welche Grundvoraussetzungen Sie für den jeweiligen Investitions- oder Spekulationsansatz benötigen.

Ich habe hierfür 4 verschiedene und individuelle Investorentypen erschaffen: den passiven Investor, den aktiven Investor, den Teilzeittrader sowie den professionellen Berufstrader.

PASSIVE INVESTOR

AKTIVE INVESTOR

TEILZEITTRADER

BERUFSTRADER

Für jeden dieser 4 Investoren habe ich ausführlich beschrieben, was seine Ziele sind, wie viel Kapital und Zeit er benötigt und welches Wissen dafür notwendig ist. Ich hoffe, dass Sie nun in der Lage sind, sich in eine dieser Kategorien einzuordnen und Ihre persönlichen Investitionsziele zu definieren. In meiner Börsenschule, der Sparing Investment Academy, bieten wir für jeden dieser Investorentypen eine ganz individuelle Ausbildung an, in welcher Sie konkret und anhand zahlreicher Beispiele und Handelsstrategien lernen, wie Sie über die Börse Gewinne erwirtschaften können.

Für jeden der Investorentypen haben wir tiefgehende Online Videokurse erarbeitet, welche Ihnen einen klaren Handlungsleitfaden an die Hand geben, den Sie direkt in der Praxis umsetzen können. Für den potenziellen Teilzeit- oder Berufstrader bieten wir eine mehrmonatige und individuelle Ausbildung an, in welcher wir den institutionellen Börsenhandel auf Swingtrading- und Daytrading Basis unterrichten.

Bei Fragen können Sie sich selbstverständlich gern persönlich an uns wenden. Sie finden uns unter **www.sparing-academy.de.**

Ich würde mich sehr freuen, in Zukunft wieder von Ihnen hören zu dürfen!
Ihr Oliver Sparing

9